“十二五”普通高等教育本科国家级规划教材

经济管理类课程教材

金融系列

# 证券投资学

第六版 精编版

吴晓求 主编

ZHENGQUAN TOUZIXUE

FINANCE

中国人民大学出版社
·北京·

# 出版说明

改革开放以来，中国的金融走上了高速发展的快车道，获得了前所未有的发展，有关院校都开设了金融课程，以便培养我国急需的人才。

一套高质量的教材是提高教学质量的前提之一。 教材规定了教学内容，是教师授课取材之源，是学生求知和复习之本，没有优秀的教材，就无法提高教学质量。 中国人民大学出版社推出“经济管理类课程教材 · 金融系列”，旨在推动国内金融人才培养工作的开展。

组织编写这套教材时，我们遵照以下原则：

1. 教材实行本土化。 为了更快地与国际接轨，许多人主张采用“拿来主义”原则，直接引进国外的教材。 实践证明，我国与发达国家相比，国情不同，文化背景不同，思维方式不同，语言表述方式不同，广大的专家教授一致认为：我们培养的是中国金融人才，是为中国的金融服务的，教材还是本土化为宜，学生应在了解我国现状之后，再学习国外的知识，把中国的背景知识与国际接轨才是我们最需要的。 该套教材均为本土原创作品。

2. 精选作者，保证教材质量。 金融与国家的政策联系紧密，应用性强，培养的学生既要懂理论，又要会应用，既要与国际接轨，又要考虑中国的国情。 该套教材涵纳全国“政产学研”方面的作者，从源头上保证了这套书的质量。

3. 要始终保持教材的“精”与“新”。 现代金融日新月异，课程设置不断变化。 该套教材根据形势的发展，不断推出新课程教材，并不断修订、完善。

4. 形式多种多样，方便教材使用者。 书中每章都设有不同栏目，方便读者学习。

总之，这套教材紧密结合当前国内外金融研究的最新成果与金融政策发展的实际情况，全面讲述金融基本理论和基本知识。 我们相信“经济管理类课程教材 · 金融系列”的推出，能够为读者掌握现代金融知识、国家培养金融人才起到应有的作用。

**中国人民大学出版社**

# 前言

由我主编的《证券投资学》（第六版）已于 2024 年 4 月由中国人民大学出版社出版发行。本精编版是在第六版基础上精选而成的，内容相对简洁，适合高等院校非金融专业教学之用。

第六版精编版与第五版精编版在结构上没有太大变化，仍由导论和三篇九章组成，但在具体章节内容上有所更新。第六版精编版的作者或修订者分别是：导论，吴晓求；第 1 章，谭松涛；第 2 章，许荣；第 3 章，孟庆斌；第 4 章，李向科；第 5、6、8 章，应展宇；第 7 章，汤珂；第 9 章，郭彪。在征求有关作者意见的基础上，我大体沿用了第五版精编版的大纲结构，并对相关章节进行了审读定稿。

《证券投资学》（第六版）（精编版）的修订和出版，得到了中国人民大学出版社的大力支持，中国人民大学中国资本市场研究院赵振玲女士做了很多协调工作。与此同时，特别感谢《证券投资学》（第一版至第六版）的所有作者和修订者，他们高水平的原创性贡献是第六版精编版修订和出版的重要基础。

**吴晓求**

**2024 年 7 月 1 日**

**于中国人民大学国家金融研究院**

# 目 录

## 第三篇 组合管理篇

# 导 论

**学习目标**

- 准确把握现代经济的基本特征和现代金融的含义及判断标准。
- 全面理解现代金融与传统金融的区别，深刻把握资本市场在现代金融发展中的作用。
- 正确认识资本市场在中国经济发展中的功能和作用，正确把握中国资本市场的发展方向及发展路径。

## （一）

现代经济，既是一种以知识为本的经济，又是一种金融化的经济。现代科学技术在产业集群中大规模的扩散效应和对产业结构升级换代的加速催化作用，是知识经济的基本内核，而具有强大杠杆功能的现代金融的形成则是金融经济到来的重要标志。现代科学技术的发展及其在产业中的扩散，是现代经济增长的原动力，而现代金融则使这种原动力以乘数效应推动经济的增长。作为推动现代经济增长的两个巨轮，现代科学技术和现代金融缺一不可。在一个开放的经济体系中，如果仅有发达的现代科学技术，而没有一个功能强大的现代金融体系，现代科学技术推动经济增长的效率就会受到影响，人类的知识资源就难以得到优化和高效配置；如果仅有一个发达的现代金融体系而没有强大的现代科学技术的支持，所谓的现代经济迟早都会进入泡沫经济状态。所以，一个开放的经济体系要想在国际激烈的竞争环境中处于优势地位，既要有深厚的现代科学技术基础，又要有发达且健全的现代金融体系。

## （二）

对于现代经济的基本特征，人们有种种不同的概括。但是，经济全球化、市场一体化和资产证券化应是其最显著的特征。经济全球化意味着经济体系之间的分工越来越专业化，产业越来越精细化，这意味着在竞争基础上的合作比任何时候都重要，经济体系在相互竞争又相互合作的基础上各自获得比较优势和比较利益。市场一体化是经济全球化的必然延伸。

市场一体化的基本含义是经济增长的诸要素通过没有阻碍的市场得以流动，从而提高要素的配置效率。随着经济体系的演变和升级，市场一体化的外延发生了重大变化。在20世纪90年代之前，市场一体化主要表现为贸易市场的一体化，世界贸易组织（WTO）对世界贸易市场的一体化起到了极其重要的推动作用。贸易市场的一体化提高了货物在不同经济体系之间的流动效率。人类社会进入21世纪之后，市场一体化的重心正在从贸易市场一体化转向金融市场一体化。市场一体化的这种转向意味着经济结构的深刻变革。

资产证券化是金融市场一体化的重要基础。资产证券化的核心要义是通过标准化的资产分割提高资产的流动性，从而使风险流动和分散化成为可能。流动性是衡量资产是否具有投资价值或者是否可以投资的首要因素，是资产生命力的体现。没有流动性的资产是不符合现代投资理念的。资产证券化的趋势深刻地影响着人们的投资理念和财富管理方式。

经济全球化、市场（特别是金融市场）一体化和资产证券化趋势将会从根本上影响或改变现代经济的运行方式和发展模式。

## （三）

在经济全球化、市场一体化和资产证券化的大背景下，现代经济将呈现一系列新的特征。随着经济全球化和金融市场一体化的发展，经济体系之间将更加开放、更富有流动性，财富的聚合速度日益加快，市场竞争更加激烈，经济运行的轴心正在悄然地发生变化，实体经济与现代金融的关系日益复杂且相互影响。与此同时，由于经济活动中金融杠杆的作用明显加强，经济运行的风险正在明显增大。随着资产证券化速度的加快，社会财富形态也在发生重要变化。财富的物质形态逐步淡化，资产或财富的金融化、证券化趋势日益明显。资产或财富处在快速流动的状态——财富或在流动中增值，或在流动中消失。我们已经步入金融经济的时代。

## （四）

随着经济体系的演变和升级，全球经济运行的轴心似乎正在转向现代金融业，即使发生了2008年全球金融危机，这种转向似乎也并没有停止。如果说20世纪经济运行的轴心是以钢铁、汽车等为代表的现代工业，那么21世纪经济运行的轴心正在向现代金融业转移。现代金融业不仅源源不断地为实体经济的运行和发展提供润滑及动力，而且更为重要的是，它推动着实体经济的分化、重组和升级。正是从这个意义上说，发达市场经济的本质就是金融经济。

现代金融之所以可以成为现代经济运行的强大发动机，就在于它具有一套设置精巧、功能卓越的杠杆系统。实体经济体系发展到今天，已经变得非常庞大而凝重。如果没有现代金融这个强大的发动机，现代经济就将步履蹒跚。

我们应当清楚地看到，现代金融一方面以其设置精巧、功能卓越的杠杆系统推动着日益凝重的实体经济不断运行和向前发展，从而在形式上维系着与实体经济体系的统一；另一方面，又在资产价格的变化和财富的聚合速度等方面表现出与实体经济相分离的趋势。作为现代金融体系重要基础的资本市场，其资产价格的变动趋势和幅度与实体经济运行状态的高度相关性，似乎正在受到越来越严峻的考验。“皮之不存，毛将焉附”这样的亘古真理在今天真的受到了挑战吗？我经常在想，经济的金融化趋势究竟是在加速推动经济的发展、结构的调整，从而使现代经济进入一种更高的境界，还是在根基上腐蚀直至摧毁现代经济体系，使其不断地进入一种“泡沫经济”状态，从而使资本市场危机乃至不同程度的金融危机频频出现。它是通向光明的阳关大道，还是进入黑暗的万丈深渊？对于这些问题，现在要下一个明确的结论似乎为时过早，但有一点似乎可以肯定：人类社会不会倒退，物物交换的时代已经成为久远的历史。

## （五）

可以确信，在今天的不同经济体系中，现代金融所扮演的角色和所起的作用是有差别的。在市场经济发达国家，现代金融在维系本国经济正常运转的同时，也在悄然无息地戴着文明的面具掠夺、瓜分他国的财富。而在新兴市场国家和市场经济欠发达国家，现代金融一方面以杠杆化的功能快速推动着这些国家的经济发展，另一方面又极有可能成为这些国家的财富漏出机制。所以，现代金融既是维持全球经济持续增长的强大发动机，也是全球财富在国际上重新分配的重要机制。这主要是因为经济全球化和金融市场一体化的趋势使财富及经济增长资源在国际上流动的障碍得以渐渐消除，而财富的金融资产化和金融资产的证券化又极大地提高了财富和资产的流动性。有迹象表明，今天的经济运行和财富流动速度要大大快于20世纪。在这种条件下，建立在强大杠杆系统基础上的现代金融体系的确会成为一些国家瓜分另一些国家财富和资源的重要机制，成为小部分人瓜分大部分人财富的手段。在19世纪及其之前，对世界市场的瓜分、对财富和资源的掠夺靠的是殖民政策，在20世纪前半叶靠的是战争，而现在似乎靠的是现代金融机器。我认为，在20世纪最后几年发生在亚洲一些国家的金融危机，以及2008年起源于美国次贷危机的全球金融危机就是现代金融阴暗面的充分暴露。最大限度地防止现代金融阴暗面的扩散，是当今世界重要国家的政府在金融领域面临的最重要的任务。

## （六）

在一个经济体系中，传统金融迈向现代金融的主要推动力是发达的资本市场。换句话说，是否有一个发达的资本市场是衡量一个经济体系的金融架构是处在传统金融阶段还是处在现代金融阶段的特征性标志。所以，发达的资本市场是金融深化的催化剂，是现代金融体系的心脏。试图清晰而准确地勾画出传统金融与现代金融的区别似乎并不十分容易，但以下三点应该说是显而易见的：

（1）与实体经济的关联度不同。传统金融与实体经济具有较高的关联度，实体经济的运行状况在传统金融体系中有比较明确的反映。现代金融与实体经济的关联度在慢慢降低，实体经济的运行状况既不显著也不及时地反映在现代金融资产价格的变化上。比较常见的情况是，在现代金融体系中，金融市场资产价格的变化与实体经济的运行状况虽然可能保持趋势上的一致性，但两者的变动幅度在短期内有着极其明显的差异，并不是个案现象。较为经常的情况是，金融资产特别是证券化金融资产的价格变动幅度要远大于实体经济的变动（增长或衰退）幅度。[①] 如果我们对现代金融与实体经济的关系做这种理解和把握，那么有一种观点（或者说理论）似乎就应做适当的修正：当金融资产特别是证券化金融资产的价格上涨速度快于实体经济的增长速度时，就简单地认为金融体系出现了泡沫。这种观点或理论至少忽略了现代经济活动中财富或资产的金融化过程，忽略了伴随着这种金融化过程的金融结构的市场化变化。

（2）在促进实体经济发展中所起的作用不同。传统金融主要是为实体经济的正常运行提供润滑或血液，在这里，实体经济是“皮”，传统金融是“毛”，传统金融完全服务于甚至依附于实体经济；而现代金融不仅为实体经济提供润滑或血液，而且还为其成长提供强大的推动力。正是从这个意义上说，现代金融已经成为现代经济的核心。

（3）作用原理不同。传统金融的作用原理是低杠杆化的。低杠杆化是指资金运用的乘数效应较低。现代金融的作用原理是高杠杆化的，即资金活动具有明显的乘数效应。所以，与传统金融相比，现代金融的运行速度要快得多，效率要高得多，当然风险也要大得多。可以预计，在这种情况下，如果全球经济体系或其中的某些经济体发生危机的话，那么首先肯定是金融危机，然后可能扩散到实体经济中。这与 20 世纪 20—30 年代的经济危机的逻辑顺序迥然不同。这一逻辑判断实际上已被 2008 年全球金融危机所印证。

## （七）

必须明确，现代金融的一些消极阴暗面虽然存在，甚至还会有某种程度的扩散，但对经济发展与社会进步的巨大推动作用仍是现代金融的主流功能。各经济体之间的竞争主要体现在科学技术竞争和金融能力竞争上。对于中国这样一个经济潜力巨大且已成为全球第二大经济体的国家，必须从国家战略的高度和经济发展的逻辑角度，而不是用实用主义的态度去认识和发展资本市场。

经过 40 多年的改革、开放和发展，中国已经从一个贫穷、落后、封闭的国家转变成一个具有较强竞争力、国际化程度越来越高、具有巨大潜在成长性的经济大国。1978 年，中国的国内生产总值（GDP）只有 3 679 亿元人民币，2000 年为 10.03 万亿元人民币，到 2022 年则达到 121.02 万亿元人民币。在经济规模快速扩张的过程中，建立在比较优势基础上的现代制造业发挥了关键作用。过去 40 多年，由全球经济结构调整引发的全球制造业向中国大规模的转移，成就了中国经济大国的地位。中国现在正面临着一个新的战略目标：从一个经济大国转变成一个经济强国。

关于经济强国的标志，研究者提出了很多指标，除了经济规模这一基础指标外，财富

① 吴晓求．实体经济与资产价格变动的相关性分析．中国社会科学，2006（6）：55－64.

规模一定是其中最核心、最重要的指标。随着金融市场特别是资本市场的发展，金融资产特别是证券化金融资产正在成为社会财富的主要表现形式。在当前的经济金融结构下，一个国家由经济大国迈向经济强国过程中的一个趋势性指标是金融资产特别是流动性强的证券化金融资产一定会呈现出较快增长的态势。中国也不例外。

在现代金融的诸多功能中，有一个功能应受到充分关注，那就是建立在市场定价机制和存量资产证券化基础上的财富孵化、贮藏和增值功能。现代金融的这种财富杠杆化增值功能主要来源于资本市场。经济的持续增长、经济规模的不断扩大和经济竞争力的增强，从资本市场角度看，意味着推动经济增长的存量资产价值的大幅提升。如果将这些存量资产不断证券化，基于资本市场的杠杆效应，那就意味着证券化金融资产（其中主要是权益类资产）的规模和成长速度会超过实体经济的规模和成长速度。所以，可以得出这样的结论，一个国家金融资产特别是证券化金融资产较快成长（有人把这种成长称为金融资产膨胀）的基本前提是：经济的持续增长，经济规模的不断扩大，推动经济持续成长的存量资产（主要是权益类资产）的证券化趋势，以及资本市场合理的定价机制。基于这种分析，可以得出这样一种判断：伴随着中国经济的持续成长，由于（权益类）资产证券化趋势日益明显并有加快的迹象，在未来相当长的时期里，中国的金融资产特别是证券化金融资产会有一个较快速度的成长和发展，以致人们认为金融资产进入了一个膨胀时期。这样的金融资产膨胀实际上是一种不可逆的趋势。虽然 2008 年由美国次贷危机引发的全球金融危机使这种快速增长的趋势暂时得以收敛，但增长的趋势并没有停止。这种不可逆的趋势也就是中国由经济大国转向经济强国的重要特征之一。

存量资产特别是权益类资产的大规模证券化过程，从传统金融视角看，就是金融资产膨胀的过程。这种膨胀的动力来源于金融结构的内部裂变，即具有财富成长杠杆效应的来自资本市场的证券化权益类金融资产在以比传统非证券化的金融资产快得多的速度成长。中国正处在这样一个金融结构裂变的时期。正是从这个意义上说，中国资本市场具备了大发展的基本条件。

上述分析实际是在说明这样一个道理或描述这样一个逻辑过程：资本市场是存量资产特别是权益类资产大规模证券化的基本平台，是存量资产市场化定价的平台，是金融结构发生裂变的平台，进而是金融资产增长的平台。所以，资本市场发展在推动中国由经济大国迈向经济强国的过程中起着特别重要的作用。

## （八）

中国资本市场的发展将使中国成为一个资本大国。中国成为资本大国，是中国金融崛起的主导力量和核心标志。中国金融的崛起或许是 21 世纪前半叶全球金融最重大、最波澜壮阔的历史事件，资本市场也越来越成为 21 世纪大国金融博弈的舞台。随着中国金融的发展和不断崛起，作为 2008 年全球金融危机最重要的后果之一，国际金融秩序和金融市场格局正在发生或将要发生重大的甚至是格局性的变化，国际货币体系会因为人民币的国际化而发生结构性变革。

随着人民币国际化的推进，未来人民币将成为全球最重要的三大国际性货币之一，因而以相对发达的资本市场为核心的中国金融体系也将成为全球多极金融中心之一极，将成为人民币及人民币计价资产的定价中心，拥有人民币及人民币计价资产的定价权。

全球金融中心之一极正在向中国漂移。

时至今日，虽然在发展过程中历经曲折和磨难，但金融结构变革的逻辑使我们仍然坚信中国的这一金融战略目标的正确性和可行性。

## （九）

然而，客观现实似乎展现出另一种景象。在中国发展资本市场的 30 多年时间里，对投资者而言，曲折多于坦途，磨难多于希望，痛苦多于喜悦。中国资本市场曲折磨难的历史与我们设计的战略目标游离多于渐近。为什么会这样呢？应该说这与我们长期误读资本市场有关，与我们没有正确理解资本市场在中国经济社会发展中的特殊作用有关。

在中国资本市场的政策设计和发展理念中，在相当长的时期里，我们都是重资本市场的融资功能，轻资本市场的投资功能；重为企业（上市公司）服务，轻为投资者服务；关注资本市场资金池的作用，忽视资本市场资产池的培育。

事实上，对资本市场而言，核心功能正好与我们的误读相左：投资功能甚于融资功能，为投资者服务或者说保护投资者的利益甚于关注融资者（企业）的利益，资产池的作用大于资金池的作用。

正确认识资本市场在中国经济社会发展中的作用，是发展资本市场的重要前提。我们认为，在中国，资本市场在推动中国经济发展和社会进步中至少具有以下六个方面的作用：

（1）资本市场作为现代金融的核心，推动着中国经济的持续快速增长。

截至 2022 年底，中国经济规模（GDP）达到 121.02 万亿元人民币，按年均汇率计算，约合 18 万亿美元，人均 GDP 约 1.27 万美元。资本市场从资本筹集、公司治理、风险释放、财富增长到信息透明度等方面不仅推动了经济的持续增长，而且也不断提升了经济增长的质量。

（2）资本市场加快了社会财富特别是金融资产的增长。

经济的发展需要财富的集聚和优化配置，社会的进步需要以财富的大幅增加为前提。没有社会财富的增加就说社会会进步，这不可信。以资本市场为基础的现代金融体系不仅是经济增长的发动机，而且从理论上说为社会创造了一种与经济增长相匹配的财富成长模式，建立了一种经济增长基础上的人人可自由参与的财富分享机制。当然，从中国的实践看，这个作用似乎受到了很大削弱。

（3）资本市场为中国企业特别是国有企业的改革和机制转型提供了天然的市场化平台，从而极大地提升了中国企业的市场竞争力。

没有资本市场，中国企业特别是国有企业就不可能建立起真正意义上的现代企业制度。资本市场使单个股东或者少数股东组成的企业成为公众公司，对中国企业来说，这就是一种彻底的企业制度变革。这种制度变革使中国企业从为所欲为、无知无畏的状态，转变成既有制约又有激励的现代企业。

(4) 资本市场推动了中国传统金融体系的变革，进而使其逐渐向现代金融体系演变。

现代金融体系是指以资本市场为基础的金融体系；传统金融体系是指以传统商业银行为基础的金融体系，也就是没有资本市场或者说资本市场不发达条件下的商业银行主导的那个金融体系。在现代社会，金融体系不仅是资源配置的机制和媒介资金供求关系的机制，而且还是一种风险分散机制。以资本市场为基础的金融体系，已然具有资源配置特别是存量资源调整、风险分散和财富成长与分享这三大功能，这就是在中国必须发展资本市场的根本原因。

(5) 资本市场发展培育了成千上万的具有风险意识的投资者，从而极大地提高了中国投资者群体的政策意识、大局意识、金融意识和民主意识。

从来没有一所学校，也从来没有一种教育方式，能像资本市场那样，让中国的普通老百姓、普通投资者那样真切地关心国家大事，那样深入地了解国家政策的变化，那样富有理性地行使经济民主权利。例如，投资者很关心“大事件”的发生，关心货币政策会有什么变化，关心为什么提高存款准备金而不加息，关心经济增长模式的转型，关心中美经贸关系的未来变化，等等。这些问题过去都是经济学家和政府部门关心思考的，现在我们成千上万的投资者都在思考这样宏大而高深的问题。投资者不仅关注国内大事，也关心国际大事。他们关心中美经贸摩擦的影响，关心美联储（美国联邦储备系统）的量化宽松（QE）政策，甚至关心美日联合军事演习，如此等等。资本市场让他们关心国家的未来，关心国际安全，关心经济政策的变化。试问有哪一所学校能做到这些？

资本市场使投资者富有理性地行使经济民主权利。投资者在研究信息之后，如果发现某家企业没有成长性，不值得投资，他们就会“用脚投票”。这种决策是富有理性的。参加股东会时，任何股东都可以民主地表达自己的看法。

因此，在中国，资本市场既是投资者的乐园、经济前行的“发动机”，也是孕育现代社会公民意识的摇篮。而这正是中国社会文明进步与民主法治建设的重要基础。资本市场对投资者风险意识的形成、国民素质的提高、公民意识的培育，比任何流于形式的口头教育都要好得多。

(6) 资本市场给全社会提供多样化的、收益风险在不同层次匹配的、可以自主选择并具有相当流动性的证券化金融资产。

在消费品市场上，我们经常强调消费者对消费品的自主选择权，这是消费者自主权的核心内容，也是市场经济发达的重要标志。与消费者的自主选择权相对应的是，投资者也必须拥有自主选择投资品或资产的权利，这既是一国市场经济发达程度的重要标志，也是金融市场发达程度的重要标志。给投资者提供多样化的、不同收益与风险相匹配的、具有充分流动性且信息透明的金融产品，是一国金融体系和资本市场的基本任务。

对投资者自主选择金融资产权利的压抑，是金融压抑的重要表现。金融压抑有种种表现，其中对投资者自主选择金融资产权利的压抑，是金融压抑的典型形式。资本市场的大发展将彻底释放这种压抑，从而使金融投资充满活力和创造力，这正是经济充满活力的重要源泉。

如果我们能从这样的高度去理解发展资本市场的重要意义，我们就能找到发展资本市场的正确道路，就能找到促使资本市场动态均衡增长并与实体经济相互促进的政策和方法。

## （十）

正确的认识必须通过恰当的政策来体现。要使中国资本市场发展与实体经济相匹配并具有可持续性，我们必须调整发展中国资本市场的政策重心，寻找基于全球视野的中国资本市场的政策支点。

在相当长的时期里，我们由于没有正确理解发展资本市场的战略意义，因此误读了资本市场。需求管理政策实际上成为中国资本市场发展的主导政策。在实际操作中，这种主导中国资本市场发展的需求管理政策又演变成一种以抑制需求为重点的政策。如果市场出现了持续性上涨，那么这通常都会被归结为由过量的需求所造成，随之而来的是抑制证券投资需求的政策，以防止所谓的资产泡沫化。如果长期实施这样的需求管理政策，必然压抑资本市场的成长，使资本市场呈现出一种周而复始的简单循环过程，在较低的层面上不断地复制一个个运行周期。中国 30 多年的资本市场发展过程基本上就处在这样一个低效率状态。

要使中国资本市场走出原有的低效率的运行周期，除了必须进行制度变革、端正认识和厘清战略目标外，还必须制定与战略目标相匹配的发展政策，寻找推动中国资本市场发展的政策支点。这样的政策是什么？政策支点又在哪里？

我认为，当前中国资本市场的政策取向一定是发展型政策。这种发展型政策的核心理念必须是供给优化主导型的，而不是需求管理主导型的。中国资本市场政策的支点在于优化供给结构并合理地疏导需求。必须摒弃单一抑制需求的政策理念。

在资本市场上，税收政策是最典型、最有影响力的需求管理政策。在资本市场上，频繁运用税收政策来影响人们的投资行为以达到调控市场的目的是对发展资本市场战略意义认识不清的典型表现，对市场的正常发展会带来全面的负面影响，也会人为地加剧市场波动，从长期看，势必严重阻碍市场的正常成长。所以，在资本市场发展过程中，特别是对中国这样一个新兴加转型的市场而言，一定要慎用税收杠杆，要保持税收政策的稳定性。

在资本市场上，针对二级市场投资行为的税种主要有证券交易印花税和资本利得税。证券交易印花税对二级市场的交易行为、交易量和市场流动性会产生直接的影响，短期内具有类似于市场“清醒剂”的作用。而资本利得税则是从根本上改变市场的收益-风险结构，从而对市场资金流向产生重大影响。从已有的实践和资本市场现状看，开征资本利得税势必严重阻碍资本市场发展，甚至会引发市场危机。从中国资本市场发展战略出发，在相当长的时期里，我们绝不可通过开征资本利得税来抑制人们的投资行为，而只能通过结构性金融政策去疏导人们的金融投资需求。

如前所述，在中国，发展资本市场的政策重心在于优化供给，或者说供给政策是中国资本市场的主导型政策。这种主导型供给政策的核心内容是在优化供给结构的基础上保持市场供求关系的动态平衡。

# （十一）

与供给政策相匹配，中国资本市场的需求政策有两个基本点：一是积极疏导内部需求，不断调整金融资产结构，推动居民部门的金融资产结构由银行储蓄存款向银行储蓄存款和证券化金融资产并存的格局转变。不断提高证券化金融资产在金融资产中的占比，是中国金融结构市场化改革的重要目标。二是大力拓展外部需求，引进境外投资者，逐步提高境外投资者在中国资本市场中的投资比重。这是中国资本市场对外开放和实现市场供求关系动态平衡的重要措施，对中国资本市场的国际化意义重大。

（1）积极疏导内部需求是当前中国资本市场需求疏导政策实施的基本要点。我们必须摒弃长期以来所形成的抑制需求（即抑制资金进入资本市场）的政策理念。经过40多年的改革开放和发展，中国社会已经进入金融资产结构大调整的时代，投资者期盼着收益与风险在不同层次匹配的多样化金融资产的出现。在金融资产结构正在发生裂变的今天，投资者越来越偏好收益与风险在较高层次匹配并具有较好流动性的证券化金融资产，这已是一个不可逆的基本趋势。正确的政策应是顺势而为，而不是逆势而动。

这里所说的内部需求是指居民部门对各类金融资产的需求，而疏导内部需求是指基于投资者对证券化金融资产的偏好，通过政策的引导而使其资金源源不断地进入资本市场以改革传统金融资产结构的过程。在这里，内部需求分为增量需求和存量需求。增量需求仅指投资者现期收入减去现期消费之后剩余部分对证券化金融资产的需求，而存量需求则是指投资者在存量金融资产结构调整过程中对证券化金融资产的需求。提高增量资金进入资本市场的比例，是资本市场需求疏导政策的第一步，也是短期政策的重点。而通过调整存量金融资产结构以引导存量需求、不断扩大存量资金进入资本市场的规模是资本市场需求疏导政策的长期措施。

（2）不断扩大资本市场对外开放，积极稳妥地拓展外部需求，逐步形成与巨大潜在供给相对应的外部超级需求，是中国资本市场需求政策调整的战略重点。

股权分置改革的成功已使中国资本市场进入了全流通的时代。到2023年8月30日，中国资本市场的市值已达到81.55万亿元人民币的规模，与此同时，存量减持套现的压力日益增大。面对大规模的存量供给压力，一方面要调整现行减持规则，加大减持的分红回报约束，另一方面要在疏导内部需求的同时寻找与此相适应的外部超级需求者。对中国资本市场来说，虽然合格境外机构投资者（QFII）、人民币合格境外机构投资者（RQFII）和沪深港通北向交易投资者等都是外部需求者，但绝不是外部超级需求者。伴随着中国金融体系改革和资本市场的对外开放，外部超级需求者的形成可能是一个渐进的过程，或许要经过一个从高门槛的QFII到QFII的泛化，再到境外（国外）一般投资者的进入这样的演进过程。就中国资本市场的战略目标而言，引进外部超级需求者是一项重大的改革。

# （十二）

在未来，中国资本市场要成为全球重要的资产配置市场，要实现中国金融的崛起，从而使中国资本市场成为21世纪全球新的金融中心，以下两个外部条件是基本前提。

**1. 人民币国际化**

随着中国经济实力的不断增长和经济的不断开放，人民币国际化进程需要加快。中美经贸关系的巨大不确定性的确为人民币国际化带来了新的不确定因素，但中国经济的不断扩大开放以及国际经济合作仍是基本趋势。我们有理由相信，人民币成为国际金融市场上完全可自由兑换的货币只是一个时间问题。在此基础上，人民币成为国际金融市场上与美元和欧元并重的三大国际性货币之一，也不是一个不可企及的战略目标。人民币国际化将为中国资本市场的发展和中国金融的结构性改革提供良好的外部金融环境，是使中国资本市场成为全球多极金融中心之一极最重要的基础条件之一。具有良好信用且有充分流动性和开放度的人民币给人民币计价资产带来了持续的良好预期。

**2. 构造以提高市场透明度为核心的资本市场法律制度和规则体系**

良好的法制环境对中国资本市场的发展及金融的结构性改革至关重要，其中资本市场法律制度和以此为基础而制定的规则体系的不断完善最为重要。中国资本市场的法律制度的建设和规则体系的完善必须体现两个基本原则：

（1）透明度原则，即资本市场法律制度的建设和规则体系的完善必须保证市场具有足够的透明度。从世界各国的实践看，透明度是资本市场赖以存在和发展的基石，是资本市场功能得以充分发挥的必要条件，是“三公”原则实现的基础。透明度的核心是信息披露的真实性和公开性。中国资本市场的法律制度和规则体系近几年虽然有了一定的完善，但从总体上看仍存在缺陷。透明度不足是中国资本市场未来进行战略转型和实现战略目标面临的最严重的挑战之一。

（2）国际惯例原则。受股权分置等历史因素的影响，中国资本市场的法律制度和规则体系有自己的特点。一些资本市场法律制度和规则体系不利于中国资本市场的开放和发展，也是中国资本市场成为全球多极金融中心之一极的障碍。总体而论，就中国资本市场的法律制度和规则体系来说，体现“国际惯例”是其主流，可在此基础上进行探索和创新，以形成中国资本市场法律制度和规则体系的“第三种模式”。[①]

中国之前的资本市场法律制度和规则体系赖以存在的制度基础——股权分置已成为历史，我们进入了一个制度规范的时代，因此我们应当用战略的眼光，以建设一个强大的资本市场为目标，前瞻性地制定和完善与中国资本市场战略转型及战略目标相适应的法律制度和规则体系。[②] 能够体现公平、正义、透明、发展理念的法律制度将促使未来的中国成为一个富强民主文明和谐美丽的社会主义现代化强国。

---

① 吴晓求，等，中国资本市场：第三种模式．北京：中国人民大学出版社，2022.

② 吴晓求，等．中国资本市场研究报告（2013）．北京：北京大学出版社，2013；吴晓求．中国资本市场：从制度和规则角度的分析．财贸经济，2013（1）：14－27.

## （十三）

资本市场的发展经历了数百年的漫长历史，其中有欢乐，也有悲怆，有理性繁荣，也有泡沫破灭，有对未来的憧憬和期待，也有惨败的无奈心情，这是资本市场的天然属性。在人类社会进入21世纪后，资本市场的发展除了难改其天然属性外，也呈现出一些新的特征、新的变化，那就是资本市场从来没有像今天这样如此重要、如此令人瞩目。在中国，资本市场的变化一直是人们最关注的热点问题之一。在经济全球化和经济金融化的今天，放眼望去，资本市场似乎悄然成为大国金融博弈的核心平台，而金融博弈是国际经济竞争的支点。

资本市场之所以成为全球大国金融博弈的核心平台，主要是因为：

（1）现代金融的基石是资本市场，资本市场在资源配置过程中发挥着难以替代的基础性作用。

（2）资本市场越来越成为现代经济的强大发动机。这种强大发动机集增量融资、存量资源调整、财富创造和风险流量化等功能于一身，以精美绝伦的结构性功能推动着日益庞大的实体经济不断向前发展。

（3）资本市场在推动实体经济成长的同时，也在杠杆化地创造规模巨大、生命力活跃的金融资产，并据此催生金融结构的裂变，推动金融不断创新和变革。

（4）资本市场通过改变财富的流动状态而使风险由存量状态演变成流量状态，金融风险的流量化使风险配置成为一种现实的可能，使现代金融成为一种艺术，使金融结构的设计成为一种国家战略。

我们必须用这样的理念、从这样的高度去理解资本市场，只有这样才能找到发展资本市场的正确道路。

## 本章小结

现代经济最显著的基本特征是经济全球化、市场一体化、资产证券化。在这些基本特征的背景下，现代经济不断呈现出新的特征，其运行的轴心正在向现代金融业转移。因此，一个开放的经济体系要想在国际经济竞争环境中处于优势地位，既要有深厚的科学技术基础，又要有发达而健全的现代金融体系。现代金融不仅源源不断地为实体经济的运行和发展提供润滑及动力，而且更为重要的是，它推动着实体经济的分化、重组和升级。正是从这个意义上说，发达市场经济的本质就是金融经济。现代金融的基石是资本市场。是否有一个发达的资本市场是衡量一个经济体系的金融架构是处在传统金融阶段还是处在现代金融阶段的特征性标志。发达的资本市场是金融深化的催化剂，是现代金融体系的心脏。因此，推动资本市场的发展是推动中国由经济大国迈向经济强国的关键环节。正确认识资本市场对中国经济社会发展的作用，对于我们找到发展资本市场的正确道路，找到促使资本市场动态均衡增长并与实体经济相互促进的政策和路径，从而为资本市场的发展创造有利的外部条件有着重要的指导意义。

## 本章关键内容

1. 现代经济的基本特征显著表现为经济全球化、市场一体化、资产证券化，正确理解这三个方面的基本特征。

2. 现代金融与传统金融的区别主要表现在：一是与实体经济的关联度不同；二是在促进实体经济发展中所起的作用不同；三是作用原理不同。正确理解这三个方面的区别。

3. 正确理解现代金融与实体经济的关系。

4. 掌握发展资本市场的正确理念，并正确认识资本市场对经济社会发展的作用。

5. 厘清与发展资本市场相匹配的政策制度，并理解供给结构优化政策的意义。

6. 深入理解中国资本市场要成为全球重要的资产配置市场、成为21世纪全球新的金融中心所需要的两个外部条件。

7. 充分理解资本市场成为全球大国金融博弈的核心平台的主要原因。

## 本章思考题

1. 现代经济在新时期有哪些新特征？

2. 为什么说现代金融中建立在市场定价机制和存量资产证券化基础上的财富孵化、贮藏和增值功能很重要？

3. 资本市场如何加快社会财富的增长？

4. 如何看待中国资本市场内外部需求的变化？

5. 如何看待和评价中国资本市场的当前政策？

6. 中国要成为一个经济强国，应建立一个什么样的资本市场和金融体系？

PART ONE

1

| 第一篇 |

# 基本知识篇

中国人民大学中国资本市场研究院（前身是1993年成立的中国人民大学证券研究所，1996年更名为中国人民大学金融与证券研究所，2020年变更为现名）自成立以来，坚持产学研深度融合，探索出了一种独特的人文社会科学研究机构发展模式。上图为1999年10月吴晓求教授（正面中间者）主持中国人民大学金融与证券研究所第一届核心研究员会议。

2001年1月16日，黄达、董辅礽、刘鸿儒、萧灼基、王传纶等教授参加在中国人民大学举办的第五届（2001年度）中国资本市场论坛，论坛主题是“中国资本市场：创新与可持续发展”。

# 第1章 投资学基础

**学习目标**

- 了解风险的概念。
- 掌握债券的概念、分类和收益率的计算。
- 掌握普通股和优先股的概念、特征及区别。
- 掌握证券投资基金的概念、分类和区别。
- 掌握金融衍生工具的主要类型、金融功能和缺陷。

## 1.1 投资概述

### 1.1.1 什么是投资

在现实生活中，投资活动几乎无处不在，投资概念对经济学学科来说也是十分基本的。但是，在很多经济学教材中，投资的概念被大家当作理所当然已经理解的东西来使用。实际上，如果每人都给“投资”（investment）下定义的话，我们就会发现，人们对“投资”的理解是五花八门的。不同的理解往往意味着不同的定义。

本书对投资的定义主要是从投资的过程进行理解。投资是指货币转化为资本的过程。在货币转化为资本的过程中，需要借助于投资媒介或者说投资对象。一般来说，投资媒介可分为真实资产和金融资产两种。真实资产是指一些可看到、可触摸的物件，如房地产、名表、古董、名画和黄金等；金融资产是指一种契约，旨在保障持有人获得契约内所规定的权益，如股票、债券、期货、期权等。两者的显著区别在于资产的套现和变卖能力。相对而言，金融资产的套现和变卖能力要强于真实资产。而投资者决定投资真实资产还是金融资产，或者投资者具体要投资哪种真实资产或哪种金融资产，往往取决于其投资目的。

因此，任何投资者在投资前首先都要明确其投资目的。总体而言，投资者进行投资主要出于以下几个目的：

（1）本金保障。这是最常见的投资目的，投资者通过投资保存资本或者资金的购买力。在通货膨胀（简称通胀）的情况下，若不进行有效益的投资，现金的购买力就会受到侵蚀。投资的目的就是保障资金的购买力不受到侵蚀。

（2）资本增值。某些投资者不但要求保值，而且要求获得资本的增值。通过投资，他们希望本金能迅速增长，使财富得以累积。

（3）经常性收益。一般已拥有若干资产和规避风险的人只期待本金获得保障，且能定期地获得一些经常性收益作为生活费用，如退休人士通过退休投资计划来获取稳定的退休金。

投资者在获取投资收益的同时也面临着投资所带来的风险。不同投资者会因自身生活背景和条件的不同，风险承受能力有所不同，故他们的投资目的也会有所不同，进而投资取向、投资作风以及所选择的投资工具也会有所不同。在制订投资计划时，投资者宜先行了解投资目的和风险承受能力等因素，而后才能树立成熟的投资理念。因此，要真正地理解投资，还必须对风险以及风险偏好有很好的认识。

**专栏 1-1**

**投资与投机**

投资与投机之间并没有那么严格的界限。在投资过程中，有时人们按照对风险资产持有时间的长短对投资和投机进行划分，将购买后持有较长时间的行为称为投资行为（或者称为长期投资），将购买后持有较短时间就卖出的行为称为投机行为。也有人按照购买资产后获取投资收益的方式进行划分，将买入资产后以获取红利（或利息）收入为目的的行为称为投资，将买入后通过价差交易获利的行为称为投机。显然，我们可以看到，这两种划分方式其实都难以科学、准确地将投资和投机区分开来。

事实上，从决策的角度来说，无论是投资还是投机，投资者都是根据自己对风险资产未来收益状况的认识，以及他们对这一收益水平发生概率的判断，做出是否购买该资产以及购买数额的决定。投资和投机的区别仅在于，投资者在进行决策时更看重收益的发生概率，当资产价格的上涨概率较高时，投资者才愿意购入该资产。对于投机活动来说，投机者更看重资产价格未来的上涨幅度。有时候，即使这种上涨出现的概率很低，但只要它的上涨幅度非常高，投机者也愿意购买一定量的上述资产，以打赌高收益、低概率事件的发生。

从这个意义上说，一笔交易究竟是投资行为还是投机行为，与购买者持有的时间长度以及投资收益方式并没有必然的关系。

### 1.1.2 风险和风险偏好

关于“风险”一词的由来，最普遍的一种说法是其源自中国远古时期。在中国远古时期，以捕鱼为生的渔民每次出海前都要祈祷自己能够平安归来，其中主要的祈祷内容就是希望自己在出海时能够风平浪静、满载而归。他们在长期的捕鱼实践中深深地体会到了“风”给他们带来的无法预测、无法确定的危险，他们认识到，在出海捕鱼的生活中，“风”就意味着“险”，因此有了“风险”一词。

而另一种说法认为“风险”一词源自国外，认为“风险”（risk）一词直接源自法语中的"risque"一词。在其早期的运用中，它也是被理解为客观的危险，体现为自然现象或者航海遇到礁石、风暴等事件。

现代意义上的"风险"一词已经大大超越了"遇到危险"的狭义含义，而是"遇到破坏或损失的机会或危险"。可以说，经过几百年的演绎，"风险"一词越来越概念化，它随着人类活动的复杂性和深刻性而逐步深化，并被赋予了哲学、经济学、社会学、统计学甚至文化艺术领域的更广泛、更深层次的含义，且与人类的决策和行为后果联系得越来越紧密，"风险"一词也成为人们生活中出现频率很高的词汇。

无论"风险"一词的由来如何，其基本的核心含义已经突破了原来的范围，而且风险的内涵不断深化。综上所述，风险可以理解为"未来结果的不确定性或损失"，也可以进一步定义为"个人和群体在未来获得收益和遇到损失的可能性以及对这种可能性的判断与认知"。

**专栏 1-2**

### 关于风险内涵的理解

学术界对风险的内涵还没有统一的认识。由于对风险的理解和认识程度不同，或对风险的研究角度不同，不同学者对风险的概念有不同的解释，但可以归纳为以下几种代表性观点：

(1) 风险是事件未来可能结果发生的不确定性。1995 年莫布雷（Mowbray）称风险为不确定性；1985 年威廉斯（Williams）将风险定义为在给定的条件和某一特定时期未来结果的变动；马奇（March）和沙皮拉（Shapira）认为，风险是事物可能结果的不确定性，可由收益分布的方差测度；布罗米利（Bromiley）认为，风险是公司收入流的不确定性；马科维茨（Markowitz）和夏普（Sharpe）等将证券投资的风险定义为该证券资产的各种可能收益率的变动程度，并用收益率的方差来度量证券投资的风险，通过量化风险的概念改变了投资大众对风险的认识，由于方差计算的方便性，风险的这种定义在实际中得到了广泛的应用。

(2) 风险是损失发生的不确定性。1984 年克兰（Crane）认为，风险意味着未来损失的不确定性。这种观点又分为主观学说和客观学说两类。主观学说认为不确定性是主观的、个人的和心理上的一种观念，是个人对客观事物的主观估计，而不能以客观的尺度予以衡量，不确定性的范围包括发生与否的不确定性、发生时间的不确定性、发生状况的不确定性以及发生结果严重程度的不确定性。客观学说以风险客观存在为前提，以风险事故观察为基础，以数学和统计学观点加以定义，认为风险可用客观的尺度来度量。例如，法伊弗（Pfeiffer）将风险定义为可测度的客观概率的大小，奈特（Knight）认为风险是可测定的不确定性。

(3) 风险是指可能发生损失的损害程度的大小。马科维茨在别人质疑的基础上，排除可能收益率高于期望收益率（也称预期收益率）的情况，提出了下侧风险（downside risk）的概念，即实现的收益率低于期望收益率的风险，并用半方差（semi-variance）来计量下侧风险。

(4) 利用对波动的标准统计方法定义风险。在 1993 年发布的《衍生证券的实践与原则》报告中，已知头寸或组合的市场风险被定义为经过某一时间间隔，具有一定置信区间的最大可能损失。这种方法被命名为风险价值（value at risk，VaR）法。1996 年，国际清算银行允许各国银行使用自己内部的风险估值模型去设立对付市场风险的资本金。1997 年，若里翁（Jorion）在研究金融风险时，利用“在正常的市场环境下，给定一定的时间区间和置信度水平，预期最大损失（或最坏情况下的损失）”的测度方法来定义和度量金融风险，他也将这种方法简称为 VaR 法。

（5）利用不确定性的随机性特征来定义风险。风险的不确定性包括模糊性与随机性两类。模糊性的不确定性主要取决于风险本身所固有的模糊属性，要采用模糊数学的方法来刻画与研究；而随机性的不确定性主要是由风险外部的多因性（即各种随机因素的影响）造成的必然反应，要采用概率论与数理统计的方法进行研究。

不同的投资者对于同一风险可能有不同的看法，这就是投资者的风险偏好。一般来说，风险偏好可以归纳为三大类，即风险规避、风险中性、风险喜好。对于风险规避者来说，风险本身会降低他们的效用水平；对于风险喜好者来说，风险本身会提高他们的效用水平；对于风险中性者来说，是否承担风险对他们的效用水平不会造成任何影响。

从投资者效用函数的几何图形上看，在“效用-收益”的平面里，风险规避者的效用函数是一个单调递增、边际递减的凹函数（见图 1－1）。在这种情况下，一个确定性收益带来的效用水平要比期望收益相同但存在不确定性的风险资产带来的期望效用更高。风险中性者的效用函数是一条直线（见图 1－2）。在这种情况下，只要两个资产带来的期望收益相同，那么投资者对这两个资产的偏好就是一样的。风险喜好者的效用函数是一个单调递增、边际递增的凸函数（见图 1－3）。在这种情况下，与一个确定性的收益相比，投资者更喜欢具有相同期望收益但存在不确定性的风险资产。

**拓展阅读**

风险偏好测试表

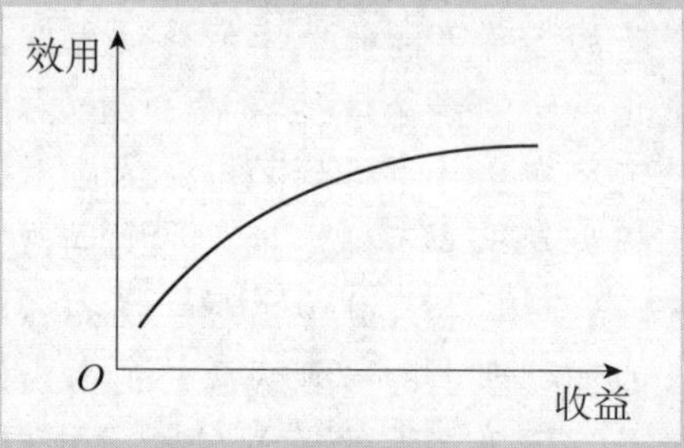


**图 1－1 风险规避者**

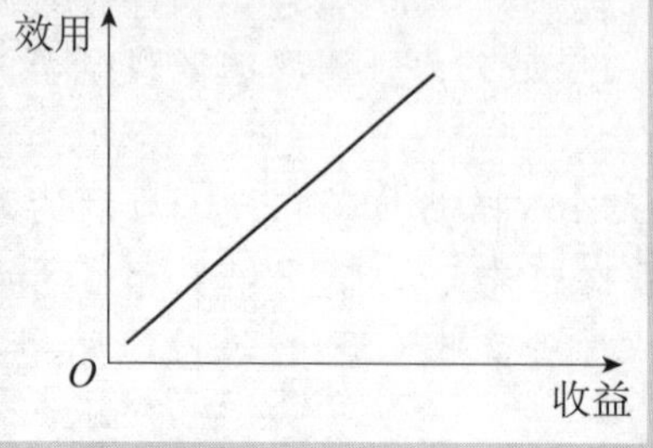


**图 1－2 风险中性者**

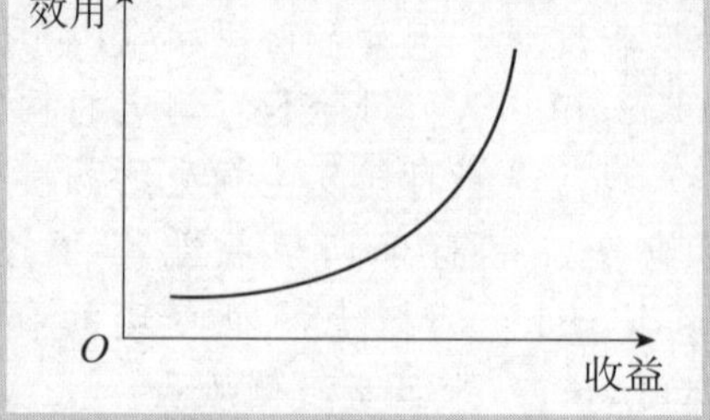


**图 1－3 风险喜好者**

# 1.2 债 券

## 1.2.1 债券的概念

债券（bond）是一种金融契约，是政府、金融机构、工商企业等在直接向社会借债筹措资金时，向投资者发行的，同时承诺按一定利率支付利息并按约定条件偿还本金的债权债务凭证。债券的本质是债的证明书，具有法律效力。

债券的概念包含以下四层含义：

（1）债券发行人（政府、金融机构、工商企业等）是资金的借入者；

（2）购买债券的投资者是资金的借出者；

（3）发行人（借入者）需要在一定时期还本付息；

（4）债券是债权债务的证明书，具有法律效力，债券持有人（或投资者）与债券发行人之间是一种债权债务关系，债券发行人就是债务人，债券持有人（或投资者）就是债权人。

## 1.2.2 债券的基本要素

根据上述定义，债券是债券发行人依照法定程序发行的、约定在一定期限向债券持有人（或投资者）还本付息的有价证券。债券是一种债务凭证，反映了债券发行人与债券持有人之间的债权债务关系。债券尽管种类多种多样，但在内容上都包含一些基本的要素。这些要素是指发行的债券上必须载明的基本内容，这是明确债权人和债务人权利与义务的主要约定，具体包括：

（1）债券面值。债券面值是指债券的票面价值，是债券发行人对债券持有人在债券到期后应偿还的本金数额，也是债券发行人向债券持有人按期支付利息的计算依据。债券面值与债券实际的发行价格并不一定是一致的，发行价格大于面值被称为溢价发行，小于面值被称为折价发行。

（2）票面利率。债券的票面利率是指债券利息与债券面值的比率，是债券发行人承诺以后一定时期支付给债券持有人报酬的计算标准。债券票面利率的确定主要受到银行利率、发行人的资信状况、偿还期限和利息计算方法以及当时资金市场上资金供求情况等因素的影响。

（3）付息期。债券的付息期是指债券发行人在发行债券后的利息支付时间。它可以是到期一次支付，或一年、半年、每季度支付一次。在考虑货币时间价值和通货膨胀因素的情况下，付息期对债券投资者的实际收益有很大影响。到期一次付息的债券，其利息通常是按单利计算的；而年内分期付息的债券，其利息是按复利计算的。

（4）偿还期限。债券的偿还期限是指债券上载明的偿还债券本金的期限，即债券发行日至到期日之间的时间间隔。债券发行人要结合自身资金周转状况及外部资本市场的各种影响因素来确定债券偿还期限。

## 1.2.3 债券的特征

债券作为一种债权债务凭证，与其他有价证券一样，也是一种虚拟资本，而非真实资本（如后面提到的股票、期货、期权等）。

债券作为一种重要的融资手段和金融工具，具有如下特征：

（1）偿还性。债券一般都规定有偿还期限，发行人必须按约定条件偿还本金并支付利息。

（2）流通性。债券一般都可以在流通市场上自由转让。

（3）安全性。与股票相比，债券通常规定有固定的利率。该利率与企业绩效没有直接联系，因而债券的收益比较稳定、风险较小。此外，在企业破产时，相对于股票持有者，债券持有者享有对企业剩余资产的优先索取权。

（4）收益性。债券的收益性主要表现在两个方面：一是投资债券可以给投资者定期或不定期地带来利息收入；二是投资者可以利用债券价格的变动，通过买卖债券赚取差额。

## 1.2.4 债券的分类

### 1.2.4.1 根据是否约定利息划分

（1）零息债券。未约定支付利息，一般低于面值发行。

（2）附息债券。约定半年或一年支付一次利息，按利率是否固定又可分为固定利率债券和浮动利率债券。

（3）息票累积债券。债券到期一次性归还本息，其间不支付利息。

### 1.2.4.2 根据债券券面形态划分

（1）实物债券。它是具有标准格式实物券面的债券。在其券面上，一般印制了债券面值、票面利率、偿还期限、债券发行人全称、还本付息方式等各种债券票面要素，不记名、不挂失，可上市流通。

（2）凭证式债券。债权人认购债券的收款凭证，而不是债券发行人制定的标准格式的债券。

（3）国家储蓄债——凭证式国债收款凭证。可记名、挂失，不可上市流通。持有期提前支取，按持有天数支付利息。

（4）记账式债券。无实物形态的票券，利用账户通过计算机系统完成债券发行、交易及兑付的全过程，我国从 1994 年开始发行。记账式债券可记名、挂失，可上市流通，安全性好。

### 1.2.4.3 根据发行主体划分

（1）国债，是国家为筹集资金而向投资者出具的、承诺在一定时期支付利息和到期偿还本金的债务凭证。由于它的发行主体是国家，所以它具有最高的信用度，被公认为最安全的投资工具。

（2）金融债券，是银行等金融机构作为筹资主体为筹措资金而向投资者发行的一种有价证券。

(3) 公司债券，是由公司依照法定程序发行的、约定在一定期限还本付息的有价证券。

#### 1.2.4.4 根据是否有财产担保划分

(1) 抵押债券，是以公司财产作为担保的债券，按抵押品的不同又可以分为一般抵押债券、不动产抵押债券、动产抵押债券和证券信用抵押债券。抵押债券可以分为封闭式和开放式两种。封闭式抵押债券的发行额会受到限制，即不能超过其抵押资产的价值；开放式抵押债券的发行额不受限制。抵押债券的价值取决于担保资产的价值。抵押品的价值一般超过它所提供担保债券价值的25%～35%。

(2) 信用债券，是不以任何公司财产作为担保、完全凭信用发行的债券。其持有人只对公司的非抵押资产具有追索权，公司的盈利能力是这些债券投资者的主要担保。因为信用债券没有财产担保，所以在债券契约中都要加入保护性条款，如不能将资产抵押给其他债权人、不能兼并其他企业、未经债权人同意不能出售资产、不能发行其他长期债券等。

#### 1.2.4.5 根据能否转换为公司股票划分

(1) 可转换债券，是指在特定时期内可以按某一固定的比例转换成普通股的债券。它具有债务与权益双重属性，属于一种混合性筹资方式。由于可转换债券赋予债券持有人将来成为公司股东的权利，因此其利率通常低于不可转换债券。若将来转换成功，在转换前发行企业达到了低成本筹资的目的，在转换后又可节省股票的发行成本。根据《中华人民共和国公司法》的规定，上市公司发行可转换债券应当经国务院证券监督管理机构注册。发行可转换债券的公司应同时具备发行公司债券和发行股票的资格。

(2) 不可转换债券，是指不能转换为普通股的债券，又称普通债券。由于不可转换债券没有赋予债券持有人将来成为公司股东的权利，所以其利率一般高于可转换债券。

#### 1.2.4.6 根据利率是否固定划分

(1) 固定利率债券，是将利率印在票面上并按其向债券持有人支付利息的债券。该利率不随市场利率的变化而调整，因而固定利率债券可以较好地抵制通货紧缩风险。

(2) 浮动利率债券，是指债券利率随市场利率变动而调整的债券。因为浮动利率债券的利率同当前市场利率挂钩，而当前市场利率又考虑了通货膨胀率的影响，所以浮动利率债券可以较好地抵制通货膨胀风险。

#### 1.2.4.7 根据能否提前偿还划分

(1) 可赎回债券，是指在债券到期前，发行人可以按事先约定的赎回价格收回的债券。公司发行可赎回债券主要是考虑到公司未来的投资机会和规避利率风险等问题，以增加公司资本结构调整的灵活性。发行可赎回债券最关键的问题是赎回期限和赎回价格的制定。

(2) 不可赎回债券，是指不能在债券到期前收回的债券。

#### 1.2.4.8　根据偿还方式不同划分

（1）一次到期债券，是发行公司于债券到期日一次偿还全部债券本金的债券。

（2）分期到期债券，是指在债券发行的当时就规定有不同到期日的债券，即分批偿还本金的债券。分期到期债券可以减轻发行公司集中还本的财务负担。

### 1.2.5　债券的收益率计算

人们在投资债券时，最关心的就是债券有多少收益。债券收益必须考虑货币的时间价值。

我们知道，在今天的100元与1年后的100元之间进行选择时，我们都愿意今天拿到100元，这实际上就是货币的时间价值。如何准确地计算出货币的时间价值呢？我们首先要明确两组概念：终值与现值，单利与复利。

终值是指现在的资金在未来某个时刻的价值，现值是指未来某个时刻的资金在现在的价值。单利与复利是利息的两种计算方式。按照单利计息，是指无论时间多长，只按本金计算利息，上期的利息不计入本金内重复计算利息。按照复利计息，是指除本金计算利息外，要将期间所生利息一并加入本金计算利息，即所谓的“利滚利”。

**1. 终值的计算**

（1）单利终值的计算。

设FV为单利终值，$P$为本金，$r$为每期利率，$n$为计息的期数，则单利终值为：

$$FV=P(1+nr)$$

（2）复利终值的计算。

设FV为复利终值，$P$为本金，$r$为每期利率，$n$为计息的期数，那么第1期末的复利终值为：

$$FV_1=P(1+r)$$

第2期末的复利终值为：

$$FV_2=FV_1(1+r)=P(1+r)(1+r)=P(1+r)^2$$

第3期末的复利终值为：

$$FV_3=FV_2(1+r)=P(1+r)^2(1+r)=P(1+r)^3$$

依此类推，第$n$期末的复利终值为：

$$FV_n=FV_{n-1}(1+r)=P(1+r)^{n-1}(1+r)=P(1+r)^n$$

**【例1-1】**　投资者将10 000元本金存入银行，一年定期存款利率为2.5%，每年底将本息再转存一年期定期存款，5年后本息共有多少？

**解：**按复利计算资金终值：

$$FV=10\ 000\times(1+2.5\%)^5=11\ 314.08(元)$$

**【例1-2】**　投资者将30 000元本金投资5年零3个月，年利率为4.5%，每年按复利付息一次。求投资期末的本息和。

**解：**3个月相当于0.25年，则$n=5.25$，所以

$$FV=30\ 000\times(1+4.5\%)^{5.25}=37\ 799.13(元)$$

在现实经济生活中，一笔投资每年可能多次收到利息，利息可以半年付、季付、月付、周付，甚至日付。在我们给出的复利终值计算公式中，需要指出的是，$r$ 是每期利率，要用年利率除以每年付息的次数；$n$ 是计息的期数，要用投资年数乘以每年付息的次数。

(3) 年金终值的计算。

年金是指在相同的间隔时间内陆续收到或付出相同金额的款项，比如分期付款买房、分期偿还贷款、发放养老金等，都属于年金收付的形式。按照收付的时间，年金终值的计算可以划分为以下两类：

1) 普通年金终值的计算。

普通年金（后付年金）是指在各期期末收入或付出的年金。若 $A$ 表示每期期末收付的金额，$F_k$ 为金额 $A$ 在 $k$ 期后的终值，$n$ 为复利期数，则年金终值为：

$$FV=F_0+F_1+F_2+\cdots+F_{n-2}+F_{n-1}$$

设 $r$ 为每期利率，则复利终值公式为：

$$F_k=F_0(1+r)^k,\ k=0,1,2,3,\cdots,n-1$$

而 $F_0=A$，所以

$$\begin{aligned}FV&=F_0+F_1+F_2+\cdots+F_{n-1}\\&=A+A(1+r)+A(1+r)^2+\cdots+A(1+r)^{n-1}\\&=A[(1+r)^n-1]/r\end{aligned}$$

**【例 1-3】** 投资者购买面值为 5 000 元的 10 年期债券，年利率为 6%，每年末付息一次，第一次付息在一年之后。如果投资者持有该债券直至到期日，将每年得到的利息以年利率 4%进行再投资，10 年后他一共将获得多少资金？

**解：** 这是一个求普通年金终值的问题。每年末利息收入为 300（=5 000×6%）元，构成一笔 10 年期的普通年金，将利息进行再投资的终值就是普通年金的终值：

$$FV=300\times[(1+4\%)^{10}-1]/4\%=3\ 601.83(元)$$

投资者 10 年后获得的本息和为：

$$5\ 000+3\ 601.83=8\ 601.83(元)$$

2) 预付年金终值的计算。

预付年金是在每期期初收入或付出的年金，它的终值与普通年金终值的推导过程大同小异。若 $A$ 表示每期期初收付的金额，$F_k$ 为金额 $A$ 在 $k$ 期后的终值，$n$ 为复利期数，$r$ 为每期利率，则预付年金的终值是：

$$\begin{aligned}FV&=F_1+F_2+\cdots+F_{n-1}+F_n\\&=A(1+r)+A(1+r)^2+\cdots+A(1+r)^{n-1}+A(1+r)^n\\&=A\{[(1+r)^n-1]/r\}(1+r)\end{aligned}$$

**【例 1-4】** 在上例中，债券若改为每年初付息一次，从投资者购买时开始支付，重新求 10 年后投资者获得的本息和。

**解：** 每年初获得的利息构成一笔 10 年期的预付年金，可以运用预付年金终值公式求出利息再投资的终值：

$$\begin{aligned}FV&=300\times\{[(1+4\%)^{10}-1]/4\%\}\times(1+4\%)\\&=3\ 601.83\times(1+4\%)\\&=3\ 745.90\ (元)\end{aligned}$$

第 10 年末获得的本息和为：

$$5\,000+3\,745.90=8\,745.90(\text{元})$$

**2. 现值的计算**

(1) 复利现值。

求现值的过程与求终值的过程正好相反。根据复利终值的计算公式

$$\mathrm{FV}=P(1+r)^n$$

得到复利现值为：

$$P=\mathrm{FV}/(1+r)^n$$

**【例 1-5】** 投资者在考虑是否购买这样一种附息债券，它的面值为 1 000 元，票面利率为 10%，每年末付息，从一年后开始支付，5 年后到期，市场价格是 1 170 元。如果投资者要求的年收益率为 6.2%，那么该债券是否值得购买？

**解：** 首先应该按投资者要求的收益率，计算出该债券未来一系列支付的现值，见表1-1。

**表 1-1 现值的计算**

| 第×年 | 支付的终值 | 支付的现值（$r$=6.2%） |
|---|---|---|
| 1 | 100 元 | 94.16 元 |
| 2 | 100 元 | 88.66 元 |
| 3 | 100 元 | 83.49 元 |
| 4 | 100 元 | 78.61 元 |
| 5 | 1 100 元 | 814.27 元 |
| | | 现值的总和=1 159.19 元 |

该附息债券的利息与本金支付按要求的年收益率贴现的现值的总和小于它的市场价格，因此，如果投资者按市场价格购买该债券，他获得的实际年收益率将会小于要求的年收益率，投资会得不偿失。

(2) 年金现值。

1) 普通年金现值的计算。

普通年金现值是指一定时期内每期期末收付的等额款项的复利现值之和。若 $A$ 表示每期期末收付的金额，$P_k$ 为第 $k$ 期金额 $A$ 的现值，$n$ 为复利期数，则普通年金的现值是：

$$\mathrm{PV}=P_1+P_2+\cdots+P_{n-1}+P_n$$

设 $r$ 为每期利率，根据复利现值公式，有

$$P_k=A(1+r)^{-k},\ k=1,\ 2,\ 3,\ \cdots,\ n-1,\ n$$

$$PV=A(1+r)^{-1}+A(1+r)^{-2}+\cdots+A(1+r)^{-(n-1)}+A(1+r)^{-n}$$

$$=A[1-(1+r)^{-n}]/r$$

**【例 1-6】** 在例 1-5 中，债券的利息支付构成了一笔 5 年期的普通年金，它的现值等于：

$$100\times[1-(1+6.2\%)^{-5}]/6.2\%=418.95(\text{元})$$

本金的复利现值等于：

$1\ 000/(1+6.2\%)^5=740.25$(元)

两者之和是 1 159.20 元，这与上例中按每期复利现值求和得到的结果是近似相等的，之所以存在差别，是因为我们在保留小数点位数时进行了四舍五入。

**【例 1-7】** 银行同意向某人提供一笔 200 000 元的住房贷款，期限为 30 年，每月底的还款额相等。贷款收取的年利率为 12%，银行每月应当向客户收取多少还款？

**解：**银行希望获得的普通年金现值为 200 000 元，每月收取还款意味着每年收取 12 次，年金收入的次数 $n$ 为 $30\times12=360$，调整后的每期利率 $r$ 为 $12\%/12=1\%$。运用普通年金现值的计算公式可得：

$$200\ 000=A[1-(1+1\%)^{-360}]/1\%$$

$$A=2\ 057.23(\text{元})$$

因此，银行每月应当向客户收取还款 2 057.23 元。

2）预付年金现值的计算。

在普通年金现值推导的基础上稍做修改，我们可以推出预付年金现值的计算公式。预付年金的现值是：

$$\text{PV}=P_0+P_1+P_2+\cdots+P_{n-1}$$

设 $r$ 为每期利率，根据复利现值公式，我们有

$$\begin{aligned}\text{PV}&=A+A(1+r)^{-1}+A(1+r)^{-2}+\cdots+A(1+r)^{-(n-1)}\\&=A\{[1-(1+r)^{-n}]/r\}(1+r)\end{aligned}$$

**【例 1-8】** 在例 1-5 中，把利息支付时间改为每年初，从购买时开始支付，其他条件不变。重新判断该债券是否值得投资。

**解：**该债券的利息支付成为一笔 5 年期的每年 100 元的预付年金，其现值等于：

$$\begin{aligned}&100\times\{[1-(1+6.2\%)^{-5}]/6.2\%\}\times(1+6.2\%)\\&=418.95\times(1+6.2\%)\\&=444.92(\text{元})\end{aligned}$$

第 5 年末收回 1 000 元本金，其复利现值等于：

$$1\ 000/(1+6.2\%)^5=740.25(\text{元})$$

两者之和是 1 185.17 元，高于该债券现行的市场价格（1 170 元）。因此，如果投资者购买该债券，获得的实际年收益率将会高于要求的年收益率，因而该债券值得投资。

3）永续年金现值的计算。

永续年金是无限期定额支付的年金，它没有终止的时间，也就没有终值。永续年金现值的计算可以由普通年金现值的计算公式推导出来。

普通年金的现值为：

$$\text{PV}=A[1-(1+r)^{-n}]/r$$

当 $n$ 趋近于无穷大时，$(1+r)^{-n}$ 趋近于 0。因此，永续年金的现值是：

$$\text{PV}=A/r$$

**【例 1-9】** 一种面值为 1 000 元的永续债券，票面利率为 9%，每年底付息一次，一年后开始支付，市场价格为 988 元。投资者要求的年收益率为 10%，购买该债券是否值得？

**解：**该债券的支付是一笔永续年金，按要求的年收益率贴现的现值为：

$$PV=90/10\%=900(\text{元})$$

900元小于当前的市场价格。因此，投资该债券的实际年收益率必将小于10%，该债券不具有投资吸引力。

资金现值的计算是确定金融产品价格的基础，任何金融产品的定价都相当于求解投资产生的预期现金流的现值。

3. 债券收益率

债券收益率是债券收益与其投入本金的比率，通常用年率表示。债券收益不同于债券利息。债券利息仅指债券票面利率与债券面值的乘积。但是，由于人们在债券持有期内还可以在债券市场上进行买卖以赚取价差，因此债券收益除利息收入外，还包括买卖盈亏差价。

决定债券收益率的主要因素有债券的票面利率、偿还期限、面值和发行价格。最基本的债券收益率计算公式为：

$$\text{债券收益率}=\frac{\text{到期本息和}-\text{发行价格}}{\text{发行价格}\times\text{偿还期限}}\times 100\%$$

由于债券持有人可能在债券偿还期限内转让债券，因此债券收益率还可以分为债券出售者的收益率、债券购买者的收益率和债券持有期间的收益率，其各自的计算公式如下：

$$\text{债券出售者的收益率}=\frac{\text{卖出价格}-\text{发行价格}+\text{持有期间的利息}}{\text{发行价格}\times\text{持有年限}}\times 100\%$$

$$\text{债券购买者的收益率}=\frac{\text{到期本息和}-\text{买入价格}}{\text{买入价格}\times\text{剩余期限}}\times 100\%$$

$$\text{债券持有期间的收益率}=\frac{\text{卖出价格}-\text{买入价格}+\text{持有期间的利息}}{\text{买入价格}\times\text{持有年限}}\times 100\%$$

比如某人于2017年1月1日以102元的价格购买了一张面值为100元、利率为10%、每年1月1日支付一次利息的2013年发行的5年期国库券，并持有至2018年1月1日到期，则

$$\text{债券购买者的收益率}=\frac{100+100\times 10\%-102}{102\times 1}\times 100\%=7.8\%$$

$$\text{债券出售者的收益率}=\frac{102-100+100\times 10\%\times 4}{100\times 4}\times 100\%=10.5\%$$

再如，某人于2015年1月1日以120元的价格购买了一张面值为100元、利率为10%、每年1月1日支付一次利息的2014年发行的10年期国库券，并在2018年1月1日以140元的价格卖出，则

$$\text{债券持有期间的收益率}=\frac{140-120+100\times 10\%\times 3}{120\times 3}\times 100\%=13.9\%$$

以上计算公式没有考虑把获得的利息进行再投资的因素。把所获利息的再投资收益计入债券收益，据此计算出来的收益率就是复利收益率。

## 1.2.6 债券筹资的特点

### 1.2.6.1 债券筹资的优点

对于企业来说，通过债券进行融资具有以下主要优点：

（1）资本成本低。债券的利息可以税前列支，具有抵税作用。另外，债券投资者比股票投资者的投资风险低，因此其要求的年收益率也较低。综上，债券的资本成本低于普通股。

（2）具有财务杠杆作用。债券的利息是固定的费用，债券持有人除获取利息外，不能参与净利润的分配，因而债券筹资具有财务杠杆作用，在息税前利润增加的情况下，会使股东的收益以更快的速度增加。

（3）所筹集资金属于长期资金。发行债券所筹集的资金一般属于长期资金，可供企业在1年以上的时间内使用，这就为企业安排投资项目提供了有力的资金支持。

（4）债券筹资的范围广、金额大。债券筹资的对象十分广泛，它既可以向各类银行或非银行金融机构筹资，也可以向其他法人单位、个人筹资，因此筹资比较容易，并可筹集较大金额的资金。

#### 1.2.6.2 债券筹资的缺点

对于企业来说，通过债券进行筹资具有以下缺点：

（1）财务风险大。债券有固定的到期日和固定的利息支出，当企业资金周转出现困难时，易使企业陷入财务困境，甚至破产清算。因此，筹资企业在通过发行债券筹资时，必须考虑利用债券筹资方式所筹集资金开展的投资项目未来收益的稳定性和增长性问题。

（2）限制性条款多，资金使用缺乏灵活性。因为债权人没有参与企业管理的权利，为了保障债权人债权的安全，债券合同中通常会包括各种限制性条款。这些限制性条款会影响企业资金使用的灵活性。

## 1.3 股　票

### 1.3.1 股票的概念

股票是股份有限公司在筹集资本时向出资人或投资者发行的股份凭证，代表其持有者（即股东）对股份有限公司的所有权。这种所有权是一种综合权利，如参加股东会、投票表决、参与公司的重大决策、收取股息或分享红利等。股票只是对一个股份有限公司拥有的实际资本的所有权证书，是参与公司决策和索取股息的凭证，不是实际资本，它只是间接地反映了实际资本运动的状况，从而表现为一种虚拟资本。

由此，从股票的概念来看，股票主要包含以下几个内容：

（1）股票是一种出资证明，当一个自然人或法人向股份有限公司参股投资时，便可获得股票作为出资的凭证。

（2）股票持有者凭借股票来证明自己的股东身份、参加股份有限公司的股东会，并对股份有限公司的经营发表意见。

（3）股票持有者凭借股票参与股份发行企业的利润分配，并在企业破产清算时，可以享受剩余财产分配权。

**专栏 1-3**

### 股票的历史

股票至今已有 400 多年的历史，它伴随着股份有限公司的出现而出现。企业经营规模的扩大与资本供给的不足要求通过一种方式来让企业获得大量的资本金，于是产生了以股份有限公司形态出现的、股东共同出资经营的企业组织。股份有限公司的变化和发展产生了股票形态的融资活动；股票融资的发展产生了股票交易的需求；股票交易的需求促成了股票市场的形成和发展；而股票市场的发展最终又促进了股票融资活动和股份有限公司的完善及发展。

股票最早出现于资本主义国家。股票由于能够有效积聚社会闲散资金，因此成为早期资本主义国家殖民扩张的工具。世界上最早的股份有限公司制度诞生于 1602 年在荷兰成立的东印度公司。股份有限公司这种企业组织形式在出现以后很快为资本主义国家广泛利用，成为资本主义国家企业组织的重要形式之一。伴随着股份有限公司的诞生和发展，以股票形式集资入股的方式也得到发展，并且产生了买卖交易、转让股票的需求。这带动了股票市场的出现和形成，并促使股票市场得到完善和发展。早在 1611 年，荷兰东印度公司的股东就在阿姆斯特丹股票交易市场进行了股票交易，并且后来有了专门的经纪人撮合交易。最早的证券交易所是荷兰的阿姆斯特丹证券交易所。当前，股份有限公司已成为最基本的企业组织形式之一；股票已成为大企业筹资的重要渠道和方式，也是投资者投资的基本方式；股票市场（包括股票的发行和交易）与债券市场成为证券市场的重要组成部分。

## 1.3.2 股票的特征

股票具有以下特征：

（1）不可偿还性。股票是一种无偿还期限的有价证券，投资者在认购了股票后，就不能再要求退股，只能到二级市场卖给第三者。股票的转让只意味着公司股东的改变，并不减少公司资本。从期限上看，只要公司存在，它所发行的股票就存在，股票的期限等于公司存续的期限。

（2）参与性。股东有权出席股东会，选举公司董事会，参与公司的重大决策。股票持有者的投资意志和享有的经济利益通常是通过行使股东参与权来实现的。股东参与公司决策的权利大小，取决于所持股份的多少。从实践中看，只要股东持有的股票数量达到左右决策结果所需的实际多数，股东就能掌握公司的决策控制权。

（3）收益性。股东凭其持有的股票，有权从公司领取股息或红利，获取投资的收益。股息或红利的大小主要取决于公司的盈利水平和公司的盈利分配政策。股票的收益性还表现在股票投资者可以获得价差收入或实现资产保值增值。通过低价买入和高价卖出股票，投资者可以赚取价差利润。

（4）流通性。股票的流通性是指股票在不同投资者之间的可交易性。流通性通常以可流通的股票数量、股票成交量以及股价对成交量的敏感程度来衡量。可流通股数越多，成交量越大，股价对成交量越不敏感（股价越不会随着成交量一同变化），股票的流通性就越好，反之就越差。

（5）股价的波动性和风险性。股票在交易市场上作为交易对象，与商品一样，有自己的市场行情和市场价格。由于股价要受到诸如公司经营状况、供求关系、银行利率、大众心理等多种因素的影响，因此其波动有很大的不确定性。正是这种不确定性，有可能使股票投资者遭受损失。股价波动的不确定性越大，投资风险就越大。因此，股票是一种高风险的金融产品。

## 1.3.3 股票分类

### 1.3.3.1 按上市地区划分

就注册地在中国境内的上市公司来说，其所发行的股票因为上市地区不同主要分为以下几种：

（1）A股。A股是“A种股票”的简称，亦称“人民币普通股票”。它是由我国境内公司发行，供境内机构、组织或个人以及合格境外机构投资者以人民币认购和交易的普通股股票。

（2）B股。B股又称“人民币特种股票”，是指那些在中国境内注册、在中国境内上市的特种股票。它以人民币标明面值，只能以外币认购和交易。

（3）H股。H股是境内公司发行的以人民币标明面值，供境外投资者用外币认购，在香港联合证券交易所上市的股票。

（4）N股。N股是境内公司发行的以人民币标明面值，供境外投资者用外币认购，在纽约证券交易所上市的股票。但在实践当中，大多数非美国公司（不包括加拿大公司）都采用美国存托凭证（ADR）形式而非普通股的方式进入美国股票市场。美国存托凭证是一种以证书形式发行的可转让证券，通常代表一家外国公司的已发行股票。另外，还有越来越多的中国企业在纳斯达克（NASDAQ）挂牌，在这一市场挂牌的中国企业股票一般被称为纳指中国概念股。

（5）S股。S股是境内公司发行的以人民币标明面值，供境外投资者用外币认购，在新加坡交易所上市的股票。这些公司的生产、经营等核心业务和注册地均在中国境内。

### 1.3.3.2 按股票代表的股东权利划分

（1）普通股。普通股是指在公司的经营管理、盈利及财产的分配上享有普通权利的股份，代表满足所有债权偿付要求及优先股股东的收益权与求偿权要求后对企业盈利和剩余财产的索取权。普通股构成公司资本的基础，是股票的一种基本形式。当前在上海和深圳证券交易所上市交易的股票都是普通股。普通股股东按其所持的股份比例享有以下基本权利：①公司决策参与权。普通股股东有权参与股东会，并有建议权、表决权和选举权，也可以委托他人代表其行使股东权利。②利润分配权。普通股股东有权从公司利润分配中得到股息。普通股的股息是不固定的，由公司盈利状况及其分配政策决定。普通股股东必须在优先股股东取得固定股息之后才有权享受股息分配权。③优先认股权。如果公司需要扩张而增发普通股股票，现有普通股股东有权按其持股比例，以低于市价的某一特定价格优先购买一定数量的新发行股票，从而保持其对企业所有权的原有比例。④剩余资产分配权。当公司破产或清算时，若公司的资产在偿还欠债后还有剩余，其剩余部分按先优先股股东、后普通股股东的顺序进行分配。

（2）优先股。优先股在利润分红及剩余财产分配的权利方面优先于普通股。优先股股东有两种权利：①优先分配权。在公司分配利润时，拥有优先股的股东与持有普通股的股东相比分配在先，但是享受固定金额的股利，即优先股的股利是相对固定的（若公司不对优先股股东进行股利分配，则不能对普通股股东进行股利分配，因为优先股股东优先于普通股股东分配股利）。②剩余财产优先分配权。若公司清算，在分配剩余财产时，优先股在普通股之前分配。在很多国家，当公司决定连续几年不分配股利时，优先股股东可以进入股东会来表述他们的意见，以保护他们自己的权利。

**专栏 1-4**

### 优先股与普通股和债券的区别

根据优先股和普通股的不同特点，优先股和普通股有如下区别：

（1）股息。优先股相对于普通股可优先获得股息。如果企业在年度内没有足够现金派发优先股股息，普通股是不能分发股息的。股息数量由公司董事会决定，但当企业获得优厚利润时，优先股不会获得超额收益。

（2）剩余财产优先分配权。当企业宣布破产并变卖企业资产时，只有在全面偿还优先股股东后，才以剩下的部分偿还普通股股东。

（3）投票权。优先股股东没有参与企业决策的投票权，但在企业长期无法派发优先股股息时，优先股股东有权派代表加入董事会，以协助改善企业财务状况。

（4）优先购股权。普通股股东在企业发行新股时，可优先购买与持股量相称的新股，以防止持股比例被稀释，但优先股股东无权获得优先发售。

此外，优先股与债券的区别见表 1-2。

**表 1-2 优先股与债券的区别**

| | 优先股 | 债券 |
|---|---|---|
| 持有人身份 | 公司股东，优先股股东在优先股股息上没有法律约束力，若公司无力派发股息，不可以此为由提起法律诉讼，但有权派代表加入董事会，以协助改善财务状况 | 公司债权人，在债券利息上具有法律权利，若公司无力派发利息，可以此为由提起法律诉讼 |
| 收益 | 稳定，收益率较高 | 固定，收益率较低 |
| 风险 | 低 | 更低 |
| 公司破产 | 求偿权在债券之后 | 优先求偿权 |
| 到期日 | 无到期日 | 有到期日 |

## 1.3.4 股票的内在价值

股票的内在价值是指股票未来现金流的现值，它是股票的真实价值，又称理论价值。

根据通行的股票价值决定理论，公司股票的内在价值由其未来的现金流（即股利）的现值决定，即

$$V_t = \sum_{i=1}^{\infty} E_t\left[\frac{d_{t+i}}{(1+r_t)^i}\right]$$

式中，$r_t$为$t$期股票的预期股利贴现率或资本成本；$E(d_{t+i})$为以$t$期股票的预期股利收益表示的$t$期股票的内在价值。

根据公式，股票的内在价值依赖于公司的资本成本和对未来股利分配的预期。如果能够正确地预期股票的未来股息分配，股票的价格便可很容易地确定下来。遗憾的是，对未来的预期是不确定的，从而导致股票的内在价值也很难准确地确定，这在一定程度上导致了泡沫现象的产生。

当股票的价格水平相对于经济基础条件决定的内在价值出现非平稳的向上偏移时，可以将其定义为价格泡沫，这种偏移的数学期望可以作为泡沫的度量。导致价格泡沫的原因是复杂的，在实际经济活动中，与预期相关联的过度投机行为、幼稚投机者交易行为、规范失灵、诈骗行为和道德风险等都可能成为导致泡沫现象的原因。一般来说，在投机性泡沫产生时，价格往往会突然攀升，价格的攀升趋势可能会使市场产生价格上升的进一步预期，并且吸引新的买主，形成自我实现的正反馈过程。价格泡沫一旦被市场发现，就会产生与原来相反的预期，出现使市场价格回归理论价格的市场力，价格可能迅速而急剧地下降，导致泡沫破灭。历史上曾出现过南海泡沫、郁金香泡沫、日本经济泡沫、纳斯达克科技股泡沫等，这些泡沫在膨胀时期使资产价格都出现了数倍甚至数十倍的增长，但泡沫的破灭无一例外地对所在国经济产生了重大的不利影响。

**专栏1-5**

## 郁金香泡沫

郁金香泡沫，又称郁金香效应。作为人类历史上有记载的最早的投机活动，荷兰的郁金香泡沫昭示了此后人类社会的一切投机活动，尤其是金融投机活动中的各种要素和环节：对财富的狂热追求、羊群效应、理性的完全丧失、泡沫的最终破灭和千百万人的倾家荡产。

郁金香泡沫是人类历史上第一次有记载的大规模金融泡沫事件。16世纪中期，郁金香被从土耳其引入西欧，不久，人们对这种植物产生了狂热的兴趣。到17世纪初期，一些珍品被卖到了不同寻常的高价，而富人们也竞相在他们的花园中展示最新和最稀有的品种。到17世纪30年代初期，这一时尚导致了一场经典的投机狂潮。人们购买郁金香已经不再是为了其内在的价值或作观赏之用，而是期望其价格能无限上涨并因此获利(这种总是期望有人愿意出更高价的想法，长期以来被称为投资的博傻理论)。

1635年，一种叫“Childer”的郁金香品种单株卖到了1 615弗罗林（荷兰货币单位)。如果你想搞清楚这样一笔钱在17世纪早期荷兰的经济中是什么价值，你只需要知道购买4头公牛（与一辆拖车等值）仅需花费480弗罗林，而购买1 000磅（约454千克）奶酪也仅需花费120弗罗林。可是，郁金香的价格还是继续上涨。第二年，一株稀有品种的郁金香（当时的荷兰全境只有两株）以4 600弗罗林的价格售出；

拓展阅读

日本泡沫经济

除此以外，购买者还需要额外支付一辆崭新的马车、两匹灰马和一套完整的马具。

但是，所有的金融泡沫正如它们在现实世界中的名称所喻示的一样脆弱。当人们意识到这种投机并不创造财富，而只是转移财富时，总有人会清醒过来，到这个时候，郁金香泡沫就该破灭了。在某个时刻，当某个无名小卒卖出郁金香——或者更有勇气些，卖空郁金香时，其他人就会跟从；很快，卖出的狂热与此前购买的狂热不相上下。于是，价格崩溃了，成千上万的人在这个万劫不复的大崩溃中倾家荡产。

专栏 1-6

## 2015 年中国股市危机

2015 年 6 月 15 日（星期一），上证综指以 5 174 点开盘，而后在 17 个交易日内，一路狂泻到 3 507 点，并于 7 月 9 日下探 3 373 点。从 6 月 15 日到 7 月 8 日，上证综指的累计跌幅达到 32.2%。在此期间，我国股票市场除了间歇式地在几个交易日出现短暂喘息之外，崩盘式下跌成为股市的主要特征（见图 1-4）。然而，这并不是 2015 年夏天的全部故事。在经历了短暂的反弹、下跌和再次反弹后，我国股票市场从 8 月 18 日开始，在 7 个交易日内再次出现了一轮暴跌。上证综指从 18 日开盘的 3 999 点（日内最高达到 4 006 点）一路下跌到 2 850 点，跌幅为 28.7%。创业板由 18 日开盘的 2 674 点一路下跌到 1 843 点。

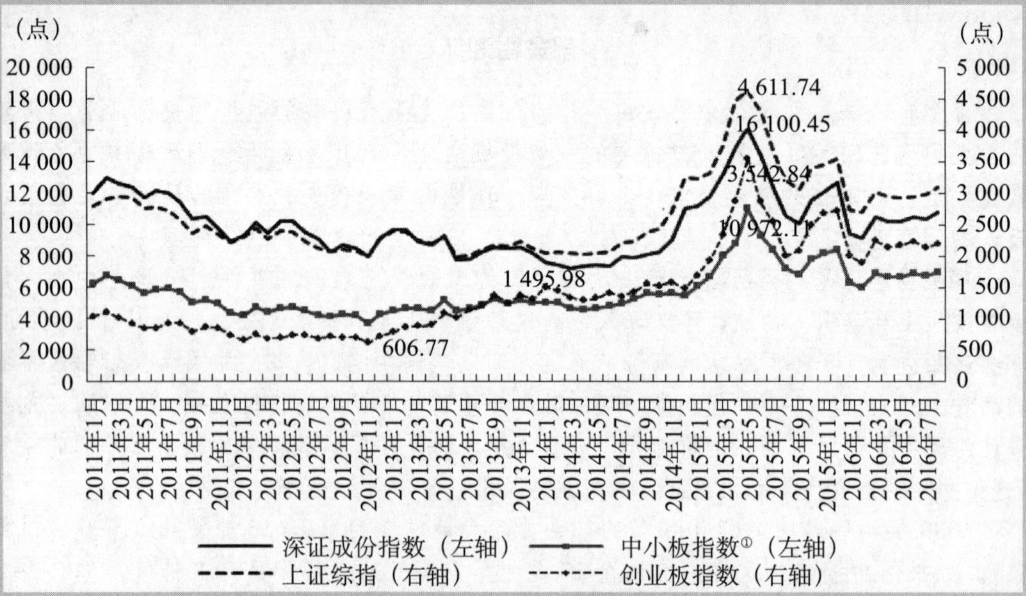


**图 1-4　2011 年以来中国股票市场主要股指的变化**

① 2021 年，“中小板指数”名称变更为“中小企业 100 指数”，指数简称由“中小板指”变更为“中小 100”。

2014—2015年的牛市与此前的牛市有很大不同，由于杠杆是上述股市泡沫产生和破灭的直接推手，因此有人将此次牛市称为“杠杆上的牛市”。根据清华大学国家金融研究院基于渤海证券相关数据的测算，在2014年10月至2015年6月的股市上涨期间，峰值阶段进入股市的杠杆资金为5.4万亿～6万亿元。其中，场外配资的规模为3万亿～3.8万亿元。在场外配资中，又以信托渠道杠杆资金的规模最大，占60%，为1.8万亿～2.2万亿元。

由于杠杆资金在交易过程中涉及保证金制度，当资产价格因为某些冲击在短期内出现猛烈的下跌时，即便投资者仍看好该证券的长期价值，也会因为在短期内无法支付保证金而被迫减仓。当市场中的大量投资者都面临减仓压力时，资产价格就会面临崩盘的局面。最终造成市场陷入“资产价格下跌→投资者财富损失，杠杆率上升→要求追加保证金→投资者资金短缺，减仓→市场流动性枯竭→资产价格进一步下跌”的循环。如此进行下去，在杠杆的作用下，市场流动性下降和价格下降形成了一个互相加强的循环，这就是普林斯顿大学的布伦纳梅尔(Brunnermeier)和佩德森(Pedersen)两位学者提出的“流动性螺旋”。在这个螺旋中，高杠杆既是触发器，又是放大器。资产价格下跌引发杠杆坍塌，迫使资产被快速贱卖，进而引发更大规模的价格下跌。

2015年2月，证券监管部门开始对股市因价格快速上涨而积累的风险有所重视，并在其后的几个月内不断发出警示。

2015年2月6日，股市传出监管部门要求券商严格执行《证券公司融资融券业务管理办法》的消息，禁止证券公司通过代销伞形信托、P2P平台、自主开发相关融资服务系统等形式，为客户与他人、客户与客户之间的融资融券活动提供任何便利和服务。

3月20日，证监会在新闻发布会上进一步提示：近期股市上涨是对市场经济增长等多个因素的综合反映，有其必然性和合理性，在目前经济下行压力依然较大的情况下，投资者应当警惕市场风险，切忌盲目跟风炒作等。

4月17日，证监会在新闻发布会上提醒投资者理性投资。证监会发言人指出：投资者踊跃入市，说明他们对中国资本市场充满信心，但不少新投资者对股市涨跌缺乏经验和感受，对风险缺乏认识和警惕，因此，提醒投资者要做足功课、理性投资，尊重市场、敬畏市场，牢记股市有风险、量力而行，不要被“卖房炒股、借钱炒股”所误导。

5月21日，由中国证券业协会组织部分券商召开的监管会议正式对配资活动进行清理。在这次会议上，中国证券业协会要求证券公司停止与恒生电子签订协议、利用HOMS（恒生订单管理系统）为客户间配资提供服务或便利、利用第三方系统通过接口接入实现客户间配资以及以其他方式为客户间配资提供服务或便利等违法、违规行为。

6月12日，也就是股市开始调整前一周的周五，证监会发言人提出：证监会再次重申，证券公司不得为场外配资提供接口。(证券公司）不得通过网上接口为任何个人和机构提供场外配资，为非法证券活动提供便利。翌日，证监会发布《关于加强证券公司信息系统外部接入管理的通知》，将证监会发言人的表述以正式文件的形式予以确认。

配资清理打响了股市调整的第一枪。随着股价的下跌，首先受到影响的是高杠杆的场外配资盘。许多场外配资盘要求股票价格下跌10%就要进行补仓。当这一部分场外配资盘跌至警告线时，出现了第一波的强制平仓。随后，这一波股价下跌潮引发了连锁反应。由于出现了大量卖盘，股价被进一步拉低，致使更多的场外配资盘被强制平仓，造成市场信心开始动摇。而多头急于平仓，又加剧了股价的进一步下跌，导致受影响的群体从高杠杆投资者向低杠杆投资者、私募基金、公募基金、券商等扩散。7月5日，由高杠杆崩塌引发的流动性螺旋已造成整个市场流动性的枯竭。由于连续的开盘跌停、大面积的私募清盘和公募基金赎回，场内融资盘开始摇摇欲坠。当时的资料显示，个股价格经常在上午10：30和下午2：30出现大幅跳水，而很多股票经常被天量卖单钉死在跌停板上。这些特征正是由强制平仓交易导致的。市场流动性的萎缩导致市场的跌停潮从高泡沫的中小创股票向原本质地较好、流动性较高的优质股票传染，使市场信心在很短的时间里土崩瓦解。

总结2015年中国股市危机，我们可以发现以下几个特点：第一，资产价格的崩盘通常是在泡沫高涨的情况下发生的。在股市危机发生前，2015年深市A股的平均月市盈率最高达到79.25倍，创业板的平均月市盈率最高达到150倍。第二，经过几十年的发展，中国股票市场仍没有摆脱政策的影响，资产价格很容易在政府隐性背书的情况下出现飙涨。但是，随着市场规模的快速扩张和投资者的成熟，政策在与市场规律进行博弈时，其效果越来越差。第三，在市场投资者结构没有发生本质变化、个人投资者依然是市场交易主体的情况下，中国股票市场在很大程度上仍受到非理性情绪的影响。在市场投资者结构没有发生本质变化的前提下，我国股票市场价格急涨急跌、牛短熊长等特征很难得到改变。第四，在上市发行制度没有本质变化、上市仍是一种稀缺资源的情况下，“壳”的价值将成为很多公司估值的重要部分，也就是资产价格扭曲的问题不可能得到有效解决。

**专栏1-7**

## 2020年美国股市熔断

熔断机制（circuit breaker）也称为自动停盘机制，是指为了控制股票、期货或其他金融产品的交易风险，为其单日价格波动幅度设置区间限制。一旦成交价触及区间上下限，交易或者自动中断一段时间（熔即断），或者继续交易但不能突破上下限（熔而不断）。这是一个针对市场指数的交易机制，目标是避免发生类似1987年10月19日“黑色星期一”的股灾。美股熔断机制的规则是在发展中不断完善的，在2013年以前，熔断对应的是道琼斯工业指数，2013年之后换成了标准普尔（简称标普）500指数。2020年之前美国股市仅仅发生过一次熔断，时间是1997年10月27日，当日道琼斯工业指数下跌了7.18%。然而，2020年3月9日、12日、16日与18日，美国股票市场在8个交易日内熔断4次。

伴随市场指数的暴跌，美国政府陆续出台了一系列救市举措。3月9日大跌后一天，美国提出将讨论薪资税减免计划。11日，美国总统宣布要延长个人与中小企业缴税期限，并向中小企业提供500亿美元低息贷款。但由于薪资税减免计划不明确，而且远水解不了近渴，市场在11日和12日连续两天大跌。12日，美联储宣布从当日下午1：30开始向市场紧急提供5 000亿美元3个月期限回购；13日，再次提供5 000亿美元3个月期限回购和5 000亿美元1个月期限回购。这是2008年金融危机后，美联储又一次大规模的救市措施。3月15日（周日）晚，美联储宣布紧急降息100个基点，联邦基金利率目标区间下调至0～0.25%，与此同时，开启7 000亿美元的量化宽松计划。但市场恐慌并没有就此结束，3月16日（周一）市场指数再次熔断。17日，美联储继续行动，宣布按照《联邦储备法》赋予的权利，先后启动商业票据融资机制（commercial paper funding facility，CPFF）和一级交易商信贷机制（primary dealer credit facility，PDCF）两项措施。18日（周三），市场发生第四次熔断。美联储启动货币市场共同基金流动性工具，为具备优质资产担保的货币市场共同基金机构提供贷款。19日（周四），美联储推出新举措，将货币市场共同基金纳入央行支持范围。23日（周一），美联储承诺将无上限购入美国国债和抵押贷款证券，以支持美国经济。美联储预计一周内购买3 750亿美元的政府债券和2 500亿美元的抵押贷款证券，同时启动包括3 000亿美元的主街（main street）贷款计划，针对符合资格的中小企业提供贷款，以及采用定期资产抵押证券贷款工具。至此，为期一个月的美股暴跌结束了。

美国股市2020年3月的这4次熔断发生的背景主要有以下几个：一是这4次熔断是在美股经历了多年的牛市而没有出现大级别调整的情况下发生的。次债危机后，标普500指数从危机发生前的1 576点一路下跌到2009年3月的最低点666.67点，随后便展开一个长期的牛市，并在2020年2月19日创出新高，指数达到3 393点。无论是持续时间还是累计涨幅，这轮牛市都是美国股票市场有史以来最好的。与股票指数上涨对应的是公司估值的大幅提升，标普500指数的市盈率大幅上涨。

二是这4次熔断是在2020年新冠疫情在全球暴发，包括美国在内的西方国家对疫情扩散反应迟缓，全球范围内因新冠病毒死亡的人数激增，全球经济面临断崖式下跌，恐慌情绪大幅提升的背景下产生的。全球绝大多数国家普遍采取了边境控制和减少人群集聚的防控措施，无论是美国还是全球经济的活跃度均大幅下降。

三是这4次熔断是在美国量化投资基金规模大幅扩张后发生的。次债危机之后，量化投资在美国的发展一度陷入停滞状态，但是，随着2013年聪明贝塔（smart beta）策略的出现，美国的量化投资重启了高速发展模式。2013—2019年，美国量化投资基金占美国股市总市值的比例接近翻番。在量化交易中，一种常见的策略是风险平价策略（risk parity strategy），其核心思想是增持波动率下降的资产、减持波动率上升的资产，从而维持资产组合（也称投资组合）总波动率大致不变。当市场出现大规模负面冲击的时候，无论是以股票为代表的风险资产，还是以债券为代表的避险资产，价格同时出现下跌。在风险平价策略下，量化基金会同时抛售股票和债券，从而进一步加剧股票与企业债的价格下跌，引发新一轮抛售。而这种量化交易行为往往在很短的时间内就发生了，也就引发了资产价格在短期内的暴跌。

专栏 1-8

## 新冠疫情与全球股票市场动荡

2020年初，新冠疫情在全球范围内暴发，截至3月中旬，新冠疫情已蔓延至150多个国家或地区。新冠疫情对全球经济和金融市场造成了巨大冲击。一方面，各国为控制疫情传播，严格限制人员流动和交通运输，旅游、住宿、餐饮、零售、交通运输、娱乐文化、线下教育等行业受到极大影响。投资、消费、国际贸易各项经济活动相当于按下了暂停键，给经济增长蒙上了浓重的阴影。另一方面，疫情在全球快速扩张不仅对个人健康造成巨大威胁，也使经济的不确定性大大增加，投资者信心严重受损，全球金融和资本市场出现了巨大的动荡。

2020年3月9日，美股在开盘后经历暴跌，标准普尔500指数触发第一层熔断机制，这是继1997年10月亚洲金融危机期间美股首次熔断后的史上第二次熔断。然而，这还只是全球金融大动荡的开始，3月12日、16日、18日，美股又接连三次发生熔断。3月12日，泰国、菲律宾、韩国、巴基斯坦、印度尼西亚、巴西、加拿大、墨西哥、哥伦比亚、斯里兰卡等10个国家的股市发生熔断，巴西IBOVESPA指数大跌15%，加拿大股市股指当日跌幅一度超过12%。欧洲很多国家股市虽然没有设立熔断机制，但是同样遭遇重创。德国DAX指数、法国CAC40指数跌超10%，英国富时100指数跌近10%；被视为市场恐慌指标的欧洲斯托克600指数跌幅扩大至10%，为历史最大单日跌幅。比特币当天跌破5 000美元/枚，24小时跌幅达37%。2020年2月19日至3月16日期间，世界主要股指跌幅大多超过30%（见图1-5）。

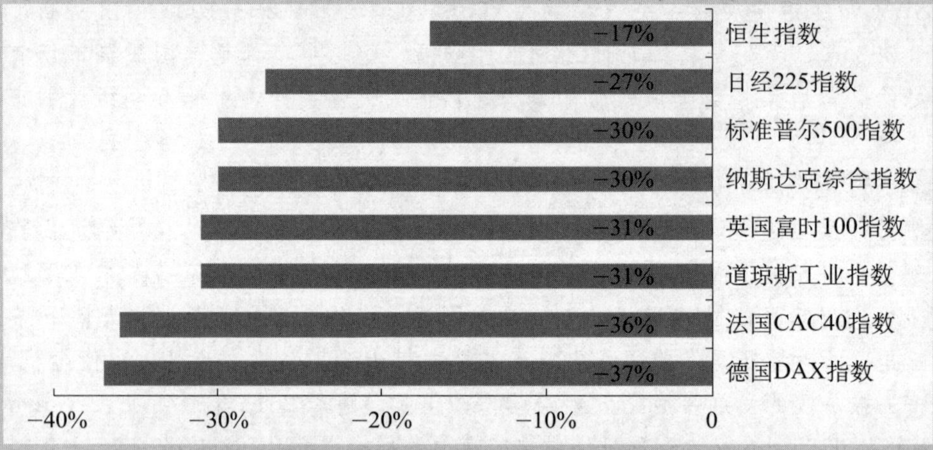


**图1-5　世界主要股指增长率（2020年2月19日至3月16日期间）**

新冠疫情引发的全球金融市场动荡与次债危机有本质的差异。次债危机是美国房地产泡沫破灭引发的信贷危机，进而波及实体经济，危机本身持续了两年多时间，但是直到2014年底美联储才宣布结束量化宽松政策。新冠疫情本身属于公共卫生危机，疫情防控政策导致了实体经济收缩，进一步引发了金融市场不确定性增加，恐慌蔓延，市场在短期内暴跌。但是，与暴跌相对应的是市场指数也在很短的时间里快速反弹。事实上，标准普尔500指数在8月中旬就已经恢复到暴跌前的水平，并在接下来一年多的时间里再次创出新高。2022年1月4日，标准普尔500指数创下4 818点的高点，与新冠疫情前的高点相比指数上涨超过40%。

# 1.4　证券投资基金

## 1.4.1　证券投资基金概述

证券投资基金是一种实行组合投资、专业管理、利益共享、风险共担的集合投资方式。与股票、债券不同，证券投资基金是一种间接投资工具，基金投资者、基金管理人和基金托管人是基金运作中的主要当事人。

证券投资基金通过发行基金份额的方式募集资金，个人投资者或机构投资者通过购买一定数量的基金份额参与基金投资。基金所募集的资金在法律上具有独立性，由选定的基金托管人保管，并委托基金管理人进行股票、债券的分散化组合投资。基金投资者是基金的所有者。基金投资收益在扣除由基金管理人和基金托管人所承担费用后的盈余全部归基金投资者所有，并依据各个投资者所购买基金份额的多少在投资者之间进行分配。

与直接投资股票或债券不同，证券投资基金是一种间接投资工具。一方面，证券投资基金以股票、债券等金融有价证券为投资对象；另一方面，基金投资者通过购买基金份额的方式间接地进行证券投资。

## 1.4.2　证券投资基金的特点

### 1.4.2.1　集合理财、专业管理

基金将众多投资者的资金集中起来，委托基金管理人进行共同投资，表现出一种集合理财的特点。基金汇集众多投资者的资金，积少成多，有利于发挥资金规模优势，降低投资成本。基金由基金管理人进行投资管理和运作。基金管理人一般拥有大量的专业投资研究人员和强大的信息网络，能够更好地对证券市场进行全方位的动态跟踪与深入分析。中小投资者将资金交给基金管理人管理，以享受到专业化的投资管理服务。

### 1.4.2.2　组合投资、分散风险

为降低投资风险，一些国家的法律通常规定基金必须以组合投资的方式进行基金的投资运作，从而使“组合投资、分散风险”成为基金的一大特色。中小投资者由于资金量小，一般无法通过购买数量众多的股票来分散投资风险。基金通常会购买几十种甚至上百种股票，投资者购买基金就相当于用很少的资金购买了一篮子股票。在多数情况下，某些股票价格下跌造成的损失可以用其他股票价格上涨带来的盈利来弥补，因此投资者可以充分享受到组合投资、分散风险的好处。

### 1.4.2.3　利益共享、风险共担

证券投资基金实行“利益共享、风险共担”的原则。基金投资者是基金的所有者。基金投资收益在扣除由基金承担的费用后的盈余全部归基金投资者所有，并依据各投资者所持的基金份额比例进行分配。为基金提供服务的基金托管人、基金管理人只能按规定收取一定比例的托管费、管理费，并不参与基金收益的分配。

#### 1.4.2.4 严格监管、信息透明

为切实保护投资者的利益，增强投资者对基金投资的信心，各国（地区）基金监管机构都对基金业实行严格的监管，对各种有损于投资者利益的行为进行严厉的打击，并强制要求基金及时、准确、充分地披露信息。在这种情况下，严格监管与信息透明也就成为基金的另一个显著特点。

#### 1.4.2.5 独立托管、保障安全

基金管理人负责基金的投资操作，本身并不参与基金财产的保管，基金财产的保管由独立于基金管理人的基金托管人负责，这种相互制约、相互监督的制衡机制为投资者的利益提供了重要的保障。

### 1.4.3 证券投资基金的分类

根据证券投资基金的组织形式、基金单位是否变动、投资渠道、资金募集方式等，可对其进行不同的分类。

按照组织形式划分，证券投资基金可以分为契约型基金和公司型基金。契约型基金是指以信托法为基础，根据当事人各方之间订立的信托契约，由基金发起人发起设立的基金，基金发起人向投资者发行基金单位来筹集资金。契约型基金又称信托型基金。公司型基金是指以公司法为基础设立、通过发行基金单位筹集资金并投资于各类证券的基金。公司型基金的认购人和持有人是基金的股东，股东选举产生的董事会代表股东负责基金运作的相关事宜。

按照基金单位是否变动划分，基金可分为封闭式基金和开放式基金，两者的主要区别见表1-3。封闭式基金的基金单位的数目在基金设立时就已确定，在基金存续期内基金单位的数目一般不会发生变化，但出现基金扩募的情况除外。由于封闭式基金发行的是不可赎回证券，因此基金不必随时准备将基金资产变现以应对投资者赎回的请求。开放式基金是指基金单位总数可以变动的基金，它既可以向投资者销售任意多的基金单位，也可以随时应投资者要求赎回已发行的基金单位。如果基金向投资者发行新的份额，基金就可以用新筹集的资金进行投资，基金的资产也相应增加；如果投资者赎回基金份额，基金则将投资组合中的现金或非现金资产变现用于支付。

**表1-3 开放式基金与封闭式基金的区别统计表**

| | 开放式基金 | 封闭式基金 |
|---|---|---|
| 基金规模 | 基金单位根据投资者申购和赎回的需要而随时增减 | 存续期内基金规模不变 |
| 交易关系 | 申购和赎回始终在基金投资者和基金管理人之间进行 | 交易在基金投资者之间完成 |
| 交易价格 | 根据基金单位资产净值加、减一定费用确定 | 由市场供求关系确定 |
| 交易费用 | 基金投资者需要缴纳的费用均被包含在基金价格之中 | 在基金价格之外要付出一定比例的证券交易税和手续费 |
| 投资策略 | 为应付投资者赎回的需要，保留现金更多，一般投资于变现能力强的资产 | 流动性要求相对较低，可进行长期投资 |
| 基金管理人的约束 | 由于受到流动性限制，对基金管理人的约束较强 | 对基金管理人的约束相对较弱 |

按照投资渠道划分，证券投资基金可分为股票基金、债券基金、货币市场（共同）基金。股票基金的投资标的主要是股票，债券基金的投资标的是债券，而货币市场（共同）基金的投资标的主要为货币市场的金融产品，如短期国债、外汇等。

按照资金募集方式划分，证券投资基金可分为公募基金和私募基金。公募基金向社会不特定公众发行，而私募基金向特定对象发行。在美国，公募发行的公司型基金通常被称为共同基金，而私募基金主要为对冲基金。公募基金与私募基金之间的主要区别见表1-4。

**表1-4 公募基金与私募基金的特征比较表**

| | 公募基金 | 私募基金 |
|---|---|---|
| 投资者资格 | 面向广大投资者公开募集资金，任何符合相关法规要求的个人或机构投资者都可以购买公募基金的份额 | 投资者门槛较高，对投资者的资格和经验有一定要求，一般而言，只向特定的高净值个人、机构投资者或其他合格投资者发行 |
| 流动性 | 流动性较高，投资者可以在每个交易日以基金净值价格进行申购和赎回，而且通常较为灵活 | 流动性较低，通常需要较长的锁定期，而且赎回可能受到一些限制 |
| 筹资方式 | 公开募集资金，向广大投资者发售基金份额 | 私下向特定的投资者募集资金，通常以私募股权或限制性证券的形式进行 |
| 信息透明度 | 受到较为严格的监管，在投资组合、费用结构等方面有着较高的透明度，基金公司需要公布相关信息以满足监管要求 | 透明度较低，通常不对外公开其投资组合和运作细节 |

## 1.4.4 证券投资基金的管理和托管

### 1.4.4.1 基金管理人

基金管理人是指凭借专门的知识与经验，运用所管理基金的资产，根据法律法规及基金章程或基金契约的规定，按照科学的投资组合原理进行投资决策，谋求所管理的基金资产不断增值，并使基金持有人获取尽可能多收益的机构。基金管理人的职责主要有：依法募集资金，办理基金份额的发售和登记事宜；办理基金备案手续；对所管理的不同基金财产分别管理、分别记账，进行证券投资；按照基金合同的约定确定基金收益分配方案，及时向基金份额持有人分配收益；进行基金会计核算并编制基金财务会计报告；编制中期和年度基金报告；计算并公告基金资产净值，确定基金份额申购、赎回价格；办理与基金财产管理业务活动有关的信息披露事项；按照规定召集基金份额持有人大会；保存基金财产管理业务活动的记录、账册、报表和其他相关资料；以基金管理人名义，代表基金份额持有人利益行使诉讼权利或者实施其他法律行为；国务院证券监督管理机构规定的其他职责。

### 1.4.4.2 基金托管人

证券投资基金托管是指由依法设立并取得基金托管资格的商业银行或者其他金融机构担任托管人，按照法律法规的规定及基金合同的约定，对基金履行安全保管基金财产、办理清算交割、复核审查资产净值、开展投资监督、召集基金份额持有人大会等职责的行为。基金托管人是基金持有人利益的代表，是基金资产的名义持有人或管理机构。为了保证基金资产的安全，基金应按照资产管理和保管分开的原则进行运作，并由专门的基金托管人保管基金资产。

## 1.5 金融衍生工具

20 世纪 70—90 年代，随着金融自由化和国际化的逐步发展，任何有价资产的持有者都会面临由汇率或利率变动造成直接损失或间接损失的风险。虽然分散资产可以降低非系统性风险，但对系统性风险完全没有帮助。因此，市场对一些能够对冲系统性风险的工具的需求十分殷切，金融衍生工具的出现满足了这类需求。金融衍生工具以合约形式制定，其价值往往引申自另一个或多个基础变数。这些变数可以是任何形式的资产的价格，如股票、货币、商品等资产的价格，亦可以是指数或其他经济指标等。

### 1.5.1 金融衍生工具市场参与者

市场上从事金融衍生工具买卖的参与者基本上分为三类：对冲者（hedger）或称保值者、投机者（speculator）和套利者（arbitrageur）。对冲者的主要目的是避免或降低面对的风险；投机者则与对冲者相反，投机者期望的是市场未来的不确定性，他们并不一定持有资产，或对未来投资做保值，其目的在于获得资产未来真实价格和现在的远期价格之间的差额；套利者通过两个或两个以上的不同市场，同时买卖某种（或两种类似的）资产或商品，以期获得无风险的利润。

### 1.5.2 金融衍生工具分类

#### 1.5.2.1 期货

期货的英文为“futures”，是由“未来”一词演化而来的，其含义是交易双方不必在买卖发生的初期交割，而是共同约定在未来的某一时刻交割，因此“futures”在国内就被称为“期货”。

最初的期货交易是从现货远期交易发展而来的，这种交易的双方口头承诺在某一时间交收一定数量的商品，后来随着交易范围的扩大，口头承诺逐渐被买卖契约代替。这种契约行为日益复杂化，需要有中间人担保，以便监督买卖双方按期交货和付款，于是便出现了 1570 年在伦敦开设的世界第一家商品远期合约交易所——皇家交易所。为了适应商品经济的不断发展，1865 年芝加哥谷物交易所推出了标准化期货合约，取代原先沿用的远期合约。芝加哥谷物交易所在使用这种标准化合约时，允许合约转手买卖，并逐步完善了保证金制度，于是一种专门买卖标准化合约的期货市场就形成了，期货成为投资者的一种投资理财工具。

**1. 期货与股票的区别**

期货与股票的投资收益不一样：期货交易由于其保证金的杠杆原理，可以放大收益，达到“四两拨千斤”的效果。期货可以只付出不到合约总值 10%的本钱，股票则必须投入

100%的资金。与投资收益成倍增长一样，与股票相比，期货的投资风险也是成倍增长。

**2. 期货合约的主要特点**

（1）期货合约的商品品种、数量、质量、等级、交货时间、交货地点等条款都是既定的，是标准化的，唯一的变量是价格。期货合约的标准通常由期货交易所设计。期货合约经国家监管机构审批上市。

（2）期货合约是在期货交易所组织下成交的，具有法律效力，而价格又是在交易所的交易厅里通过公开竞价方式产生的。

（3）期货合约的履行由交易所担保，不允许私下交易。

（4）期货合约可通过交收现货或进行对冲交易来履行或解除合约义务。

**3. 期货合约的组成要素**

（1）交易品种。

（2）交易数量和单位。

（3）最小变动价位，报价必须是最小变动价位的整数倍。

（4）每日价格最大波动限制，即涨跌停板。当市场价格涨到最大涨幅时，则出现涨停板；反之，则出现跌停板。

（5）合约月份。

（6）交易时间。

（7）最后交易日（指某期货合约在合约交割月份中进行交易的最后一个交易日）。

（8）交割时间（指该合约规定进行实物交割的时间）。

（9）交割标准和等级。

（10）交割地点。

（11）保证金。

（12）交易手续费。

**4. 期货合约的金融功能**

（1）吸引套期保值者利用期货市场买卖合约来锁定成本，规避因现货市场的商品价格波动风险而可能造成的损失。

（2）吸引投机者进行风险投资交易，增加市场流动性。

**5. 期货交易的特征**

（1）期货交易的双向性。期货交易与股市的一个最大区别就是期货可以双向交易，期货可以买空，也可以卖空。在价格上涨时可以低买高卖，在价格下跌时可以高卖低补。做多可以赚钱，做空也可以赚钱，所以说期货无熊市。在熊市中，股市会萧条，而期货市场却风光依旧、机会依然。

（2）期货交易的杠杆作用。杠杆原理是期货投资的魅力所在。期货市场里的交易无须支付全部资金，国内期货交易最低支付5%的保证金就可获得未来交易的权利。

由于保证金的运用，原本的行情被成倍放大。我们假设某日铜价上涨了3%，如果操作对了，我们的资金利润率可达60%（=3%÷5%），远远超过股票投资。

（3）期货市场是零和市场。期货市场本身并不创造利润。在某个时段里，不考虑资金的进出和提取交易费用，期货市场的总资金量是不变的，一个交易者的盈利来自另一个交易者的亏损。

### 6. 期货套利方法

期货套利主要有三种方法，即跨交割月份套利、跨市场套利及跨商品套利。

（1）跨交割月份套利（跨月套利）。跨月套利是指投机者在同一市场利用同一种商品不同交割期之间价差的变化，在买进某交割月份期货合约的同时卖出另一交割月份的同类期货合约以谋取利润的活动。其实质是利用同一商品期货合约的不同交割月份之间价差的相对变动来获利，这是最常用的一种套利形式。

例如，如果你注意到5月份大豆和7月份大豆的价差超出正常的交割、储存费，你应买入5月份的大豆合约而卖出7月份的大豆合约。此后，当7月份的大豆合约与5月份的大豆合约价格更接近而缩小了两个合约的价差时，你就能从价差的变动中获得一笔收益。跨月套利与商品绝对价格无关，仅与不同交割月份之间的价差变化趋势有关。

（2）跨市场套利（跨市套利）。跨市套利是在不同交易所之间的套利交易行为。当同一商品期货合约在两个或更多的交易所进行交易时，由于区域间的地理差别，各商品合约间存在一定的价差关系。投机者利用同一商品在不同交易所期货价格的不同，在两个交易所同时买进和卖出期货合约以谋取利润。

当同一商品在两个交易所中的价差超出了将商品从一个交易所的交割仓库运送到另一个交易所的交割仓库的费用时，可以预计它们的价差将会缩小并在未来某一时期体现真正的跨市场交割成本。比如伦敦金属交易所（LME）与上海期货交易所（SHFE）都进行阴极铜的期货交易，每年两个市场间会出现几次价差超出正常范围的情况，这为交易者的跨市套利提供了机会。例如，当LME的铜价低于SHFE时，交易者可以在买入LME铜合约的同时卖出SHFE的铜合约，待两个市场价格关系恢复正常时再将买卖合约对冲平仓并从中获利，反之亦然。

（3）跨商品套利。跨商品套利是指利用两种不同但是相互关联的商品之间的期货价差进行套利，即买入（卖出）某交割月份某种商品的期货合约，同时卖出（买入）另一种相同交割月份的关联商品的期货合约。

要想从相关商品的价差关系中获利，套利者必须了解这种关系的历史和特性。例如，一般来说，大豆的价格上升（或下降），豆粕的价格必然上升（或下降），如果你预测豆粕价格的上升幅度小于大豆价格的上升幅度（或豆粕价格的下降幅度大于大豆价格的下降幅度），那么你应在交易所买进大豆的同时卖出豆粕，待机平仓获利；反之，如果你预测豆粕价格的上升幅度大于大豆价格的上升幅度（或豆粕价格的下降幅度小于大豆价格的下降幅度），则你应在卖出大豆的同时买进豆粕，待机平仓获利。

**专栏1-9**

#### 金融期货的主要品种

一、股指期货

1. 股指期货与其他金融期货、商品期货的共同特征

（1）合约标准化。期货合约的标准化是指除价格外，期货合约的所有条款都是预先规定好的，具有标准化特点。期货交易通过买卖标准化的期货合约进行。

（2）交易集中化。期货市场是一个高度组织化的市场，并且实行严格的管理制度，期货交易在期货交易所内集中完成。

（3）对冲机制。期货交易可以通过反向对冲操作结束履约责任。

（4）每日无负债结算制度。在每日交易结束后，交易所根据当日结算价对每一会员的保证金账户进行调整，以反映该投资者的盈利或损失。如果价格向不利于投资者持有头寸的方向变化，那么在每日结算后，投资者就要追加保证金。如果保证金不足，投资者的头寸就可能被强制平仓。

（5）杠杆效应。股指期货交易采用保证金制度。

2. 股指期货自身的独特特征

（1）股指期货的标的物为特定的股价指数，报价单位以指数点计。

（2）合约的价值以一定的货币乘数与股价指数的乘积来表示。

（3）股指期货的交割采用现金交割，不是交割股票而是结算差价并用现金来结清头寸。

3. 股指期货与商品期货的区别

（1）标的不同。股指期货的标的为特定的股价指数，不是真实的标的资产；而商品期货的标的是具有实物形态的商品。

（2）交割方式不同。股指期货采用现金交割，在交割日结算差价并用现金来结清头寸；而商品期货则采用实物交割，在交割日通过实物所有权的转让进行清算。

（3）合约到期日的标准化程度不同。股指期货的合约到期日是标准化的，一般合约到期日在3月、6月、9月、12月；而商品期货的合约到期日根据商品特性的不同而不同。

（4）持有成本不同。股指期货的持有成本主要是融资成本，不存在实物贮存和运输的成本，有时所持有的股票还有股利，如果股利超过融资成本，还会产生持有收益；而商品期货的持有成本包括贮存成本、运输成本、融资成本等。因此，股指期货的持有成本低于商品期货。

（5）投机性能不同。股指期货对外部因素的反应比商品期货更敏感，价格的波动更为频繁和剧烈，因而股指期货比商品期货具有更强的投机性。

二、国债期货

1. 国债期货的概念

国债期货是指通过有组织的交易场所预先确定买卖价格并于未来特定时间内进行钱券交割的国债派生交易方式。国债期货属于金融期货的一种，是一种高级的金融衍生工具。国债期货产生于20世纪70年代的美国，当时美国处于“石油危机”中，其通胀日趋严重，利率波动频繁。固定利率国债的持有者对风险管理和债券保值的强烈需求使得具备套期保值功能的国债期货应运而生。

2. 国债期货合约简介

与一般期货相比，国债期货最大的特殊性在于它的标的合约为“名义标准国债”（或者称为“虚拟债券”）。1992年，我国推出国债期货。1993年末，我国的国债期货向社会公众开放。由于当时交易所分散、市场分割、交易制度差异很大、交割制度欠合理，市场成为高度投机的场所，最终1995年2月23日“327国债期货事件”爆发，随后国债期货交易被终止。2012年2月13日，中国金融期货交易所低调推出国债期货仿真交易。2013年7月5日，中国证监会批准中国金融期货交易所（简称“中金所”）开展国债期货交易。中金所首次推出的国债期货合约标的是面额为100万元人民币、票面利率为3%的每年付息一次的5年期名义标准国债。

三、外汇期货

外汇期货（foreign exchange futures）是交易双方约定在未来某一时间，依据现在约定的比例，以一种货币交换另一种货币的标准化合约的交易。外汇期货是以汇率为标的物的期货合约，用来规避汇率风险，它是金融期货中最早出现的品种。

20世纪70年代初布雷顿森林体系的解体使固定汇率制度被浮动汇率制度所取代，主要西方国家的货币纷纷与美元脱钩，汇率波动频繁，市场风险加大。与此同时，经济的全球化使越来越多的企业面临汇率波动的风险，市场迫切需要规避这种风险的工具，外汇期货就是在这种背景下产生的。自1972年5月芝加哥商业交易所（CME）的国际货币市场分部推出第一张外汇期货合约以来，随着国际贸易的发展和世界经济一体化进程的加快，外汇期货交易一直保持着旺盛的发展势头。它不仅为广大投资者和金融机构等经济主体提供了有效的套期保值工具，而且也为套利者和投机者提供了新的获利手段。

#### 1.5.2.2 期权

**1. 期权的概念**

期权（option）是在期货的基础上产生的一种金融工具，是买方向卖方支付一定数量的金额（指期权费）后拥有的在未来一段时间内（指美式期权）或未来某特定日期（指欧式期权）以事先规定好的价格（指执行价格）向卖方购买或出售一定数量特定标的物的权利，但买方不负有必须买进或卖出的义务。

期权主要有如下几个构成因素：①执行价格（又称履约价格、敲定价格），即期权的买方在行使权利时事先规定的标的物买卖价格；②期权费，即期权的买方支付的期权价格，是买方为获得期权而付给期权卖方的费用；③履约保证金，即期权卖方必须存入交易所用于履约的财务担保。

按照期权持有人的权利，可以将期权划分成看涨期权和看跌期权。看涨期权是指在期权合约有效期内按执行价格买进一定数量标的物的权利；看跌期权是指卖出标的物的权利。当期权买方预期标的物价格会超出执行价格时，他就会买进看涨期权；相反，他就会买进看跌期权。下面举例说明。

（1）看涨期权。某看涨期权的标的物是铜期货。1月1日，它的执行价格为1 850美元/吨，A买入这个权利，付出5美元；B卖出这个权利，收入5美元。2月1日，铜期货的价格上涨至1 905美元/吨，看涨期权的价格上涨至55美元。此时，A可采取两个策略：

第一，行使权利。A有权按1 850美元/吨的价格从B手中买入铜期货；B在A提出这个行使期权的要求后，必须予以满足，即便B手中没有铜期货，也只能以1 905美元/

吨的市价在期货市场上买入并以 1 850 美元/吨的执行价格卖给 A，而 A 可以 1 905 美元/吨的市价在期货市场上抛出，获利 50(＝1 905－1 850－5) 美元。B 则获得－50(＝1 850－1 905＋5) 美元，即损失 50 美元。

第二，售出权利。A 可以 55 美元的价格售出看涨期权，因此 A 获利 50(＝55－5) 美元。

如果铜期货的市价低于执行价格 1 850 美元/吨，A 就会放弃行使这个权利，只损失 5 美元期权费，B 则净赚 5 美元。

(2) 看跌期权。看跌期权的标的物是铜期货。1 月 1 日，它的执行价格为 1 750 美元/吨，A 买入这个权利，付出 5 美元；B 卖出这个权利，收入 5 美元。2 月 1 日，铜期货的价格跌至 1 695 美元/吨，看跌期权的价格涨至 55 美元。此时，A 可采取两个策略：

第一，行使权利。A 可以按 1 695 美元/吨的市价从市场上买入铜期货，而以 1 750 美元/吨的价格卖给 B，B 必须接受，A 从中获利 50(＝1 750－1 695－5) 美元，B 损失 50 美元。

第二，售出权利。A 可以 55 美元的价格售出看跌期权，A 获利 50(＝55－5) 美元。

如果铜期货价格上涨，A 就会放弃这个权利而损失 5 美元，B 则净得 5 美元。

通过上面的例子，可以得出以下结论：一是期权（无论是看涨期权还是看跌期权）的买方只有权利而无义务。他的风险是有限的（亏损的最大值为期权费），但在理论上，其获利是无限的。二是期权（无论是看涨期权还是看跌期权）的卖方只有义务而无权利。在理论上，他的风险是无限的，但收益是有限的（收益的最大值为期权费）。三是期权的买方无须付出保证金，卖方则必须支付保证金，并以其作为必须履行义务的财务担保。

**2. 期权合约的基本要素及履约**

期权合约是指期权买方向期权卖方支付了一定数额的期权费后，即获得在规定的期限内按事先约定的执行价格买进或卖出一定数量标的物权利的一种标准化合约。期权合约的基本要素主要有买方、卖方、期权费、执行价格、通知和到期日等。

期权合约的履约有以下三种情况：

(1) 买卖双方都可以通过对冲的方式履约。

(2) 期货期权的买方也可以通过将期权转换为期货合约的方式履约（在期权合约规定的执行价格水平获得一个相应的期货头寸）。

(3) 任何期权到期不用都自动失效。如果期权是虚值的，期权买方就不会行使期权，任期权到期失效。这样，期权买方最多损失所交的期权费。

**3. 期权的期权费**

前已述及期权的期权费，它就是购买或售出期权合约的价格。对于期权买方来说，为了换取期权赋予买方的一定权利，他必须支付一笔期权费给期权卖方；对于期权的卖方来说，他卖出期权并承担了必须履行期权合约的义务，因而他收取一笔期权费作为报酬。由于期权费是由买方负担的，是买方在出现最不利的变动时所需承担的最高损失金额，因此期权费又称“保险金”。

**4. 期权交易原理**

以期货期权为例，买进一定执行价格的看涨期权，在支付一笔很少的期权费后，便可享有买入相关期货的权利。一旦价格果真上涨，便履行看涨期权，以低价获得期货多头，然后按上涨的价格水平高价卖出相关期货合约，获得差价利润，在弥补支付的期权费后还有盈余。如果价格不但没有上涨，反而下跌，则可放弃或低价转让看涨期权，其最大损失为期权费。看涨期权的买方之所以支付一定数额的期权费买入看涨期权，是因为通过对相关期货市场价格变动的分析，他认定相关期货市场价格有大幅度上涨的可能性。一旦市场价格果真大幅度上涨，他就会因低价买进期货而获取较大的利润，只要卖价与买价的差额大于他买入期权所付的期权费，他即可获利；他也可以在市场上以更高的期权费卖出该期权合约，从而获利。如果看涨期权买方对相关期货市场价格变动趋势判断不准确，市场价格只有小幅度上涨，买方可履约或卖出该期权合约，获取一点利润，弥补期权费支出的损失；如果市场价格下跌，则买方可不履约，其最大损失是支付的期权费。

5. **期权交易与期货交易的关系**

期权交易与期货交易之间既有区别又有联系。其区别从上述内容可以看出。其联系是：第一，两者均是以买卖远期标准化合约为特征的交易。第二，在价格关系上，期货市场价格对期权交易合约的执行价格及期权费的确定均有影响。一般来说，期权交易的执行价格是以期货合约所确定的远期买卖同类商品的交割价为基础，而两者价格的差额又是确定期权费的重要依据。第三，期货交易一般是期权交易的基础，期权交易的内容一般为买卖一定数量期货合约的权利。期货交易越发达，期权交易的开展就越有基础。因此，期货市场发育成熟和规则完备为期权交易的产生和发展创造了条件；期权交易的产生和发展又为保值者及投机者进行期货交易提供了更多可选择的工具，从而扩大和丰富了期货市场的交易内容。第四，期货交易可以做多做空，交易者不一定进行实物交收。期权交易同样可以做多做空，买方不一定要实际行使这个权利，若有利，也可以把这个权利转让出去。卖方不一定非履行这个义务不可，他也可在期权买入者行使权利前通过买入相同期权的方法解除他所承担的责任。第五，由于期权的标的物为期货合约，因此在期权履约时，买卖双方会得到相应的期货头寸。

#### 1.5.2.3 其他金融衍生工具

除了期货、期权金融衍生工具外，其他主要金融衍生工具包括远期合约和互换合约。

（1）远期合约。远期合约是指合约双方约定在未来某一日期以约定价值，由买方向卖方购买某一数量的标的物的合约。

（2）互换合约。互换合约是指合约双方在未来某一期间内交换一系列现金流量的合约。按合约标的物不同，互换可以分为利率互换、货币互换、商品互换、权益互换等。其中，利率互换和货币互换比较常见。

## 1.6 另类投资工具

### 1.6.1 另类投资概述

另类投资（alternative investment），又称替代投资、非主流投资，是指在股票、债券及期货等公开交易平台之外的投资方式。按照投资对象的性质，我们可将另类投资细分为另类金融投资和另类实物投资。现实中的另类实物投资，从钱币、邮票、徽章到红酒、木头、城堡，种类繁杂。而另类金融投资产品流动性相对较好且不用存储，因而是大多数投资者的主要选择，包括另类金融衍生工具、私募股权、风险投资、杠杆并购等诸多品种。

## 1.6.2 另类投资的特点

另类投资最重要的一个特点就是其与传统投资的相关性较小。这在传统投资陷入困境的大环境下，为投资者实现持续的绝对收益提供了有效途径。

由于另类投资不在公共交易平台上交易，其另一个必然的特点便是缺少流动性，交易成本较高。一个项目从购入到套现通常需要几年的时间。另类投资基金一般设有5年或10年的锁定期，中途很难赎回。与此同时，另类投资产品价值的发现与评估往往缺乏足够的历史数据支持，因而对投资者提出了更高的专业技能要求。

## 1.6.3 另类投资工具简介

### 1.6.3.1 另类金融衍生工具

2007年爆发的次贷危机，一方面向世人展示了美国房地产行业泡沫破裂对全球金融行业的巨大冲击，另一方面也让一系列另类金融衍生工具开始为世人所关注，如资产支持证券（ABS）、抵押支持证券（MBS）、担保债务凭证（CDO）、CDO的平方、CDO的立方、信用违约互换（CDS）等。在次贷危机发生后，信用违约互换曾一度被认为是这场危机的“罪魁祸首”。对于这一点，我们姑且不论，在此仅对次贷危机涉及的主要金融产品做简要介绍。在这场危机中，CDS并不是一种孤立的产品，所以在介绍CDS之前，我们还必须同时介绍更为基础的金融衍生工具。

**1. 资产支持证券**

资产支持证券是一种债券性质的金融工具，其向投资者支付的本息来自基础资产池产生的现金流或剩余权益。与股票和一般债券不同，资产支持证券不是对某经营实体的利益要求权，而是对基础资产池所产生的现金流和剩余权益的要求权，是一种以资产信用为支持的证券。其产品类型包括简单的过手证券和复杂的结构证券，如MBS、抵押担保证券（CMO）等。

资产支持证券的投资者主要是银行、保险公司、货币市场、共同基金、养老基金和对冲基金等。由于大多数资产支持证券的存续期限、偿付结构、信用增级手段等各不相同，因而其交易主要在场外交易（OTC）市场进行，通过双边报价，协商成交，因此除标准化程度较高的MBS外，其他类型的ABS一般流动性不足、价格透明度不高。

**2. 担保债务凭证**

担保债务凭证是一种固定收益的资产证券化产品，结构化的产品设计使其能够满足投资者多元化的投资需求。

传统ABS的基础资产池可能为信用卡应收账款、租赁租金、汽车贷款债权、住宅抵押贷款债权等，而CDO背后的支撑则是一些债务工具，如高收益债券、新兴市场公司债券或主权债券，亦可包含传统的ABS、住房抵押贷款支持证券（RMBS）及商业按揭支持证券（CMBS）等资产证券化商品。

相对于 ABS，CDO 是更为复杂的证券，这主要体现在 CDO 的分级设计上。CDO 一般分为优先级、夹层级，以及一般由发行人自己持有的作为最底层的一级，最底层一般被称为权益级。如有损失发生，则损失由最底层先吸收，然后依次由夹层级（通常信用评级为 B 等）和优先级（通常信用评级为优等和中等）承担。债券评级及其风险见图 1-6。

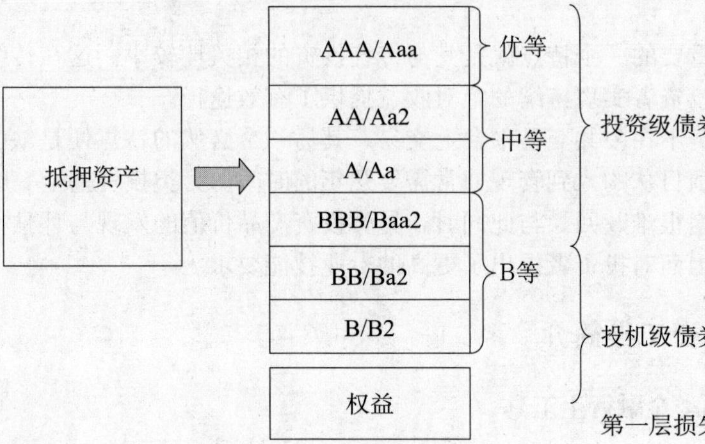


**图 1-6 债券评级及其风险**

资料来源：根据花旗银行分析师报告数据整理。

由图 1-6 可以看出，CDO 借助结构化设计实现了产品自身的信用增强，在提高证券安全性的同时也实现了流动性的大幅提高，再加上李祥林（David X. Li）利用高斯 Copula 模型解决了 CDO 快速定价问题，使 CDO 开始受到众多理财经理、基金经理、保险公司、投资银行、养老基金的青睐，在市场上广泛流通。在流动性充盈的时代，甚至可以以其他 CDO 的夹层级或权益级资产作为基础资产创造新的 CDO 产品，进而形成 CDO 的平方以及 CDO 的立方。次贷衍生产品创新路线图见图 1-7。

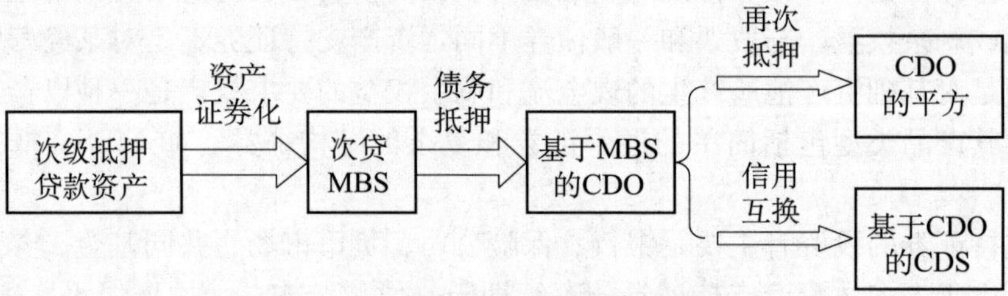


**图 1-7 次贷衍生产品创新路线图**

**3. 信用违约互换**

信用违约互换是国外债券市场中最常见的信用衍生产品。在信用违约互换交易中，购买者将定期向出售者支付一定费用（称为信用违约互换点差），一旦出现信用风险（主要指债券主体无法偿付），出售者将向购买者进行赔付以覆盖购买者的损失，从而使购买者能有效规避债券的信用风险。

在购买 CDS 后，债券的信用风险将由信用级别非常高的 CDS 的出售者承担，这样就使附带 CDS 合约的债券的信用风险在理论上接近于零。CDS 的出现让债券脱离了发行人本身信用状况的束缚，从而使信用债券的发行得到了极大拓展。低信用等级的债券，附带一个CDS合约，就能很容易找到购买者，而CDS的出售者也能得到持续的保费。因此，自CDS首次发售以来，它就很受欢迎，尤其在2000年以后，该产品在国外发达金融市场得到了迅速发展。2007年底，美国商业银行系统持有的CDS名义价值已高达62万亿美元。

虽然一次又一次的金融创新使资产包的非系统性风险基本上被完全规避，但整个房地产行业的系统性风险丝毫没有减少，一旦出现小概率系统性风险的冲击，整个市场面临的就是崩溃式的威胁。

**专栏1-10**

### 信用风险缓释工具——中国的CDS

信用风险缓释工具（CRM）是指信用风险缓释合约（CRMA）、信用风险缓释凭证（CRMW）及其他用于管理信用风险的简单的基础性信用衍生产品。总体来说，CRM是CDS加中国国情，它是一个“2＋N”的创新产品体系，其中以CRMA和CRMW为核心产品，同时还包含了今后市场成员可进行自主创新的简单的基础性信用衍生产品。虽然CRM包含不同的产品形式，但其核心功能在于缓释信用风险，为市场参与者提供有效的信用风险管理手段。

其中，CRMA是典型的传统场外金融衍生交易工具，由信用保护卖方就约定的标的债务向买方提供信用风险保护，而买方则按照约定的标准和方式向卖方支付信用保护费用。2010年11月5日，我国首批信用风险缓释合约上线交易，共有9家机构达成20笔合约交易，名义本金合计18.4亿元人民币。参与首批交易的机构涵盖了中外资商业银行和信用增进机构。每笔合约均针对单笔特定的标的债务，标的债务类型包括短期融资券、中期票据和银行贷款，其中针对短期融资券的3笔，针对中期票据的9笔，针对银行贷款的8笔，涵盖10个不同的标的实体。合约期限以1年期为主，同时涵盖了从36天到2.21年不等的各种期限长度。与此同时，合约中涉及的“信用事件后的结算方式”既包括实物结算，也包括现金结算。

CRMW是更加标准化的信用衍生产品，是由标的实体以外的第三方创设，为凭证持有人提供信用风险保护，可在二级市场交易流通的证券。CRMW实行“集中登记、集中托管、集中清算”。

资料来源：根据中国银行间市场交易商协会网站披露的信息整理。

#### 1.6.3.2 私募股权

私募股权（private equity，PE）投资是指通过定向私募方式从机构投资者或者富裕的个人投资者处筹集资金，投资于非上市企业的股权，或上市公司的非公开交易股权的投资方式。私募股权投资有狭义和广义之分。狭义的私募股权投资主要是指对创业阶段后期，处于发展或者成熟阶段，已经形成一定规模并有着稳定现金流的企业的投资，在这一阶段进行的私募股权投资一般都是以首次公开发行（IPO）股票为主要退出手段。广义的私募股权投资涵盖企业首次公开发行股票之前，包括种子期、初创期、成长期、扩张期、成熟期各阶段的权益性投资。表 1-5 对广义的私募股权投资做了一个细分。①

表 1-5 广义的私募股权投资细分

| 类型 | 特点 |
|---|---|
| 风险投资 | 主要在创新企业的种子期、初创期进行投资 |
| 发展资本 | 主要提供企业成长和扩张所需的资金 |
| 并购基金 | 主要提供企业进入扩张期后期进行对外收购、兼并所需资金 |
| 夹层资本 | 主要提供企业稳定发展之后进一步扩张所需资金 |
| 重振资本 | 主要提供企业改制、金融改革所需资金 |
| Pre-IPO 上市前基金 | 提供正式公开上市之前所需资金，如过桥融资等 |

私募股权投资基金因为其募集方式、投资标的等原因而具有以下几个特点：

（1）投资期限长。对非上市企业进行股权投资的盈利模式决定了该类投资的长期性和不确定性。一个企业从获得股权融资到首次公开发行股票或者被收购、兼并，过程是非常漫长的，少则 2～3 年，多则 5～7 年，一些经典的成功案例甚至达到了 8～10 年。

（2）以有限合伙企业为主要的组织形式。有限合伙企业能够有效实现企业管理权和出资权的分离，方便结合管理人和资金方各自的优势。与此同时，国际上普遍施行的税制都不将有限合伙企业本身作为纳税主体，其所有的收入和支出都按照“流经原则”直接分配给各合伙人，合伙人根据收入的种类申报所得税。因此，有限合伙企业成为国内外私募股权投资基金的主要组织形式。

（3）一般不控股被投资企业。私募股权投资基金在投资时，一般只会持有被投资企业不超过 30%的股份，而不会控股被投资企业。这是因为：第一，这符合私募股权投资基金分散投资的投资策略；第二，控股企业要付出大量的人力资本，一个投资经理往往要管理数个项目而没有精力进行企业的日常管理；第三，企业控制人转让股权的难度要比非控制人转让股权的难度大得多。

（4）主要投资于成长期和扩张期的企业。虽然投资于初创期企业可能收益更高，但是风险也更大。成熟期的企业融资通道比较畅通，但是能够给予基金的收益也有限。

#### 1.6.3.3 大宗商品

大宗商品是指可以进入流通领域但非零售环节，具有商品属性并用于工农业生产和消费的大批量买卖的物质商品。根据彭博商品指数的构造来看，大宗商品主要有三类，即能源商品、基础原材料和农副产品，包括原油、天然气、有色金属、贵金属、铁矿石、部分类型的农产品等。由于很多大宗商品都是工业生产的原材料，处于产业链的上游，因此大宗商品的价格变化往往会传导到产业链的中下游，进而影响整个经济体系的表现。

一般来说，大宗商品有以下特点：一是现货市场的供给量和需求量大，供需双方有参

① 中国风险投资研究院．2010 中国风险投资年鉴．北京：民主与建设出版社，2010.

与交易的意愿。二是现货市场的价格波动大。无论是供给方还是需求方，都希望通过使用金融衍生工具锁定远期价格，以规避价格波动造成的损失。三是大宗商品易于分级和标准化。由于期货合约需要事先规定好交割商品的质量标准，因此大宗商品必须是质量稳定且易于分级和标准化的品种。四是易于存储和运输。由于大宗商品可能涉及交割，这就要求标的商品易于存储和运输，从而确保交割能够顺利完成。

影响大宗商品价格走势的因素主要有三个：一是大宗商品现货市场的供给和需求状况。当现货市场需求扩张、现货价格上涨时，期货价格也会随之上涨。这是大宗商品商品属性的体现。早期，大宗商品的投资主要是实体经济各行业为了锁定原材料价格、控制价格波动风险而进行的。例如，航空公司担心航油价格上涨造成自身成本增加，可以通过原油期货来锁定远期价格，减少重要原材料价格的波动给公司盈利带来的影响。二是美国货币政策的松紧状况，主要体现为美国经济的通货膨胀趋势和美元走势。由于大宗商品大都是以美元为基础货币进行定价，因此如果美元升值，大宗商品就会贬值；反之，如果美元贬值，大宗商品往往会升值。另外，当通货膨胀高企的时候，作为实物资产的大宗商品价格会上涨，收益提升；反之，当通货膨胀维持在较低水平的时候，大宗商品的投资表现往往不会太好。因此，从投资的角度来说，大宗商品的一个重要功能就是对冲通货膨胀。三是大宗商品的金融属性。由于通货膨胀水平的上升往往会降低股票和债券构成的投资组合的收益率水平，因此把大宗商品加入股票和债券的投资组合有助于资产组合的风险分散。近年来，大宗商品以及相关衍生产品已成为大类资产配置的主要方式之一，并逐渐成为全球投资者特别是机构投资者青睐的投资方式，在多元化资产投资组合中占有重要地位。大宗商品的金融属性在过去十余年的时间里逐渐成为影响其价格水平的一个重要因素。

图 1-8 给出了 1991—2017 年彭博商品指数的收益表现。大宗商品的价格波动性大、周期性强。自 2008 年以来，受中国、印度等新兴经济体对大宗商品的需求下降、美国利率上升、美元走强等多种因素的影响，彭博商品指数经历了一个持续下跌的走势，这也体现了大宗商品投资的风险所在。

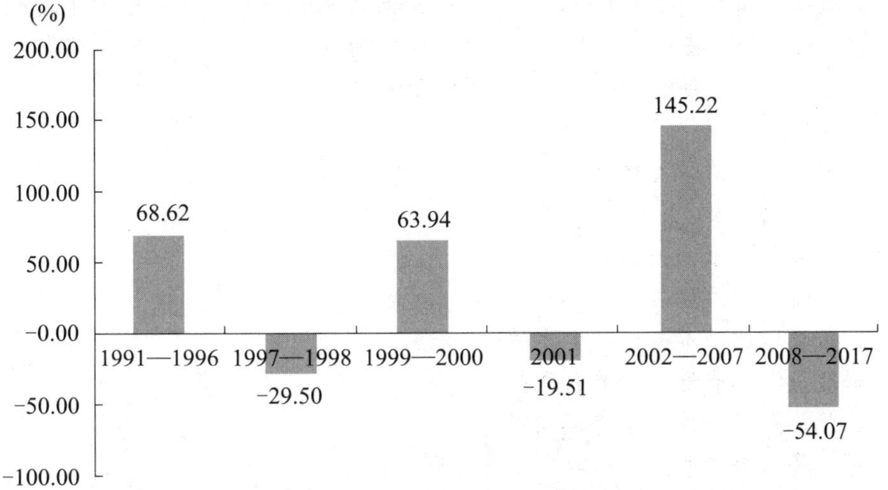


**图 1-8　1991—2017 年彭博商品指数的收益表现**

## 本章小结

本章首先讲述了关于证券的一般性基础知识，包括投资、投机、风险等。在此基础上，本章结合中国证券市场实际，系统介绍了债券、股票、证券投资基金、金融衍生工具四大类主要证券投资工具的定义、类型、基本特征和金融功能等方面的基本理论及基础知识。最后，本章介绍了另类投资工具，并对其中的另类金融衍生工具和私募股权做了简要介绍。

## 本章关键内容

- 债券的概念、类型和特征。
- 股票的概念和特征。
- 普通股和优先股的比较。
- 证券投资基金的概念、特点和分类。
- 封闭式基金与开放式基金的比较。
- 证券投资基金的管理和托管。
- 金融衍生工具的产生、主要类型、金融功能和缺陷。
- 另类投资的特点和工具。

## 本章思考题

一、名词解释

| | | | |
|---|---|---|---|
| 风险 | 债券 | 货币的时间价值 | 股票 |
| 普通股 | 优先股 | 基金 | 证券投资基金 |
| 契约型基金 | 公司型基金 | 封闭式基金 | 开放式基金 |
| 基金管理人 | 基金托管人 | 金融衍生工具 | 期货 |
| 远期 | 期权 | 互换 | |

二、简答题

1. 简述有价证券的种类和特征。
2. 简述债券的种类。
3. 简述债券收益率的公式。
4. 股票有哪几种主要类型？
5. 简述普通股的基本特征和主要种类。
6. 普通股股东享有哪些主要权利？
7. 简述优先股股票的基本特征。
8. 证券投资基金与股票、债券有哪些异同？
9. 证券投资基金主要有哪几种类型？
10. 金融衍生工具可分为哪些种类？

11. 金融衍生工具的主要功能有哪些?

12. 另类投资的基本理念是什么?

三、计算题

1. 某人于2010年1月1日以110元的价格购买了一张面值为100元、利率为5%、每年1月1日支付一次利息的2008年发行的10年期国债，并在2016年1月1日以115元的价格卖出。该投资者的收益率是多少?

2. 假设一只债券的存续期是3年零2个月，票面利率为4%(复利频率为半年)，求转换因子。

第2章

# 证券市场

**学习目标**

- 掌握证券市场的基本功能和分类。
- 熟悉证券市场的发展阶段。
- 了解证券市场的微观主体，熟悉证券投资过程，熟悉主要的证券市场价格指数。
- 了解证券市场监管机构、监管内容以及近年来的证券市场监管改革。

## 2.1 证券市场概述

证券市场是股票、债券、证券投资基金、金融衍生工具等各种有价证券发行和买卖的主要场所。证券市场通过证券信用的方式融通资金，通过证券的买卖活动引导资金流动，有效合理地配置社会资源，支持和推动经济发展，因而是金融市场中最重要的组成部分。金融市场体系见图2-1。

- 金融市场
  - 货币市场
    - 承兑贴现市场
    - 拆借市场
    - 短期政府债券市场
  - 资本市场
    - 储蓄市场
    - 证券市场
      - 发行市场（一级市场）
      - 交易市场（二级市场）
    - 长期信贷市场
    - 保险市场
    - 融资租赁市场
  - 外汇市场
  - 黄金市场

**图2-1 金融市场体系**

与一般商品市场相比，证券市场具有四个基本特征：①证券市场的交易对象是股票、债券、证券投资基金等有价证券，而一般商品市场的交易对象则是具有不同使用价值的商品；②证券市场上的股票、债券等有价证券具有多重职能，它们既可以用于筹措资金，解决资金短缺问题，又可以用于投资，为投资者带来收益，也可以用于保值，以避免或减少物价上涨带来的货币贬值损失，还可以通过投机等技术性操作争取价差收益，而一般商品市场上的商品则只能用于满足人们的特定需要；③证券市场上证券价格的实质是对所有权让渡的市场评估，或者说是预期收益的市场价格，与市场利率关系密切，而一般商品市场的商品价格的实质则是商品价值的货币表现，直接取决于生产商品的社会必要劳动时间；④证券市场的风险较大、影响因素复杂，具有较大的波动性和不可预测性，而一般商品市场的风险较小，实行的是等价交换原则，波动较小，市场前景具有较大的可测性。

## 2.1.1 实物资产、金融资产与证券市场

### 2.1.1.1 实物资产与金融资产

#### 1. 实物资产和金融资产的概述及区别

社会的物质财富最终取决于社会经济的生产能力，即社会成员创造产品和服务的能力。这种生产能力是社会经济中实物资产的函数，包括土地、建筑物、机械以及创造产品和服务的知识等。

与实物资产相对应的是金融资产，如股票和债券等。这些证券不过是几张纸，或者更有可能是计算机条目，它们不会直接影响生产力，但是这类资产代表了对实物资产收益（或政府收益）的索取权。例如，即使不能拥有自己的汽车制造厂，我们也仍然可以通过购买汽车公司的股票来分享汽车生产的收益。

在实物资产为国民经济创造净利润的同时，金融资产只是确定收益在投资者中的分配。人们可以选择是消费还是投资。如果选择投资，人们可以通过购买各种证券将他们的财富投资于金融资产。投资者购买企业发行的证券，企业就用融到的资金去为实物资产（如厂房、设备或存货等）进行支付。因此，投资者购买证券的收益最终来自企业用所融资金购买的实物资产产生的净利润。

实物资产与金融资产之间存在明显的区别。家庭财富包括了储蓄、股票或债券等金融资产。家庭所持有的证券对家庭来说是资产，因为它代表了对发行者收益的索取权；反之，对发行者来说却是负债。因此，在汇总家庭和企业的资产负债表时，金融资产会相互抵销，只剩下实物资产作为净资产。国家财富包括建筑物、设备、商品存货与土地等。

#### 2. 金融资产的分类

金融资产通常可分为三类：固定收益证券、权益证券和衍生产品。

固定收益证券承诺了固定的收益流，或按照某一固定公式计算的现金流。例如，一般企业债券发行者会保证债券持有者每年能够得到定额的利息收入。而浮动利率债券向债券持有者承诺的收益会随当期利率的变化而变化。例如，某种债券可能按照一年期国债利率上浮 2%来支付利息。除非债务人破产，否则债券的偿付是固定的或按照某一固定公式计算出来的。因此，固定收益证券的投资收益受发行者财务状况的影响最小。

但是，固定收益证券的期限和支付条款多种多样。货币市场是指短期固定收益市场，其证券的流动性强而且风险很低。一年期国债或银行存单均属于货币市场证券。相反，固定收益资本市场证券包括长期证券，如长期国债、地方政府债券以及企业债券等。这些债券涵盖从违约风险低的安全型债券（如长期国债）到风险相对大的高收益型垃圾债券。它

们在对投资者的偿付和对发行者破产的防范方面设计的条款极其繁多。

与固定收益证券相比，权益证券（或称股权证券）代表了公司所有权份额。股权所有者不再享有任何特定的收益，但在分红时可以获得公司派发的股息，同时还拥有与持股数额相应的公司实物资产的所有权。如果公司经营成功，该公司股票的价值就会上涨；如果失败，股票价值就会下降。权益证券的收益直接与公司实物资产经营的成败紧密相连。因此，股权证券的风险比固定收益证券的风险大。

衍生产品（如期权和期货合约）的收益取决于其他资产（如股票和债券）的价格。例如，如果某公司股票的价格在行权期内低于执行价格，那么该公司股票的看涨期权就会变得一文不值。相反，如果股票价格在行权期内高于执行价格，那么看涨期权的价值就高。除期权外，其他比较重要的衍生证券还有期货和互换合约。

衍生产品已成为投资中不可缺少的一部分，其最初的功能是规避或转移风险，如农民可以通过出售小麦期货来规避小麦降价的风险。使用衍生产品进行风险管理的现象非常普遍。但是，衍生产品也能用于高风险的投机。这种投机行为一旦失利，就会造成巨大的损失。虽然这种损失引起了人们的广泛关注，但是衍生产品的主要功能仍是风险管理而不是投机。衍生产品将继续在投资组合的构造和金融系统中扮演重要角色。

除上述金融资产外，个人也可以直接投资于实物资产，如房地产、稀有金属、农产品等，这些也能构成投资组合的一部分。

#### 2.1.1.2 证券市场

前面已经指出，实物资产决定财富状况，而金融资产仅仅代表对实物资产收益的索取权。但是，金融资产及其得以交易的市场在经济体系中具有十分重要的作用。正是金融资产使我们能够创造经济体系中的大部分实物资产。

**1. 证券市场的基本功能**

证券市场综合反映了国民经济的各个维度，被称为国民经济的“晴雨表”，客观上为观察和监控经济运行提供了最直接的指标。它的基本功能包括：

（1）筹资-投资功能。证券市场的筹资-投资功能是指证券市场一方面为资金需求者提供了通过发行证券筹集资金的机会，另一方面为资金供给者提供了投资对象。在证券市场上交易的任何证券既是投资工具，又是筹资工具。在经济运行过程中，既有资金盈余者，又有资金短缺者。资金盈余者为使自己的资金价值增值，必须寻找投资对象；而资金短缺者为了发展自己的业务，就要向社会筹集资金。为了筹集资金，资金短缺者可以通过发行各种证券达到筹资目的，资金盈余者则可以通过买入证券而实现投资目的。筹资和投资是证券市场基本功能不可分割的两个方面，忽视其中任何一个方面都会导致市场的严重缺陷。

（2）资本定价功能。证券市场的第二大基本功能就是为资本决定价格。证券是资本的表现形式，所以证券的价格实际上是证券所代表的资本的价格。证券的价格是证券市场上证券供求双方共同作用的结果。证券市场的运行形成了证券需求者和供给者的竞争关系，市场需求大，相应的证券价格就高；反之，相应的证券价格就低。因此，证券市场提供了资本的合理定价机制。

（3）资本配置功能。证券市场的资本配置功能是指通过证券价格引导资本的流动，从而实现资本合理配置的功能。在证券市场上，证券价格的高低是由该证券所能提供的预期收益率的高低来决定的。证券价格的高低实际上是该证券筹资能力的反映。能提供高收益率的证券一般来自经营好、发展潜力巨大的企业，或者来自新兴行业的企业。由于这些证券的预期收益率高，因此其市场价格也相对较高，从而筹资能力就强。这样，证券市场就引导资本流向能提供高收益率的企业或行业，使资本运用得到尽可能高的效率，从而实现资本的合理配置。

2. **证券市场的分类**

（1）按证券市场功能的不同，证券市场可分为一级市场和二级市场。

1）一级市场（发行市场）。一级市场是通过发行股票进行筹资活动的市场，一方面为资本的需求者提供筹集资金的渠道，另一方面为资本的供给者提供投资场所。发行市场是实现资本职能转化的场所，它通过发行股票，把社会闲散资金转化为生产资本。由于发行活动是股市一切活动的起始点，故又称发行市场为一级市场。

2）二级市场（交易市场）。二级市场是有价证券的交易场所。二级市场是有价证券的流通市场，是已发行的有价证券进行买卖交易的场所。二级市场为有价证券提供流动性，使证券持有者可以随时卖掉手中的有价证券，用以变现（如果证券持有者不能随时将自己手中的有价证券变现，则无人会购买有价证券）。由于二级市场为有价证券的变现提供了途径，因此二级市场还可以为有价证券定价，向证券持有者表明证券的市场价格。二级市场的功能表现为：促进短期闲散资金转化为长期建设资金；调节资金供求，引导资金流向，为商业的直接融资提供渠道；二级市场的股价变动能反映出整个社会的经济情况；维持股票的合理价格，交易自由、信息灵通、管理缜密，保证买卖双方的利益都受到严密的保护。

已发行的股票一经上市，就进入二级市场。投资者根据自己的判断和需要买进或卖出股票，其交易价格由买卖双方来决定，投资者在同一天中买入股票的价格是不同的。

3）二级市场与一级市场的联系。二级市场与一级市场关系密切，两者既相互依存，又相互制约。一级市场提供的证券及其发行的种类、数量与方式决定着二级市场上流通证券的规模、结构与速度，而二级市场作为证券买卖的场所，对一级市场起着积极的推动作用。组织完善、经营有方、服务良好的二级市场对一级市场上所发行的证券进行快速有效的分配与转让，使其流通到其他更需要、更适当的投资者手中，并为证券的变现提供现实的可能。此外，二级市场上的证券供求状况与价格水平等都将有力地影响一级市场上证券的发行。因此，没有二级市场，证券发行不可能顺利进行，一级市场也难以为继，扩大发行则更不可能。

（2）按上市条件的不同，证券市场可分为主板市场、二板市场和三板市场。

1）主板市场。主板市场也称一板市场，是指传统意义上的证券市场（通常指股票市场），是一个国家或地区证券发行、上市及交易的主要场所。主板市场先于创业板市场产生，两者既相互区别，又相互联系，是多层次市场的重要组成部分。相对创业板市场而言，主板市场是资本市场中最重要的组成部分，在很大程度上能够反映经济发展状况，有“晴雨表”之称。主板市场对发行人的营业期限、股本大小、盈利水平、最低市值等方面的要求标准较高，上市企业多为大型成熟企业，具有较大的资本规模以及稳定的盈利能力。在我国，主板市场包括上海证券交易所（简称上交所）的主板市场和深圳证券交易所

（简称深交所）的主板市场。

2）二板市场。有些国家称二板市场为自动报价市场、自动柜台交易市场等。它的定位是为具有高成长性的中小企业提供融资服务，是一条中小企业的直接融资渠道，也是针对中小企业的资本市场。与主板市场相比，在二板市场上市的企业标准和上市条件相对较低，中小企业更容易上市募集发展所需资金。二板市场的建立能直接推动中小企业的发展。此外，二板市场是不同于主板市场的独特的资本市场，具有自身的特点，其功能主要表现在两个方面：一是在风险投资机制中的作用，即承担风险资本的退出窗口作用；二是作为资本市场所固有的功能，包括优化资源配置、促进产业升级等。而对企业来讲，上市除了融通资金外，还有提高企业知名度、分担投资风险、规范企业运作等作用。建立二板市场，是完善风险投资体系，为中小企业提供直接融资服务的重要一环。在我国，二板市场包括深交所的创业板市场和上交所的科创板市场。其中，科创板市场主要服务于符合国家战略、突破关键核心技术、市场认可度高的科技创新企业。

3）三板市场。在我国，三板市场即新三板市场，也称全国中小企业股份转让系统，定位于为创新、创业、成长型的中小微企业在进行股份公开转让、融资、并购等业务方面提供服务，连通了中小企业与民间资本。2020 年，新三板划分为精选层、创新层和基础层，符合不同条件的挂牌公司分别纳入不同市场层级管理。2021 年 11 月 15 日，北京证券交易所（简称北交所）开市时，新三板精选层 10 家已完成公开发行等程序的企业直接在北交所上市，71 家存量精选层公司平移至北交所上市。

（3）按交易对象的不同，证券市场可分为股票市场、债券市场、基金市场和衍生产品市场。

1）股票市场。股票市场是进行各种股票发行和买卖交易的场所。股票市场按其基本职能划分，又可分为股票发行市场和股票交易市场，两者在职能上是互补的。股票发行市场是股票发行人向投资者发售股票、进行筹资活动的市场。股票交易市场又称流通市场、二级市场，是已发行股票的交易与转让市场。

2）债券市场。债券市场是进行各种债券发行和买卖交易的场所。债券市场按其基本职能来划分，也可分为债券发行市场和债券交易市场，两者也是紧密联系、相互依存、相互作用的。债券发行市场是债券交易市场的存在基础，债券发行市场中的债券发行条件及发行方式影响债券交易市场中债券的价格及流动性。债券交易市场能促进债券发行市场的发展，为债券发行市场所发行的债券提供变现场所，保证了债券的流动性。债券交易市场的债券价格及流动性直接影响债券发行市场中新债券的发行规模、条件等。

3）基金市场。基金市场是指进行基金证券发行和转让的市场。投资基金是一种利益共享、风险共担的集合投资制度。该制度通过发行基金证券，集中投资者的资金，令基金由基金托管人托管、由基金管理人管理，从事股票、债券等金融工具的投资。基金证券本身作为一种投资工具，也可以自由买卖和转让，从而也就形成了投资基金的流通市场。

4）衍生产品市场。衍生产品市场是各类衍生产品发行和交易的市场。衍生产品市场按其主要品种又可细分为期货市场、期权市场、远期市场和互换市场等。随着金融创新在全球范围内的不断深化，衍生产品市场已成为金融市场不可或缺的组成部分。

（4）按组织形式的不同，证券市场可分为场内市场和场外市场。

1）场内市场。场内是指证券交易所。证券交易所是最主要的证券交易场所，它是交易市场的核心。证券交易所必须根据国家有关证券法律规定，有组织、规范化地进行证券买卖。证券交易与一般商品交易不同，通常集中于某一固定的场所进行交易，一般是在商业或金融中心设有证券交易所并配有现代化的电脑、电话等设备，规定交易的开盘和收盘时间。在交易制度安排上，场内市场采用公平、持续的双向性拍卖撮合竞价成交制度，或者实行做市商报价制度。在管理上，场内市场具有严密的组织管理机构，只有证券交易所的会员才能在交易市场从事交易活动，非会员投资者必须通过具有证券交易所会员资格的证券经纪商进行证券交易。在证券交易所上市交易的证券必须符合有关条件，并经严格审查批准。此外，证券交易所还提供各项服务，比如为投资者提供有参考价值的信息。证券交易所是证券流通市场的中心，起着重要作用。

2）场外市场。场外市场是指在正式的证券交易所之外进行证券交易的市场。广义的场外市场通常包括柜台市场（店头市场）、第三市场、第四市场，狭义的场外市场仅指柜台市场。柜台交易一般通过证券交易商来进行，通常采用协商价格成交。这种协商大多在证券交易商之间进行，有时也在证券交易商与证券投资者之间进行。以柜台方式交易的证券，可能是已上市证券，也包括部分未上市证券。中国的全国中小企业股份转让系统（即俗称的“新三板”）是经国务院批准设立的全国性场外市场，它与场内市场是功能互补、相互促进的关系。新三板市场的成立，标志着我国多层次资本市场建设走向深化。

### 2.1.2 证券市场的发展阶段

从世界证券市场的发展历程来看，其大致经历了以下三个阶段。

#### 2.1.2.1 自由放任阶段（17世纪初至20世纪20年代末）

随着市场经济和股份制的发展，证券市场的规模和影响也在不断扩大。20世纪初，资本主义由自由竞争阶段过渡到垄断阶段，证券市场适应了资本主义经济发展的需要，有效地促进了资本的积累，从而获得了巨大的发展。证券市场的结构也发生了很大的变化，在证券市场中占主要地位的已不再是政府公债，而是股票和公司债券。

当时的证券市场缺乏相关的法律法规，证券的发行和交易基本上处在自由放任的阶段。证券业呈现出无序竞争的局面，证券交易所纷纷成立，各种证券鱼龙混杂，证券价格远离其实际价值，证券欺诈和证券投机现象十分严重。1929年10月29日，证券市场出现了被称为“黑色星期二”的暴跌，而股票市场的暴跌对经济危机起到了推波助澜的作用。在大萧条过后的相当长时间内，证券市场仍然处在萧条之中。

#### 2.1.2.2 法制建设阶段（20世纪30年代初至60年代末）

在大萧条过后，各国政府意识到了加强对证券市场监管的重要性。因此，各国政府针对证券业的法律法规纷纷出台，并对证券的发行和交易活动进行了全面的规范及限制。这些证券法律法规的制定为证券市场的健康发展奠定了坚实的基础，证券市场逐步走上了规范发展的道路。

美国在这一阶段对证券市场实行了统一立法，主要证券法律法规包括《证券法》（1933年）、《证券交易法》（1934年）、《公共事业控股公司法》（1935年）、《信托契约法》（1939年）、《投资公司法》（1940年）和《投资顾问法》（1940年）等。英国的主要证券法律法规包括《防止欺诈（投资）法》（1958年）、《公司法》（1967年）等。这些法律法规强有力地促进了证券市场公开、公平、公正目标的实现，从而最大限度地发挥了证券市场的功能，促进了证券市场的持续发展。

#### 2.1.2.3 迅速发展阶段（20世纪70年代至今）

从20世纪70年代开始，世界证券市场进入了高速发展阶段。随着资产证券化趋势的不断发展，从西方发达国家到新兴的发展中国家，各国的证券市场都呈现出蓬勃繁荣的景象，证券市场在世界经济中的作用和地位愈加突出。例如，在美国、英国等国家，其股市价值与GDP之比都超过了100%。除规模得到迅速发展外，证券市场的结构也不断得到优化，而金融衍生产品市场的发展更为迅速。

**专栏2-1**

**我国证券市场的发展历程**

中国证券市场的萌芽出现在清末。在19世纪70年代后，清政府洋务派兴办了一些股份制企业。随着这些企业的出现，股票应运而生。为便利这些股票的转让交易，证券市场亦随之产生。1891年，上海外商成立上海股份公所，1905年，它更名为上海众业公所。在该交易所买卖的证券主要是外国企业股票、公司债券、南洋一带的橡胶股票、中国政府的金币公债以及外国设在上海的行政机构发行的债券等，特别是其中的外国企业股票和橡胶股票交易占了很大的份额。中国人自己创办的交易所在辛亥革命前还不多见。在1912年以后，中国证券交易的规模逐渐扩大。1918年，北京成立了北京证券交易所，这是全国第一家专营证券业务的交易所。1920年，上海成立了上海华商证券交易所。

1990年12月1日，深圳证券交易所开始试营业。1990年12月19日，上海证券交易所正式开业。1991年7月3日，在试营业7个月之后，深圳证券交易所正式营业。1998年12月29日，第九届全国人民代表大会常务委员会第六次会议通过《中华人民共和国证券法》（简称《证券法》），该法于1999年7月1日正式实施。这标志着维系证券交易市场运作的法规体系趋向完善。

为了积极推进资本市场改革和稳定发展，国务院于2004年1月发布了《关于推进资本市场改革开放和稳定发展的若干意见》，为资本市场新一轮改革和发展奠定了基础。2004年5月，中国证监会批准深圳证券交易所在主板市场内开设中小企业板块。2005年4月，中国证监会发布《关于上市公司股权分置改革试点有关问题的通知》，启动股权分置改革试点工作。2005年9月，中国证监会发布《上市公司股权分置改革管理办法》，标志着我国的股权分置改革全面推进。上市公司股权分置改革是通过非流通股股东和流通股股东之间的利益平衡协商机制消除A股市场股份转让制度性差异的制度安排，不仅顺利解决了上市公司股份原本不能全流通的历史问题，而且为资本市场其他各项改革和制度创新创造了条件。2005年10月，修订后的《中华人民共和国证券法》和《中华人民共和国公司法》公布，并自2006年1月起施行。2007年，《期货交易管理条例》发布并实施；2008年，《证券公司监督管理条例》和

《证券公司风险处置条例》发布并实施。有关资本市场的监管法规和部门规章也得到了相应的调整与完善。

为充分发挥资本市场的功能，市场各方对多层次市场体系和产品结构的多样化进行了积极的探索。中小板市场、创业板市场的推出和代办股份转让系统的出现，是中国在建设多层次资本市场体系方面迈出的重要一步。可转换公司债券、银行信贷资产证券化产品、住房抵押贷款证券化产品、企业资产证券化产品、银行不良资产证券化产品、企业或证券公司发行的集合收益计划产品以及权证等新品种的出现，丰富了资本市场交易品种。

2018年11月5日，国家主席习近平出席首届中国国际进口博览会开幕式并发表主旨演讲，宣布在上海证券交易所设立科创板并试点注册制。在注册制下，证券发行审核机构只对注册文件进行形式审查，不进行实质判断，由市场本身对上市公司进行选择和判断。2019年3月3日，《上海证券交易所科创板股票发行上市审核问答》正式发布，使科创板的配套规则进一步明晰；3月18日，科创板股票发行上市审核系统正式运行。科创板和注册制的蓬勃发展为中国资本市场注入了新的活力。

2023年2月1日，全面实行股票发行注册制改革正式启动。同日，证监会就全面实行股票发行注册制涉及的《首次公开发行股票注册管理办法》等主要制度规则草案向社会公开征求意见。2023年2月17日，证监会发布全面实行股票发行注册制相关制度规则，自公布之日起施行。证券交易所、全国股转公司、中国结算、中证金融、证券业协会配套制度规则同步发布实施。全面实行股票发行注册制改革，优化了审核注册机制，有助于完善多层次资本市场体系，并进一步完善了对证券市场的监管和执法。

截至2023年4月，沪、深、北证券交易所的上市公司达到5 176家，三市市场总值达到85.2万亿元。表2-1显示了2001—2022年中国证券市场全部A股的上市公司家数、上市公司境内总股本及上市公司境内总市值的变动情况。

**表2-1　2001—2022年中国证券市场全部A股的规模变动**

| 年份 | 上市公司家数（家） | 上市公司境内总股本（亿股） | 上市公司境内总市值（亿元） |
|---|---|---|---|
| 2001 | 1 136 | 4 667.18 | 42 381.78 |
| 2002 | 1 200 | 5 290.49 | 37 578.07 |
| 2003 | 1 263 | 5 821.63 | 41 608.46 |
| 2004 | 1 353 | 6 510.66 | 36 377.21 |
| 2005 | 1 358 | 6 939.53 | 31 831.73 |
| 2006 | 1 411 | 12 440.30 | 87 983.90 |
| 2007 | 1 527 | 16 752.08 | 324 758.71 |
| 2008 | 1 602 | 18 634.71 | 120 575.38 |
| 2009 | 1 696 | 20 330.16 | 242 083.64 |
| 2010 | 2 041 | 26 713.40 | 263 306.24 |
| 2011 | 2 320 | 29 464.60 | 213 324.42 |
| 2012 | 2 472 | 31 575.04 | 228 733.37 |
| 2013 | 2 468 | 33 568.85 | 237 666.72 |
| 2014 | 2 592 | 36 775.05 | 372 540.99 |

续表

| 年份 | 上市公司家数（家） | 上市公司境内总股本（亿股） | 上市公司境内总市值（亿元） |
|---|---|---|---|
| 2015 | 2 808 | 42 778.82 | 529 742.42 |
| 2016 | 3 034 | 48 570.86 | 506 761.91 |
| 2017 | 3 467 | 53 538.17 | 565 813.55 |
| 2018 | 3 567 | 57 327.98 | 433 740.16 |
| 2019 | 3 760 | 61 454.77 | 591 933.83 |
| 2020 | 4 181 | 65 320.92 | 796 857.32 |
| 2021 | 4 685 | 70 510.19 | 917 567.55 |
| 2022 | 5 067 | 73 228.18 | 788 716.58 |

资料来源：Wind 数据库。

**专栏 2-2**

## 股权分置改革

上市公司的股权结构是影响上市公司价值的重要因素。我国上市公司的股权结构曾经有复杂的历史，股权分置改革是我国上市公司股权结构状况变革的里程碑。

在 2005 年股权分置改革前，我国上市公司的股权被人为划分成国家股、法人股和流通股。其中，持股的法人绝大部分是国有经济主体。在这种情况下，国家股和法人股共同构成了国有股主体。其中，国家股是国家直接持股，法人股是国家间接持股。流通的国家股与法人股占总股权的大部分。国家股和法人股是不能在二级市场流通的，所以又称非流通股，持有非流通股的股东为非流通股股东。投资者通过二级市场进行买卖的只有流通股，这部分占总股权的小部分。流通股和非流通股在本质上都是对上市公司剩余索取权的凭证，无论从享受股息、分红还是投票权的角度，流通股和非流通股的权利都是相同的。两者的本质区别在于，这种人为划定的流通股和非流通股存在能否在二级市场交易的差别，因而定价的模式不同。流通股通过二级市场交易方式，按照市场价格定价，而非流通股通常按照以净资产为基础给予一定溢价（如 20%）的方式进行定价。这种人为划分出流通股和非流通股的股权结构称为股权分置。

一、股权分置的危害

股权分置的产生有其特殊的历史背景，该制度在当时的条件下促进了我国资本市场的发展。但是，伴随着我国资本市场的不断发展，股权分置的危害也逐渐体现出来。从结构和功能上看，股权分置使得中国资本市场长期以来都处在不正常状态。已有的分析表明①，股权分置既是上市公司“融资饥渴症”产生的制度基础，又是资金

① 吴晓求．中国资本市场：股权分裂与流动性变革．北京：中国人民大学出版社，2004.

使用效率低下、业绩不断下滑、关联交易盛行、内幕交易频频的重要原因。有学者认为，股权分置对中国资本市场的发展有八大危害，并对这八大危害进行了深入分析。① 在这八大危害中，又有三大最严重的危害，这些危害损害了中国资本市场发展的动力。

首先，股权分置把上市公司变成了股东之间的利益冲突体，而不是利益共同体。股权分置从制度上造就了流通股股东和非流通股股东之间的利益冲突，使上市公司分裂为动力不同、目标不同的两条船。非流通股股东把利益的攫取主要放在流通股股东身上，而不是放在提高盈利水平、提升公司竞争力上。他们通过基于股权分置的高溢价融资，攫取流通股股东的利益，从而实现自身资产价值的快速增值。因为流通股股东的资产价值与市场价格存在高度相关性，而非流通股股东的资产价值与市场价格无关，所以流通股股东承担了资本市场上的系统性风险及非系统性风险，而非流通股股东的利益与股票价格高低无关。

其次，股权分置损害了资本市场的定价功能。在正常的制度环境下，并购以及以并购为机制的存量资源配置是资本市场最重要的功能。实际上，增量融资并不是资本市场的核心功能。就增量融资而言，资本市场的功能不及商业银行强大，但在存量资源的配置和重组中，资本市场则是无以匹敌的，商业银行对此无能为力。这是因为资本市场创造了一种存量资源的流动机制，从而在技术层面上提供了公司并购重组的基础，商业银行无法提供存量资源的流动机制。股权分置的存在使存量资源的再配置功能消失了，剩下的只是扭曲的增量融资。整个市场开始疯狂地追求增量融资，甚至把增量融资的多少作为评判资本市场重要性的主要标准。

最后，股权分置使中国资本市场不可能形成有助于企业长期发展的科学考核标准和有效激励机制。在成熟市场中，公司资产的市值是考核管理层的核心指标。然而，股权分置的存在使这种考核机制不复存在。只有确立了有利于企业长期发展的科学考核机制，我们才能建立起包括期权制度在内的有效的激励机制。在股权分置时代，期权制度只是一个美丽的传说，不可能实现，因为在现实中缺乏实施期权制度的市场平台。在股权分置时代，股票期权主要表现为非流通股期权。这种期权使持有者享受不到企业成长的财富效应，从而无法体现持有者的市场价值，因而起不到应有的激励作用。

二、股权分置改革中的对价支付

股权分置改革的核心议题是“对价”。有学者认为，非流通股股东给流通股股东支付对价缺乏法律依据。也有学者认为，支付对价有法律依据。因为在我国上市公司的招股说明书和上市公告书中都曾有约定：“发起人股份暂不流通。”“暂不流通”就是一种契约、一种约定。如果现在要改变这种契约和约定，那么契约主动解除方除非有足够的证据或充分的理由保证契约变更接受方不会因为契约的改变而受到损害，否

① 吴晓求．股权流动性分裂的八大危害：中国资本市场为什么必须进行全流通变革．财贸经济，2004（5）：49-54.

则就必须支付相应的对价以对冲由契约变更带来的潜在风险。支付对价的形式可以是现金，也可以是其他形式的金融资产，甚至可以是法定义务的承诺。

在金融理论中，任何能够给未来带来收益的权利都是可以定价的。一种资产（权利）有没有价格，不在于其物理形态，而在于其未来带来现金流的能力。资产的流动权是一种可能为持有者带来收益的权利。如果非流通股要获得与流通股相同的流动权，那就意味着非流通股股东要为此付出相应的价格。非流通股股东之所以要申请获取这种权利，是因为这种权利能给非流通股股东带来新的潜在利益，这种新的潜在利益至少包括三部分：一是有利于非流通股股东资产避险能力的提高；二是可以使非流通股股东获得公司利润增长、综合竞争力提升带来的杠杆化资产增值效应；三是使非流通股股东有机会取得资产的市场价差收益。所以，非流通股股东申请的流动权在商业上是可以定价的，而获取这种权利是要付出成本的。

这个成本付给谁？当然是付给契约变更接受方，即 A 股流通股股东。除此之外，任何人、任何市场主体、任何非市场主体都没有权利享有这种给付。

三、股权分置改革完成后中国资本市场的变化①

在股权分置改革完成后，中国资本市场在以下几个方面发生了重要变化：

(1) 资本市场的资产估值功能逐步恢复并不断完善，资产价值从注重账面值过渡到注重盈利能力，如“净资产”这样的财务概念从资产估值的核心指标中慢慢退出，取而代之的是资产的未来现金流能力。

(2) 市场有效性有一定程度的提高，市场对实体经济反应的敏感度有所提高，“政策市”的烙印会随着市场功能的完善而慢慢淡去。

(3) 资本市场的功能发生了根本性的转型，从“货币池”转为“资产池”。

(4) 股权结构与公司治理发生了重要变化。

(5) 大股东行为完成从股东之间的内部博弈到市场博弈的转变，股东行为特别是大股东行为渐趋理性。

(6) 上市公司的考核目标从静态目标转为动态目标，与此相适应，激励机制也从侧重于短期激励转向侧重于长期激励。

(7) 中国资本市场的规则体系包括发行制度、交易制度、信息披露、并购规则以及退市机制等都进行了根本性调整。

(8) 市场预期机制逐步形成，人们的投资理念随之发生重要变化——从单纯追求市场价差收益逐步过渡到注重收益与风险的匹配。

---

① 以下内容引自该文献并略有修改：吴晓求．股权分置改革后的中国资本市场．北京：中国人民大学出版社，2006。

**专栏 2-3**

## 注册制改革

自中国证券市场诞生以来，我国新股发行制度出现过多次变革，主要经历了三个阶段：一是审批制阶段；二是核准制阶段；三是注册制阶段。伴随着上海证券交易所、深圳证券交易所以及全国证券交易自动报价系统的逐步建立，我国证券市场正式诞生。1992 年 12 月，《国务院关于进一步加强证券市场宏观管理的通知》宣布国务院证券委员会（简称证券委）和中国证券监督管理委员会（简称证监会）正式成立。至此，证券市场有了独立的监管机构。1993 年 4 月，国务院颁发《股票发行与交易管理暂行条例》，全国统一的股票发行审核制度正式建立，我国股票发行全面开启了行政主导的审批制。审批制是上市公司股票申请上市须经过审批的证券发行管理制度，是完全计划发行的模式。审批制又可分为额度管理和指标管理两个阶段。1990—1995 年是审批制的额度管理阶段，其中，在 1993 年全国统一的股票发行审核制度正式建立之前，新股发行和上市的审批权归属于不同的政府部门；在该制度正式建立之后，证券委每年确定股票总体发行额度计划，然后下达给各地区、各部门，它们再负责选择和推荐企业，证监会最后对推荐的企业进行复审，做出批准上市的决定。1996—2000 年是审批制的指标管理阶段。1996 年，《关于 1996 年全国证券期货工作安排意见》发布，新股发行计划改为“总量控制，限报家数”的管理办法，即由国家计划委员会（简称国家计委）、证券委共同制定股票发行总规模，证监会向各地区、各部门下达发行企业家数，然后它们再选择和推荐拟上市企业，证监会在总规模内给企业核定发行规模，进行复审并做出批准上市的决定。在审批制下，1999 年 9 月 10 日，沪深两市上市股票突破 1 000 只。

2001 年 3 月，证监会宣布取消审批制，开始实行核准制。核准制也可分为两个阶段，即通道制阶段和保荐制阶段。2001—2004 年为核准制下的通道制阶段。2001 年，中国证券业协会发布《关于证券公司推荐发行申请有关工作方案的通知》，对证券公司推荐企业发行股票实行“自行排队，限报家数”的规定。截至 2004 年底，全国 83 家证券公司一共拥有 318 条通道。2005 年 1 月 1 日，通道制废止。此后，股票发行进入核准制下的保荐制阶段。根据中国证监会 2003 年底发布的《证券发行上市保荐制度暂行办法》，自 2004 年 2 月 1 日起在股票发行中正式实行保荐制度。在保荐制阶段中，保荐人（券商）对发行人发行证券进行推荐和辅导，核实公司发行文件中所载资料是否真实、准确、完整，并对上市公司的信息披露负有连带责任。

2019 年 7 月，适用试点注册制的首批企业在科创板上市交易，增量市场注册制改革拉开序幕。《证券法》于 2019 年 12 月完成修订，2020 年 3 月 1 日开始实施，为注册制改革提供了法律保障。2020 年 8 月，创业板改革并试点注册制落地实施，首批企业上市交易，存量市场注册制改革也取得实质性突破。2021 年 11 月，北京证券交易所揭牌开市，同步试点注册制。2023 年 2 月 1 日，证监会发布通知，全面实行股票发行注册制改革正式启动，自此，我国股票市场正式迎来全面注册制。

从审批制到核准制再到注册制，证监会和承销机构的责任在不断地发生变化。在审批制下，证监会进行实质性审核，并决定企业价值，承销机构仅需按照规定承销；在核准制下，证监会进行实质性审核，承销机构负责辅导和推荐IPO公司，保证保荐书信息真实、准确、完整，对上市公司的信息披露承担连带责任；在注册制下，证监会仅做形式审查，承销机构则承担独立的发行责任和风险。

# 2.2 证券市场的运行机制

## 2.2.1 证券市场的微观主体

### 2.2.1.1 证券发行人

证券发行人是指为筹措资金而发行债券、股票等证券的发行主体，主要包括：

**1. 公司**

企业的组织形式可分为独资制、合伙制和公司制。现代公司主要采取股份有限公司和有限责任公司两种形式，其中只有股份有限公司能发行股票。公司发行股票所筹集的资本属于自有资本，而通过发行债券所筹集的资本属于借入资本，发行股票和长期公司债券是公司筹资的主要途径，发行短期债券则是补充流动资金的重要手段。随着科技的进步和资本有机构成的不断提高，公司作为证券发行主体的地位有不断上升的趋势。在公司证券中，通常将银行及非银行金融机构发行的证券称为金融证券。金融机构作为证券市场的发行主体，既发行债券，也发行股票。欧美国家能够发行证券的金融机构一般是股份有限公司，所以将金融机构发行的证券归为公司证券。而我国和日本则把金融机构发行的债券定义为金融债券，从而突出了金融机构作为证券市场发行主体的地位，但股份制的金融机构发行的股票并没有被定义为金融证券，而是被归类为一般的公司股票。

**2. 政府和政府机构**

随着国家干预理论的兴起，政府（中央政府和地方政府）以及中央政府直属机构已成为证券发行的重要主体之一，但政府发行证券的品种一般只限于债券。

中央政府发行债券所筹集的资金既可以用于协调财政资金短期周转、弥补财政赤字、兴建政府投资的大型基础性的建设项目，也可以用于实施某种特殊的政策，在战争期间还可用于弥补战争经费的开支。地方政府债券一般用于交通、通信、住宅、教育、医疗和污水处理等方面地方性公共设施的建设。

由于中央政府握有征收税收、发行货币等特权，在通常情况下，中央政府债券不存在违约风险，因此这一类证券被视为无风险证券，相应的证券收益率被称为无风险收益率（又称无风险利率），是金融市场上最重要的价格指标。

中央银行作为证券发行主体，主要涉及两类证券：第一类是中央银行股票。在一些国家（如美国），中央银行采取了股份制组织结构，通过发行股票筹集资金，但是中央银行的股东并不享有决定中央银行政策的权利，只能按期收取固定的红利，其股票类似于优先股。第二类是中央银行出于调控货币供给量的目的而发行的特殊债券。中国人民银行从2003年起开始发行中央银行票据，期限从3个月到3年不等，主要用于调节金融体系中的流动性。

**专栏2-4**

## 证券发行审核制度

世界各国对证券发行的管理都是通过审核制度来实现的。审核制度主要有三种，即注册制、核准制和审批制。

1. 注册制

注册制，又称申报制、登记制，是指证券发行人在发行证券时，应当而且只需依法全面、准确地将投资者做出决策所需的重要资料予以充分、完全地披露，并向证券监管机构申报；证券监管机构不负实质审查义务，不对证券自身的价值做出任何判断，而仅审查资料的全面性、真实性、准确性和及时性；在发行人公开和申报有关资料后，证券监管机构未提出补充或修订意见或者未以停止命令阻止注册生效者，即视为已依法注册，发行人就可发行证券。

2023年2月1日，我国全面实行股票发行注册制改革正式启动。2023年2月17日，中国证监会发布全面实行股票发行注册制相关制度规则。在全面注册制下，由证券交易所承担发行上市审核的主体责任，对企业是否符合发行条件、上市条件和信息披露要求进行全面审核。证监会同步关注发行人是否符合国家产业政策、板块定位，对证券交易所审核中遇到的重大问题及时指导，并基于证券交易所的审核意见，依法履行发行注册程序。

注册制能够简化审核程序、减轻审核负担，并且有利于具有发展潜力和相应风险的企业通过证券市场及时募集到所需资金，从而获得发展机会。然而，证券发行制度的简化也会使一些质量较差的企业进入证券市场，因此注册制需要建立在信息公开的基础上，同时强调信息披露的真实性。

2. 核准制

核准制，又称实质审查制或实质管理制，是指发行人不仅要依法全面、准确、及时地将投资者做出投资决策所需的重要信息予以充分披露，而且必须符合法律法规规定的实质条件，证券发行人只有在得到证券监管机构的核准后才能发行证券；证券监管机构不仅要审查证券发行人公开信息的真实性、准确性和完整性，而且要对证券的投资价值进行实质性审查。此外，证券发行人必须符合法定条件，否则发行申请将被否决。

因为核准制对拟发行的证券进行实质上和形式上的双重审查，所以获准发行证券的投资价值有一定的保障，可以有效防止不良证券进入市场，提高证券市场的整体质量水平。但在核准制下，证券的发行效率受到约束，从而影响了证券市场的资源配置功能。与此同时，严格的实质性审查不利于发展新兴事业，主要是具有潜力和风险性较高的公司可能因一时不满足较高的发行条件而被排斥在外。

3. 审批制

审批制是公司在申请股票发行时须经过审批的证券发行管理制度，是完全计划发行的模式，实行“额度控制”。拟发行公司在申请公开发行股票时，要经过地方政府或中央企业主管部门，向所属证券管理部门提出发行股票申请，经证券管理部门受理，在审核同意并转报证券监管机构核准发行额度后，可提出上市申请，再经审核、复审，由证监会出具批准发行的有关文件，方可发行。

当前，我国的证券发行审核制度已经统一：对股票发行和债券发行均采取注册制。2018 年 11 月 5 日，国家主席习近平出席首届中国国际进口博览会开幕式并发表主旨演讲，宣布在上海证券交易所设立科创板并试点注册制。科创板及注册制的到来将增强我国资本市场的融资功能，扩大股票供给并丰富资本市场结构，为构建与中国大国经济相匹配的大国金融提供新的活力。2023 年 2 月 1 日，全面实行股票发行注册制改革正式启动，标志着注册制的制度安排基本定型，标志着注册制被推广到全市场和各类公开发行股票行为，在中国资本市场改革发展进程中具有里程碑意义。

### 2.2.1.2 证券投资者

证券投资者是指通过买入证券进行投资的各类机构法人和自然人。相应地，证券投资者可以分为机构投资者和个人投资者两大类。

**1. 机构投资者**

（1）政府机构。政府机构参与证券投资的目的主要是调剂资金余缺和进行宏观调控。在各级政府及政府机构出现资金剩余时，可通过购买政府债券、金融债券投资于证券市场。

中央银行以公开市场操作作为政策手段，通过买卖政府债券或金融债券影响货币供给量以进行宏观调控。

我国国有资产管理部门或其授权部门持有国有股，履行国有资产的保值增值和通过国家控股、参股来支配更多社会资源的职责。

（2）金融机构。参与证券投资的金融机构包括证券经营机构、银行业金融机构、保险经营机构、合格境外机构投资者、主权财富基金以及其他金融机构等。

1）证券经营机构。证券经营机构是证券市场上最活跃的投资者，以其自有资本、营运资金和受托投资资金进行证券投资。我国证券经营机构主要是证券公司。按照《证券法》的规定，证券公司可以通过从事证券自营业务和证券资产管理业务等，以自己的名义或代其客户进行证券投资。

2）银行业金融机构。银行业金融机构包括商业银行、农村信用合作社等吸收公众存款的金融机构及政策性银行。

3）保险经营机构。保险公司是全球最重要的机构投资者之一，一度超过投资基金成为投资规模最大的机构投资者，除大量投资于政府债券、高等级公司债券外，还广泛涉足基金和股票投资。

4）合格境外机构投资者。合格境外机构投资者制度是一国（或地区）在货币没有实现完全可自由兑换、资本项目尚未完全开放的情况下，有限度地引进外资、开放资本市场的一项过渡性制度。这项制度要求外国投资者若要进入一国证券市场，必须符合一定条件，经该国有关部门审批通过后汇入一定额度的外汇资金并将其转换为当地货币，通过受到严格监管的专门账户投资当地证券市场。

5）主权财富基金。随着国际经济、金融形势的不断变化，不少国家尤其是发展中国家拥有了大量的官方外汇储备，为管理好这部分资金，它们成立了代表国家进行投资的主权财富基金。

6）其他金融机构。其他金融机构包括信托投资公司、企业集团财务公司、金融租赁公司等。这些机构通常也在自身章程和监管机构许可的范围内进行证券投资。

（3）企业和事业法人。企业可以用自己的积累资金或暂时不用的资金进行证券投资。企业既可以通过股票投资实现对其他企业的控股或参股，也可以将暂时闲置的资金通过自营或委托专业机构进行证券投资以获取收益。

（4）各类基金。基金性质的机构投资者包括证券投资基金、社保基金、企业年金和社会公益基金。

**2. 个人投资者**

个人投资者是从事证券投资的社会自然人，他们是证券市场最广泛的投资者。

### 2.2.1.3　证券市场中介机构

证券市场中介机构是指为证券的发行、交易提供服务的各类机构。在证券市场中起中介作用的是证券公司和证券服务机构。

**1. 证券公司**

证券公司是指依法设立并经国务院证券监督管理机构审查批准而成立的专门经营证券业务，具有独立法人地位的金融机构。

从证券公司的功能划分，证券公司可分为证券经纪商、证券自营商和证券承销商。

拓展阅读

国外投资银行介绍

（1）证券经纪商，即证券经纪公司，是指代理买卖证券的证券机构，它们接受投资者委托，代为买卖证券，并收取一定手续费（即佣金）。

（2）证券自营商，即综合型证券公司，是指除了拥有证券经纪公司的权限外，还可以自行买卖证券的证券机构，它们的资金雄厚，可直接进入交易所为自己买卖股票。

（3）证券承销商是指以包销或代销形式帮助证券发行人发售证券的机构。

实际上，我国的证券公司多是集经纪、自营、承销三种功能于一身的综合性经营机构。

**2. 证券服务机构**

证券服务机构是指依法设立的从事证券服务业务的法人机构，主要包括证券投资咨询机构、证券登记结算机构、财务顾问机构、资信评级机构、资产评估机构、会计师事务所、律师事务所等。

### 2.2.1.4　自律性组织

证券市场的自律性组织主要包括证券交易所和行业协会。部分国家（或地区）的证券登记结算机构也具有自律性质。在我国，按照《证券法》的规定，证券自律管理机构是证券交易所和证券业协会。根据《证券登记结算管理办法》，我国的证券登记结算机构实行行业自律管理。

#### 2.2.1.5　证券监管机构

在我国，证券监管机构是中国证监会及其派出机构。中国证监会是国务院直属的证券监督管理机构，依照法律法规和国务院授权对证券市场进行集中、统一监管。它的主要职责是：依法制定有关证券市场监督管理的规章、规则，负责监督有关法律法规的执行，负责保护投资者的合法权益，对全国的证券发行、证券交易、中介机构的行为等依法实施监管，维持公平、有序的证券市场。

### 2.2.2　证券交易场所

证券交易场所分为证券交易所和场外交易市场两大类。

#### 2.2.2.1　证券交易所

证券交易所是依据国家有关法律，经政府证券主管机关批准设立的集中进行证券交易的有形场所。我国有三大证券交易所：上海证券交易所、深圳证券交易所和北京证券交易所。

**1. 证券交易所的功能**

从股票交易实践可以看出，证券交易所有助于保证股票市场运行的连续性，实现资金的有效配置，形成合理的价格，减少证券投资的风险。

**2. 证券交易所的分类**

证券交易所分为会员制证券交易所和公司制证券交易所两种。这两种证券交易所既可以是政府或公共团体出资经营的，也可以是私人出资经营的，还可以是政府与私人共同出资经营的。

（1）会员制证券交易所。会员制证券交易所是不以营利为目的，由会员自治自律、互相约束，参与经营的会员可以参加股票交易中的股票买卖与交割的交易所。这种交易所的佣金和上市费用较低，从而在一定程度上可以从事上市股票的场外交易。但是，由于经营交易所的会员本身就是股票交易的参加者，因而在股票交易中难免出现交易的不公正性。与此同时，因为参与交易的买卖方只限于证券交易所的会员，新会员的加入一般要经过原会员的一致同意，这就形成了一种事实上的垄断，不利于提高服务质量和降低收费标准。

在会员制证券交易所中，理事会的职责主要有：决定政策，并由总经理负责编制预算，然后送交会员大会审定；维持会员纪律，对违反规章的会员给予罚款、停止营业或除名处分；批准新会员进入；核定新股票上市；决定如何将上市股票分配到交易厅专柜；等等。

我国上海证券交易所和深圳证券交易所是会员制证券交易所。

（2）公司制证券交易所。公司制证券交易所是以营利为目的，提供交易场所和服务人员，以便利证券商的交易与交割的证券交易所。从股票交易实践可以看出，这种证券交易所要收取发行公司的上市费与证券成交的佣金，其主要收入来自买卖成交额的一定比例。

另外，经营这种交易所的人员不能参与证券买卖，因而在一定程度上可以保证交易的公平。

在公司制证券交易所中，总经理向董事会负责，主要负责证券交易所的日常事务。董事的职责是：核定重要章程及业务、财务方针；拟订预算、决算及盈余分配计划；核定投资；核定参加股票交易的证券商名单；核定证券商应缴纳的营业保证金、买卖经手费及其他款项的数额；核议上市股票的登记、变更、撤销、停业及上市费的征收；审定向股东会提出的议案及报告；决定经理人员和评价委员会成员的选聘、解聘；核定其他项目。监事的职责包括审查年度决算报告及监察业务、检查一切账目等。自20世纪90年代以来，世界上许多证券交易所已由会员制改为公司制，从传统非营利性的会员制组织改为营利性股份有限公司，如斯德哥尔摩证券交易所以及中国香港的香港联合交易所等。北京证券交易所是中国内地第一家公司制证券交易所。

**3. 证券交易所的成员以及客户与经纪人之间的关系**

（1）会员。会员包括股票经纪人、证券自营商及专业会员。

股票经纪人主要是指佣金经纪人，即专门替客户买卖股票并收取佣金的经纪人。交易所规定，只有会员才能进入大厅进行股票交易。因此，非会员投资者若想在交易所买卖股票，就必须通过股票经纪人。

证券自营商是指不为客户买卖股票，而为自己买卖股票的证券公司，根据其业务范围可以分为直接经营人和零数交易商。直接经营人是指在交易所注册的、可直接在交易所买卖股票的会员，这种会员不需支付佣金，其利润来源于短期股票价格的变动。零数交易商是指专门从事零数交易的交易商（零数交易是指成交量不够一个交易单位的交易），这种交易商不能收取佣金，其收入主要来源于以低于整份交易的价格从证券公司客户手中购入证券，然后以高于整份交易的价格卖给零数股票的购买者所赚取的差价。

专业会员是指在交易所大厅专门买卖一种或多种股票的交易所会员，其职责是让有关股票维持一个自由的、连续的市场。专业会员的交易对象是其他经纪人，按规定它不能直接同公众买卖证券。在股票交易实践中，专业会员既可以经纪人身份参与股票的买卖业务，也可以自营商身份参与股票的买卖业务，但不能同时身兼二职参与股票买卖。

（2）交易人。交易人在进入交易所后，就被分为特种经纪人和场内经纪人。

特种经纪人是交易所大厅的中心人物，每位特种经纪人都身兼数职，主要有：充当其他股票经纪人的代理人；直接参加交易，以轧平买卖双方的价格差距，促成交易；在大宗股票交易中扮演拍卖人的角色，负责对其他经纪人的出价和开价进行评估，确定一个公平的价格；负责本区域的交易，促其成交；向其他经纪人提供各种信息。

场内经纪人主要有佣金经纪人和独立经纪人。佣金经纪人如前所述，此处不再介绍。独立经纪人主要是指一些独立的个体企业家。一个公司如果没有自己的经纪人，就可以成为独立经纪人的客户，每做一笔交易，公司需付一笔佣金。在实践中，独立经纪人都会竭力按公司要求进行股票买卖，以获取良好信誉和丰厚报酬。

（3）客户与经纪人之间的关系。在股票投资交易活动中，客户与经纪人是相互依赖的关系，主要表现在以下四个方面：

第一，授权人与代理人的关系。客户作为授权人，经纪人作为代理人，经纪人必须为客户着想，为其利益提供帮助。经纪人所得收益为佣金。

第二，债务人与债权人的关系。这是在保证金交易中客户与经纪人之间关系的表现。客户在保证金交易方式下购买股票时，仅支付保证金若干，不足之数向经纪人借款。不管该项借款是由经纪人贷出还是由商业银行垫付，此时的经纪人均为债权人，客户均为债务人。

第三，抵押关系。客户在需要款项时，须持股票向经纪人作抵押借款，客户为抵押人，经纪人为被抵押人，等以后股票售出时，经纪人可从其款项中扣除借款数目。在经纪人本身无力贷款的情况下，可以客户的股票向商业银行再抵押。

第四，信托关系。客户将金钱和证券交由经纪人保存，经纪人为客户的准信托人。经纪人在信托关系中不得使用客户的财产为自身谋利。客户若想从事股票买卖，必须先在股票经纪人公司开立账户，以便获得各种必要资料，然后再行委托，而经纪人不得违抗或变动客户的委托。

#### 2.2.2.2 场外交易市场

**1. 场外交易市场概述**

场外交易市场（简称“场外市场”）是相对于证券交易所而言的，是在证券交易所之外进行证券买卖的市场。传统的场内市场和场外市场在物理概念上的区分为：场内市场的交易是集中在交易大厅内进行的；场外市场是分散在各个证券商柜台的市场，无集中交易场所和统一的交易制度。但是，随着信息技术的发展，证券交易的方式逐渐演变为通过网络系统将订单汇集起来，再由电子交易系统处理。场内市场和场外市场的物理界限逐渐模糊。

场内市场和场外市场的概念演变成了风险分层管理的概念，即不同层次市场按照上市品种的风险大小，通过对上市或挂牌条件、信息披露制度、交易结算制度、证券产品设计以及投资者约束条件等做出差异化安排，实现资本市场交易产品的风险纵向分层。

**2. 场外交易市场的功能**

场外交易市场是我国多层次资本市场体系的重要组成部分，主要具备以下功能：

（1）拓宽融资渠道，改善中小企业融资环境。不同融资渠道的资金具有不同的性质和相互匹配关系，优化融资结构对于促进企业发展、保持稳定的资金供给至关重要。中小企业尤其是民营企业的发展在难以满足现有资本市场约束条件的情况下，很难获得持续稳定的资金供给。场外交易市场的建设及发展拓展了资本市场积聚和配置资源的范围，为中小企业提供了与其风险状况相匹配的融资工具。

（2）为不能在证券交易所上市交易的证券提供流通转让的场所。在多层次资本市场体系中，证券交易所的上市标准较高，大部分公司很难达到这一标准，但是公司股份天然具有流动的特性，存在转让的需求，场外交易市场为其提供了流通转让的场所，也为投资者提供了兑现及投资的机会。

（3）提供风险分层的金融资产管理渠道。资本市场是风险投资市场，不同投资者具有不同的风险偏好。建立多层次资本市场体系，发展场外交易市场能够增加不同风险等级的产品供给，提供必要的风险管理工具以及风险的分层管理体系，为不同风险偏好的投资者提供更多不同风险等级的产品，满足投资者对金融资产管理渠道多样化的要求。

### 3. 我国的场外交易市场

（1）全国银行间债券市场。全国银行间债券市场是指依托于中国外汇交易中心暨全国银行间同业拆借中心（简称“交易中心”）和中央国债登记结算有限责任公司（简称“中央结算公司”）的，面向商业银行、农村信用合作社、保险公司、证券公司等金融机构进行债券买卖和回购的市场。全国银行间债券市场成立于 1997 年 6 月 6 日。经过 20 多年的迅速发展，全国银行间债券市场已成为我国债券市场的主体部分。

（2）全国中小企业股份转让系统。全国中小企业股份转让系统（俗称“新三板”）是经国务院批准设立的全国性场外市场。全国中小企业股份转让系统有限责任公司（简称“全国股转公司”）为其运营管理机构，于 2013 年 1 月 16 日正式揭牌运营。

作为多层次资本市场的一部分，“新三板”从 2006 年开始在中关村科技园区进行试点；2012 年 8 月，国务院正式同意扩大试点范围，新增上海、武汉、天津三地的国家级科技园区。经过 6 年多的探索实践，中关村科技园区非上市公司股份转让试点在提高挂牌企业股份转让价格发现水平和流转效率、改善中小企业融资环境和吸引民间资本投资方面的功能已初步显现。

“新三板”的特点如下：挂牌门槛低；实行备案制，挂牌时间短；挂牌成本低；企业数量增加快，股本规模小，集中在高新技术产业，成长性好，定向增资额度小但效率高；股票交易可以采取做市交易方式、竞价交易方式以及中国证监会批准的其他交易方式，符合全国股转公司规定的单笔申报数量或交易金额标准的，全国股转系统同时提供大宗交易安排。

（3）债券柜台交易市场。债券柜台交易市场进行柜台记账式债券交易业务，即银行通过营业网点（含电子银行系统）与投资者进行债券买卖，并办理相关托管与结算等业务。商业银行根据每天全国银行间债券市场交易的行情，在营业网点柜台挂出国债买入和卖出价格，以保证个人和企业投资者及时买卖国债，商业银行的资金和债券余缺则通过全国银行间债券市场买卖加以平衡。

柜台交易具有以下特点：一是为个人投资者投资于公债二级市场提供更方便的条件，可以吸引更多的个人投资者；二是场外交易的覆盖面和价格形成机制不受限制，便于中央银行进行公开市场操作；三是有利于商业银行低成本、大规模地买卖公债等；四是有利于促进各市场之间的价格、收益率趋于一致。

## 2.2.3 证券投资过程

### 2.2.3.1 个人投资者的投资规划

投资规划以及投资需求因人而异。投资需求随个人的生命周期而改变。个人投资者如何建立他们的投资规划取决于他们的年龄、财务状况、未来计划、风险偏好以及需求等。

#### 1. 投资的准备工作

在开始投资规划前，个人投资者需要确保其他的需求已经得到满足。只有在个人投资者的收入能够满足日常生活的需要，并且产生净储蓄时，个人投资者才可以考虑投资。

（1）保险。人身保险是在任何投资规划中都不可缺少的一部分，它能够在发生意外时为我们的至亲提供生活保障。保险公司支付的死亡赔偿金能够用来支付医药费和丧葬费，并且维持家庭成员的日常生活，帮助他们偿还债务，或者满足将来的需要（如子女的教育花费或者配偶退休后的生活费用）。因此，投资规划的首要步骤之一就是购买足够的人身保险。

保险还能够起到更为立竿见影的效果，比如可以作为实现退休规划等长期目标的工具。个人投资者在退休时可以获得保单约定的收益，以满足个人生活的需要。

保险能够对冲其他风险。例如，健康险能够在个人投资者生病时支付医药费，意外险在个人投资者发生人身意外时进行赔偿，汽车险等其他财产险为家庭的财产提供保护。

尽管没有人愿意发生意外，但是完美的投资规划的第一步就是购买保险，以防万一。缺少了保险，无论多好的投资项目都有可能毁于一旦。

（2）现金储备。有足够的现金储备来应对紧急情况、失业、意外支出以及好的投资机会等是非常重要的。现金储备不仅能够提供安全垫，还能够降低在出现突发状况时被迫变卖资产的风险。许多专家建议应该储备能够满足六个月生活支出的现金。我们所称的现金储备并不只能以现金形式存在，它也包括能够迅速变现且变现过程中价值损失很少的资产。货币市场基金以及短期债券型共同基金、银行存款等都可以作为现金储备。

与投资规划类似，投资者的保险及现金储备需求会随着生命周期的改变而改变。例如，人们在退休后，对意外险的需求会降低；相反，其他险种，如补充医疗保险或长期健康险会变得更为重要。

**2. 投资者一生中的投资策略**

在满足基本的保险及现金储备需求后，个人投资者就可以用净储蓄进行投资。由于在生命周期各个阶段投资者的风险承受能力不同，个人投资者的投资策略也会相应发生变化。

投资者的生命周期可分为四个阶段：

（1）积累期。职业生涯的前期到中期是个人投资者的积累期。在这个阶段，人们努力地积累资产去满足基本的生活需要（如房租）或者长期目标（如子女未来的教育、退休等方面的花费）。积累期的典型特征是净财富积累很少，投资者可能会背负车贷或者助学贷款。因为投资期限很长，且投资者未来的创收能力很强，处于积累期的投资者愿意承担相对较高的风险，以此换取高于平均值的期望收益。

（2）稳定期。当职业生涯已经过半时，投资者进入了稳定期。此时，他们可能已经还清了全部或者大部分贷款，个人收入大于支出，结余可用来投资于退休计划或房地产规划。此时的投资期仍然较长，适度的高风险投资仍然很有吸引力。与此同时，处于稳定期的人们注重资本积累，他们不愿意承担太高的风险以防止侵蚀资本。

（3）消费期。人们退休后，就进入了消费期。社会保障以及之前投资（如养老金计划）的收益能够满足日常生活的需要。由于职业生涯已经结束，他们非常注重资本的安全性；与此同时，他们必须平衡自己保持退休前生活质量的愿望以及由通货膨胀造成的储蓄实际价值减少的事实。尽管处于消费期的投资者的投资组合的整体风险可能比稳定期时低，但是处于消费期的投资者仍需要一些有风险的成长性投资（如普通股）来抵御通货膨胀。

在进入消费期后，思想上的转变可能会比较困难。在整个工作时期，我们努力储蓄。进入消费期后我们开始想，如果我们少消费一些，那么财富就会持续得更久。尽管这是正确的，但若退休早期出现熊市，我们的资本会迅速损耗。幸运的是，我们可以通过投资规划来预防这种情形的发生。例如，我们可以通过预算防止将所有的储蓄一次性花完，也可以通过年金的形式将风险由个人转移到年金公司。如果我们购买年金计划，我们每年都可以得到一笔固定的收入。有的年金计划只有夫妻双方均死亡时才会终止。

（4）捐赠期。与消费期类似，处于捐赠期的人们相信自己有足够的收入和资产来满足当前及未来的消费需要，并有足够的储备来应对意外的发生。在捐赠期，剩余的资产可以用来支援亲戚朋友、建立公益信托等。

### 3. 生命周期投资目标

在投资者的生命周期中，人们会有很多投资目标。近期的首要投资目标是指投资者设立的、对于他们个人来讲很重要的短期购买目标，如支付房租、买一辆新车或者参加一次旅行。有未成年子女的父母可能会有支付子女的教育费用的目标。因为这种目标具有情感上的重要性，而且期限较短，所以投资者不适合用高风险的投资来达成。

长期的首要投资目标通常包括财务独立，如能够在达到一定年龄后退休。因为这种目标的特征就是期限较长，所以高风险投资可以用来达成该目标。

次要目标则是锦上添花的东西，包括每隔几年就换一辆新车、购买昂贵的家具、重新装修房子或者进行一次环球旅行等。完善的投资规划会将次要目标分散到投资者的一生当中。

### 2.2.3.2 投资决策过程

投资决策的目标是实现投资收益的最大化，也就是使投资组合的风险和收益特征能够给投资者带来最大的满足，具体说来，就是使投资者在实现一定收益水平的同时承担最低的风险，或者在投资者可接受的风险水平之内，使其获得最大的收益。显然，实现这种目标需要对投资组合进行有效的和科学的管理。投资决策过程通常包括以下几个基本步骤，见图2-2。

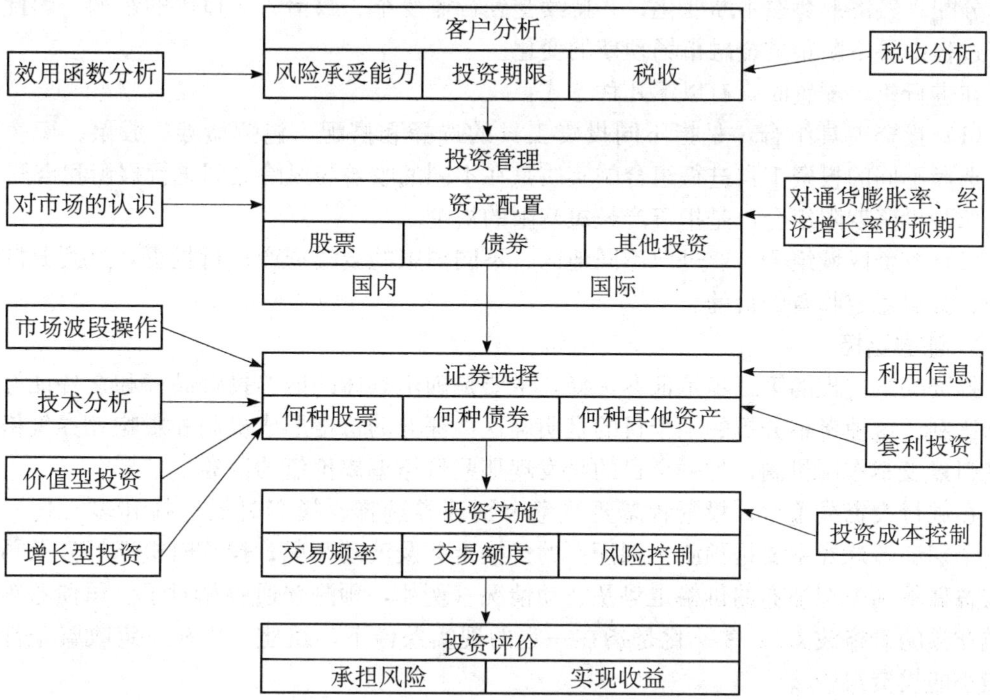


图2-2 投资决策过程

1. 客户分析

投资决策过程从了解投资者的风险偏好开始，首先要确立个人及机构投资者的投资政策。投资政策是投资者为实现投资目标应遵循的基本方针和基本准则，包括投资目标、投资规模和投资对象三个方面的内容以及应采取的投资策略和措施等。投资目标是指投资者在承担一定风险的前提下期望获得的投资收益率。由于证券投资属于风险投资，而且风险与收益之间呈现出一种正相关关系，所以证券组合管理者如果把只能赚钱不能赔钱定为证券投资的目标则是不客观的。客观和合适的投资目标应该是在盈利的同时也承担可能发生的亏损。因此，投资目标的确定应包括风险和收益两项内容。投资规模是指用于证券投资的资金数量，它取决于投资者的实际财务能力。投资对象是指证券组合管理者准备投资的证券品种，是根据投资目标而确定的。

在投资政策中，很重要的一项内容是投资限制。因为投资环境的因素各有不同，除了风险承受能力不同外，投资者可能会对投资期限等有所要求。此外，税收作为投资者财富的负担，与投资过程息息相关。出于避税或者税收延迟支付等需求，所有的投资收益率都是以税后值来考量的。

客户分析是投资决策过程的第一步，反映了证券投资者的投资风格，并最终反映在投资组合中所包含的金融资产类型特征上。

2. 投资管理

投资决策过程的第二步是投资管理，也就是寻找最契合投资政策要求的投资工具。投资管理其实是一个资产配置的过程，投资经理要对当前的宏观经济形势进行研究，并预测未来走势，要根据投资政策中投资者的需求，结合对市场的认识以及对通货膨胀率、经济增长率的预期来制定资产配置策略，决定如何将资金在不同的国家、不同类别的资产之间进行分配。经济形势在不断变化，并持续受到行业变革、政治、人口等的影响。因此，在投资过程中要不断跟进金融市场预期的变化。

在进行资产配置时，有以下几种方式：

（1）投资工具组合，是指不同投资工具的选择和搭配，包括债券、股票、衍生产品等。选择不同的投资工具进行组合的实质是在不同的收益与风险之间进行权衡和搭配。

（2）投资期限组合，是指资产长短期限的搭配。

（3）投资区域组合。通过向不同地区、不同国家的金融资产进行投资，达到分散投资风险、获得稳定收益的目的。

3. 证券选择

投资决策过程的第三步是证券选择，主要是确定具体的证券投资品种和在各证券上的投资比例。这种考察分析的一个目的是明确这些证券的价格形成机制和影响证券价格波动的诸因素及其作用机制；另一个目的是发现那些价格偏离价值的证券。

在进行投资决策时，投资者需要注意个别证券选择、投资时机选择和多元化三个问题。个别证券选择主要是预测个别证券的价格走势及波动情况；投资时机选择涉及预测和比较各种不同类型证券的价格走势及波动情况（例如，预测普通股相对于公司债券等固定收益证券的价格波动）；多元化是指在一定的现实条件下，组建一个在一定收益条件下风险最小的投资组合。

4. **投资实施**

在投资实施的过程中，投资者应当通过对交易频率和交易额度的控制以及风险控制，使在剔除投资成本后，在总体上能够最大限度地实现现有投资组合的风险收益特性。

5. **投资评价**

投资决策过程的第五步是通过定期对投资组合进行业绩评估，评价投资组合的表现。业绩评估不仅是投资决策过程的最后一个阶段，也可以看成一个连续操作过程的组成部分。说得更具体一点，可以把它看成投资决策过程中的一种反馈和控制机制。投资者在获得收益的同时，还承担相应的风险，获得较高收益可能是建立在承担较高风险的基础之上。因此，在对投资组合的业绩进行评估时，不能仅仅比较投资组合所获得的收益，而应该综合衡量投资收益和投资者所承担的风险情况。

## 2.2.4 证券市场价格指数

### 2.2.4.1 股票价格指数

1. **股票价格指数的编制方法**

股票价格指数（简称“股价指数”）是衡量股票市场上股价综合变动方向和幅度的一种动态相对数，其基本功能是用平均值的变化来描述股票市场股价的动态。在海外成熟证券市场上，股价指数主要由证券交易所、金融服务机构、研究咨询机构或财经媒体等编制和发布，指数的编制虽各有不同而且还在发展，但基本形成了若干比较普遍的原则和方法。中国股票市场只有三十几年的发展历史，而且是在从计划经济向市场经济过渡的过程中逐渐成长起来的，不仅具有典型的新兴市场特征，而且还具有很强的中国特色。在此基础上，中国股价指数的编制既要充分借鉴成熟市场的经验和方法，也要充分考虑中国国情。

人们通常对股价平均数和股价指数进行分别计算，这主要是根据两者对股市的实际作用不同而做出的。股价平均数反映多种股票价格变动的一般水平，通常以算术平均数表示。股价指数是反映不同时期股价变动情况的相对指标，通过它，人们可以了解报告期的股价比基期的股价上升或下降的百分比。

（1）股价平均数的计算。

1）算术平均数，就是把采样股票的总价格平均分配到采样股数上。其计算的基本方法是，先对市场上的股票进行采样，然后从每种采样股票中拿出一股，将其收盘价格相加，再除以采样股数，得出的商便是股价平均数。

设采样股数为采样股票的总数，其收盘价为 $P_i$（$i=1, 2, \cdots, n$），则有：

$$股价平均数=\frac{采样股票的总价格}{采样股数}$$

$$=\frac{\sum_{i=1}^{n} P_i}{n}$$

$$=\frac{P_1+P_2+\cdots+P_n}{n}$$

现假设从某股市采样的股票为 A、B、C、D 四种，它们在某交易日的收盘价分别为

10 元、15 元、25 元和 30 元，计算该市场的股价平均数。

根据上述公式，可得：

$$股价平均数=\frac{10+15+25+30}{4}=20(元)$$

算术平均数的优点是计算起来简单易懂，缺点是计算时未考虑权数；当其中某种股票发生拆股时，会使股价平均数产生不合理的下降，这显然不符合股价平均数作为反映股价变动的指标的要求。

2）调整平均数。为了克服拆股后股价平均数发生不合理下降的问题，必须采取纠正的方法来调整股价平均数。其方法通常有两种：一是调整除数；二是调整股价。

调整除数就是把原来的除数调整为新的除数。上例中的除数是 4，假定 D 股票将 1 股拆为 3 股，拆股后的股价从 30 元下调为 10 元，则调整后新的除数应是：

$$\begin{aligned}新的除数&=\frac{拆股后的总价格}{拆股前的平均数}\\&=\frac{10+15+25+10}{20}=3\end{aligned}$$

将新的除数代入下列公式中，则

$$\begin{aligned}股价平均数&=\frac{拆股后的总价格}{新的除数}\\&=\frac{10+15+25+10}{3}=20(元)\end{aligned}$$

这样得出的股价平均数与未拆股时计算的结果相同，股价水平不会因拆股而变动。

调整股价就是将拆股后的股价还原成拆股前的股价。其方法是，设 D 股股价拆股前为 $P_4$，拆股后为 $P_4'$，新增设的股数为 $R$，则调整股价平均数的计算公式为：

$$\begin{aligned}调整股价平均数&=\frac{P_1+P_2+P_3+(1+R)\times P_4'}{n}\\&=\frac{10+15+25+(1+2)\times 10}{4}\\&=20(元)\end{aligned}$$

式中，$(1+R)\times P_4'$之中的 1 为原来的股数，由于拆股后股数变为 3，因此新增设的股数 $R=3-1=2$。

（2）股价指数的计算。股价指数是报告期的股价与某一基期比较的相对变化指数。它的编制首先假定某一时点为基期，基期值为 100（或为 10，或为 1 000），然后再用报告期股价与基期股价相比得出。其计算方法主要有以下几种：

1）简单算术平均法，即在计算出采样股票个别价格指数的基础上，加总求其算术平均数。

简单算术平均法的计算公式为：

$$P^I=\frac{1}{n}\sum_{i=1}^{n}\frac{P_{1i}}{P_{0i}}\times 100$$

式中，$P^I$为股价指数；$P_{0i}$为基期第 $i$ 种股票的价格；$P_{1i}$为报告期第 $i$ 种股票的价格；$n$ 为股票样本数。

现假设某股市中四种股票的交易资料见表 2-2，求出股价指数。

表 2-2 某股市四种股票的交易资料

| 种类 | 股价 | | 交易量 | |
|---|---|---|---|---|
| | 基期（$P_0$） | 报告期（$P_1$） | 基期（$Q_0$） | 报告期（$Q_1$） |
| A | 5 | 8 | 100 | 150 |
| B | 8 | 12 | 50 | 90 |
| C | 10 | 14 | 120 | 70 |
| D | 15 | 18 | 60 | 80 |

将表 2-2 中的数字代入公式，可得：

$$股价指数=\frac{1}{4}\times\left(\frac{8}{5}+\frac{12}{8}+\frac{14}{10}+\frac{18}{15}\right)\times100=142.5$$

这说明报告期的股价比基期的股价（100）上升了 42.5 个百分点。

2）综合平均法，即分别把基期和报告期的股价加总后，用报告期股价总额与基期股价总额相比较。其计算公式为：

$$P^I=\frac{\sum_{i=1}^{n}P_{1i}}{\sum_{i=1}^{n}P_{0i}}\times100$$

代入表 2-2 中的数字，则股价指数等于 136.8，即报告期的股价比基期的股价上升了 36.8 个百分点。

3）几何平均法，即分别把报告期和基期的股价相乘后开 $n$ 次方，再将报告期与基期的结果相比。其计算公式为：

$$P^I=\frac{\sqrt[n]{P_{11}\times P_{12}\times\cdots\times P_{1n}}}{\sqrt[n]{P_{01}\times P_{02}\times\cdots\times P_{0n}}}$$

4）加权综合法。无论是简单算术平均法，还是综合平均法或几何平均法，它们在计算股价指数时都没有考虑到各采样股票权数的影响，因而难以全面真实地反映股价变动情况，需要用加权综合法来弥补其不足。根据权数选择的不同，计算股价指数的加权综合法公式有以下几种：

第一，以基期交易量（$Q_{0i}$）为权数的公式。

$$P^I=\frac{\sum_{i=1}^{n}P_{1i}Q_{0i}}{\sum_{i=1}^{n}P_{0i}Q_{0i}}\times100$$

第二，以报告期交易量（$Q_{1i}$）为权数的公式。

$$P^I=\frac{\sum_{i=1}^{n}P_{1i}Q_{1i}}{\sum_{i=1}^{n}P_{0i}Q_{1i}}\times100$$

第三，以报告期发行量（$W_{1i}$）为权数的公式。

$$P^I=\frac{\sum_{i=1}^{n}P_{1i}W_{1i}}{\sum_{i=1}^{n}P_{0i}W_{1i}}\times100$$

5）加权几何平均法。在股价指数计算中，人们为了调和交易量在基期和报告期的不同影响，提出了加权几何平均法公式，即：

$$P^I = \sqrt{\frac{\sum_{i=1}^{n} P_{1i} Q_{0i}}{\sum_{i=1}^{n} P_{0i} Q_{0i}} \times \frac{\sum_{i=1}^{n} P_{1i} Q_{1i}}{\sum_{i=1}^{n} P_{0i} Q_{1i}}}$$

**2. 我国主要的股票价格指数**

（1）上证综指。上证综指是上海证券交易所股票价格综合指数的简称。该指数的前身为上海静安指数，是由中国工商银行上海市分行信托投资公司静安证券业务部于 1987 年 11 月 2 日开始编制的。上证综指是上海证券交易所于 1991 年 7 月 15 日开始公布的，以 1990 年 12 月 19 日为基日，以 100 点为基点，以在上海证券交易所上市的股票和红筹企业发行的存托凭证（ST、* ST 证券除外）为样本，以发行股本数为权数进行编制。

随着上市品种的不断丰富，上海证券交易所在这一综合指数的基础上，在 1992 年设 A 股指数和 B 股指数；在 1993 年设工业指数、商业指数、地产指数、公用指数和综合指数五大类分类股价指数。

（2）深证成份指数。由于在实际运作和反映股市实际运行状态方面，深证综指存在着较明显的缺陷，深圳证券交易所在 1995 年增设深证成份指数。

深证成份指数是通过对所有上市公司进行考察，按一定标准选出一定数量有代表性的公司股票编制的指数，采用成份股的流通股数作为权数。深证成份指数按照股票种类分为成份 A 股指数和成份 B 股指数。深证成份指数及其分类指数的基日为 1994 年 7 月 20 日。深证成份指数的基日指数定为 1 000 点。该指数的发布内容包括前日收市、今日开市、最高指数、最低指数和当前指数。

（3）沪深 300 指数。这一指数是沪、深证券交易所联合发布的反映 A 股市场整体走势的指数。沪深 300 指数样本覆盖了沪、深市场七成左右的市值，具有良好的市场代表性。截至 2023 年 11 月 31 日，在 300 只样本股中，深市 117 只样本股中有 98 只来自深证 100 指数的样本股，沪市 183 只样本股中有 143 只来自上证 180 指数的样本股，入选率分别为 98%和 79.4%。

沪深 300 指数覆盖了银行、钢铁、石油、电力、煤炭、水泥、家电、机械、纺织、食品、酿酒、化纤、有色金属、交通运输、电子器件、商业百货、生物制药、酒店旅游、房地产等多个主要行业的龙头企业。沪深 300 指数以 2004 年 12 月 31 日为基日，基点为 1 000点，自 2005 年 4 月 8 日起正式发布。沪深 300 指数以规模和流动性作为选样的两个根本标准，并赋予流动性更大的权重，符合该指数定位于交易指数的特点。以沪深 300 指数为标的的金融产品包括沪深 300 股指期货和沪深 300 交易型开放式指数基金（ETF）等。

（4）上证 30 指数。上证 30 指数是由上海证券交易所编制，以在上海证券交易所上市的所有 A 股股票中最具市场代表性的 30 种样本股为计算对象，并以流通股数为权数的加权综合股价指数，取 1996 年 1—3 月的平均流通市值为指数基期市值，基期指数定为 1 000点。上证 30 指数以“点”为单位。

30 种样本股是根据既定的样本股选择原则，同时按照定性分析与定量分析相结合、总量分析与结构分析相结合的方法，通过对各种资料全面分析后进行综合考虑，由专家委员会采用讨论的方式选出的。

上证30指数后被上证180指数取代。

（5）上证180指数。上证180指数在原上证30指数基础上进行编制，以2002年6月28日为基日，以3 299.06点为基点，自2002年7月1日起公布。上证180指数在继承原上证30指数编制优点的基础上进行了一系列创新。该指数的推出目的在于建立一个能够反映上海证券市场运行状况、可以作为投资评价尺度及金融衍生产品基础的基准指数。

上证180指数的推出解决了困扰市场已久的指数标的问题，为指数基金提供了一个可以借鉴的蓝本，对指数化投资有较强的可行性和指导性，是指数基金的理想选择。

在编制方法上，上证180指数的成份股选择考虑了样本空间、样本数量、选样标准、行业分类和选样方法等因素。在行业分类方面，上证180指数既以全球行业分类标准（GICS）为基础，又结合了我国上市公司的实际情况进行调整，将上市公司分为能源、原材料、工业、金融地产、信息技术等十大行业。

上证180指数的加权方法由原上证30指数的流通股数加权改为调整股本加权，也就是根据自由流通比例对总股本进行一定的折算作为指数权重，类似于国际上广泛采用的自由流通量加权方式，体现了指数编制的国际化趋势。该加权方法能够较为科学、客观地综合反映上市公司的经济规模和流通规模，既不像用总股本加权那样忽视非流通股存在的现实问题，也不像用流通股本加权那样完全不考虑非流通股的影响和公司经济规模。此外，这种加权方法对于潜在的国有股、法人股等流通股的非常规扩容问题要容易处理一些，可以降低未来非流通股上市对指数编制的影响，较好地维护指数的连续性。

上证180指数对样本股的调整，依据样本股稳定性和动态跟踪相结合的原则，每半年调整一次，每次调整比例一般不超过10%，在特殊情况下也可能对样本股进行临时调整。

（6）恒生股票价格指数。恒生股票价格指数是由香港恒生银行编制以反映香港股票市场股票价格变动的指数，也是香港股票市场历史最为悠久、影响最大的一种股价指数。它从1969年11月24日开始发布，其基期为1964年7月31日，基点为100点，恒生股票价格指数挑选了33种有代表性的上市股票作为成份股，其计算方法为修正加权综合法。

**专栏2-5**

### 中国A股被正式纳入MSCI指数

MSCI，全称为Morgan Stanley Capital International，中文名为明晟公司或摩根士丹利资本国际公司，是一家提供全球指数及相关金融衍生产品标的的国际公司，其推出的MSCI指数广受投资者欢迎，全球的投资专业人士或机构（包括投资组合经理、投资顾问、学者、经纪交易商、交易所、金融媒体等）均使用MSCI指数。MSCI指数是全球投资组合经理最常使用的投资标的。

2018年6月，中国A股首次被纳入MSCI指数，纳入的成份股数量为234只，纳入因子为2.5%；同年9月，纳入因子由2.5%扩大到5%。市场用“成人礼”一词来形容 A 股“入摩”，这标志着 A 股由此开启了走向全球的大门。

2019 年 3 月 1 日，MSCI 宣布：将 A 股在 MSCI 全球基准指数中的纳入因子由 5%提高至 20%。截至 2023 年 11 月 31 日，MSCI 中国指数涵盖了中国 A 股、H 股、B 股、红筹股、P 股和境外上市公司（例如 ADR）的大中型股代表。该指数共有 765 只成份股，覆盖了中国股票市场约 85% 的份额。该指数包括大盘 A 股和中盘 A 股，占其自由流通量调整后市值的 20%。

### 3. 国外主要的股票价格指数

（1）道琼斯指数。道琼斯指数是世界上历史最悠久的股票价格指数，它的全称为道琼斯股票价格平均指数。通常人们所说的道琼斯指数有可能是指道琼斯指数中的道琼斯工业平均指数。

道琼斯指数最早是在 1884 年由查尔斯·道开始编制的。最初的道琼斯指数是根据 11 种具有代表性的股票，采用算术平均法进行计算后编制而成的，发表在查尔斯·道自己编辑出版的《每日通讯》上。其计算公式为：

$$\text{股票价格平均指数}=\frac{\text{入选股票的价格之和}}{\text{入选股票的数量}}$$

道琼斯指数以在纽约证券交易所挂牌上市的一部分有代表性的公司股票作为编制对象，包括四组指数：

● 第一组是 30 种工业股票平均指数。它由 30 种有代表性的大工商业公司的股票组成，而且随着经济的发展而变大，大致可以反映美国整个工商业股票的价格水平，这也就是人们通常所引用的道琼斯工业平均指数。

● 第二组是 20 种运输业股票平均指数。它包括 20 种有代表性的运输业公司的股票，即 8 家铁路运输公司、8 家航空公司和 4 家公路货运公司的股票。

● 第三组是 15 种公用事业股票平均指数，它由代表美国公用事业的 15 家煤气公司和电力公司的股票所组成。

● 第四组是以上 65 种股票的综合平均指数。它是综合前三组指数而得出的综合指数。

在四组指数中，以第一组最为著名，它被大众传媒广泛地报道，并作为道琼斯指数的代表加以引用。

现在的道琼斯指数是以 1928 年 10 月 1 日为基期，因为这一天收盘时的道琼斯股票价格平均数约为 100 美元。此后的股票价格与基期相比计算出的百分数就成为各期的股票价格指数，所以现在的股票价格指数普遍用点来当单位，而股票价格指数点数的涨跌就反映了相对于基准日的股票价格的涨跌。

拓展阅读

道琼斯指数大事记

（2）标准普尔指数。标准普尔指数是由美国证券研究机构标准普尔公司编制发布的用以反映美国股票市场行情变化的股价指数。标准普尔指数从 1923 年开始编制，最初采样股票共有 230 种。1957 年采样股票扩大到 500 种，其中工业股票 425 种，铁路股票 15 种，公用事业股票 60 种。1976 年该指数又进行了改动，采样股票仍为 500 种，但其构成变为工业股票 400 种，运输业股票20种，公用事业股票40种，金融业股票40种。

标准普尔指数采用加权平均法，以1941—1943年抽样股票的平均市价为基数，以上市股票数为权数，按基期进行加权计算，其基点数为10。与道琼斯指数相比，标准普尔指数具有采样面更广、代表性更强、精确度更高、连续性更好等特点，被普遍认为是一种理想的股票指数期货合约标的。

（3）《金融时报》指数。《金融时报》指数由英国最著名的报纸《金融时报》编制和公布，用以反映英国伦敦证券交易所的行情变动。该指数分为三种：一是由30种股票组成的价格指数；二是由100种股票组成的价格指数；三是由500种股票组成的价格指数。通常所说的《金融时报》指数指的是第一种，即由30种有代表性的工商业股票组成并采用加权平均法计算出来的价格指数。

（4）日经平均股价指数（简称“日经指数”）。日经指数原先称为“日本经济新闻社道琼斯股票价格平均指数”，是由日本经济新闻社编制并公布的反映日本东京证券交易所股票价格变动的股票价格平均指数。该指数的前身为1950年9月开始编制的“东证修正平均股价”。1975年5月1日，日本经济新闻社向美国道琼斯公司买进商标，采用修正的美国道琼斯股票价格平均指数的计算方法计算，并将其编制的股票价格指数定为“日本经济新闻社道琼斯股票价格平均指数”。1985年5月1日，在合同满十年时，经两家协商，该指数改名为“日经平均股价指数”。日经指数按其计算对象的采样数目不同分为两种：一种是日经225种平均股价指数，它是从1950年9月开始编制的；另一种是日经500种平均股价指数，它是从1982年1月开始编制的。前一种指数因延续时间较长，具有很好的可比性，成为考察日本股票市场股价长期演变及最新变动最常用和最可靠的指标，传媒日常引用的日经指数就是指这个指数。

（5）纳斯达克指数。纳斯达克是美国全国证券交易商协会创建的全国证券交易商协会自动报价系统的简称。纳斯达克的特点是收集和发布场外交易非上市股票的证券交易商报价。纳斯达克是全世界第一个采用电子交易的股市。纳斯达克指数是反映纳斯达克证券市场行情变化的股票价格平均指数，基点为100点。纳斯达克的上市公司涵盖所有新技术行业，包括软件和计算机、电信、生物技术等。

拓展阅读

纳斯达克指数介绍

#### 2.2.4.2 债券价格指数

债券价格指数是反映债券市场价格总体走势的指标。与股票价格指数一样，债券价格指数是一个比值，其数值反映了当前市场的平均价格相对于基期市场平均价格的位置。债券市场面临的主要问题是许多债券交易不频繁，其可靠的最新价格的数据难以获得，因而真实的收益率也难以计算。在实务中，一些债券的价格是通过债券估价模型估算出来的，这种估算值与市场价值的真实值之间可能存在差异。

**1. 国际常用债券价格指数**

国际常用债券价格指数有：彭博巴克莱全球综合指数、标普500债券指数、J. P. 摩根政府债券指数以及汇丰亚洲当地债券指数。这些指数有以下特点：

（1）权重的处理。以上指数除了汇丰亚洲当地债券指数外，都是以市值为权重的债券指数。以市值为权重的好处是能够反映出各种债券在经济角度上的相对重要性。

（2）样本债券的选择。在样本债券的选择上，所有指数在取样时都把到期年限低于一年的债券排除在外，这样做主要是考虑到短期债券反映的是短期货币拆借市场的变动情况，而不是资本市场的变动情况，把它们排除在外更能客观反映债券市场的情况。与此同时，汇丰、J. P. 摩根都不考虑选择浮动利率债券作为样本债券，因为浮动利率债券的收益率计算并没有统一的标准。

（3）利息收入的再投资收益。除了彭博巴克莱全球综合指数不考虑利息收入的再投资收益之外，其余指数都是以债券全部收益率为编制基础。但是，各个指数在计算利息收入的再投资收益时所做的假设并不相同。例如，J. P. 摩根政府债券指数把利息收入再投资到其指数本身，而汇丰亚洲当地债券指数把利息收入再投资到其各分指数本身。

不考虑利息收入的再投资收益主要是为了使投资者的操作更方便，同时也体现了在计算收益时必要的保守原则。考虑利息收入的再投资收益能够更客观地反映市场收益，但给实际投资组合的建立和管理带来了一定的困难。

（4）样本债券的定价。在选择样本债券的价格时，各个指数的做法也不相同。例如，彭博巴克莱全球综合指数使用了交易者定价和模型定价相结合的方法来确定最终样本债券的价格，而 J. P. 摩根政府债券指数和标普 500 债券指数使用了交易者定价的方法。

1）市场定价。当债券交易缺乏连续性时，市场价格的代表性和合理性就存在一定的问题。

2）交易者定价。样本债券的定价可以使用交易者的当前买入价或者做市商可能的出价。这种方法在一定程度上解决了市场定价不足的问题，但如果债券在很长一段时间内都没有交易信息出现的话，这种方法也就无法令人满意了。

3）模型定价。这种定价方法使用合理的假设，利用计算机精算来推导最合理的价格。它进一步弥补了交易者定价的不足，可以应用于长期没有交易信息的债券的定价。但是，模型定价不可避免地加入了较多的主观判断。

**2. 我国债券价格指数**

自 1981 年我国恢复国债发行，上海证券交易所、深圳证券交易所于 1990 年底相继成立并陆续开展国债交易以来，经过管理层及广大投资者的不断培育，我国债券市场从无到有、蓬勃发展，债券品种及市场规模都有长足发展。为帮助投资者更好地把握、分析债券市场走势，全国银行间同业拆借中心等机构陆续推出了一系列针对不同市场、券种的债券价格指数。这些指数设计各有侧重，从而为不同风格投资者调整投资组合、进行绩效评估提供了比较可靠、科学的决策依据，也为债券市场的金融创新奠定了良好基础。

中国的主要债券指数包括由中央结算公司编制的中债指数和由中证指数有限公司编制的中证债券指数等。①

（1）中债指数。中债指数是旨在多角度客观反映人民币债券市场走势特征的一系列债券指数。经过不断完善和改进，中债指数已逐渐形成一个指标丰富、覆盖面广的指数体系。按编制方法不同，该体系分为中债总指数族、中债成份指数族、中债策略型指数族、中债投资者分类指数族、中债外币计价指数族、中债绿色系列债券指数族、中债持仓指数

① 本部分内容参见深圳证券交易所官方网站投资者教育专栏。

族、中债定制指数族八大系列。

中央结算公司为绝大部分中债指数提供了财富、全价、净价三组总值和6个按照待偿期分段的子指数，并对应分别附有久期等指数的评价指标。其中，财富指数是以债券全价计算的指数值，考虑了付息日利息再投资因素，在样本券付息时再投资计入指数之中。全价指数是以债券全价计算的指数值，债券付息后利息不再计入指数之中。净价指数则不考虑债券利息。待偿期分段子指数则是将指数中的成份券按待偿期的不同，细分为1年以下、1～3年、3～5年、5～7年、7～10年、10年及以上6个区间段，各区间段单独形成一个子指数。

（2）中证债券指数。中证债券指数包含综合、利率、信用以及可转债指数。其中中证全债指数和中证综合债券指数是两个常用的综合指数。

中证全债指数是中证指数有限公司编制的综合反映全国银行间债券市场和深沪交易所债券市场的跨市场债券指数，也是中证指数有限公司编制并发布的首只债券类指数。该指数的样本由全国银行间债券市场和深沪交易所债券市场中，信用级别为投资级以上、剩余期限为1年及以上的所有国债、金融债券及企业债券组成，采用市值加权计算，以反映全市场相应期限投资级债券的整体表现。中证指数有限公司每日计算并发布中证全债的收盘指数及相应的债券属性指标，为债券投资者提供投资分析工具和业绩评价基准。

中证综合债券指数是综合反映银行间和交易所市场国债、金融债券、企业债券、央行票据及短期融资券整体走势的跨市场债券指数，其选样在中证全债指数样本的基础上，增加了央行票据、短期融资券，以及1年期以下的国债、金融债券和企业债券，样本券剩余期限在1个月以上。该指数的推出旨在更全面地反映我国债券市场的整体价格变动趋势，为债券投资者提供更切合的市场基准。

## 2.3　证券市场监管

证券市场监管是指证券管理机构运用法律的、经济的以及必要的行政手段，对证券的募集、发行、交易等行为以及证券投资中介机构的行为进行监督与管理。

### 2.3.1　证券市场监管机构与监管内容

为了有效防范和化解证券市场风险，促进证券市场健康发展，各国都致力于建立全国统一的证券市场体系和与之相适应的集中统一的监管体制，把营造公开、公平、公正的市场环境和保护投资者利益作为市场监管的主要任务。我国及时总结证券市场发展的经验教训，确立了指导证券市场发展的“法制、监管、自律、规范”八字方针，初步形成了有中国特色的集中统一的监管体系。

我国证券市场监管机构由中国证券监督管理委员会及其派出机构组成。

中国证监会成立于1992年10月，既是国务院直属机构，也是全国证券、期货市场的主管部门。它按照国务院授权履行行政管理职能，依照相关法律法规对全国证券、期货市场实行集中统一监管，维护证券市场秩序，保障其合法运行。

中国证监会在省、自治区、直辖市和计划单列市设立36个证券监管局，以及上海、深圳证券监管专员办事处。其主要职责是：认真贯彻、执行国家有关法律法规和方针政策，依据中国证监会的授权对辖区内的上市公司，证券、期货经营机构，证券、期货投资咨询机构和从事证券业务的律师事务所、会计师事务所、资产评估机构等中介机构的证券业务活动进行监督管理；依法查处辖区内前述管理范围的违法、违规案件，调解证券、期货业务纠纷和争议；中国证监会授予的其他职责。

国际证监会组织公布了证券监管的三个目标：一是保护投资者；二是保证证券市场的公平、效率和透明；三是降低系统性风险。借鉴国际标准并根据我国的具体情况，我国证券市场监管的主要目标是：运用和发挥证券市场的积极作用，限制其消极作用；保护投资者利益，保障合法的证券交易活动，监督证券中介机构依法经营；防止人为操纵、欺诈等不法行为，维持证券市场的正常秩序；根据国家宏观经济的需要，运用灵活多样的方式，调整证券市场的证券交易规模，引导其投资方向，使之与经济发展相适应。

**专栏 2-6**

### 国际证监会组织

国际证监会组织（International Organization of Securities Commissions，IOSCO）是由各国各地区证券期货监管机构所组成的国际合作组织。国际证监会组织的总部位于西班牙马德里。该组织成立于1983年，其前身是成立于1974年的美洲证监会协会。截至2019年2月底，该组织共有224个会员，包括128个正式会员、32个联系会员和64个附属会员。中国证监会于1995年成为其正式会员。

IOSCO的宗旨是通过交流信息，促进全球证券市场的健康发展，各会员协同制定共同的准则，建立国际证券业的有效监管机制，以保证证券市场的公正有效，并共同遏制跨国不法交易，促进交易安全。

IOSCO的主要机构包括：（1）主席委员会。主席委员会是IOSCO最高权力机构，由IOSCO正式会员和联系会员的主席组成，负责讨论IOSCO重大事项并通过相关决议等。主席委员会为非常设机构，于每年IOSCO年会期间召开会议。（2）理事会。理事会是IOSCO的最高决策机构。（3）增长与新兴市场委员会。增长与新兴市场委员会通过制定监管原则和最低标准、组织人员培训、促进信息交换和专业技术交流等方式促进新兴市场的发展。（4）地区委员会。IOSCO会员按照所在地区，分属四个地区委员会，即非洲/中东地区委员会、亚太地区委员会、欧洲地区委员会和美洲地区委员会。中国证监会是亚太地区委员会会员。（5）附属会员咨询委员会。附属会员咨询委员会由IOSCO附属会员组成，协助IOSCO开展政策制定工作。（6）秘书处。IOSCO秘书处设于马德里，负责IOSCO日常事务，由秘书长直接领导。

证券市场监管机构的监管内容包括以下几个方面：

（1）信息披露监管。它要求证券发行人向实际投资者与潜在投资者公开大量的金融信息。原因在于，当企业发行证券时，其管理者对于企业本身的经营状况比投资者更为了解，这也是市场失灵的原因，通常被称为信息不对称。此外，还存在代理问题。公司的管理者是投资者的代理人，管理者可能按照自己的最大化利益行动，从而造成对投资者的不利影响。信息披露规则的倡导者认为，在缺少信息披露规则的条件下，投资者与管理者的信息不对称会使代理人按照自己的意愿行事。

（2）金融行为监管。这是对证券交易者及市场交易的监管。这种监管形式最初是为了防止内幕交易。内幕交易是信息不对称产生的问题，不符合竞争性市场的要求。此外，金融行为监管与交易结构和交易运作有关。证券交易要最大限度地保护个人投资者的权益。

（3）金融机构监管。这是政府对投融资金融机构进行的监视与约束。金融机构监管的原因在于金融机构在现代经济中发挥着特殊的作用。金融机构帮助家庭及企业储蓄，使经济要素之间的复杂支付更为便利，商业银行还是政府实施货币政策的通道。因此，通常认为金融机构失灵会严重破坏经济秩序。

（4）外国参与者监管。政府会限制外国参与者在国内市场中的角色，以限制金融机构中外资的所有权或控制权。

（5）银行与货币监管。政府以此来控制国内货币供给的变化，从而控制经济活动水平。

**专栏 2-7**

### 构建以市场透明度为核心的资本市场秩序

以资本市场为基础而形成的现代金融正在成为现代经济的核心。资本市场的核心作用源于金融活动市场化和全球化基础上的强大的资本配置功能。资本市场通过改善储蓄-投资转化机制，提高储蓄-投资的转化效率和全社会资源的流动性，整合传输复杂的经济信息，分散并转移经济体系的巨大风险，从而引导实体经济有序运行，促进国民经济的成长。

资本市场秩序的核心是维护市场透明度，即市场信息的真实性和及时性。在资本市场秩序的形成过程中，维护市场透明度的许多环节正面临多方面挑战。

信息披露环节面临的主要问题是上市公司的虚假陈述。虚假陈述直接损害了证券市场的公开原则，严重损害了投资者利益，危害了资本市场秩序的道德基础。

信息过滤与发布环节面临的主要问题是缺乏独立、公正精神的中介机构的合谋欺骗行为。

信息整合环节面临的主要问题是内幕交易和操纵市场。内幕交易是对证券市场公平原则的直接损害，还将引发证券市场的道德风险，严重损害公众的投资信心。而市场操纵者通过直接控制证券市场的供求关系，扭曲证券交易价格，从而影响资本的自由流动，严重侵害投资者的合法权益，直接扰乱证券市场正常的交易秩序。

这些行为严重扰乱了资本市场秩序，极大地损害了市场透明度原则，破坏了资本市场“三公”原则的实现基础，是严重的违法行为，也是世界各国证券监管部门监管的重点。

构建和完善资本市场秩序，从法律事后制度的角度分析，可以归纳为对三大证券违法行为的认定及法律控制（包括行政、民事和刑事控制），而从更为市场化的事前规制角度进行分析，资本市场秩序的构建和完善可能依赖于以下五个方面：

第一，规范的公司治理是资本市场秩序的微观基础。公司治理存在缺陷是上市公司虚假陈述发生的制度原因。股东与经理人之间的利益冲突会导致“内部人控制”现象，大、小股东之间的利益冲突会导致“隧道效应”。为了从上市公司信息披露的初始环节就开始加以有效控制，从而实现维护市场透明度的目标，就必须规范中国上市公司的治理结构。

第二，尽职的中介机构是资本市场秩序的必备要素。政府要加强对中介机构及其从业人员的监管、明确中介机构与政府的分工、加强行业自律以及鼓励中介机构之间进行合并。

第三，符合现代经济活动的会计准则是资本市场秩序形成的技术基础。随着未来中国资本市场的发展和会计师水平的提高，会计准则必然经历一个逐步完善的过程，将越来越符合经济活动规律，更加真实、充分地反映上市公司的经营绩效和未来发展前景，从而为市场透明度的形成和资本市场秩序的维系提供更加规范的技术基础。

第四，有效的监管体系是资本市场秩序构建的宏观环境。未来完善证券监管制度的首要任务是将“维护市场透明度”作为监管工作的核心任务。此外，应对证监会、交易所和行业协会之间的职责边界加以梳理，未来应努力推动监管方式从以行政监管为基础逐步转向以自律为基础，建立以法律为依据的市场监管型运行机制。应补充各监管机构实施有效监管所必需的人力、物力，赋予其相应的权利。

第五，不断完善的法律体系是资本市场秩序形成的法律基础。中国证券法律体系的完善应以“维护市场透明度”为核心，按照责任、权利对等的原则，完善三大证券违法行为的法律责任，对部分欠合理的法律内容进行调整，建立和完善有效的证券民事责任追究机制以及对英美法系的某些先进经验进行学习。

资料来源：吴晓求，等．构建以市场透明度为核心的资本市场秩序．中国人民大学学报，2004（1）：33－41.

## 2.3.2 金融危机与证券市场监管改革

### 2.3.2.1 20世纪30年代大萧条与证券监管法案

1913年，美联储成立，但由于大部分州银行不愿意成为美联储的会员银行，加上美国财政部的干预，美联储在监管银行体系方面并没有发挥应有的作用。美国监管体系职能的缺失直接导致美国金融业的债务扩张和资产债务期限错配。

在大萧条爆发之前，美国债券市场得到极大发展，投资银行业务随之繁荣，公开发行的公司债券和票据从1920年的261亿美元增长到1928年的471亿美元，非联邦政府的公共债券从118亿美元增长到336亿美元，城市房地产抵押债券的未清偿价值从1920年的110亿美元增加到1929年的279亿美元，而1929年美国国民收入为868亿美元。美联储一方面对银行体系的监管不充分，另一方面缺乏对新兴投资银行业的监督。在这个过程中，金融市场不诚信行为猖獗，金融机构通过各种途径规避了金融当局的监管，直至大萧条爆发。

1929 年爆发的大萧条是北美、欧洲及世界其他工业地区资本主义历史上最严重的经济危机，使西方工业国的经济受到了空前打击，它所引起的经济停滞一直持续到 1939 年第二次世界大战爆发。在大萧条时期，工业国的银行一家接一家地倒闭，物价暴跌，通货紧缩，整个金融系统陷入瘫痪。

大萧条的爆发及其带来的破坏性后果使美国政府不得不重建金融体系，并进一步强化基于安全性原则的金融监管体系改革。

1933 年，美国政府制定了《证券法》，规定新证券的发行要充分披露相关信息。该法还对新证券的注册和详述公司财务前景的招股说明书的发布制定了相关规定。当然，监管当局对招股说明书或财务报告的批准并不意味着该证券就是一项好的投资。监管当局只关注相关信息是否被如实披露，投资者必须自己评估证券的价值。

1934 年，美国政府制定了《证券交易法》，该法授权证券交易委员会负责证券市场、场外交易、经纪人和交易商的监管。证券交易委员会负责对整个证券市场的监管，同时也与其他监管机构共同承担监管责任。例如，商品期货交易委员会（CFTC）负责对期货交易市场的监管，同时也与其他监管机构共同承担监管责任。在这一角色中，联邦储备委员会对股票和股票期权制定了保证金要求，同时还对银行向证券市场参与者的贷款做出了规定。

拓展阅读

美国证券交易委员会

1933 年的《证券法》、1934 年的《证券交易法》及配套的规定构成了美国证券监管的基本框架，对后来美国证券市场的健康发展起到了基石作用。

#### 2.3.2.2　20 世纪 70 年代的《证券投资者保护法》

20 世纪 60 年代末至 70 年代初，美国证券市场遭受重创，大量券商出现流动性危机，进而被兼并或者倒闭，投资者资产受损，证券市场信心凋敝。为增强证券投资者信心、挽救股市危机、稳定经济发展，美国于 1970 年颁布了《证券投资者保护法》，建立证券投资者保护公司（SIPC），从而创建了投资者保护制度。

《证券投资者保护法》确立了证券投资者保护公司的合法地位，保护投资者避免在经纪人公司破产时遭受损失。联邦存款保险公司为储户提供联邦政府保护，以避免其遭受银行破产损失；同样，证券投资者保护公司也保证投资者能够收回其以转让记名方式委托经纪人管理的账户中的证券。证券投资者保护公司通过向其成员经纪公司收取所谓的“保护费”来筹集运营资金。

#### 2.3.2.3　上市公司丑闻与《萨班斯-奥克斯利法案》

在 2000—2002 年被公认为比较成熟的美国证券市场上，出现了一系列大公司的舞弊案。发生的丑闻主要集中于三个方面：首次公开发行的股份分配；向公众提供的不实的投资分析建议；带有误导性的财务分析报表和会计实务。

2001 年安然公司破产，引发了美国股市的剧烈动荡，投资者纷纷抽逃资金。为防止上市公司财务丑闻再次发生，重建投资者信心，确立证券市场赖以生存的基本诚信，2002 年美国政府出台了《萨班斯-奥克斯利法案》。无论是在内容还是形式上，该法案均是在

《证券法》和《证券交易法》的基础上，根据证券市场的发展及现实需要，对公司治理和会计审计进行的新的调整和规范。该法案的重要内容如下：

（1）成立一个上市公司会计监督委员会，以监督上市公司的审计。

（2）规定公司董事会的审计委员会成员必须包含独立的财务专家。

（3）首席执行官（CEO）和首席财务官（CFO）必须亲自保证其披露的公司财务报告真实反映了公司的经营与财务状况，如果这些报告中出现误导性成分，他们个人将受到处罚。遵守公认会计准则（GAAP）的条款固然重要，但这还不够。

（4）审计师不再为其客户提供审计之外的服务。这是为了防止通过咨询服务获取利益的方法影响审计质量。

纽约证券交易所和纳斯达克也提议要改善公司治理。除了财务标准外，它们还对上市公司做了以下要求：

（1）要求董事会必须包含独立董事。

（2）定期召开没有公司管理层在内的董事会议。

（3）要求薪酬、聘任和审计委员会的所有成员必须为独立董事，而且审计委员会主席必须具备财务专业知识。股票期权计划作为管理人员的薪酬计划必须得到股东的批准。

#### 2.3.2.4 2008年金融危机与《多德-弗兰克法案》

##### 1. 2008年金融危机的起源

从20世纪70年代起，美国对金融业放松监管，使影子银行系统得以发展。影子银行系统由以下几个因素催生：货币市场基金，它以那些没有保险的短期存款为金融企业提供融资；混业经营，它使从事商业银行业务的投资银行和从事投资银行业务的商业银行大量出现；在受监管的银行体系的影子下运营的、不受监管或很少受到监管的金融衍生工具市场和证券化市场，它们为非流动性贷款提供了巨大的流动性。正是这些因素形成了不透明并且高度杠杆化的影子银行系统。

影子银行系统在几十年内不断发展，达到了以存款为基础的商业银行系统的类似规模。传统银行与影子银行的关联程度不断增大，使它们中的大多数能够大而不倒。明确的、有章可循的、附带风险承担机制的存款保险被隐性的、裁量性的且偏离了道德风险担忧的政府干预的预期取代了。

在2004年，金融风暴开始酝酿。先通过短期借款，随后逐渐通过处于历史最低点的利率、没有保险的存款与银行同业拆借，全球银行聚集的巨额资金流入美国与英国。它们开始制造巨大的尾部风险，即那些发生的可能性很小但会产生灾难性结果的事件。例如，次级抵押贷款中相对较好的部分就被评为AAA级，只有在房地产市场发生百年一遇的崩溃时才会发生违约。在危机发生前，大型复杂金融机构从最初的抵押贷款人那里购买贷款债权，将它们重新包装后再卖出去，或者留在自己的手中，因此推动美国社会中的银行信用急剧扩张。美国政府推动全面住房所有权的政策使次级贷款成为制造尾部风险的一个非常有吸引力的资产类别。美国立法者将注意力集中在单个机构的风险上，其制定的审慎监管标准忽视了制造这种尾部风险的整个金融系统的风险。

全球银行业在2004—2007年迅速发展，国际货币基金组织发布的《全球金融稳定报告》显示此中的风险很小。实际上，大型复杂金融机构采用了美国政府设立的房利美与房地美这两个影子银行以及大型保险公司美国国际集团所采用的方法，用很小的本金在房地产市场进行了一场赌博。虽然这些机构就它们每一家单独来看是安全的，但从整体来看，它们是脆弱的。随着房地产市场于2007年崩溃，尾部风险变为现实的灾难，相应地，大型复杂金融机构也在这场金融赌博中溃不成军。在这场大溃败中，一些影子银行倒闭了。在危机发生后，它们先靠美联储的资助苟延残喘，但是银行同业拆借市场的压力，再加上在商业银行证券投资组合中作为基础资产的房屋的固有劣质，使得在2008年难以获得政府的救助时，一些银行不得不倒闭。随后，危机蔓延到全球，整个世界的银行系统都陷入困境，不得不动用纳税人的钱来救命。

**2.《多德-弗兰克法案》的内容**

2008年金融危机使各国政府与监管者都开始寻找预防金融危机或者说降低其再次发生可能性的方法。这就是2010年《多德-弗兰克华尔街改革与消费者保护法案》（以下简称《多德-弗兰克法案》）的形成背景。该法案的主要内容有：

（1）成立金融稳定监管委员会，负责监测和处理威胁国家金融稳定的系统性风险。该委员会共有10名成员，由财政部长牵头。委员会有权认定哪些金融机构可能对市场产生系统性冲击，从而在资本金和流动性方面对这些机构提出更加严格的监管要求。

（2）在美国联邦储备委员会下设立新的消费者金融保护局，对提供信用卡、抵押贷款和其他贷款等消费者金融产品及服务的金融机构实施监管。

（3）将此前缺乏监管的场外衍生产品市场纳入监管视野。大部分衍生产品必须在交易所内通过第三方清算进行交易。

（4）限制银行自营交易及高风险的衍生产品交易。在自营交易方面，允许银行投资对冲基金和私募股权，但资金规模不得高于自身一级资本的3%。在衍生产品交易方面，要求金融机构将农产品互换、能源互换、多数金属互换等风险最大的衍生产品交易业务拆分到附属公司，但自身可保留利率互换、外汇互换以及金银互换等业务。

（5）设立新的破产清算机制，由联邦存款保险公司负责，责令大型金融机构提前做出自己的风险拨备，以防因金融机构倒闭再度拖累纳税人救助。

（6）美联储被赋予更大的监管职责，但其自身也受到更严格的监督。美国国会下属政府问责局会对美联储向银行发放的紧急贷款、低息贷款以及为执行利率政策进行的公开市场交易等行为进行审计和监督。

（7）美联储对企业高管薪酬进行监督，确保高管薪酬制度不会导致对风险的过度追求。美联储提供纲领性指导而非制定具体规则，一旦发现高管薪酬制度导致企业过度追求高风险业务，美联储有权加以干预和阻止。

#### 2.3.2.5　2020年美国股市多次熔断及对其的救助

2020年之前，美国股市仅仅发生过一次熔断，该次熔断发生在1997年10月27日，道琼斯工业指数当日下跌了7.18%。2020年3月9日，由于新冠疫情的全球蔓延导致市场对经济前景的担忧和恐慌，叠加沙特和俄罗斯之间的原油价格战导致国际油价暴跌等，美股发生了历史上第二次熔断。当天开盘后，标普500指数跌7%触发第一层熔断机制，暂停交易15分钟。截至当天收盘，道琼斯工业指数暴跌7.79%，收于23 851.02点。2020年3月12日，美股发生第三次熔断。当天开盘后，标普500指数跌幅扩大至7%，触发第一层熔断机制，暂停交易15分钟。截至当天收盘，道琼斯工业指数暴跌9.99%，收于21 200.62点。2020年3月16日，由于15日美国联邦储备委员会紧急降息至“零利率”，并推出7 000亿美元的量化宽松计划从而引起市场恐慌，美股发生第四次熔断。当天开盘后，标普500指数跌7%触发第一层熔断机制，暂停交易15分钟。截至当天收盘，道琼斯工业指数暴跌12.93%，收于20 188.52点，以下跌点数计算，创下历史最大纪录。2020年3月18日，由于新冠疫情在美国持续恶化，以及市场对美国政府和央行救市措施的效果失去信心等，美股发生第五次熔断。当天开盘后，标普500指数跌幅扩大至7%，触发第一层熔断机制，暂停交易15分钟。截至当天收盘，道琼斯工业指数暴跌6.3%，收于19 898.92点，创下自2016年11月以来最低收盘点位。

美国股市熔断反映了新冠疫情对全球最大经济体造成的巨大冲击，也引发了全球金融市场的动荡。为了应对疫情危机，稳定市场信心，恢复经济活力，美国政府采取了前所未有的财政刺激措施，向居民、企业和地方政府提供了大量的资金支持和税收优惠。这些措施在一定程度上缓解了美国经济的下滑，提高了消费者和投资者的信心，也带动了美国股市的反弹。然而，这些措施也增加了美国的财政赤字和债务水平，可能导致未来的通货膨胀和利率上升，对美国经济和全球经济造成新的风险。

2020年3月6日，美国国会通过了价值83亿美元的《冠状病毒防备和响应补充拨款法案》，开始了第一轮财政刺激计划，其中78亿美元用于州和地方政府抗疫，5亿美元用于向联邦医疗保险拨款以用于病毒的远程医疗计划。

2020年3月18日，美国国会通过了价值1 920亿美元的《家庭优先冠状病毒应对法案》，主要用于弥补疫情为居民个人带来的经济损失，包括将病毒检测纳入医疗保险范畴、提供带薪休假、税收抵免、食品援助、失业救济等。

2020年3月27日，美国国会通过了规模超过2.2万亿美元的《冠状病毒援助、救济和经济安全法案》，这是美国历史上规模最大的经济纾困法案。该法案更加全面地对居民、企业和地方政府提供资金支持，救助与刺激形式也更加直接，包括小型企业贷款计划，直接发放现金，增强型失业保险，支持美联储向企业、州或市镇提供贷款的计划或便利等。

2020年4月24日，美国国会通过了价值4 840亿美元的《薪资保护计划与优化医疗保健法案》，没有设立新的支出项目，多数资金用于补充小型企业贷款计划额度，其余则运用在公共卫生支出上。

2020年12月27日，时任美国总统的特朗普签署了价值9 000亿美元的经济纾困法案，主要为居民和企业提供纾困与刺激支持，覆盖多个领域，包括向绝大多数美国人提供每人600美元的直接刺激款项，以及将每周失业救济金增加300美元；同时还将超过3 000亿美元的资金用于援助企业、资助疫苗发放、援助学校及面临被扫地出门处境的租客。

2021年3月11日，美国总统拜登签署了价值1.9万亿美元的《美国救援计划》，这是拜登上任后推出的首个重大财政刺激计划。该计划除了救助与拨款以外，还在基础设施、制造业、环保等领域进行大规模投资，强调“重建更好未来”。具体措施包括向符合条件的美国人每人发放1 400美元的现金支票，将每周失业救济金增加300美元延长至9月份；将1 600亿美元用于全国疫苗计划和其他防疫工作；为低收入参保者、失业者提供医疗保险补贴和医疗补助；为地方政府、学校、公共交通等提供资金支持；等等。

从2020年3月到2021年3月，美国共推出六轮财政刺激计划，总金额约为5.7万亿美元，约占2021年美国GDP的24.8%。

#### 2.3.2.6　自我约束

拓展阅读

特许金融分析师协会的专业行为准则

对于证券市场的监管，除了上述政府部门的立法监管外，自我约束也是很重要的内容。尽管证券交易委员会负有对资本市场及其参与者的监管责任，但它已将大部分的监管工作授予各交易所。股市就是一个以自我约束为主的组织。美国全国证券交易商协会负责监督纳斯达克市场的参与者，而纽约证券交易所有自己的监管体系。2015年，纽约证券交易所通过对交易所规则的一系列修改来实现对自律监管架构的调整，把交易所承担的监管和运营职能由之前的结构性分离转回功能性分离，即注销纽约证券交易所市场公司和纽约证券交易所监管公司，在交易所内部重新设立独立的监管委员会来履行自律监管职能。

除了交易所自我约束外，投资专业人员协会也具有自我约束职能。例如，特许金融分析师（CFA）协会制定了专业行为准则，以监督具有特许金融分析师资格的从业人员的行为。拓展阅读简要概述了这些准则。

## 本章小结

本章首先对证券市场进行概述，介绍了关于证券市场的一般性基础知识，具体包括实物资产与金融资产，证券市场的基本功能、分类和发展阶段。证券市场的基本功能包括：筹资-投资功能；资本定价功能；资本配置功能。按证券市场功能的不同，证券市场可分为一级市场和二级市场；按上市条件的不同，可分为主板市场、二板市场和三板市场；按交易对象的不同，可分为股票市场、债券市场、基金市场和衍生产品市场；按组织形式的不同，可分为场内市场和场外市场。从世界证券市场的发展历程来看，其大致经历了以下三个阶段：自由放任阶段（17世纪初至20世纪20年代末）；法制建设阶段（20世纪30年代初至60年代末）；迅速发展阶段（20世纪70年代至今）。其次，在此基础上，本章结合中国证券市场实际，系统介绍了证券市场运行机制的基本理论和基本知识，具体包括证券市场的微观主体、证券交易场所以及证券投资过程。再次，本章还介绍了股票价格指数及债券价格指数的计算方法，并对国内外若干著名的证券价格指数做了概括性介绍。最后，本章对证券市场监管机构和监管内容进行了说明，并总结了几次金融危机和证券市场监管改革的情况。

## 本章关键内容

- 证券市场的定义、分类和发展。
- 证券市场的微观主体。
- 证券市场在金融市场中的地位及其基本功能。
- 证券市场的发展阶段。

- 股权分置改革。
- 证券交易场所。
- 证券投资过程。
- 证券价格。
- 股票价格指数及其计算。
- 债券价格指数。
- 国内外若干著名的股价指数。
- 金融危机和证券市场监管改革。

## 本章思考题

一、名词解释

| | | | |
|---|---|---|---|
| 证券市场 | 实物资产 | 金融资产 | 一级市场 |
| 二级市场 | 证券发行人 | 证券投资者 | 证券市场中介机构 |
| 证券交易所 | 场外交易市场 | 投资规划 | 投资决策 |
| 股票价格指数 | 上证综指 | 沪深 300 指数 | 道琼斯指数 |
| 《金融时报》指数 | 日经指数 | 恒生股票价格指数 | 证券市场监管 |
| 股权分置改革 | | | |

二、简答题

1. 为什么说股份有限公司的产生和信用制度的发展是证券市场形成的基础？
2. 证券市场的参与者与监管者包括哪些？
3. 简述证券市场的基本功能。
4. 简述个人投资者的投资规划要点与投资决策过程。
5. 简述全国中小企业股份转让系统的特点。
6. 股票价格指数有哪几种编制方法？
7. 简述近年来金融危机对证券市场监管改革的影响。

2

PART TWO

| 第二篇 |

# 投资分析篇

第八届（2004年度）中国资本市场论坛2004年1月10日在中国人民大学召开。图为论坛创始人吴晓求教授迎候并陪同时任全国人大常委会副委员长的成思危先生出席论坛。在此次论坛上，成思危副委员长发表了长达70分钟的、主题为“股权分裂的缺陷与学术研究中的学者人格”的著名演讲。这次论坛对中国资本市场的股权分置改革产生了重要影响。

2006年1月7日，时任中国证监会主席的尚福林（左）在第十届中国资本市场论坛上就“中国的股权分置改革”发表了重要演讲，全面阐述了股权分置改革的重要性和战略意义。吴晓求教授主持会议。

第3章

# 证券投资基本分析

**学习目标**

- 熟悉宏观经济分析的基本框架。
- 形成证券投资的宏观经济分析的基本思路。
- 掌握产业基本特性分析所包含的内容。
- 了解产业在产业生命周期不同阶段的特征及其证券市场表现。
- 掌握产业的市场结构特征与竞争结构特征。

## 3.1 证券投资的宏观分析

### 3.1.1 判断宏观经济形势的基本变量

#### 3.1.1.1 判断经济周期的主要指标

（1）国内生产总值（GDP）与经济增长率。我们通常用国内生产总值的增长速度衡量经济增长率，而经济增长率的变化也反映了经济在经济周期不同阶段的运行。

国内生产总值是指一个国家（或地区）所有常住单位在一定时期内生产活动的最终成果。在实际核算中，国内生产总值有三种核算方法，即生产法、收入法和支出法。这三种方法分别从不同的方面反映国内生产总值及其构成。与国内生产总值相类似的一个概念是国民生产总值（GNP），国民生产总值是以“国民原则”为核算标准，包含本国居民在国外取得的收入，但不包含外国居民在本国取得的收入。

在统计国内生产总值时，常用的公式为：

$$\mathrm{GDP}=C+I+G+(X-M)$$

式中，$C$ 为消费；$I$ 为投资；$G$ 为政府支出；$X$ 为出口；$M$ 为进口；$X-M$ 为净出口。

国内生产总值的增长速度一般用来衡量经济增长率，它是反映一定时期经济发展水平变化程度的动态指标，也是反映一个国家经济是否具有活力的基本指标。对于发达国家来说，其经济发展总水平已经达到相当的高度，经济发展速度的提高相对来说比较困难；对经济尚处于较低水平的发展中国家而言，由于发展潜力大，其经济发展速度可能达到高速甚至超高速。国内生产总值的持续增长是政府追求的目标之一。

（2）失业率。失业率是指在劳动力人口中失业人数所占的百分比。劳动力人口是指年龄在 16 岁以上且具有劳动能力的人的全体。自 2018 年 4 月起，我国统计部门公布的失业率分为城镇登记失业率和城镇调查失业率。城镇登记失业率即城镇登记失业人数占城镇从业人数与城镇登记失业人数之和的百分比。城镇登记失业人数是指拥有非农业户口，在一定的劳动年龄内，有劳动能力，无业而要求就业，并在当地就业服务机构进行求职登记的人员数。城镇调查失业率即通过劳动力调查或相关抽样调查推算得到的失业人口占全部劳动力（就业人口和失业人口之和）的百分比。

（3）通货膨胀。通货膨胀是指一般物价水平持续、普遍、明显的上涨。

通货膨胀一般以两种方式影响经济：通过收入和财富的再分配以及通过改变产品产量与类型影响经济。具体地说，通货膨胀对社会经济产生的影响主要有：引起收入和财富的再分配，扭曲产品相对价格，降低资源配置效率，引发泡沫经济乃至损害一国的经济基础和政权基础。

（4）消费者物价指数（CPI）。CPI 又称居民消费价格指数，是反映一定时期内城乡居民所购买的生活消费品和服务项目价格变动趋势和程度的相对数，是对城市居民消费价格指数和农村居民消费价格指数进行综合汇总计算的结果。通过该指数可以观察和分析消费品的零售价格和服务项目价格变动对城乡居民实际生活费支出的影响程度。

（5）GDP 平减指数。GDP 平减指数，又称 GDP 缩减指数，是指没有剔除物价变动的 GDP 与剔除物价变动的 GDP 之比，即名义 GDP（或称现价 GDP）与不变价 GDP（或称实际 GDP）之比，计算公式为：

GDP 平减指数＝(名义 GDP/实际 GDP)×100

它的计算基础比 CPI 更广泛，涉及全部产品和服务，除消费外，还包括生产资料和资本、出口产品和劳务等。因此，这一指数能够更加准确地反映一般物价水平走向，是对价格水平最宏观的测量。经济专家关注 GDP 平减指数的一个原因是与投资相关的价格水平在这一指标中具有更高的权重。

拓展阅读

采购经理指数及其应用

（6）货物进出口总额及其占 GDP 的比重。货物进出口总额，又称进出口总额，是以货币表示的一定时期内一国或地区全部实际进出口商品的总金额。进出口总额用以观察一个国家在对外贸易方面的总规模。

### 3.1.1.2 判断金融市场形势的主要指标

用于判断金融市场形势的主要指标有以下几种：

（1）货币供应量。货币供应量是全社会的货币存量，是某一时点承担流通和支付手段的金融工具总和，其变化反映着中央银行货币政策的变化，对企业生产经营、金融市场尤其是证券市场的运行和居民个人的投资行为有着重大的影响。

我国从 1994 年第三季度起由中国人民银行按季向社会公布货币供应量统计监测指标。现阶段我国货币供应量分为以下三个层次：

1）M0＝流通中的现金；

2）M1＝M0＋单位活期存款，即狭义货币；

3）M2＝M1＋单位定期存款＋个人存款＋其他存款，即广义货币。

需要注意的是，M1 与 M2 的比值在某种程度上可以衡量一个经济体内货币流动性的大小。如果 M2 中 M1 所占比例较高，说明经济体中的货币流动性较强；反之，如果 M2 中 M1 所占比例较低，说明经济体中的货币流动性较弱。

社会融资规模存量是指一定时期末（月末、季末或年末）实体经济从金融体系获得的资金余额，社会融资规模增量是指一定时期内实体经济从金融体系获得的资金额，主要包括人民币贷款、外币贷款、委托贷款、信托贷款、未贴现的银行承兑汇票、企业债券、政府债券、非金融企业境内股票融资等。

（2）利率。利率又称利息率，表示一定时期内利息量与本金的比率，通常用百分比表示，按年计算则称为年利率。其计算公式是：

$$利率=\frac{利息量}{本金}$$

利率直接反映信用关系中债务人使用资金的代价，也是债权人出让资金使用权的报酬。利率通常由国家的中央银行控制，在美国由联邦储备委员会管理。当经济过热、通货膨胀率上升时，便提高利率、收紧信贷；当过热的经济和通货膨胀得到控制时，便适当地调低利率。当前，世界各国频繁运用利率杠杆实施宏观调控，利率政策已成为各国中央银行调控货币供求，进而调控经济的主要手段，利率政策在中央银行货币政策中的地位越来越重要。

（3）汇率。汇率是外汇市场上一国货币与他国货币相互交换的比率。它是由一国货币所代表的实际社会购买力平价和自由市场对外汇的供求关系决定的。汇率变动是国际市场商品和货币供求关系的综合反映。当汇率升高时，本币贬值，国外的本币持有人就会抛出本币或者加快对本国商品的购买速度。汇率变动的总体效应就是：本币贬值会扩大国内总需求，本币升值会缩减国内总需求。

#### 3.1.1.3　分析宏观经济形势的基本方法：总需求-总供给模型

经济形势是千变万化的，因此不可能对它们一一加以解释。我们可以运用总需求-总供给（$AD$-$AS$）模型对现实的经济情况做出解释。

在短期中，宏观经济试图达到的目标是充分就业和物价稳定，即不存在非自愿失业，与此同时，物价水平既不上升，也不下降。总需求曲线向右下方倾斜是因为较低的物价水平增加了实际货币供应余额，降低了利率，刺激了投资支出，从而增加了均衡收入。

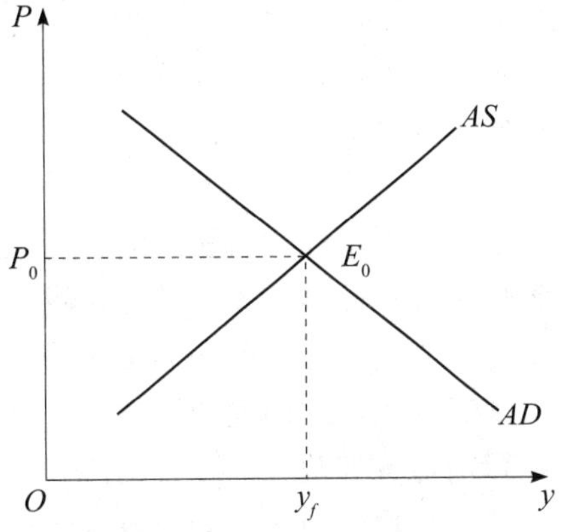

图 3－1　宏观经济的短期目标

如图 3－1 所示，当总需求曲线与总供给曲线相交于 $E_0$点时，总产量 $y$ 处于充分就业的水平 $y_f$，价格为 $P_0$，而此时的 $P$ 既不会上升，也不会下降。这个点表示的是宏观经济的短期目标，即充分就业和物价稳定。

如图 3－2 所示，曲线 $AD$ 和曲线 $AS_0$ 相交于充分就业的 $E_0$点，这时的产量和价格水平分别为 $y_f$ 和 $P_0$。此时，如果由于某种原因，如粮食大面积歉收、石油供给紧缺或原料价格猛涨等，曲线 $AS_0$ 向左移动到曲线 $AS_1$，使曲线 $AD$ 和曲线 $AS_1$ 相交于 $E_1$点，那么 $E_1$点可以表示滞胀状态，其产量和价格水平分别为 $y_1$

和 $P_1$，失业与通货膨胀并存。

如图 3-3 所示，曲线 $AD$ 和曲线 $AS$ 相交于充分就业的 $E_0$ 点，这时的产量和价格水平分别为 $y_f$ 和 $P_0$。此时，如果由于投资减少，曲线 $AD$ 向左移动到曲线 $AD_1$，使曲线 $AD_1$ 和曲线 $AS$ 相交于 $E_1$ 点，那么 $E_1$ 点可以表示经济社会处于萧条状态，其产量和价格水平分别为 $y_1$ 和 $P_1$，两者皆低于充分就业的数值。

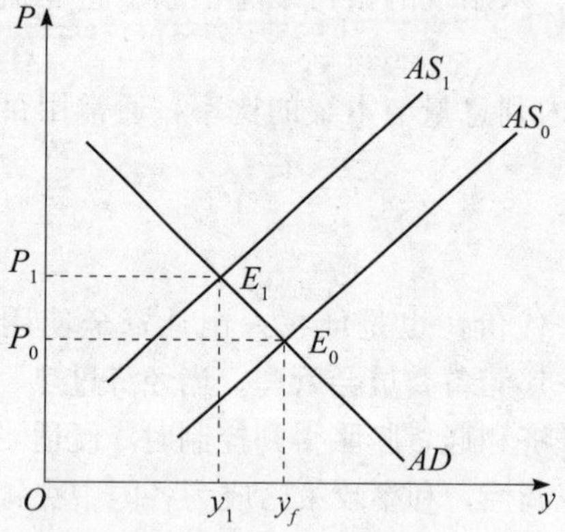


图 3-2 总供给曲线移动的后果

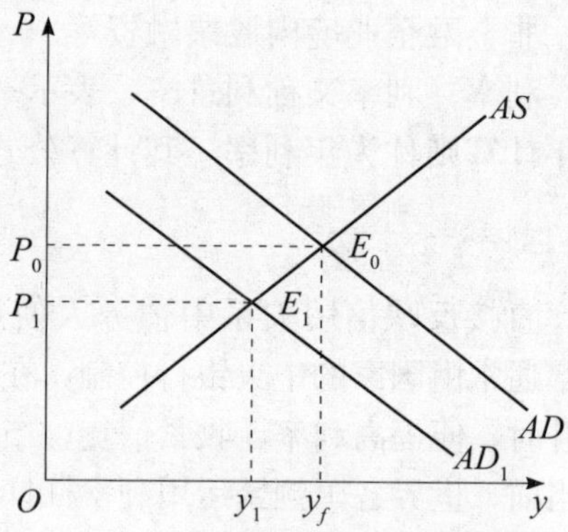


图 3-3 总需求曲线移动的后果

# 3.2 宏观经济运行对证券市场的影响

## 3.2.1 证券市场价格的主要影响因素

与任何商品的价格一样，证券的价格不是固定不变的。根据证券价格决定模型得出的证券的价格只是证券的理论价格，它是在高度简化和严格假设条件下得到的结果。而实际的证券市场受多重因素影响，这些因素也常常处于变动之中，因此证券的价格不可能按照纯粹的理论价格变动。一般来说，影响证券市场价格的因素主要有以下几个。

### 3.2.1.1 宏观因素

宏观因素包括对证券市场价格可能产生影响的宏观经济、政治、法律、军事、文化、自然等方面的因素。

（1）宏观经济因素，即宏观经济环境状况及其变动，包括宏观经济运行的周期性波动等规律性因素和政府实施的经济政策等政策性因素。宏观经济因素是证券市场价格的首要影响因素。证券市场是整个市场体系的重要组成部分，上市公司是宏观经济运行微观基础中的重要主体，因此证券市场价格理所当然地会随宏观经济运行状况的变动而变动，会因宏观经济政策的调整而调整。一般来说，股票价格随国内生产总值的升降而涨落；证券市场行情随着宏观经济政策的扩张与紧缩及由此导致的市场资金量的增减而升跌。

（2）政治因素，即影响证券市场价格变动的政治事件。一国的政局是否稳定对证券市场有着直接的影响。一般来说，政局稳定时证券市场稳定运行；反之，政局不稳则常常引起证券市场价格下跌。除此之外，国家首脑的更换、罢工、主要产油国的动乱等也对证券市场有重大影响。

(3) 法律因素，即一国的法律特别是证券市场的法律规范状况。一般来说，法律不健全的证券市场更具投机性，震荡剧烈、涨跌无序、人为操纵成分大、不正当交易较多；反之，在法律法规体系比较完善、制度和监管机制比较健全的证券市场，证券从业人员营私舞弊的机会较少，证券市场价格受人为操纵的情况也较少，因而表现得相对稳定和正常。从总体上说，新兴的证券市场往往不够规范，而成熟的证券市场法律法规体系则比较健全。

(4) 军事因素，主要是指军事冲突。军事冲突是一国国内或国与国之间、国际利益集团与国际利益集团之间的矛盾发展到无法采取政治手段来解决的最终结果。军事冲突小则造成一个国家内部或一个地区的社会经济生活的动荡，大则打破正常的国际秩序。军事冲突会使证券市场的正常交易遭到破坏，因而必然导致相关证券市场的剧烈动荡。例如，在海湾战争之初，世界主要股市均呈下跌之势，而且随着战局的不断变化，股市均大幅振荡。

(5) 文化因素和自然因素。就文化因素而言，一个国家的文化传统往往在很大程度上决定着人们的储蓄和投资心理，从而影响证券市场资金流入（流出）的格局，进而影响证券市场价格；证券投资者的文化素质状况则从投资决策的角度影响着证券市场。一般来说，文化素质较高的证券投资者在投资时较为理性。如果证券投资者的整体文化素质较高，则证券市场价格相对比较稳定；相反，如果证券投资者的整体文化素质偏低，则证券市场价格容易出现暴涨暴跌。在自然因素方面，如果发生自然灾害，则生产经营就会受到影响，从而导致相关证券的价格下跌；反之，如果进入恢复重建阶段，则投入大量增加，对相关商品的需求也大量增加，从而导致相关证券的价格上升。

#### 3.2.1.2 产业和区域因素

产业和区域因素主要是指产业发展前景和区域经济发展状况。它是介于宏观和微观之间的一种中观的影响因素，因而它对证券市场价格的影响主要是结构性的。

在产业方面，每个产业都会经历一个由成长到衰退的发展过程，这个过程被称为产业的生命周期。产业的生命周期通常分为四个阶段，即初创期、成长期、稳定期、衰退期。处于不同发展阶段的产业在经营状况及发展前景方面有较大差异，这必然会反映在证券市场价格上。蒸蒸日上的产业的证券市场价格呈上升趋势，日见衰落的产业的证券市场价格则逐渐下落。

在区域方面，由于区域经济发展状况、区域对外交通与信息沟通的便利程度、区域内的投资活跃程度等的不同，分属于各区域的证券的价格自然也会存在差异，即便是相同产业的证券也是如此。经济发展较快、交通便利、信息化程度高的地区，投资活跃，证券投资有较好的预期；相反，经济发展迟缓、交通不便、信息闭塞的地区，其证券价格总体上呈下降趋势。

#### 3.2.1.3 公司因素

公司因素是指上市公司的经营等。上市公司是发行证券募集的资金的运用者，也是投资收益的实现者，因而其经营状况的好坏对证券价格的影响极大。而上市公司的管理水平、科技开发能力、产业内的竞争实力与竞争地位、财务状况等无不关系着其经营状况，这些因素从各个不同的方面影响着证券市场价格。由于产权边界明确，公司因素一般只对本公司的证券市场价格产生深刻影响，是一种典型的微观影响因素。

在以上影响证券市场价格的诸多因素中，宏观因素、产业和区域因素以及公司因素主要是通过影响证券发行主体（即公司）的经营状况和发展前景来影响证券市场价格，它们在证券市场之外，因而被称为基本因素。基本因素的变动形成了证券市场价格变动的主要利多题材和利空依据。

#### 3.2.1.4 市场因素

市场因素是指市场环境对证券价格的影响，包括经济周期因素和心理因素。

经济周期包括四个阶段，即衰退、萧条、复苏和繁荣。一般来说，在经济衰退期间，证券市场价格会逐渐下降。在经济萧条期间，证券市场价格跌至最低点。当经济复苏时，证券市场价格将会逐渐回升。当繁荣到来时，证券市场价格会升至最高点。这种变化的具体原因是，当经济开始下滑时，企业的商品销售缓慢，利润相应下降，促使企业减产，导致股息和红利不断减少。股东因股票收益率低而抛售股票，导致股价下跌。当经济衰退达到经济萧条时，整个经济生活处于瘫痪状态，大量企业倒闭，证券持有人因对形势持悲观态度而卖出证券，从而导致证券市场价格大幅下跌，市场陷入混乱。经济周期在最低点后出现缓慢恢复。随着经济结构的调整，商品开始有一定的销量，企业也开始向股东派发一些股息。投资者慢慢地觉得持有股票是有利可图的，所以他们开始购买股票，使得股价慢慢上涨。

心理因素对证券市场价格也有着明显的影响。

一是从众心理。投资者在交易过程中容易受到"从众心理"的驱使。当人们难以理解某件事情时往往会参考别人的意见，并在很大程度上受他人的影响。证券市场是由千差万别的个人投资者组成的交易场所，在这个市场中，投资者往往会照搬他人的行为来决定自己的投资决策。

二是自我保护心理。"我的交易行为都是正确的，即使遭受了损失，也是因为别的原因。"很多投资者都有这样的自我保护心理。这是一种倾向于为自己所犯的错误找借口的心理。比如有的投资者可能在短线投资失败后找理由说服自己其实做长线投资也不错，如果市场长期萎靡使得长线投资也成为泡影，则他们会调侃自己只是随便参与，只要不卖出股票就不会有损失。在自我保护心理的作用下，投资者往往还会选择性倾听想听的消息，忽视能够真实反映实际的信息。

三是预期心理。预期心理是指股民对未来股价走势以及各种影响股价因素变化的心理预期。在股价的顶部区域，股民都不愿出售股票，以等待股价的进一步上涨，而当股价开始下跌时，股民又认为股价的下跌空间很大，纷纷加入抛售队伍。

四是后悔理论。后悔理论描述这样一种心理状态：如果一个人意识到了自己在行动中的某种错误，在后悔感的驱使下他会想办法尽快将它补救回来，以免被他人发现自己的错误，随后他会产生自己的决策很正确的感觉。这种心理在股票市场中表现为投资者总是倾向于在自己错误卖出股票的地方再将其买回来。

### 3.2.2 经济周期波动对证券市场的影响

宏观经济运行对证券市场的影响主要是通过宏观经济的周期性波动进行的。经济周期一般分为四个阶段，即衰退、萧条、复苏和繁荣，见图 3－4。也就是说，如果从 GDP 的下降开始算起，那么经济首先经历 GDP 下降的衰退阶段，下降至最低点达到萧条阶段，然后经过不断回升的复苏阶段，达到欣欣向荣的繁荣阶段，繁荣之中又孕育着衰退的再次来临，如此循环往复，周而复始，其中每四个阶段构成一个经济周期。

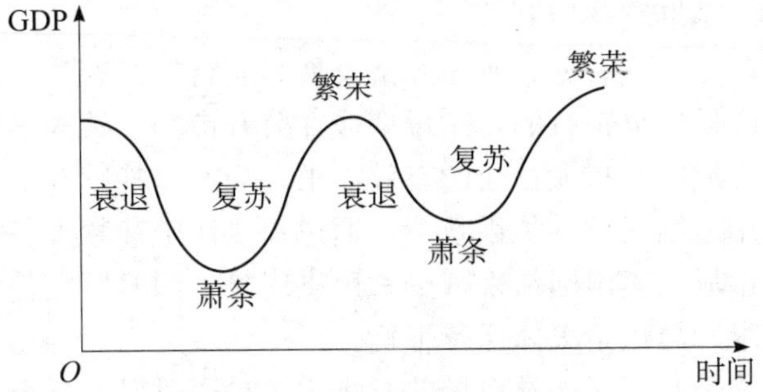


**图 3－4 经济周期的四个阶段**

国家干预经济的政策只能在一定程度上缩小经济周期的振幅，却不能根除经济周期。另外，经济周期也不像数学的“周期”那样具有严格的波长和振幅，这也给经济周期的阶段性判断带来了困难。

由于宏观经济的周期性运行会对社会经济生活产生深刻的影响，因此，无论是政策制定者还是企业或投资者个人，均希望对经济的性质做出准确的判断。然而，如前所述，由于宏观经济运行的复杂性，要对经济处于周期的哪一阶段做出准确的判断是一件比较困难的事情，当前主要的分析方法有经济指标分析、计量经济模型和概率预测等。

（1）经济指标分析。经济指标分析是一种较早使用的方法，它采用多类经济指标，其中一类是先行指标。这类指标的高峰和低谷顺次出现在经济周期的高峰和低谷之前，因此对将来的经济状况有预示作用。这类指标有货币供应量、股指、房屋建造许可证的批准数量、机器设备的订单数量等。除先行指标外，还有同步指标和滞后指标。

（2）计量经济模型。计量经济模型是表示经济变量之间数量关系的方程式。计量经济模型主要有经济变量、参数和随机误差三大要素。其中，经济变量是反映经济变动情况的量，模型中的经济变量有内生变量和外生变量两种。用计量经济模型进行预测的一般过程为：首先，预测者要按照一定的经济理论来建立数学模型；其次，根据现实的材料，使用计量经济学的方法来估计模型参数，进行模型检验；最后，利用通过检验的模型进行预测。

（3）概率预测。概率预测是用概率论的方法对宏观经济活动进行的预测。由于宏观经济运行的复杂性，宏观经济变量的变化并不一定像计量经济模型所描述的那样稳定，而是常常在一定的区间内按某种概率发生。因此，总结宏观经济运行的过去和现状，揭示其规律性，从而在一定的置信水平下预测未来宏观经济变量的水平，就成为一种行之有效的方法。但概率预测用得较多也比较成功的是对宏观经济的短期预测，比如对实际 GDP 及其增长率、通货膨胀率、失业率、利率、个人收入、个人消费、企业利润及对外贸易差额等指标的下一时期水平或变动率的预测。由此可见，概率预测比较适于宏观经济运行的短周期阶段性判断。

### 3.2.3 货币政策对证券市场的影响

在一般情况下，中央银行的货币政策工具主要有：①法定存款准备金率；②再贴现率；③公开市场业务。现阶段，中国的货币政策工具还有对商业银行的信贷规模控制、差别化的存款准备金率、基准利率控制等。

中央银行在为了防止经济衰退、刺激经济发展而实行扩张性货币政策时，会通过降低法定存款准备金率、降低中央银行的再贴现率或在公开市场上买入国债的方式来增加货币供应量，降低社会融资成本，扩大社会的有效需求。当经济持续高涨、通货膨胀压力较大时，中央银行往往采用适当紧缩的货币政策，通过提高法定存款准备金率、提高中央银行的再贴现率或在公开市场上卖出国债来减少货币供应量，同时紧缩信用、提高社会融资成本，以实现社会总需求和总供给大体保持平衡。

中央银行实施的货币政策对证券市场的影响主要是通过以下几个方面产生的：①当增加货币供应量时，一方面证券市场的资金增多，另一方面通货膨胀也使人们为了保值而购买证券，从而推动证券市场价格上扬；反之，当减少货币供应量时，证券市场的资金减少，价格的回落又使人们对购买证券保值的欲望降低，从而使证券市场价格呈回落的趋势。②再贴现率影响市场利率，从而影响证券投资的机会成本和上市公司的业绩，进而影响证券市场价格。当提高再贴现率时，证券投资的机会成本提高，同时上市公司的营运成本提高、业绩下降，从而证券市场价格下跌；反之，当降低再贴现率时，证券投资的机会成本降低，而上市公司的营运成本也下降、业绩向好，从而证券市场价格上涨。③当中央银行在公开市场上买进证券时，对证券的有效需求增加，促使证券价格上涨；当中央银行在公开市场上卖出证券时，证券的供给增加，引起证券价格下跌。

由于货币政策以货币市场为媒介，通过数量型和价格型工具来调节货币供需，因此它对证券市场的影响相比于财政政策更加直接、迅速。例如，中央银行在公开市场上买进或卖出证券就能直接影响证券市场价格的变动；而利率的调整也会改变股票投资的机会成本和上市公司未来的营运成本，但由于影响股票价格的因素更加复杂，因而货币政策对股票价格的影响容易被其他因素的影响所掩盖。

**专栏 3－1**

**我国利率调整对股市的影响**

从理论上看，利率与股票价格指数的运行方向应该是相反的。对于股票资产而言，利率上升，上市公司的融资成本增加，企业将缩减投资和生产，投资者预期企业盈利水平降低，股票价值下降，股价下跌；利率下降，上市公司的融资成本降低，将刺激企业投资和生产，投资者预期企业盈利水平提高，股票投资价值上升，股价上涨。从我国几次利率调整对股市的影响来看，利率的高低与股票价格指数的运行方向并非呈现出绝对的反向关系，特别是在后来被证实为价格泡沫形成和破灭的时期，当价格呈现出单边上行或下行的趋势时，利率调整对股票价格指数的反向影响被价格的非理性上涨或下跌所掩盖，见表 3－1。

**表 3-1 几次利率调整对股市的影响统计表**

| 调整时间 | 调整内容 | 调整当日或下个交易日股市表现（上证综指） | 方向 |
|---|---|---|---|
| 1993 年 5 月 15 日 | 各档次定期存款年利率平均提高 2.18 个百分点；各项贷款利率平均提高 0.82 个百分点 | 5 月 17 日跌 2.35% | 反向 |
| 1993 年 7 月 11 日 | 一年期定期存款利率上调 1.8 个百分点 | 7 月 12 日跌 2.65% | 反向 |
| 2004 年 10 月 29 日 | 一年期存贷款利率均上调 0.27 个百分点 | 10 月 29 日跌 1.58% | 反向 |
| 2005 年 3 月 17 日 | 提高了住房贷款利率 | 3 月 17 日跌 0.97% | 反向 |
| 2006 年 4 月 28 日 | 一年期贷款基准利率上调 0.27 个百分点 | 5 月 8 日涨 3.95% | 正向 |
| 2006 年 8 月 19 日 | 一年期存贷款基准利率上调 0.27 个百分点 | 8 月 21 日涨 0.20% | 正向 |
| 2007 年 3 月 18 日 | 一年期存贷款基准利率上调 0.27 个百分点 | 3 月 19 日涨 2.87% | 正向 |
| 2007 年 5 月 19 日 | 一年期存款基准利率上调 0.27 个百分点；一年期贷款基准利率上调 0.18 个百分点 | 5 月 21 日涨 1.04% | 正向 |
| 2007 年 7 月 21 日 | 一年期存贷款基准利率上调 0.27 个百分点 | 7 月 23 日涨 3.81% | 正向 |
| 2007 年 8 月 22 日 | 一年期存款基准利率上调 0.27 个百分点；一年期贷款基准利率上调 0.18 个百分点 | 8 月 22 日涨 0.50% | 正向 |
| 2007 年 9 月 15 日 | 一年期存贷款基准利率上调 0.27 个百分点 | 9 月 17 日涨 2.06% | 正向 |
| 2007 年 12 月 21 日 | 一年期存款基准利率上调 0.27 个百分点；一年期贷款基准利率上调 0.18 个百分点 | 12 月 21 日涨 1.15% | 正向 |
| 2008 年 9 月 16 日 | 一年期贷款基准利率下调 0.27 个百分点 | 9 月 17 日跌 2.90% | 正向 |
| 2008 年 10 月 9 日 | 一年期存贷款基准利率下调 0.27 个百分点 | 10 月 10 日跌 3.57% | 正向 |
| 2008 年 10 月 30 日 | 一年期存贷款基准利率下调 0.27 个百分点 | 10 月 31 日跌 1.97% | 正向 |
| 2008 年 11 月 27 日 | 一年期存贷款基准利率下调 1.08 个百分点 | 11 月 27 日涨 1.05% | 反向 |
| 2008 年 12 月 23 日 | 一年期存贷款基准利率下调 0.27 个百分点 | 12 月 23 日跌 4.55% | 正向 |
| 2010 年 10 月 20 日 | 一年期存贷款基准利率上调 0.25 个百分点 | 10 月 20 日涨 0.07% | 正向 |
| 2010 年 12 月 26 日 | 一年期存贷款基准利率上调 0.25 个百分点 | 12 月 27 日跌 1.9% | 反向 |
| 2011 年 2 月 9 日 | 一年期存贷款基准利率上调 0.25 个百分点 | 2 月 9 日跌 0.89% | 反向 |
| 2011 年 4 月 6 日 | 一年期存贷款基准利率上调 0.25 个百分点 | 4 月 6 日涨 1.14% | 正向 |
| 2011 年 7 月 7 日 | 一年期存贷款基准利率上调 0.25 个百分点 | 7 月 7 日跌 0.58% | 反向 |
| 2012 年 6 月 8 日 | 一年期存贷款基准利率下调 0.25 个百分点 | 6 月 8 日跌 0.51% | 正向 |
| 2012 年 7 月 6 日 | 一年期存款基准利率下调 0.25 个百分点；一年期贷款基准利率下调 0.31 个百分点 | 7 月 9 日跌 2.37% | 正向 |
| 2014 年 11 月 22 日 | 一年期存款基准利率下调 0.25 个百分点；一年期贷款基准利率下调 0.40 个百分点 | 11 月 24 日涨 1.85% | 反向 |
| 2015 年 3 月 1 日 | 一年期存贷款基准利率下调 0.25 个百分点 | 3 月 2 日涨 0.78% | 反向 |
| 2015 年 5 月 11 日 | 一年期存贷款基准利率下调 0.25 个百分点 | 5 月 12 日涨 1.56% | 反向 |

我们看到，在2007年和2008年（这是后来被证实的股票价格泡沫形成和破灭的时期），在价格出现过度上涨时，即使央行上调基准利率，但因为此时是股票价格单边上行时期，所以利率和股票价格指数也表现出呈正向关系的假象；同理，当价格出现恐慌性的暴跌时，即使央行下调基准利率，也不能阻止股票价格单边下跌的趋势，利率和股票价格指数也大都表现出呈正向关系的假象。除去2007年和2008年的极端时期，我们发现利率与股票价格指数之间的关系仍是反向关系居多。

资料来源：人民网经济频道。

### 3.2.4 财政政策对证券市场的影响

财政政策是通过财政收入和财政支出的变动来影响宏观经济水平的经济政策。财政政策的主要手段有三个：一是改变政府购买水平；二是改变转移支付水平；三是改变税率。当经济增长持续放缓、失业增加时，政府要实行扩张性财政政策，提高政府购买水平，提高转移支付水平，降低税率，以增加总需求，解决衰退与失业问题。当经济增长强劲、价格水平持续上涨时，政府要实行紧缩性财政政策，降低政府购买水平，降低转移支付水平，提高税率，以减少社会总需求，抑制通货膨胀。

国家通过实行财政政策对证券市场产生影响，主要有以下几个途径：①实行扩张性财政政策可增加财政支出、减少财政收入，可增加社会总需求，使公司业绩上升、经营风险下降，使居民收入增加，从而使证券市场价格上涨；反之，实行紧缩性财政政策可减少财政支出、增加财政收入，可减少社会总需求，使过热的经济受到抑制，从而使公司业绩下滑、居民收入减少。②政府购买是社会总需求的一个重要组成部分。扩大政府购买水平，增加政府在道路、桥梁、港口等非竞争性领域的投资，可直接增加对相关产业（如水泥、钢铁、建材、机械等产业）的产品需求；这些产业的发展又形成对其他产业的需求，以乘数的方式促进经济发展。③改变转移支付水平主要从结构上改变社会购买力状况，从而影响社会总需求。提高转移支付水平，如增加社会福利费用、增加为维持农产品价格而对农民的拨款等，会使一部分人的收入水平提高，也会间接促进公司利润的增长，因此有助于证券市场价格上扬；反之，降低转移支付水平将使证券市场价格下跌。④税收调整。税收直接影响公司的净利润，并进一步影响公司扩大生产规模的能力和积极性，从而影响公司未来成长的潜力。个人所得税将直接影响居民个人的实际收入水平，因而将影响证券市场的供求关系。一般来说，税率的提高将抑制证券市场价格的上扬，而税率的降低或免税将有助于证券市场价格的上扬。

从传导机制上说，财政政策是以实体经济为媒介，通过控制财政收入和支出，经过企业的投入与产出来影响社会总需求的，与货币政策有明显的区别。因此，财政政策无论是扩张性的还是紧缩性的，从理论上说，其传导过程都比较长。财政政策这种较长的时滞决定了它对证券市场的影响不像货币政策那样立竿见影，而是比较缓慢的，但也比较持久。

**专栏 3-2**

### 证券交易印花税调整后股指的走势

从历史上看，每次调整证券交易印花税都对股市产生了较大影响。调整证券交易印花税均针对股市过热或过冷，尽管不一定都在当天产生效果，但从一个阶段来看，最终都达到了抑制或催热股市的效果。以下是几次证券交易印花税调整及其对股市的影响。

● 1991 年 10 月 10 日，从 6‰到 3‰。

大牛市行情从这里启动，上证综指从 1991 年 10 月 10 日的最低点 189.12 点飙升至 1992 年 5 月 26 日的最高点 1 429.01 点。

● 1997 年 5 月 12 日，从 3‰到 5‰。

上证综指在当天就形成大牛市的顶峰，此后便一路向下，半年内下跌近 500 点。

● 1998 年 6 月 12 日，从 5‰到 4‰。

此后，上证综指形成阶段性头部，调整近一年。

● 1999 年 6 月 1 日，从 4‰到 3‰（B 股）。

上证 B 股指数一个月内从 38.71 点飙升到 62.56 点。

● 2001 年 11 月 16 日，A 股、B 股证券交易印花税税率统一降到 2‰。

股市产生一波 100 多点的波段行情，11 月 16 日是这轮行情的启动点。

● 2005 年 1 月 24 日，从 2‰到 1‰。

此后一个月出现波段行情，随后继续探底，直至年中股改行情启动。

● 2007 年 5 月 30 日，从 1‰到 3‰。

当日股市大跌。经过近两个月的振荡调整后重新步入升势，直到当年 10 月 16 日的 6 124.04 点。

● 2008 年 4 月 24 日，从 3‰到 1‰。

当日收盘，上证综指上涨 9.29%。

● 2008 年 9 月 19 日，证券交易印花税调整为单边征收。

当日上证综指上涨 9.45%。

● 2023 年 8 月 28 日，证券交易印花税税率减半。

当日上证综指上涨 1.13%。

资料来源：人民网经济频道。

### 3.2.5 汇率从结构上影响证券市场价格

在开放经济条件下，汇率对经济的影响十分显著。汇率的高低将影响资本的国际流动，也会影响本国的进出口贸易。如果以单位外币的本币标值来表示汇率，那么汇率对证券市场价格的影响主要通过以下几个途径实现：

（1）汇率上升，本币贬值，本国产品的竞争力增强，出口型企业受益，因而此类公司的证券市场价格就会上扬；相反，进口型企业将因成本增加而受损，此类公司的证券市场价格将因此而下跌。汇率下跌的情形与此相反。

（2）汇率上升，本币贬值，将导致资本流出本国，因此本国的证券市场需求减少，价格下跌；反之，汇率下跌，则资本流入本国，本国的证券市场将因需求旺盛而价格上涨。

为了消除汇率变动对本国经济的消极影响，本国政府常常对汇率的变动进行干预，这种干预政策也会对本国的证券市场价格产生影响。当汇率上升时，为保持汇率稳定，政府可能动用外汇储备——抛出外汇，购进本币，从而减少本币的供应量，使证券市场价格下跌；也可能抛出外汇，同时回购国债，这样将使国债市场价格上扬。

由此可见，汇率主要是从结构上影响证券市场价格，一方面引起本国证券和外国证券市场价格的相对变化，另一方面引起本国证券市场上出口型企业和进口型企业证券市场价格的相对变化。

## 3.3 经济周期、经济政策对大类资产及证券市场的综合影响

为了考察经济周期、经济政策对大类资产及证券市场的综合影响，下面引入美林投资时钟（见图 3-5）这一分析工具。美林投资时钟是美林证券结合美国 1973—2004 年的宏观经济数据与股票、债券、现金及大宗商品等最具代表性的大类资产投资标的的市场表现而构造出的一种非常实用和有效的投资工具。在美林投资时钟中，横坐标为通胀水平，纵坐标为经济增长水平。根据通胀水平的不同，可以将经济状况划分为高通胀和低通胀两种状态；根据经济增长水平的不同，可以将经济增长分为高增长和低增长。

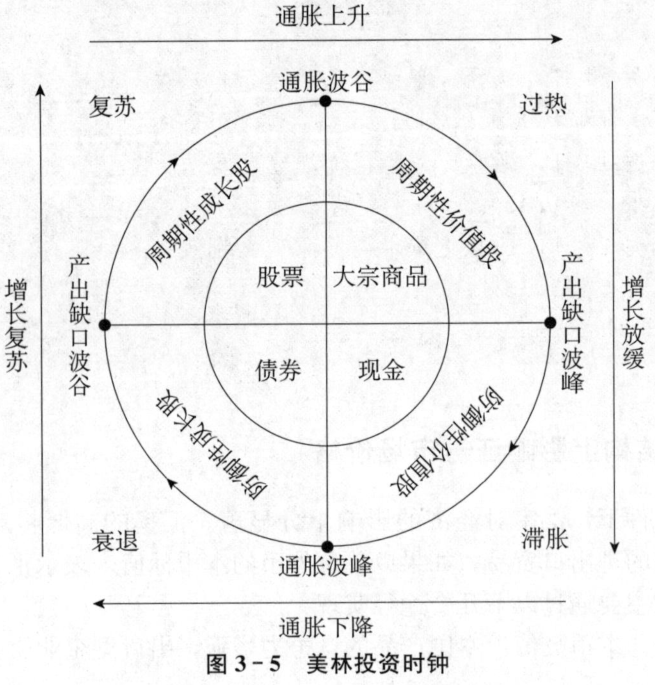


图 3-5 美林投资时钟

### 3.3.1　经济周期、经济政策与大类资产配置

在经济衰退期，经济增速较低，物价下降和企业盈利性变差，导致经济螺旋下降。在凯恩斯主义的指导下，政府趋向于采用积极的货币政策和财政政策。对债券来说，市场利率与债券价格呈负相关关系，即市场利率下降必然导致债券价格上涨，积极的货币政策利好债券价格。对股票来说，市场利率的下降使企业的融资成本下降，企业的盈利性有所改善，但人们很难判断经济衰退期还将持续多久，所以此时投资股票会面临一定风险。对于大宗商品来说，价格水平持续下降使得投资大宗商品在此时并非良策。对现金来说，在该象限中不会遭受损失，但也不会获得超过无风险收益的收益。综上所述，在经济衰退期，积极的货币政策对于债券投资是强烈的利好，对于股票投资是收益和风险并存，对于现金投资是不赚也不赔，而对于大宗商品投资是时机较差。

在经济复苏期，通胀水平仍然较低，需求有所恢复。对债券来说，市场利率仍维持在较低的水平，但进一步下降的空间较小，债券价格上涨的潜力较小，因此投资债券就难以获得较高的收益。对股票来说，经济寒冬导致行业供给出清，企业大量倒闭，行业的竞争环境也得到了改善，企业获得了更好的销售环境。此时的通胀水平较低，市场利率仍处于低位，企业资金成本不高，大宗商品价格的下跌使企业的原材料成本大幅下降。此时企业成本较低，产品销售增加，利润增速明显，股价也得到了较好的支撑。对于大宗商品来说，虽然按照正常的经济发展趋势，下一阶段将进入经济过热期，这预示着大宗商品的价格有可能上涨，但经济复苏期究竟能持续多长时间，此时仍难以判断，而且一旦经济周期出现反复，此时投资大宗商品就面临较大的风险。对于现金来说，结合以上分析，显然其表现无法与股票相比，因此它也不是一个很好的选择。总的来说，在经济复苏期，股票应该是在大类资产中的最优选择。

在经济过热期，通货膨胀水平较高，行业竞争逐渐激烈。对大宗商品来说，物价的上涨无疑是一个巨大的利好。对上市公司来说，其原材料成本开始上升。与此同时，为了抑制经济过热，政府不得不采取从紧的货币政策，其中，加息无疑直接推高了市场利率，而提高法定存款准备金率和进行央行回购也是从市场上抽出货币，同样会造成市场利率的上涨，这就导致了企业融资成本的上升。在销售端，由于市场竞争加剧，因此企业的产成品价格将面临较大的压力。此时，上市公司的股价要想继续上涨可能也较为困难。持有现金的状况与经济复苏期相似，虽然持有现金不至于遭受损失，但也无法获得较高收益。对债券来说，从紧的货币政策将使市场利率上升，而市场利率与债券价格又呈负相关关系，因此在经济过热期，债券价格势必大幅下跌，是最差的投资选择。

最后，考虑经济滞胀期。如前所述，在经济过热期，投资企业仍然有利可图，这会吸引资金不断进入生产领域，从而不断推高生产成本，并使企业的销售环境进一步恶化、销售收入下降。当超过某个临界点时，企业的盈利就会出现下滑，投资股票将会面临巨额亏损。对大宗商品来说，虽然企业的竞争将使大宗商品的价格继续上涨，但随着企业经营环境的逐渐恶化，利润下滑、企业倒闭现象开始出现并增加，企业对生产原料的需求势必在某时点出现下降，因此在此时投资大宗商品仍有利可图，但会面临较大风险。对于债券来说，经济增速大幅下降需要采用积极的货币政策，这对债券价格是一个利好。然而，央行希望抑制通货膨胀，就需要采用紧缩的货币政策，债券价格变动方向较不明朗，投资风险

相对较大。综合以上对股票、大宗商品和债券的分析，这三类主流的大类资产都无法配置，此时就进入了“现金为王”的时代。

### 3.3.2 经济周期、经济政策与证券市场配置

下面考察在经济衰退期、经济复苏期、经济过热期、经济滞胀期4个经济状态下，我们应该如何配置周期性成长股、周期性价值股、防御性价值股和防御性成长股这4类风格的股票。

我们从股票的属性出发来考虑股票的风格配置。第1种风格可分为上市公司的周期性股票和防御性股票。周期性股票是指上市公司的产品价格和公司利润与实体经济的波动高度相关，因而这类公司的股价在经济高速增长时的表现势必较强，而当经济增速下滑时，其股价跌幅也相对较大，比较有代表性的行业包括金融、房地产、信息技术、汽车、有色金属、钢铁、水泥、电力、煤炭、石化、工程机械、航运等。防御性股票是指上市公司的产品价格和公司利润与实体经济的波动关系较小，其发展相对稳定，虽然在短期内无法出现业绩的爆发式增长，但也不会在短期内出现业绩的断崖式下跌。因此，这类公司的股价在经济的周期性波动中相对稳定，比较有代表性的行业包括交通运输、餐饮旅游、商业贸易、食品饮料、公用事业、医药生物等。由周期性股票和防御性股票的划分不难看出，在经济增速较高时（对应于经济复苏期和经济过热期），配置周期性股票更为有利，而在经济增速较低时（对应于经济衰退期和经济滞胀期），应配置防御性股票。

第2种风格可分为上市公司的成长性股票和价值性股票。成长性股票是指该股票对应的上市公司正处于高速发展阶段，而价值性股票对应的上市公司已告别了高速增长，其业绩相对稳定，并且这类股票通常具有较高的账面市值比。由以上定义可以看出，成长性股票和价值性股票的划分具有鲜明的时代特征。比如在20世纪90年代到21世纪初，我国工业化进程迅猛发展，因而机械类公司、化工类公司，甚至煤炭类公司、钢铁类公司的股票都有较高的成长性，而当前我国进入信息化发展的新阶段，此时的成长性股票已转换为通信、软件等行业公司的股票。在经济由衰退到复苏的过程中，企业的利润不断上升，有利于一些掌握核心竞争力的企业由小变大、高速成长；而在经济由过热到滞胀的过程中，市场要么难以继续扩展空间，要么逐渐走向衰落，此时配置产品相对成熟、利润相对稳定的价值性股票能更好地抵御风险。

综上所述，在经济衰退期应配置防御性成长股，在经济复苏期应配置周期性成长股，在经济过热期应配置周期性价值股，而在经济滞胀期则应配置防御性价值股。

除之前按照一般规律对每个经济状态下的大类资产配置进行了分析之外，还有以下几个问题需要进一步说明：

第一，经济周期的演进并非每次都按照美林投资时钟中的顺时针方向进行，在某些特定的历史阶段，经济周期可能出现跳跃或者反复。跳跃可以以我国2006—2010年的经济状况变化为例进行说明。经过自2003年以来的经济复苏，我国经济在2006—2007年出现了过热的迹象，央行不断提高法定存款准备金率和基准利率。在投资领域，当时我国的股市热火朝天，而且煤炭、钢铁、有色金属等资源类股票的涨势更加凶猛，其背后的原因就是当时相关大宗商品的价格更大幅度地上涨，这与前文的分析是一致的。按照经典经济周期的顺序，接下来经济将进入滞胀期。然而，2008年突如其来的金融危机给我国金融市

场和实体经济造成了巨大的影响，使我国的实体经济增速迅速出现下滑。虽然与现在的经济增速相比，我国当时提出的“保八”目标仍是一个不错的水平，但在此前动辄10%以上的经济增速面前，8%仍是一个较低的增速。与此同时，由于国际油价等大宗商品的价格大幅下跌，因此通货膨胀率急速下降，甚至出现了通货紧缩，导致我国进入经济衰退期。由此可见，在出现外生冲击等情况时，经济周期有可能出现跳跃。需要注意的是，在2008年下半年，为了刺激经济，我国出台了4万亿元投资计划，并辅以积极的货币政策，同时商业银行也配套了巨量的信贷资源，使市场利率大幅下降，由此推动债券市场出现大幅上涨，这也与前文的分析是一致的。在积极的财政政策和适度宽松的货币政策的双重刺激下，我国经济于2009年出现“V”形反转，到2010年似乎又出现了经济过热的迹象。但是，在2009年初，我国实体经济似乎的确处于复苏阶段，只是时间极短，从某种意义上仍可认为这是一种跳跃。由此可知，内生经济政策的大幅刺激也是诱发经济周期出现跳跃的因素之一。

第二，对财政政策、货币政策效果的评估。通过财政政策和货币政策对实体经济产生影响，进而调节经济周期，是各国政府普遍采用的方法。然而，在经济周期的不同阶段，财政政策和货币政策的效果可能存在差异。例如，在经济萧条期，各国政府会采用积极的财政政策和宽松的货币政策来刺激经济。对货币政策来说，政府的最终目的是使企业获得更多资金，从而扩大投资规模，进而拉动整个实体经济。在经济衰退期，宽松的货币政策的效果可能较小。过度的“大水漫灌”并不一定能够刺激经济复苏，反而容易引起诸多经济和金融市场的问题。在经济过热期，财政政策和货币政策的效果也是不同的。当经济过热时，增加税收等政策的论证期较长，因而无法被灵活使用，财政政策在经济过热时的效果就类似于“扬汤止沸”。紧缩的货币政策可以从根源上提高市场利率，减少对市场的货币供应量。对企业来说，它们能从金融系统拿到的钱变少了，即使有再强的投资冲动也是“巧妇难为无米之炊”。由此可见，在经济过热期，货币政策的效果类似于“釜底抽薪”，其作用相对明显。

第三，黄金并未被包括在前文所讨论的大宗商品中。其原因在于，虽然黄金有一定的商品属性，但其定价较为复杂。黄金的价格波动通常可以被三个因素解释，即通胀、美元指数和金融市场风险。对通胀来说，由于黄金是某些特定产业的工业原材料，因此黄金具有一定的大宗商品属性，因而黄金在严重通胀阶段具有保值的作用。对美元指数来说，由于国际黄金交易使用美元进行计价，因此当美元疲软时，黄金价格往往出现上涨；反之，当美元坚挺时，黄金价格就可能出现下跌。对于金融市场风险来说，由于长期以来黄金均充当金融系统中的硬通货，因此当金融市场中的风险较大时，投资者往往会将资产配置到黄金上，从而推高黄金价格。例如，在2008年美国金融危机以及2009年希腊债务危机期间，黄金价格都出现了大幅上涨。综上可知，作为一类特殊的大宗商品，黄金的定价较为复杂，因此本书的讨论并未将黄金包含在内。

## 3.4 产业分析概述

产业（industry）是指一个企业群体。在这个企业群体中，各成员企业由于其产品

（包括有形产品与无形产品）在很大程度上的可替代性而处于一种彼此紧密联系的状态，并且由于产品可替代性的差异而与其他企业群体相区别。

在国民经济中，各个产业的发展很不平衡。一些产业如日中天，一些产业则苟延残喘；一些产业的增长率与国民生产总值的增长率保持一致，一些产业的增长率高于国民生产总值的增长率，而另一些产业的增长率则低于国民生产总值的增长率。

从证券投资的角度看，一般的投资者既不可能懂得各种各样的技术，也不实际参与公司的经营管理，他们所关心的只是其证券投资能否保值增值。因此，证券市场的产业分类要重点反映产业的盈利前景，而按技术特征进行产业分类对证券投资来说意义不大，除非产业的发展具有显著的技术特征。

产业的发展前景与许多因素有关，因此产业的分类也有多重标准。

（1）根据产业的发展与宏观经济周期性变化的关系，产业可分为成长型产业、周期型产业、防御型产业、成长周期型产业。①成长型产业的运动状态与经济活动总水平的周期及其振幅无关。它们依靠技术进步、推出新产品、提供更优质的服务及改善经营管理，可实现持续成长。例如，在过去的 20 年内，信息产业和生物制药产业就是典型的成长型产业。②周期型产业。周期型产业的运动状态直接与经济周期相关。当经济处于上升时期时，这些产业会紧随其扩张；当经济衰退时，这些产业也相应收缩。产生这种现象的原因是，当经济衰退时，对这些产业产品的购买被延迟到经济改善之后，如珠宝业、耐用品制造业及其他依赖于需求的具有收入弹性的产业就属于典型的周期型产业。③防御型产业。防御型产业与周期型产业刚好相反，这类产业的运动状态并不受经济周期的影响。也就是说，无论宏观经济处在经济周期的哪个阶段，产业的销售收入和利润均呈缓慢增长态势或变化不大。正是由于这个原因，对这类产业的投资便属于收入投资，而非资本利得投资。例如，食品业和公用事业就属于防御型产业，因为社会需求对其产品的收入弹性较小，所以这些产业的收入相对稳定。④成长周期型产业。这种类型的产业既具有成长状态，又随经济周期而波动。许多产业都属于这种类型。

（2）按照产业所采用技术的先进程度，产业可分为新兴产业和传统产业。新兴产业是指采用新兴技术进行生产、产品技术含量高的产业，如信息产业。传统产业是指采用传统技术进行生产、产品技术含量低的产业，如资源型产业。由于技术的不断更新和发展，新兴产业和传统产业之间的区分是相对的。

（3）按照产业的要素集约度，产业可以分为资本密集型产业、技术密集型产业和劳动密集型产业。资本密集型产业是指需要大量资本投入的产业，技术密集型产业的技术含量较高，而劳动密集型产业主要依赖于劳动力。有些产业同时是资本密集型产业和技术密集型产业，如汽车产业。一般来说，由于在通常情况下资本是不可替代的短缺资源，因而资本密集型产业容易产生垄断；技术密集型产业由于技术的不断更新，容易导致十分残酷的竞争；至于劳动密集型产业，由于劳动是一种可替代性较强的生产要素，根据“机器排挤工人”的经济发展规律，它特别容易受到技术革新的冲击。

（4）根据证监会的行业分类，上市公司可分为 19 个门类：

- 农、林、牧、渔业；
- 采矿业；
- 制造业；

- 电力、热力、燃气及水生产和供应业；
- 建筑业；
- 批发和零售业；
- 交通运输、仓储和邮政业；
- 住宿和餐饮业；
- 信息传输、软件和信息技术服务业；
- 金融业；
- 房地产业；
- 租赁和商务服务业；
- 科学研究和技术服务业；
- 水利、环境和公共设施管理业；
- 居民服务、修理和其他服务业；
- 教育；
- 卫生和社会工作；
- 文化、体育和娱乐业；
- 综合。

产业环境决定了企业参与竞争的领域，产业的发展在一定程度上制约着企业的成长，所以产业分析是证券分析的重要组成部分，是自上而下分析方法中的重要一环。产业分析的内容比较广泛，主要包括产业的基本特性分析、产业环境分析、产业生命周期分析以及产业结构分析（包括市场结构分析和竞争结构分析）等。

### 3.4.1 产业的基本特性分析

产业的基本特性分析一般包括产业的特性、发展规模和利润水平等方面的内容。

对产业特性的分析可以通过回答以下主要问题来完成：

（1）本产业在工业生产总过程中处于什么位置？产业范围包括哪些？

（2）本产业有什么资本需求？本产业中的企业是资本密集型、技术密集型还是劳动密集型的？

（3）本产业与经济周期的关系如何？本产业是成长型产业、周期型产业、防御型产业还是成长周期型产业？

（4）本产业的总体技术水平如何？本产业的主要技术特点是什么？

（5）本产业的技术将朝什么方向发展？

产业的发展规模直接决定着产业未来的发展前景以及产业内公司成长的空间。产业本身的需要、资源供应以及产业的生产能力对产业的发展规模有着直接的影响，对产业发展规模的分析可以重点围绕以下几个问题展开：

（1）社会对产业的产品或服务的需求总量是多少？需求的趋势如何？影响需求的重要因素有哪些？

（2）产业的资源（包括自然资源、资本资源和人力资源等）供应状况如何？

（3）产业的总生产能力，包括设计能力、实际能力等有多大？生产能力是过剩还是不足？

产业的利润水平决定着产业的吸引力以及产业的竞争状况，可从产业的财务指标等方面进行分析。

**专栏 3-3**

## 企业成长与所处产业的关系

众所周知，产业组织经济学的基本分析范式是“结构-行为-绩效”（SCP）。它将市场结构（垄断的还是竞争的，分散的还是集中的）作为分析的前提，强调市场结构对企业的市场行为和市场绩效的决定性作用。受这种分析方法的启发和影响，迈克尔·波特认为，产业结构的差异是导致不同产业企业之间利润差异的主要原因。郎咸平等人的实证研究亦表明，产业特征在一定程度上决定了企业成长性。麦加恩通过对美国上市公司业绩的实证研究认为，在影响上市公司业绩的全部因素中，产业的影响是最重要、最稳定的，用托宾 $Q$ 值测量的产业效应对企业业绩的影响程度达 1/3 以上。

我国还有很多其他学者同样得出了产业对企业成长具有显著影响的结论。例如，吴世农、李常青和余玮的研究认为，企业能够持续成长的根本原因在于企业借助了产业优势。谢军的实证研究认为，上市公司所处的产业大多对其成长性具有影响，上市公司成长性表现出显著的产业效应。

从企业生态学的角度来看，企业就像生物一样，其成长壮大离不开环境的制约，而与企业最直接相关的生态环境就是其所处的行业。任何企业都不能脱离其所处的行业独立发展，企业的发展离不开行业的发展，行业的衰退又不可避免地会影响企业的生命周期。

企业所处产业的成长空间决定了企业的成长空间，产业的发展阶段决定了企业的成长速度。处于成长阶段的产业可以为企业带来众多的盈利机会。若企业处于成长阶段产业中，则有获得价值不断成长的机会，关键是企业能否运用经营策略利用好机会。在处于稳定阶段的产业中，价值成长的机会属于既能改善经营效率又能满足市场需求的企业。其中，顺应潮流的企业能够获得成功，有些企业则可能被淘汰出局。处于衰退阶段的产业已没有多少获利机会，在这种环境中能实现价值成长的企业很少。此时，企业应努力削减成本、调整结构、寻找市场缝隙或者撤退。

产业的结构也会对企业成长产生重要的影响。从产业的视角看，企业的竞争过程始发于对产业的先见以及企业对自身在产业中的定位。因为产业领先企业决定着现有产业的结构和竞争规则，同时它们也是其他企业外部环境的决定者，所以突破它们所设定的竞争格局是困难的。在某个发育已成熟、产品概念已十分清晰、产业界限已固定的结构化的产业市场上，通过分割市场所能争取到的生存发展空间是十分有限的，而且发展的代价是巨大和高昂的。此外，产业结构化程度越高，产业内的竞争强度就越大，竞争格局就越牢固，企业的选择余地或竞争空间也就越小，企业的边际产出递减，利润随之减少。

### 3.4.2 产业环境分析

（1）政府政策。政府的政策取向对于产业的发展起着十分重要的作用，政府对于产业的管理和调控主要是通过产业政策来实现的。产业政策是国家干预或参与经济的一种形式，是国家系统设计的有关产业发展的政策目标和政策措施的总和。一般认为，产业政策包括产业结构政策、产业组织政策、产业技术政策和产业布局政策等。其中，产业结构政策与产业组织政策是产业政策的核心。政府对产业的促进作用可通过补贴、优惠税、限制外国竞争的关税、保护某产业的附加法规等措施来实现。

（2）技术进步。技术进步是厂商生产新产品以满足社会潜在需求的关键。技术进步创造新产品、开拓新领域，从而使新产业不断出现。技术进步可以推动现有产业技术升级。例如，生物科技领域的成果在农业中的应用最终带来了更高的粮食产出率；计算机游戏软件的不断创新推动了计算机硬件设备的迅速发展；新能源技术在汽车制造领域中的应用正在逐渐改变汽车业的发展。

技术进步不仅使新产品的推出成为可能，而且能提高新产业的生产效率，降低成本，从而加速产业的市场扩张，使产业进入快速成长期。

（3）社会习惯。社会习惯的改变对企业的经营活动、生产成本、利润等方面都会产生一定的影响，足以使一些不再适应社会需要的产业衰退，同时激发新兴产业的发展。譬如，随着我国经济水平的提高，人们已经不再简单满足于基本的温饱，开始追求更高层次的精神消费，这引起了对健身、旅游、娱乐等方面的消费，极大地促进了这类产业的发展。社会习惯会对关系经济增长的消费、储蓄、投资、贸易等诸方面产生影响，因而也就必然会对产业的发展和生命周期各阶段的更替产生重要的影响。

（4）经济全球化。经济全球化使每一个产业和企业都置身于全球性竞争中，同时也使各行各业可以获得全球性的市场和资源。分析经济全球化对产业的影响，关键要看经济全球化是否有利于这一产业整合全球性的资源，是否有利于这一产业面向全球市场满足全球性的需求。

### 3.4.3 产业生命周期分析

与世界上的万事万物一样，产业也会经历一个由产生到成长再到衰落的发展演变过程，这个过程称为产业的生命周期。产业的生命周期可分为四个阶段，即初创阶段（又称初创期）、成长阶段（又称成长期）、成熟阶段（又称成熟期）和衰退阶段（又称衰退期），见图 3-6。

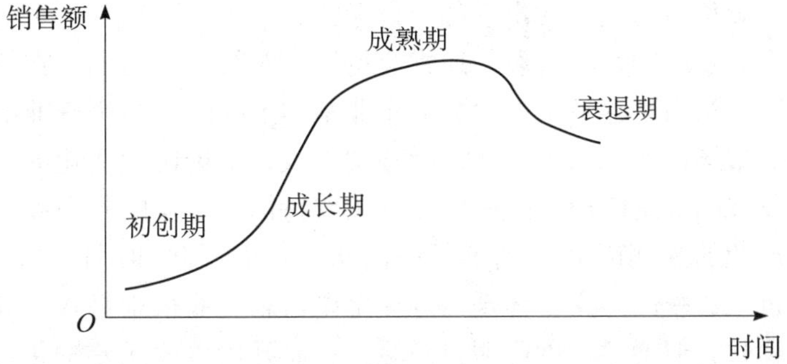


**图 3-6 产业的生命周期曲线**

判断产业处于生命周期哪个阶段的主要指标有厂商数量、市场规模、市场增长率、利润、竞争程度等。产业生命周期的各阶段特征见表 3-2。

**表 3-2　产业生命周期的各阶段特征**

| | 初创阶段 | 成长阶段 | 成熟阶段 | 衰退阶段 |
|---|---|---|---|---|
| 厂商数量 | 少 | 增加 | 下降，趋于稳定 | 减少 |
| 市场规模 | 小 | 增大 | 稳定 | 减小 |
| 市场增长率 | 较高 | 很高 | 不高，趋于稳定 | 降低，负值 |
| 利润 | 较少，甚至为负 | 增加 | 最多 | 减少 |
| 竞争程度 | 不激烈 | 开始激烈 | 最激烈 | 激烈程度降低 |
| 企业规模 | 较小 | 增大 | 最大 | 减小或增大 |
| 产品品种 | 单一 | 增加 | 较多 | 减少 |
| 技术 | 不稳定 | 趋于稳定 | 稳定 | 落后 |
| 风险 | 较高 | 较高 | 降低 | 较低 |

初创阶段是一个产业的起步阶段。在这一阶段，新产业刚刚诞生或初建不久，如同一个初生的婴儿，具有明显的幼稚性。在产业组织方面，只有为数不多的创业公司介入这一新兴产业，产业的企业数量少、集中度高。此外，由于技术相对不成熟，因此产业的产品品种单一、质量较差且不太稳定。作为新产业，其被大众普遍了解和认可尚需一个过程，因而产业的市场规模小、市场需求增长缓慢、需求的价格弹性也很小。

在初创阶段后期，随着产业生产技术的提高、生产成本的降低和市场需求的扩大，新产业逐步由高风险、低收益的初创阶段转向高风险、高收益的成长阶段。

成长阶段是产业发展的黄金时期。在这一阶段，新产业快速成长，开始显露出朝阳产业的风采。在产业组织方面，由于产业的发展得到了广泛的认同，因而市场需求增长迅速，市场规模增大，需求的价格弹性增大；另外，随着生产技术的日渐成熟和稳定，产品呈现多样化、差别化，质量提高且稳定；产业的固定费用也随之下降，但由于市场拓展和广告宣传的费用增加，可变费用开始上升；产业的利润迅速增加，利润率较高。在市场竞争方面，新产业的竞争力显著增强；在产业内部，产业的集中度低、进入壁垒低，而且由于产业的市场容量急剧扩大，大量的新企业纷至沓来、自由竞争；这一阶段的主要竞争形式为价格竞争，领导价格制是经常出现的定价形式。

成熟阶段是产业发展的巅峰阶段，通常会持续相对较长的时期。在这一时期，通过激烈的市场竞争优胜劣汰而生存下来的少数大企业基本上垄断了整个产业的市场，每个企业都占有一定比例的市场份额。由于企业彼此势均力敌，市场份额变化的程度较小，因此成熟阶段也是产业发展的稳定阶段。这一阶段的主要特征是产业的集中度很高，并出现了一定程度的垄断，产业的利润因此达到了很高的水平，而风险却因市场份额变得稳定而降低。这一阶段的进入壁垒高，主要体现为规模壁垒，新企业很难打入市场。虽然这一阶段的市场需求仍在增长，但增长速度已明显减缓，产品开始再度无差别化，需求的价格弹性减小。在成熟阶段，产业与国民经济很难保持同步增长。在宏观经济衰退时，处于成熟阶段的产业还可能遭受较大损失。但是，由于技术创新，某些产业或许会有新的增长。

在经过一个较长的稳定期后，产业就进入衰退阶段，衰退阶段是产业发展的暮年时期。衰退阶段的产业具有与初创阶段的产业相似的一些特征，如由于新产品和替代品的大量出现，原有产业的竞争力下降，市场需求开始逐渐减少，导致销售下降、价格下跌、利润降低，再加上其他更有利可图的产业不断涌现，使得一些企业不断地从原有产业撤出资金，原有产业的企业数量减少。当正常利润无法维持或现有投资折旧完毕后，整个产业便逐渐解体了。

不过，与人的生命不同，步入暮年的产业未必面临死亡。从历史上看，真正被完全淘汰的产业很少，产业的发展呈现出"生多死少"的特征，多数情况是产业自此进入一个发展停滞、随波逐流的状态。

由于产业生命周期各阶段的风险和收益状况不同，而证券投资的目的就是在尽可能小的风险条件下获取最大的收益，因此，处于不同生命周期阶段的产业在证券市场上的表现就会有较大的差异。

处于初创阶段的产业，由于产业创立不久、企业较少、收益较少甚至亏损，因此在传统的证券市场上是不符合上市条件的。为了满足这些产业发展对资本的需求，推进经济结构的调整和升级，除风险投资基金外，许多国家和地区纷纷创立上市条件有别于传统证券市场的、便于新兴产业上市融资的新型证券市场，如 NASDAQ、创业板市场等，其最重要的上市条件之一就是发展前景很好，尽管目前的状况可能不佳。正是基于对未来高成长的预期，一些处于初创阶段的产业的证券表现常常极为出色。典型的例子是美国的网络股亚马逊，虽然该企业在上市之初的业绩尚处于亏损状态，但市场仍给予其较高的评价。

处于成长阶段的产业的利润快速增加，因而这些产业的证券的价格也大多呈现快速上涨趋势。由于证券价格的上涨有业绩为基础，所以这种证券价格的上涨是明确的，并且具有长期性。证券价格也会因对未来成长的过度预期和对这种过度预期的纠正而出现中短期波动。另外，由于在产业快速成长的同时产业内部会出现企业之间的分化，因此当产业的证券表现整体较好时，也会出现该产业中个别企业的证券表现不佳。

处于成熟阶段的产业是蓝筹股的集中地。因为处于成熟阶段的产业已经形成垄断，产业发展的空间已经不大，所以产业快速成长的可能性已经很小，但一般能保持适度成长，而且垄断利润丰厚。这一阶段产业的证券一般呈现价格稳步攀升之势，大涨和大跌的可能性都不大，颇具长线持筹的价值。

处于衰退阶段的产业已丧失发展空间，因而在证券市场上优势全无，是绩平股、垃圾股的摇篮。在一般情况下，这类产业的股票常常是低价股，不引人关注，甚至因为业绩不佳而退市。但在股票发行核准制的情况下，由于上市资格控制较严，因此衰退型产业的上市证券虽然也常常为低价股、绩差股或绩平股，但常常因"买壳"、"借壳"或资产重组而出现飙升行情。这一状况可能会随着证券发行制度的改革而逐步消失。

按照证券价值决定理论，证券的价格主要取决于业绩，但如前所述，产业在生命周期各阶段的证券表现与业绩状况并非一一对应。最典型的就是处于初创阶段的产业虽然业绩不佳，但其证券价格在二级市场上大幅飙升，其中一个重要的因素就是投资者的预期（投资者若预期未来产业有良好的成长前景，就会给产业较高的价值评价），所以引导投资者的预期对于证券市场价格具有重要的意义。

**专栏 3-4**

### 上市公司市值排名的变迁与产业生命周期及产业结构调整

美国证券市场是一个有悠久历史的市场，从美国上市公司市值排名前十的公司（见表 3-3）的变迁可以看到上市公司市值与其所处产业生命周期的关系，以及产业结构的调整。

**表 3-3　美国上市公司市值排名前十的公司**　　单位：10 亿美元

| | 1917 年 | | 1967 年 | | 2022 年 | |
|---|---|---|---|---|---|---|
| 1 | 美国钢铁 | 46.4 | IBM | 258.6 | 苹果 | 2 850 |
| 2 | 美国电话电报 | 14.1 | 美国电话电报 | 200.5 | 微软 | 2 311 |
| 3 | 标准石油 | 10.7 | 柯达 | 177 | 谷歌母公司 | 1 842 |
| 4 | 伯利恒钢铁 | 7.1 | 通用汽车 | 171.2 | 亚马逊 | 1 659 |
| 5 | Armour | 5.8 | 标准石油 | 106.5 | 特斯拉 | 1 114 |
| 6 | Swift | 5.7 | 德士古 | 82.3 | 伯克希尔-哈撒韦 | 780 |
| 7 | 国际收割机公司 | 4.9 | 西尔斯 | 64.6 | 英伟达 | 685 |
| 8 | 杜邦 | 4.9 | 通用电气 | 63.9 | 脸书母公司 | 605 |
| 9 | 米德维尔钢铁 | 4.8 | 派拉蒙 | 58 | 维萨 | 480 |
| 10 | 美国橡胶 | 4.6 | 海湾石油 | 58 | 联合健康 | 480 |

资料来源：HowMuch. net 网站与普华永道。

1917 年，排名靠前的公司是钢铁、电话、石油、化工、橡胶等传统产业的公司，如排名前十的就有三家公司是钢铁公司，其中美国钢铁公司雄踞第一，排名第二的是美国电话电报公司，标准石油公司居第三位，排在其后的还有杜邦公司（化工产业）、美国橡胶公司（居第十位）。

经过 50 年的发展，至 1967 年，IBM 占据了头把交椅，紧随其后的仍是美国电话电报公司，柯达排名第三，其后的排名分别为通用汽车（汽车产业）、标准石油、德士古（石油产业）、西尔斯（零售产业）、通用电气（制造产业）、派拉蒙（影视产业）和海湾石油（石油产业）。由此可见，虽然代表新兴产业的 IBM 已经取得第一的位置，但石油等传统产业仍占据主导地位，在前十位中占有三席，而汽车产业、零售产业也位居其列。

再经过 50 多年的发展，至 2022 年，苹果公司名列第一。位列前十的公司分别是苹果、微软、谷歌母公司、亚马逊、特斯拉、伯克希尔-哈撒韦、英伟达、脸书母公司、维萨、联合健康。此时，以互联网为代表的新兴产业公司已占据主导地位。

## 3.4.4 产业结构分析

### 1. 产业的市场结构分析

市场结构是指竞争程度不同的市场状态。市场结构是构成市场的各要素之间的相互关系。在不同的市场结构中，企业之间的竞争具有不同的特性，同样的竞争手段在不同的市场结构中也会产生不同的反应，获得不同的效果。通常根据市场上交易者的数量、产品差异程度、产业的进入限制、价格决策形式和市场信息通畅程度等来划分不同的市场类型。市场类型有以下几种。

（1）完全竞争市场又称纯粹竞争市场或自由竞争市场，是指一个产业中有非常多的生产企业，它们都以同样的方式向市场提供同类的、标准化的产品（如粮食、棉花等农产品）的市场。在这种竞争环境中，买卖双方对价格都无影响力，只能是价格的接受者，企业的任何提价行为都会招致本企业产品需求的骤减或利润的不必要流失，因此产品价格只能由供求关系决定。

完全竞争市场有以下几个特征：①存在大量买者和卖者。由于存在大量生产者和消费者，因此与整个市场的生产量和购买量相比，任何一个生产者的生产量和任何一个消费者的购买量所占的比例都很小，因而任何一个生产者或消费者都无能力影响市场的产量和价格。②产品同质性。市场上有许多企业，每个企业生产的产品是同质的，在产品的质量、性能、外形、包装等方面是无差别的，以至于任何企业都无法通过自己的产品与他人产品的特异之处来影响价格从而形成垄断，获得垄断利润。③资源流动性。资源流动性是指任何一个企业都可以完全自由和毫无困难地进入某个市场，或是退出某个市场。进入或退出市场完全由生产者自身自由决定，而不受任何社会法令和其他社会力量的限制。④信息完备性。市场信息是完备的。市场上的每一个买者和卖者都可以无成本地随时获得与自己的经济决策有关的一切信息，特别是市场上有关价格和供求关系的充分信息。这样每一个消费者和生产者都可以根据自己掌握的完备的信息，做出自己的最优的经济决策，从而获得最大的经济效益。

（2）不完全竞争是由美国经济学家 J. M. 克拉克（J. M. Clark）针对完全竞争概念的非现实性而提出来的。克拉克指出，虽然完全竞争被经济学家进行了准确定义和精心阐述，但它在现实世界中是不可能的且从来没有存在过。

现实环境的复杂性决定了竞争的多样性。例如各个产业之间以及同一产业在不同阶段的竞争特性都不可能完全相同。克拉克指出，竞争的多样性来自产品的同质性或非同质性、生产者的数量及其规模结构、价格制定方式、交易方式、市场信息传递的特征和手段、生产者和消费者的地理分布、产出控制的时间特征、企业规模的差异导致的成本变动、短期产出波动引起的成本变动、生产能力的可伸缩性等十个方面。

不完全竞争分为垄断竞争、寡头垄断和完全垄断。

垄断竞争是经济学中比较典型的市场形式之一，进行垄断竞争的企业在短期具有垄断性质，而在长期则是无利润的。垄断竞争市场竞争程度较大，垄断程度较小，比较接近完全竞争，而且要现实得多，在大城市的零售业、手工业、印刷业中普遍存在。

寡头垄断（oligopoly）是一种由少数卖方（寡头）主导市场的市场类型。显著特点是少数几家厂商垄断了某一产业的市场，这些厂商的产量占全产业总产量的很大比重，从而这些厂商控制着该产业的产品供给。市场上一个产业中只有两个企业相互竞争的情况是寡头垄断中的一种特殊情况，称为双占垄断或双头垄断。寡头垄断的形成首先是由某些产品的生产与技术特点决定的，寡头垄断产业往往是生产高度集中的产业，如钢铁、汽车、石油等产业。其次，寡头厂商为保持自身地位而采取的种种排他性措施，以及政府对某些寡头厂商的扶持政策等，也可促进寡头垄断市场的形成。

完全垄断是指在市场上没有竞争者。完全垄断可分为两种类型：一是政府完全垄断，如铁路等部门；二是私人完全垄断，如政府授予的特许专营、专利生产的独家经营，以及由于资本雄厚、技术先进而建立的排他性的私人垄断经营。在现实生活中，公用事业（如电、煤气、自来水和邮电通信等）产业和某些资本、技术高度密集型产业及稀有金属矿藏开采产业等属于这种完全垄断的市场类型。

表 3-4 显示了各种市场类型的综合比较情况。

**表 3-4 各种市场类型的综合比较情况**

| 比较项目 | 完全竞争 | 垄断竞争 | 寡头垄断 | 完全垄断 |
|---|---|---|---|---|
| 生产者特点 | 众多 | 众多 | 相对少量 | 独家企业 |
| 生产资料特点 | 完全流动 | 可以流动 | 很难流动 | 不流动 |
| 产品特点 | 同质、无差别 | 存在差别 | | |
| 价格特点 | 企业接受价格而不能制定价格 | 对价格有一定的控制力 | 对价格具有垄断能力 | 垄断定价，但受到管制 |
| 典型产业 | 初级产品产业等 | 零售业、手工业、印刷业等 | 资本密集型产业、技术密集型产业等 | 公用事业产业和某些资本、技术高度密集型产业及稀有金属矿藏开采产业等 |

产业集中度是决定市场结构最基本、最重要的因素，集中体现了市场的竞争和垄断程度。经常使用的集中度计量指标有：产业集中度（$CR_n$）、赫芬达尔-赫希曼指数（Herfindahl-Hirschman index，HHI）、洛伦茨曲线、基尼系数、逆指数和熵指数等，其中 $CR_n$ 与 HHI 两个指标经常被运用在反垄断经济分析之中。

$CR_n$ 是指该产业的相关市场内前 $n$ 个最大的企业所占市场份额的总和。例如，$CR_4$ 是指前 4 个最大的企业占有该相关市场的份额。同理，$CR_5$ 是指前 5 个最大的企业占有该相关市场的份额，$CR_8$ 是指前 8 个最大的企业占有该相关市场的份额。

产业集中度的缺点是它没有指出这个产业相关市场中正在运营和竞争的企业的总数。例如，同样高达 75%的 $CR_4$ 在两个产业中的意义可能是不相同的，因为一个产业可能仅有几个企业而另一个产业可能有许多企业。

**2. 产业的竞争结构分析**

产业的竞争结构将会影响这个产业的整体获利水平。对产业竞争结构的分析一般采用哈佛大学教授迈克尔·波特的五种竞争力模型（简称“五力模型”）。波特认为，在任何产业中，无论是国内还是国外，无论是生产一种产品还是提供一项服务，竞争规律都寓于五种竞争力之中，即潜在进入者的威胁、购买方的议价能力、供应商的议价能力、替代品的威胁和现有竞争者的威胁。这五种竞争力的综合强度决定了产业竞争的激烈程度，同时也决定了产业的最终获利能力。图 3-7 简单描述了五种竞争力模型。

波特的五力模型不仅是分析产业利润前景的有力工具，同时也有助于预测产业的演进、分析公司业绩存在差别的原因并确定产业的关键成功因素。

（1）潜在进入者的威胁。潜在进入者进入一个产业后，将造成此产业的竞争环境改

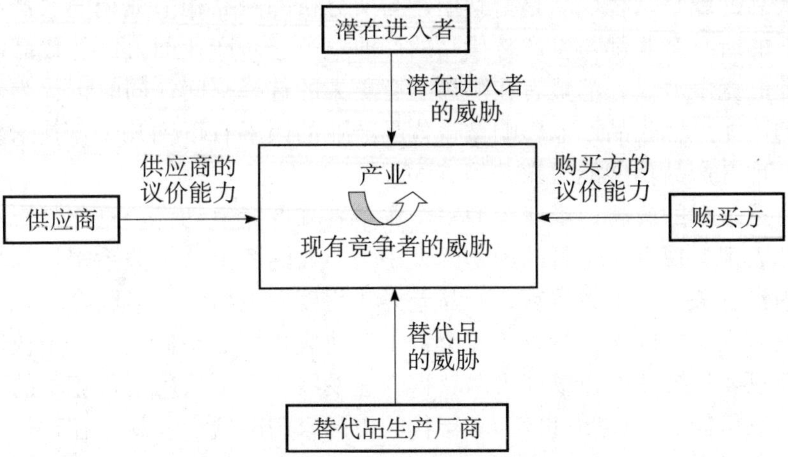


**图 3-7　五种竞争力模型**

变，此产业内原有企业的市场占有率将因此有所变动。当某产业的利润率或发展前景优于其他产业时，该产业内的原有企业必然会面临潜在进入者的威胁，而产业的进入壁垒则在一定程度上阻止了新企业的进入。

形成进入壁垒的因素主要有：①规模经济。大规模经营的经济性表现为一定时期内产品的单位成本随总产量的增加而降低。规模经济的存在阻止了对产业的侵入，因为它迫使“入侵者”或者冒大规模生产的风险，或者以小规模生产而在产品成本方面处于劣势。②差别化效应。差别化效应意味着原有目标产业中的企业通过广告、产品质量、顾客服务等手段建立的商标及信誉上的优势。差别化效应所构成的产业壁垒将迫使“入侵者”耗费大量资金以克服原有企业的上述优势。这种努力通常带来初始阶段的亏损。差别化效应使婴儿食品、药品、化妆品等产业可能成为重要的壁垒产业。③专有技术和资金投入规模。当产品的生产和经营涉及专有技术时，通过专利或保密方法也可设置产业壁垒。另外，有些产品属于资本密集型产品，高额的资金投入对后来者也制造出了较高的进入壁垒。④政府的政策和法律规定。政府可以通过政策或法律的形式限制甚至封锁对某产业的入侵，常见的方式包括发放许可证、实现差别税率等。⑤对销售渠道的控制。对于一种产业来说，批发或零售渠道越少，现有企业通过长久的关系、高质量的服务对它的控制程度就越大，新来者就越难进入该产业。⑥对原材料来源的控制。通过对原材料来源的控制而形成的壁垒在信息业、采掘业等产业中最为典型。

（2）购买方的议价能力。如果购买方的议价能力很高，则卖方在销售时处于不利地位，这将会影响卖方的获利能力。通常购买方的议价能力取决于下列因素：购买方的规模大小、产业内卖方的数量多寡、购买方取得信息的难易程度、产品标准化程度等。

（3）供应商的议价能力。供应商是向企业及其竞争对手供应它们生产特定的产品和劳务所需的各种资源的工商企业及个人。在下列情况下，供应商有较强的议价能力：供应产业由几个大企业控制；供应来源具有稀缺性；市场中没有替代品，因而没有替代品供应商；对供应商而言，所供应的产业无关紧要；对于购买方来说，供应商提供的产品是很重要的市场投入要素；供应商提供的产品是差异性产品；购买方转换供应商的费用较高；等等。

（4）替代品的威胁。替代品是指其用途与所分析的产品相似或相同的产品。从广义上看，一个产业的所有企业都与生产替代品的产业竞争。对产业而言，替代品的出现意味着来自相似产业的竞争力量，消费者在购买上有更大的选择空间，同时也代表着本产业产品消费量减少的可能。替代品产业影响被替代品产业的因素有下列几个：技术发展程度、替代品的功能、现有产品功能能否提升等。

（5）现有竞争者的威胁。产业中的一个竞争者采取竞争动作，将连带影响到同产业其他企业的经营表现。现有竞争者的威胁的大小与产业的竞争结构关系密切。现有竞争者的威胁与下列因素有关：竞争者多寡、产品差异化程度、退出障碍高低等。

决定产业内竞争的因素包括以下几个：①产业成长性的高低。在一个快速成长的产业中，现有企业只要拓展新的市场就可以获得高速发展，无须采用削价竞争的形式从其他企业手中争夺市场份额，比如20世纪80年代的中国家用电器产业就处在这样一个阶段。在一个成熟的、市场容量相对固定的产业，现有企业要发展，只有通过掠取其他企业的市场份额才能实现。此时，大幅降价从而将生产成本高的对手挤出市场就成为竞争的主要手段，比如当年生产微波炉的格兰仕公司就通过扩大生产规模和降低生产成本而实现大幅降价，将一些竞争对手挤出了市场。②竞争者生产能力的集中度。如果某个产业产品的主要生产能力集中于一个或少数几个企业手中，这些企业就有能力为自己的产品定价，产业内的竞争性就会减弱。例如，英特尔公司控制了全世界中央处理器（CPU）的大部分市场份额，因而有能力主导芯片产品的市场价格，攫取计算机产业的大部分利润。③产品的差异性和客户的转换成本。形成产品差异是企业避免单纯价格竞争的重要手段，树立品牌形象是形成产品差异最有效的措施。化妆品生产产业与煤炭生产产业可以说是产品差异性的两个极端。对于软件产业来说，目标客户更换软件的高转换成本是阻止价格竞争的有效手段，因为客户花在学习和运用上的成本要比购买软件的成本高得多。④固定成本相对于可变成本的比率。对于有些产业，比如航空运输业来说，增加单位运量的可变成本相对于固定成本很小，因而它们更倾向于通过降低单位售价来达到规模经济。

## 本章小结

本章介绍了影响证券市场价格走势的宏观经济因素，重点讨论了宏观经济运行对证券市场的两条影响途径，即宏观经济周期和宏观经济政策。

在宏观经济周期变动中，衰退、萧条、复苏和繁荣四个经济运行阶段对证券市场运行具有不同的影响。虽然证券市场价格的变动周期与经济周期大体一致，但在时间上并不与经济周期相同。从实践上看，证券市场价格走势大约比经济周期提前几个月到半年。也就是说，证券市场价格走势对宏观经济运行具有预警作用。这就是通常所说的证券市场是经济的“晴雨表”的原因所在，也是在经济指标分析中将证券价格指数作为先行指标的理由。当然，证券市场的“晴雨表”功能是就其中长期趋势而言的，证券市场的每一次波动，特别是短期波动，并不表示宏观经济状况的变好或趋坏。

对证券市场产生重要影响的宏观经济政策主要是货币政策和财政政策。货币政策以货币市场为媒介，通过数量型和价格型工具来调节货币供需，它对证券市场的影响相对于财政政策更加直接、迅速。财政政策是以实体经济为媒介，通过控制财政收入和支出，经过企业的投入与产出来影响社会总需求的，它影响证券市场的传导过程较货币政策要长。汇率主要从结构上影响证券市场价格，一方面引起本国证券和外国证券市场价格的相对变化，另一方面引起本国证券市场上出口型企业和进口型企业证券市场价格的相对变化。

从证券市场角度进行的产业分类有多种划分标准。产业的基本特性分析包括产业的特性、产业的发展规模和产业的利润水平等方面。不同产业具有不同的市场结构。产业的竞争结构将会影响这个产业的整体获利水平。

## 本章关键内容

- 掌握证券市场价格的主要影响因素。
- 掌握经济周期的四个阶段，了解判断经济处在经济周期某一阶段的方法，运用经济周期分析证券市场的波动趋势。
- 通过分析货币政策、财政政策和汇率的变动，分析证券市场的未来趋势，掌握货币政策、财政政策和汇率影响证券市场的机制。
- 分析货币政策、财政政策和经济周期的不同阶段对大类资产配置以及证券市场配置的影响。
- 掌握产业生命周期。
- 掌握产业的市场结构。
- 掌握产业的竞争结构。

## 本章思考题

一、名词解释

| | | | |
|---|---|---|---|
| 国民生产总值 | 经济周期 | 财政政策 | 货币政策 |
| 汇率 | 先行指标 | 大类资产配置 | 完全竞争 |
| 垄断竞争 | 寡头垄断 | 完全垄断 | |

二、简答题

1. 为什么说宏观经济因素是证券市场价格的首要影响因素？

2. 财政政策的变动对证券市场价格有何影响？

3. 货币政策的变动对证券市场价格有何影响？

4. 汇率的变动对证券市场价格有何影响？

5. 货币政策、财政政策和经济周期的不同阶段会对大类资产配置以及证券市场配置产生怎样的影响？

第 4 章

# 证券投资技术分析

**学习目标**

- 了解技术分析的三大假设和技术分析方法的分类。
- 了解相反理论的含义。
- 了解道氏理论的主要原理。
- 了解 K 线组合形态及其买卖信号。
- 了解支撑压力的相关方法。
- 了解价格形态的形成和买卖信号。
- 了解波浪理论的基本原理和信号。
- 了解技术指标的基本含义和信号。

技术分析对于提高证券投资者的个人判断能力有一定的帮助作用。从某种程度上说，涉足证券市场的投资者首先接触的就是技术分析。了解这一分析工具，有利于增强对证券市场未来的预见能力。对技术分析的掌握和运用程度关系到证券市场投资者的切身利益。本章主要以股票市场为例，系统介绍主要的技术分析方法。

## 4.1 技术分析概述

### 4.1.1 技术分析的定义和作用

技术分析通过分析证券市场的市场行为，对价格的未来变化趋势进行预测，所使用的手段是分析股票市场过去和现在的市场行为。

市场行为包括三个方面的内容：①价格的高低和价格的变化；②发生这些变化所伴随的成交量；③完成这些变化所经过的时间。简单地说，就是价、量、时。在这三方面中，价格的变化是最重要的。

从不同侧面对市场行为进行分析就组成了技术分析的各种方法。根据市场行为得到的数据所产生出来的各种图表是进行技术分析要用到的最基本的东西。技术分析人员通过长期实践和总结经验，创造了很多从图表看未来的方法，这些方法构成了技术分析的全体。

证券市场提供了两种增值的方法：一种是基本收益，这是投资者进入股票市场最基本的出发点，分析的侧重点是股票的基本分析，包括上市公司红利和发展前景；另一种是资本收益，目标是取得差价，即“低价买入，高价卖出”，对此分析的侧重点就应该是技术分析。

## 4.1.2 技术分析的理论基础——三大假设

技术分析是预测价格未来走向的研究行为，依赖的是过去和现在的市场行为。技术分析能够抓住市场中隐蔽的、市场行为本身没有直接体现出来的信号。当股票市场处在关键的转折点时，技术分析能够及时发出有益的信号。

技术分析对于市场的认识具有独到的一面，总结出来就是它赖以存在的理论基础，即下面的三大假设：

- 假设1——市场行为包括一切信息。
- 假设2——价格沿趋势波动，并保持趋势。
- 假设3——历史会重复。

假设1是进行技术分析的基础。技术分析认为，影响股票价格的全部因素（包括内在的和外在的）都反映在市场行为中，没有必要对影响股票价格因素的具体内容过分关心。如果不承认假设1，技术分析做出的结论应该是无效的。技术分析是从市场行为预测未来，如果市场行为没有包括影响股票价格的全部因素，也就是说，对影响股票价格的因素考虑的只是局部而不是全部，这样的结论当然没有说服力。

假设2认为，股票价格的变动是按照趋势进行的，其运动有保持惯性的特点。如果没有外在因素的影响，价格波动不会改变原来的方向。正因为如此，一些文献把这一条称为“牛顿第一定律”。

一般来说，若某段时间的价格一直是下降的或上升的，那么在今后一段时间内，如果不出意外，股票价格也会按照这一方向继续下降或上涨，没有理由改变这一既定的运动方向。如果没有外在的因素，没有必要逆大势而为。

假设3是从统计学和心理学两个方面考虑的：一方面，价格的波动有可能存在某种规律，而这一点将通过统计结果得到；另一方面，人的买卖行为要受心理学中某些理论的制约，进而可能出现一些规律性的现象。

上述三个假设具有一定的合理性，下面将对其进行说明。

对于假设1来说，任何一个因素对股票市场的影响最终都必然体现在股票价格的变动上。从这点看，假设1有一定的合理性。如果公布了某个被认为应该对市场产生影响的消息，但股票价格与以前相比没有明显的变动，就说明这个消息对市场没有影响（尽管我们从其他方面看都应该产生影响）。如果有一天某只股票的价格向上跳空高开、成交量大幅增加，一定是出现了利多的消息。具体是什么消息，没有必要过问，它已经体现在市场行为中了。上述价格的波动就是这个消息在股票市场中的反映。技术分析的拥护者只关心这些因素对市场的影响效果，并不关心导致这些行为的具体内容。

然而，市场行为反映的信息只体现在价格的变动之中，同原始的信息是有差异的，损失信息是必然的。正因为如此，在进行技术分析时，还应该适当地进行一些基本分析的工作，以弥补技术分析的不足。

对于假设 2，一般来说，某段时间的价格一直是下降的或上升的，那么在今后一段时间内，如果不出意外，股票价格也会按照原来的波动规律继续下降或上涨。然而，当价格沿某个方向波动的时间过长时，就会增加反方向的力量，从而使假设 2 受到冲击。

此外，价格的变动受到许多因素的影响，有些是根本想不到的，这使价格的波动表现出无规律的现象。

假设 3 的合理性建立在统计结果的基础上。投资者过去的交易结果会在他心中留下深刻的记忆，一旦遇到与过去某一时期相同或相似的情况，就应该与过去的结果进行比较。过去的结果是已知的，这个已知的结果应该是现在对未来进行预测的参考。然而，需要注意的是，股票市场不可能有完全相同的情况重复，差异或多或少存在。在使用假设 3 的时候，这些差异的大小一定会对预测结果产生影响。

三大假设是进行技术分析的基础，它不是十全十美的，但不能因此而否定它存在的合理性。其实，讨论它是否合理并没有实际的意义，证券市场中的每个人都有自己熟悉和认可的分析思路。

### 4.1.3 市场行为的四个要素：价、量、时、空

在证券市场中，价格、成交量、时间和空间是进行分析的要素，这几个要素的具体情况和相互关系是进行分析的基础。

第一，价和量是市场行为最基本的表现。市场行为最基本的表现是成交价格和成交量。过去和现在的成交价格及成交量反映大部分市场行为，在某一时间的价格和成交量反映的是买卖双方在这个时间的共同市场行为，是双方暂时的均衡点。随着时间的变化，均衡会不断地发生变化，这就是价量关系的变化。

一般来说，买卖双方对价格的认同程度通过成交量的大小得到确认。认同程度大，成交量大；认同程度小，成交量小。双方的这种市场行为反映在价量上就呈现出这样的一种趋势规律：价增量增，价跌量减。根据这一规律，当价格上升时，成交量不再增加，意味着价格得不到买方的确认，价格上升的趋势就会减弱；反之，当价格下降时，成交量萎缩到一定程度不继续萎缩，意味着卖方不再认同价格继续下降，下降的趋势有可能发生变化。成交价格和成交量的这种规律关系是技术分析的合理性所在。

第二，时间和空间是市场潜在能量的表现。在技术分析中，“时间”是指完成某个过程所经过的时间长短，通常是指一个波段或一个升降周期所经过的时间。“空间”是指价格的升降所能达到的程度。时间指出“价格有可能在何时出现上升或下降”，空间指出“价格有可能上升或下降到什么地方”。投资者对市场进行分析时的关注点都集中在这两个因素上。

时间更多地与循环周期理论相联系，反映市场起伏的内在规律和事物发展周而复始的特征，体现了市场潜在的能量由小变大再变小的过程。空间反映的是每次市场发生变动的程度的大小，也体现市场潜在的上升或下降的能量大小。上升或下降的幅度越大，潜在能量就越大；相反，上升或下降的幅度越小，潜在能量就越小。

第三，价量配合是成交量与价格趋势的一般关系。价格随成交量的上涨而上升，这是正常的市场特征，这种价量关系表示价格将继续上升；反之，如果价格出现了新高，而成交量没有创出新高，则此上升趋势是令人怀疑的，是价格潜在的反转信号。

有时，价格随着缓慢增加的成交量而逐渐上升，某一天平缓的走势突然变成直线上升的“井喷”，成交量剧烈增加、价格暴涨，而后是成交量萎缩、价格大幅下降，这表明上升已经到了末期。

在长期下降后，价格形成了“波谷”，并开始回升，成交量没有因价格的上升而增加，而后价格再度回到“波谷”。如果此时的成交量低于前一个“波谷”，这就是价格将要上升的信号。市场在出现一段时间的上升行情后，出现大的成交量，而价格没有同时向上，说明卖压很重，形成价格下降的压力。

成交量是价格的先行指标，价格是虚的，成交量是实的。

第四，时间和空间与价格趋势有一定的关系。在市场中，经常能够听到“长线”和“短线”的说法。对于大周期，或者说是时间长的周期，今后价格将要经过的变化过程也应该长，价格变动的空间也应该大。对于时间短的周期，今后价格变动的过程和变动的幅度也应该小。

一般来说，时间长、波动空间大的过程，对今后价格趋势的影响和预测作用也大；时间短、波动空间小的过程，对今后价格趋势的影响和预测作用也小。

### 4.1.4 技术分析方法的分类和局限性

技术分析方法大致可以分为六类：技术指标、支撑压力、形态、K 线、波浪理论、循环周期。由于不同的人有不同的侧重点和观测角度，因而进行技术分析的具体研究方式也就不同，这是产生多种技术分析类别的原因。

（1）技术指标。考虑市场行为各个方面的数据，用数学公式进行计算，得到体现股票市场某个特定方面内在实质的数字，这个数字称为技术指标值。技术指标值的大小和前后数值之间的相互关系直接反映了股票市场所处的状态，为操作行为提供了有益的建议。技术指标反映的内容大多数是从行情报表中不能直接得到的。世界上用在证券市场上的技术指标至少有上千种，而且还将涌现出新的技术指标。

（2）支撑压力。在技术图表中，按照一定的方式画出一些直线，然后根据这些直线的情况推测股票价格未来有可能停顿的位置。这些直线就是支撑线或压力线。支撑线和压力线向后的延伸对价格的波动起到一定的制约作用，就是起支撑和压力作用。例如，价格在从下向上抬升的过程中触及压力线，甚至还未触及，就会调头向下。另外，如果在支撑线和压力线的附近，价格没有如期转向，而是继续向下和向上，这时就出现了支撑线和压力线被突破。被突破后的支撑线和压力线仍然有实际作用，只是作用发生了变化。

（3）形态。根据价格的轨迹预测股票价格的未来趋势。从价格轨迹的形态中，可以推测股票市场处在一个什么样的大环境中，并对今后的行为给予一定的指导。著名的形态有双重顶（M 头）、双重底（W 底）、头肩顶、头肩底等多种。

（4）K 线。这里的 K 线实际上不局限于 K 线，而是一类表现价格的技术图表，但以 K 线最为著名。K 线分析侧重于 K 线组合的情况，可用于推测市场中多空双方力量的对比。K 线图是各种技术分析中最重要的图表。

（5）波浪理论。波浪理论的奠基人是艾略特（Elliott），他在 20 世纪 30 年代创立了波浪理论。波浪理论把价格的上下波动看成与波浪的上下起伏一样。波浪的起伏遵循自然界的规律，价格也遵循波浪起伏所遵循的规律。简单地说，上升是5浪结构，下降是3浪结构。数清楚了各个浪就能准确地预见到跌势已经接近尾声，牛市即将来临，或者牛市已经到了强弩之末，熊市即将来临。波浪理论是公认的最难掌握的技术分析方法。

（6）循环周期。该理论认为，价格的高点和低点的出现在时间上存在一定的规律性。事物的发展兴衰有周期性，价格的上升和下降也存在某些周期的特征。

以上六类技术分析方法从不同的角度理解和考虑证券市场，它们是经过市场的实际考验而保留下来的精华，彼此并不排斥。由于这六类方法考虑的方式不同，因此其具体操作指导有区别：有的注重长线，有的注重短线；有的注重相对的位置，有的注重绝对的位置；有的注重时间，有的注重价格。

需要注意的是，不要把技术分析说得很神奇，仿佛学会了技术分析就可以到证券市场中随便“提款”，被这种乐观的气氛所笼罩是很危险的。像大多数事物一样，技术分析也有两面性：它既有神奇有效的一面，也有无能为力的一面。证券市场的运行方式是不断变化的，技术分析方法不可能每次都能全面周到地应付。除此之外，各种突然出现的偶然因素也会使技术分析方法束手无策。总之，在使用技术分析方法时必然会发生偏差，使用者考虑的问题是如何尽量避免和减少这些偏差。下面几点是应用技术分析应该注意的问题：

第一，用多种而不是一种技术分析方法同时进行判断。全面考虑各种技术分析方法对未来的预测，综合这些方法得到的结果，最终得出一个合理的对多空双方力量对比的描述。如果每种方法都得到同一结论，那么这一结论的可靠性较高。

第二，过去的结论要不断地进行修正，并经过实践验证后才能放心地使用。已有的结论是在特殊条件下得到的，随着环境的改变，这些曾经成功的结论用到自己身上就可能失败，所以这些结论必须经过验证后才能使用。自己研究和吸取别人的经验都是为了不断地使技术分析方法更准确、更适用和更有效。

第三，对技术分析的期望不要超过技术分析力所能及的范围。技术分析有自己的不足和盲点。如果不了解各种技术分析方法的优点和缺点，一味依靠技术分析，那是十分可怕的事情。技术分析能够避免明显的错误，但不能避免全部的错误。如果没有认清这一点，那么当技术分析给你造成亏损的时候，就不能怪技术分析不灵了。技术分析永远是灵的，不灵的是使用技术分析的人。

### 4.1.5 与技术分析有关的三个理论

在实际投资中，存在一些对市场的看法，有些被称为某某理论。下面简略介绍三个与技术分析有关的理论。

第一，随机漫步（random walk）理论 。数学意义上的随机漫步理论与布朗运动有关，涉及的内容较多，这里只是简单说明一下。该理论认为证券的价格是随机的。对一个在宽阔的广场上漫无边际行走的人来说，人们不知道他的下一步将走向哪个方向，一点相关的信息也没有。随机漫步理论对价格波动的认识也是这样，它认为价格下一步的起伏是没有规律可循的。

在证券市场中，价格的走向受到多方面因素的影响，一件不起眼的事情也可能对市场产生影响。从实际的较长时间的价格走势图上可以看出，价格上下波动的机会差不多是均等的。从这个意义上讲，在一个特定的时间，可以认为价格的波动方向是随机的。因此，随机漫步理论有一定的道理。

随机漫步理论是部分人对证券市场的看法之一，但从其他方面看，证券价格毕竟不是"运动的分子"，证券有自身素质好坏的区别，有受外界因素影响程度的区别。因此，证券价格的变化要受到一些因素制约，价格的波动不是一点规律都没有，应该存在一定的规律，只不过我们还没有充分地掌握这些规律。例如，股票市场的价格指数整体上是上升的就是一个普遍的规律。

第二，循环周期理论。循环周期理论认为，无论是何种程度和何种规模的价格波动，都不会朝一个方向永远走下去，价格的波动过程必然产生局部的高点和低点。这些高点和低点的出现，在时间上有一定的规律。可以选择在低点出现的时间进入市场，在高点出现的时间退出市场。

美国人在周期理论方面做了许多工作，发现了很多适合其证券市场的周期。从时间上看，证券市场的周期是相当长的，而这些长周期对我国证券市场的作用不大，因为我国证券市场的时间太短了。

时间因素是进行技术分析所考虑的要点之一。循环周期理论考虑的重点是价格波动的时间因素，它可为进行具体的实践提供时间上的帮助。在具体使用的时候，有多种确定周期的方法，周期的时间跨度也有长有短，计算周期的依据有等时间跨度、特殊数字跨度、农历节气和节假日等。

第三，相反理论。相反理论认为，大多数投资者看法一致的结论是没有价值的结论。与大多数人的行动一致是不可能发大财的。

相反理论的出发点是基于这样一个理由：证券市场本身并不创造新的价值，投资者手中的证券没有出现增值，甚至可以说出现了减值（交易成本）。所有投资者持有证券的总值是固定的，不可能出现多数人获利的现象。要想获得大的收益，必须与大多数人的行动不一致。在市场火爆、人头攒动的时候退出，在市场冷清、门可罗雀的时候进入，是相反理论在操作上的具体体现。

该理论已经存在了很久，道理并不复杂，但没有得到足够的重视。人们往往克服不了天生的从众心理，而忘记了相反理论。特别地，当我们得到了一个"连傻瓜都能看出来"的结果时，应该想到还有相反理论存在。

应该指出，相反理论只是告诉我们与大众一致肯定不会获得大的利益，并不是说与大众的行动相反就一定能够获利。

### 4.1.6　价量配合的案例分析

图 4 - 1 是一只股票实际的价量配合的图形，从中可以看出，维持价格的上升需要成交量的配合。

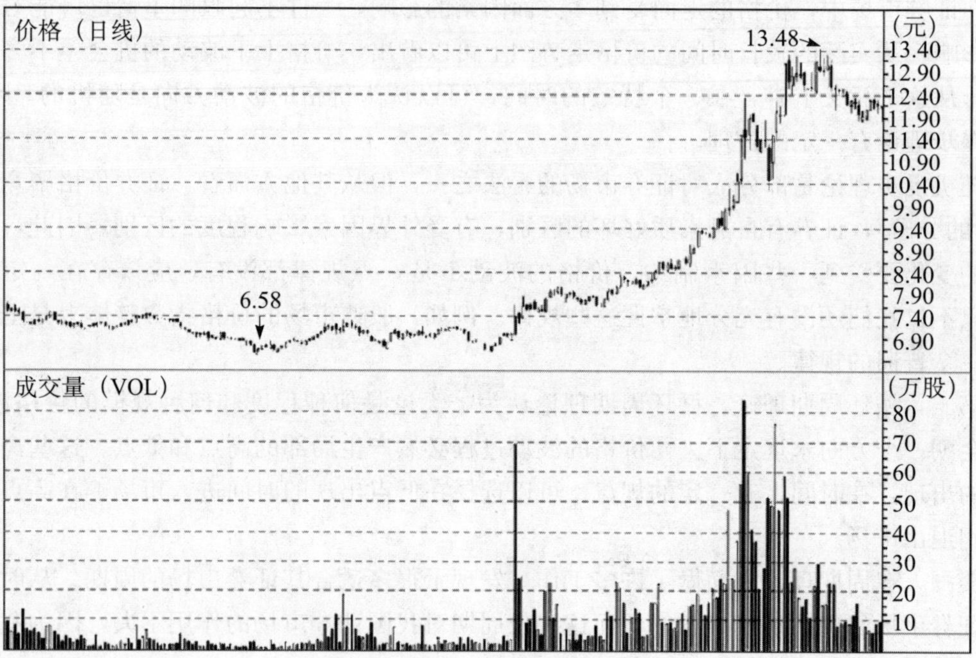


图4-1 价量配合

## 4.2 技术分析方法

技术分析方法有很多，全面介绍需要大量篇幅，本章将选择主要的技术分析方法进行说明。

### 4.2.1 道氏理论

道氏理论是技术分析的鼻祖，在道氏理论之前的技术分析不成体系。道氏理论的创始人是美国人查尔斯·道，为了反映市场的总体趋势，他创立了著名的道琼斯指数。查尔斯·道在《华尔街日报》上发表的有关股票市场的文章，经过后人整理，成为我们今天看到的道氏理论。

道氏理论的内容很多，这里介绍的只是其中最重要的四点：

第一，市场平均价格指数可以解释和反映市场的大部分行为。这是道氏理论对证券市场的重大贡献，世界上所有的证券交易所都有自己的价格指数，各种价格指数的计算方法大同小异，目的都是反映整体的情况。

第二，市场的三种波动趋势。道氏理论认为，虽然价格的起伏形态各异，但是最终可以将它们划分为三种趋势：主要趋势、次要趋势和短暂趋势。三种趋势的划分为今后出现的波浪理论打下了基础，有关这三种趋势的详细内容将在有关支撑压力的一节中介绍。

第三，成交量在确定趋势中起很重要的作用。趋势的反转点是进行投资的关键，成交量所提供的信息有助于我们做出正确的判断。

第四，收盘价是最重要的价格。道氏理论认为，在所有的价格中，收盘价最重要，甚至可以只用收盘价，不用其他价格。

道氏理论主要是理论上的叙述，可操作性比较差，原因在于道氏理论的结论都落后于市场，它提供的信号太滞后。道氏理论对随时随地都在发生的小波动无能为力，它只对大形势的判断有较大的作用。此外，道氏理论历史久远，对于今天来说，其有些内容或者已经过时，或者已被别的理论取代。在道氏理论之后出现了许多新的技术分析方法，这些方法在一定程度上弥补了道氏理论的不足。

## 4.2.2 K线理论

K线又称日本线，在欧美常被称为蜡烛线。K线起源于日本德川幕府时代的米市，最初的K线理论被日本人总结成坂田法（Sakata法）。经过长时间的运用和变更，该理论在内容上有所变化，本书介绍其中较为常用的内容。

### 4.2.2.1 K线的画法和基本形状

K线是一根柱状的线条，由影线和实体组成。影线在实体上方的部分叫上影线，在实体下方的部分叫下影线。实体分阴线和阳线，又称黑（阴）线和红（阳）线，见图4-2。

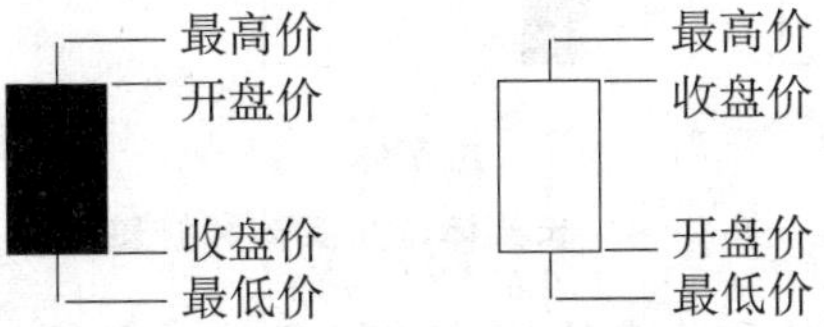


**图4-2 两种常见的K线形状**

一根K线记录的是某只股票一天的价格变动情况，将每天的K线按时间顺序排列在一起，就组成这只股票从上市以来每天的价格变动情况，叫做日K线图。同理，可以得到周K线图、60分钟K线图等。

价格的变动主要体现在四个价格上，即开盘价、最高价、最低价、收盘价。在这四个价格中，收盘价最重要。

传统意义上的开盘价是第一笔成交的价格。最高价和最低价是在交易过程中出现的最高价格和最低价格。如果这两个价格相差悬殊，说明当时股票市场交易活跃，买卖双方争夺激烈。但是，最高价和最低价也容易被故意做市而脱离实际。收盘价是多空双方经过一段时间的争斗后最终达成的共识，是供需双方最后的暂时平衡点，具有指明价格的功能。根据四个价格的特殊取值，除了图4-2中的两种K线外，K线还有其余10种形状，见图4-3。

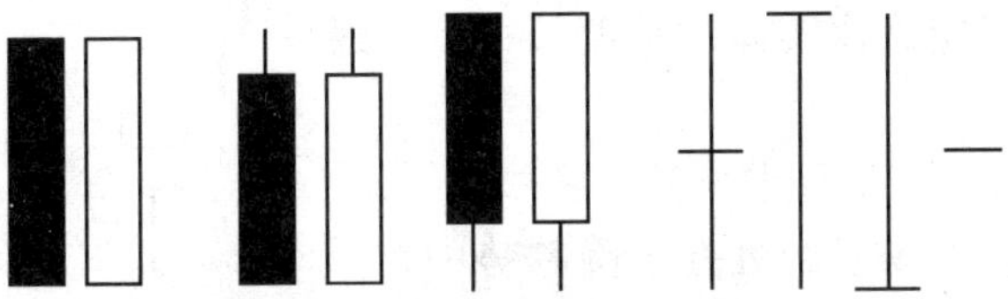

**图4-3 其余10种K线形状**

#### 4.2.2.2 单根K线的含义

看懂单根K线是K线分析的基本功。单根K线可以分为15种有意义的基本形状，这里介绍其中几种。

（1）长实体。长实体是占主要地位的。“长”描述了实体的长度，即开盘价和收盘价的差距。长实体表示当天价格的大幅变动。多长才能算长？这必须考虑当天前后的情况。同什么相比？最好只同最靠近当天的价格变动相比，并以此来决定什么是“长”的，见图4-4。

（2）短实体。短实体（又称小实体）表示价格所覆盖的区域较小，一般发生在交易不活跃的时候，同样有判断是否“短”的问题，见图4-4。

（3）纺轴线和无实体线。纺轴线是有上影线和下影线的小实体K线。影线比实体长得多，这表示多空双方的不可靠性。纺轴线实体的颜色和影线的实际长度是不重要的，与影线相关的小实体是构成纺轴线的主体，见图4-4。

**图4-4 长实体、短实体和纺轴线**

当K线的实体小到开盘价和收盘价相等的程度时，该K线就被称为无实体线。图4-3中右边的4种K线都属于无实体线。如果无实体线单独出现，那么它是一个有关“不可靠因素出现”的信号。单独依靠无实体线还不足以预测价格趋势的改变，它仅仅是对即将到来的趋势改变的警告。

#### 4.2.2.3 K线组合形态

K线组合可以是单根的也可以是多根的，很少有超过5根或6根的组合。K线组合分为反转组合形态和持续组合形态两种，这里只列举其中的7类反转组合形态和1类持续组合形态。

**1. 锤形线和上吊线**

锤形线组合形态（见图4-5）可概述为：

（1）小实体在交易区域偏上的部分。

（2）实体的颜色是不重要的。

（3）下影线的长度应该比实体的长度长得多，通常是其2～3倍。

（4）没有上影线或者上影线非常短。

**图4-5 锤形线和上吊线**

对于锤形线来说，市场已经处在下降趋势中，投资者在开盘后就疯狂卖出，但是这种趋势被遏制了，市场又回到了当天的高点，减轻了熊市的感觉。第二天较高的开盘价和更高的收盘价将使锤形线的牛市含义得到确认。

至于上吊线，它处在上升趋势中。当天的价格波动到开盘价之下，而后反弹，并产生长下影线。上吊线的熊市含义得到确认应该是第二天的开盘价较低。

2. 鲸吞型

该组合形态（见图4-6）可概述为：

（1）此形态在出现之前一定有相当明确的趋势。

（2）第二天的实体必须完全包含第一天的实体。

（3）第一天实体的颜色反映趋势，黑色是下降趋势，白色是上升趋势。

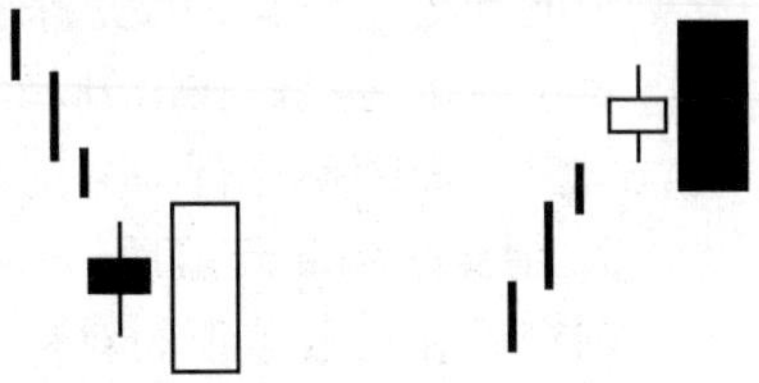

图4-6 鲸吞型

（4）鲸吞型的第二天实体的颜色最好与第一天相反。

对于熊市鲸吞型，上升趋势处在只有小成交量配合的小阳线实体发生的地方。第二天，开盘价出现新高，而后是迅速的卖出狂潮，并有大的成交量支持，最后的收盘价低于前一天的开盘价，表明上升的趋势已被破坏。如果第三天的价格仍然保持在较低的位置，那么上升趋势的小反转就已经形成了。

对于牛市鲸吞型有相似模式但相反的叙述。

3. 孕育型

该组合形态（见图4-7）可概述为：

（1）在长实体之前有合理的趋势存在。

（2）第一天长实体的颜色最好是反映市场趋势的颜色。

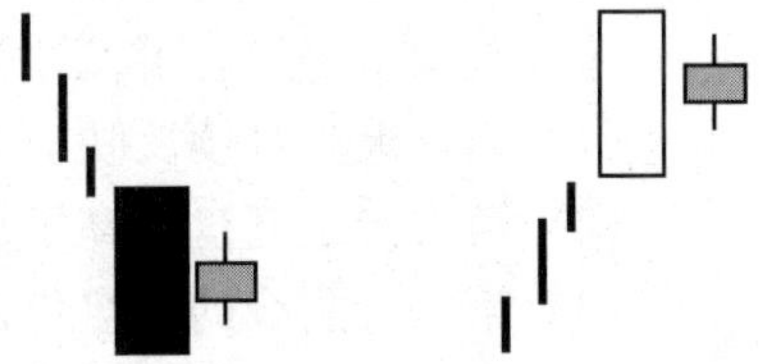

图4-7 孕育型

（3）在长实体之后是小实体，小实体被完全包含在长实体的实体区域之内。

（4）小实体的颜色最好与长实体的颜色相反。

对于牛市孕育型，通常下降趋势已经进行了一段时间，而长阴线维持了熊市的含义。第二天，价格高开，动摇了空头对熊市的看法。市场价格的上升被逐步加强，因为后来者把它当成一次机会来弥补他们在此前的失误，这一天的成交量超过前一天。第三天反转得到确认的话将提供必要的趋势反转的证明。

对于熊市孕育型有相似模式但相反的叙述。

4. 倒锤线和射击之星

倒锤线组合形态（见图4-8）可概述为：

（1）小实体在价格区域的较低部分形成。

（2）不要求有缺口，只要在一个趋势之后下降就可以。

（3）上影线的长度一般比实体长度的2倍长。

（4）下影线短到可以认为不存在。

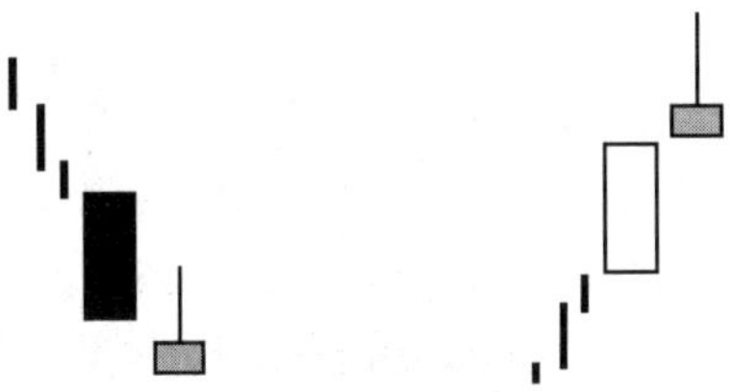

图4-8 倒锤线和射击之星

射击之星组合形态（见图4-8）可概述为：

（1）在上升趋势后，以向上的价格缺口开盘。

（2）小实体在价格区域的较低部分形成。

（3）上影线的长度至少是实体长度的 3 倍。

（4）下影线短到可以认为不存在。

对于倒锤线，当市场向下跳空开盘时，延续了已有的下降趋势，当天的上冲失败了，市场最后收盘在较低的位置。如果第二天的开盘价高于倒锤线实体，潜在的趋势反转将引起空头的动摇，空头会反过来支持上升。

对于射击之星，在上升趋势中，市场向上跳空开盘，出现新高，最后收盘在当天较低的位置。后面的跳空行为只能当成看跌的信号，它会引起一些获利多头的抛盘。

### 5. 刺穿线和乌云盖顶

刺穿线和乌云盖顶的对称图形（见图 4－9）分别发生在下降和上升的市场中。

刺穿线组合形态可概述为：

（1）第一天是反映继续下降的长黑实体。

（2）第二天是白色实体，它的开盘价低于第一天的最低点。

（3）第二天的收盘价在第一天的实体之内，但高于第一天实体的中点。

（4）刺穿线的两根线都应该是长实体。

对于刺穿线，长黑实体保持了下降的含义，第二天的跳空低开进一步加强了下降的含义。然而，市场反弹了，并且收盘高得多。此行为引起了投资者的关注。第二根线穿入第一根线的幅度越大，越像是一次成功的反转形态。

乌云盖顶组合形态可概述为：

（1）第一天是继续反映上升趋势的长阳线。

（2）第二天是开盘价高于第一天最高点的阴线。

（3）第二天阴线的收盘价低于第一天阳线实体的中点。

刺穿线和乌云盖顶的图形是对称的，因此对于它们有相似模式但相反的叙述。

**图 4－9　刺穿线和乌云盖顶**

### 6. 早晨之星和黄昏之星

早晨之星组合形态（见图 4－10）可概述为：

（1）第一天的实体颜色与趋势方向一致。（早晨之星是阴线，黄昏之星是阳线。）

（2）第二天的 K 线与第一天之间有缺口，颜色并不重要。

（3）第三天的颜色与第一天相反。

（4）第一天是长实体，第三天基本上也是长实体。

早晨之星的一根长阴线加强了原来的下降趋势，第二天价格向下跳空出现新低，交易发生在小范围内，这个小实体是价格不确定性的开始。第三天价格跳空高开，收盘更高，显著的趋势反转已经发生。

黄昏之星和早晨之星的图形是对称的，因此对于它们有相似模式但相反的叙述。

图 4-10　早晨之星和黄昏之星

7. 三白兵和三乌鸦

三白兵组合形态（见图 4-11）可概述为：

（1）三根连续的长阳线，每天出现更高的收盘价。

（2）每天的开盘价应该在前一天的实体之内。

（3）每天的收盘价应该是当天的最高价或接近最高价。

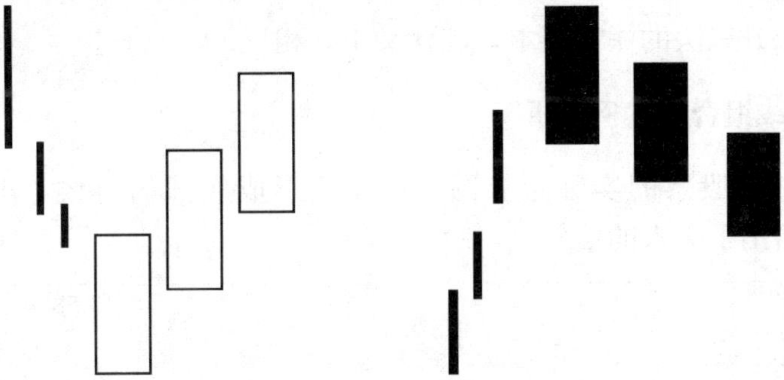

图 4-11　三白兵和三乌鸦

三白兵发生在下降趋势中，是市场强烈反转的信号。三白兵每天的开盘价较低，收盘价却是最近的新高。这种价格运动方式非常看涨，不应该忽视。

三乌鸦组合形态（见图 4-11）可概述为：

（1）连续三天长阴线。

（2）每天的收盘价出现新低。

（3）每天的开盘价在前一天的实体之内。

（4）每天的收盘价等于或接近当天的最低价。

三乌鸦与三白兵的图形是对称的，因此对于它们有相似模式但相反的叙述。

8. 上升三法和下降三法

上升三法组合形态（见图 4-12）可概述为：

（1）长实体的形成表示了当前的趋势。

（2）长实体被一组小实体跟随，小实体的颜色最好与长实体相反。

（3）小实体沿着与当前趋势相反的方向或高或低地排列，并保持在第一天实体的最高价和最低价所限定的范围之内。

（4）最后一天应该是强劲的一天，其收盘价高于第一天的收盘价，并维持原来的趋势。

需要说明的是，图 4-12 中的实体都没有画影线。这是因为，实际的影线很短，而这里只是示意图，所以忽略了影线。对于上升三法，长阳线形成于上升趋势之中，在这根长

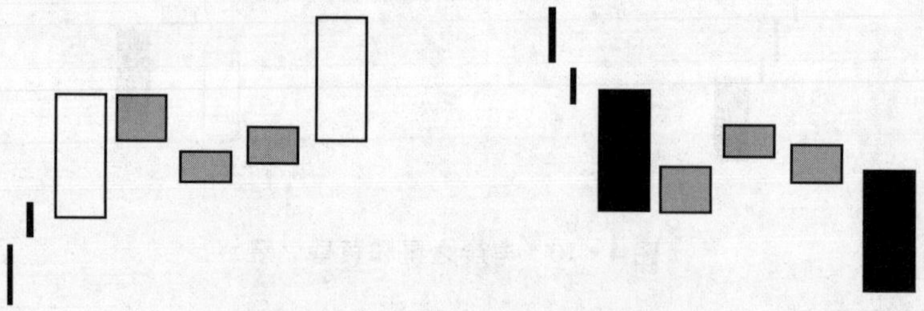

图 4－12　上升三法和下降三法

阳线之后是一群抵抗原来趋势的小实体。这些反向的 K 线一般是阴线，但最重要的是，这些小实体都位于长阳线的最高价和最低价所限定的范围之内，最高价和最低价的范围包括上影线和下影线。上升三法最后一根 K 线的开盘价最好高于前面一根 K 线的收盘价，并且收盘价出现新高。

下降三法是上升三法的熊市版本，其含义正好相反。

#### 4.2.2.4　K 线组合的案例分析

图 4－13 是一只股票的实际走势图。在该股形成底部的时候，出现了反转组合形态——鲸吞型，给出了买入的信号。

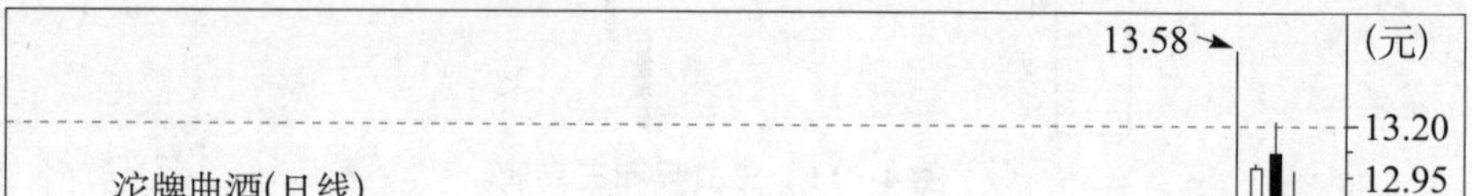


图 4－13　K 线组合分析市场案例

### 4.2.3　支撑压力

下面将从趋势着手，介绍有关支撑压力的方法。

#### 4.2.3.1　趋势分析

趋势就是价格的波动方向，或者说是市场运动的方向。

一般来说，价格波动不是朝一个方向直来直去，中间肯定要有曲折。从技术图形上看，价格是一条折线，每个折点处形成一个峰或谷。由这些峰和谷的相对高度可以看出趋势的方向。在上升行情里，虽然有下降，但不影响上升的大方向，价格会不断出现新高。在下降行情里，价格会不断出现新低。

趋势的方向分为三种：上升方向、下降方向和水平方向。

如果图形中每个后面的峰和谷都高于前面的峰和谷，则该趋势的方向就是上升方向。这就是常说的一底比一底高或底部抬高。

如果图形中每个后面的峰和谷都低于前面的峰和谷，则该趋势的方向就是下降方向。这就是常说的一顶比一顶低或顶部降低。

如果图形中后面的峰和谷与前面的峰和谷相比没有明显的高低之分，几乎呈水平延伸，则该趋势的方向就是水平方向。图4-14是这三种趋势方向的图形表示。

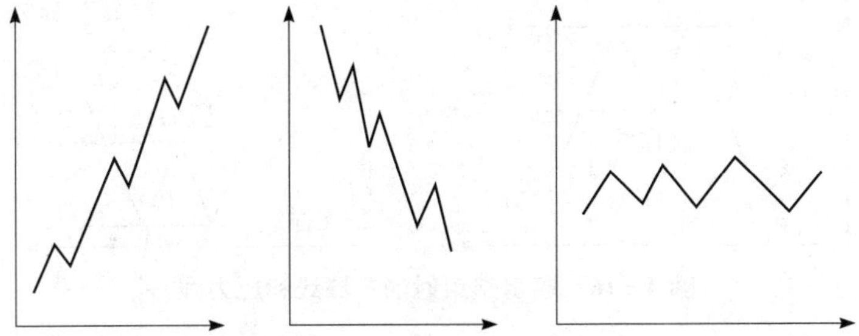

**图4-14　趋势的三种方向**

按道氏理论的分类，趋势分为等级不同的三种类型，即主要趋势（primary trend）、次要趋势（secondary trend）和短暂趋势（near-term trend），也可以把它们简单地理解为大趋势、中趋势和小趋势。

主要趋势是趋势的主要方向，了解了主要趋势才能做到顺势而为。主要趋势是价格波动的大方向，持续的时间比较长。次要趋势是在主要趋势的过程中出现的调整。如前所述，趋势不是直来直去的，总有个局部的反向过程，也就是通常所说的调整和回撤。次要趋势体现了这个调整和回撤的过程。短暂趋势是在次要趋势中进行的调整。短暂趋势与次要趋势的关系就如同次要趋势与主要趋势的关系一样。

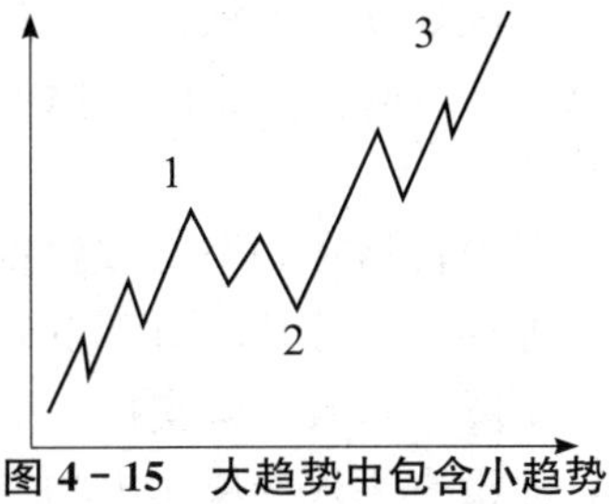


**图4-15　大趋势中包含小趋势**

这三种趋势的最大区别是时间的长短和波动幅度的大小。有时，把趋势分为三个等级可能还不够，往往需要更细的等级划分。图4-15是这三种趋势类型的图形说明。

#### 4.2.3.2　支撑线和压力线

投资者总是希望在相对的低点买入，这个低点在哪里？虽然对这个问题当然没有十全十美的答案，但支撑线（support line）和压力线（resistance line）能够提供一定的帮助。

1. **支撑线和压力线的定义及作用**

支撑线起阻止价格继续下跌的作用。当价格下降到某个价位附近时，价格会停止下跌，甚至有可能回升。这个阻止价格继续下跌的价位就是支撑线所在的位置。

压力线起阻止价格继续上升的作用。当价格上涨到某个价位附近时，价格会停止上涨，甚至回落。这个阻止价格继续上升的价位就是压力线所在的位置。

价格的波动是有趋势的，要维持这种趋势、保持原来的变动方向，就必须冲破阻止其继续向前的障碍。要维持下跌行情，就必须突破支撑线的阻力，创出新的低点；要维持上升行情，就必须突破压力线的阻力，创出新的高点。

支撑线和压力线有彻底阻止价格按原来方向变动的可能（见图 4－16）。一个趋势终结了，它就不可能创出新的低价或新的高价，此时的支撑线和压力线就显得异常重要，是“抄底”和“逃顶”的好时机。需要指出的是，这里所说的趋势终结是相对而言的。没有绝对的趋势终结，任何分析方法都不可能分析出永远的顶和永远的底。

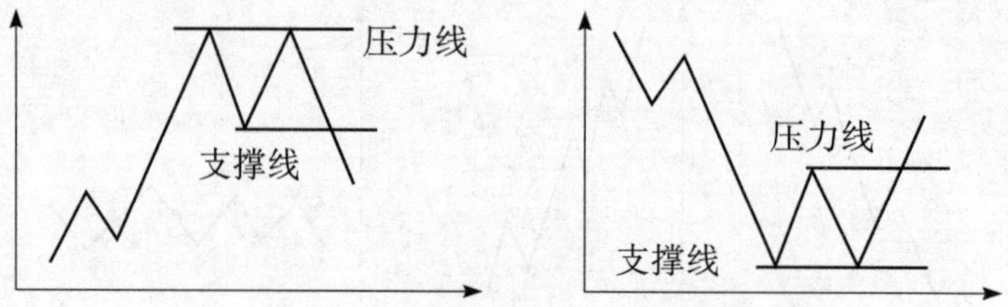


**图 4－16　趋势结束时的支撑线和压力线**

2. **支撑线和压力线的理论依据及被突破后两者地位的相互转化**

支撑线和压力线之所以能起支撑和压力作用，在很大程度上是因为心理因素，这就是支撑线和压力线主要的理论依据。

在一个市场中不外乎三种人：多头、空头和旁观者。假设价格在一个支撑位置过了一段时间后开始向上移动，在此支撑位置买入股票的多头很肯定地认为自己做对了。在支撑位置卖出股票的空头这时也认识到自己弄错了，他们希望价格再跌回他们的卖出区域，将他们原先卖出的股票补回来。而旁观者也有类似的想法，有成为多头的愿望。

正因如此，价格稍一回落就会受到投资者的关注，他们或早或晚地进行买进。这就使价格还未下降到原来的支撑位置就被推上去了。在该支撑区发生的交易越多，这个支撑区就越重要。

假设价格在一个支撑位置获得支撑后，过了一段时间开始向下移动，而不是像前面假设的那样向上移动。对于上升，由于每次回落都有更多的买入，因而产生了新的支撑。而对于下降，跌破了该支撑，情况就截然相反了。在该压力位置买入的多头都意识到自己错了，而没有买入的或卖出的空头都意识到自己对了。无论是多头还是空头，他们都有抛出股票逃离目前市场的想法。一旦价格有些回升，可能尚未到达原来的支撑位置，就会有一批抛压出来，再次将价格压低。

以上的分析过程对于压力线同样适用，只不过结论正好相反。

这些分析结果附带说明了支撑线和压力线地位的相互转化。如前所述，支撑线如果被跌破，那么这条支撑线在将来就会成为压力线。压力线如果被突破，那么这条压力线在将来就会成为支撑线。支撑线和压力线的角色是可以改变的，条件是它被有效的足够强大的价格变动突破，见图 4－17。

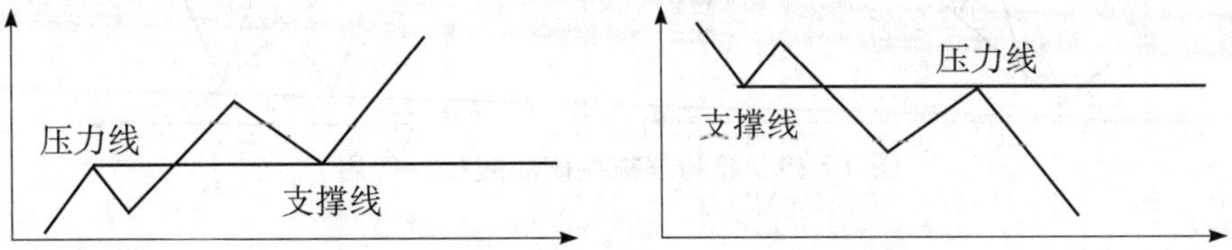


**图 4－17　支撑线和压力线地位的转化**

### 4.2.3.3　趋势线和轨道线

**1. 趋势线**

趋势线（trend line）是描述价格趋势的直线，由趋势线的方向可以看出价格的趋势。如图 4－18 所示，在上升趋势中，将两个低点连成一条直线，就得到上升趋势线；在下降趋势中，将两个高点连成一条直线，就得到下降趋势线。

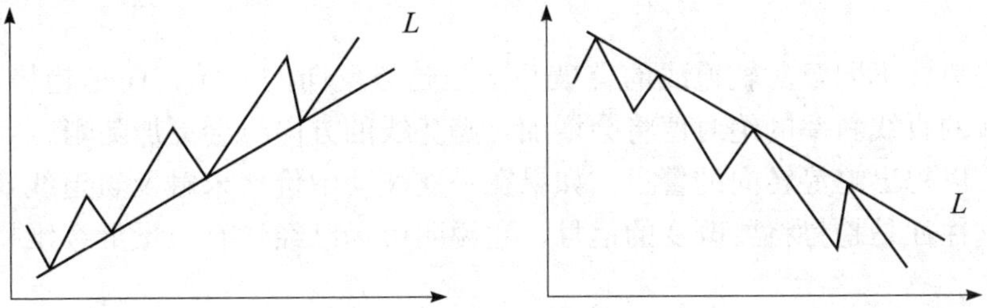


**图 4－18　趋势线**

从图中可以看出，上升趋势线起支撑作用，下降趋势线起压力作用。

要得到一条真正的趋势线，还需要考虑下面两点：第一，必须确实有趋势存在。在上升趋势中必须确认两个依次上升的低点，在下降趋势中必须确认两个依次下降的高点，这样才能确认趋势的存在。第二，在画出直线后，还应得到第三点的验证才能确认这条趋势线是有效的。一般来说，所画出的直线被触及的次数越多，其作为趋势线的有效性就越高。

一般来说，趋势线有以下两种作用：

（1）对价格今后的变动起约束作用。它使价格总保持在这条趋势线的上方（上升趋势线）或下方（下降趋势线），实际上就是起支撑和压力作用。

（2）在趋势线被突破后，价格下一步的趋势将是反方向的。越重要、越有效的趋势线被突破，其趋势反转的信号越强烈。如图 4－19 所示，被突破后的趋势线将变更角色，即原来是支撑线的，现在将起压力作用；原来是压力线的，现在将起支撑作用。

**2. 轨道线**

轨道线（channel line）又称通道线或管道线，是趋势线方法的延伸。在得到了趋势线后，通过第一个峰或谷可以做趋势线的平行线，这条平行线就是轨道线，见图 4－20。

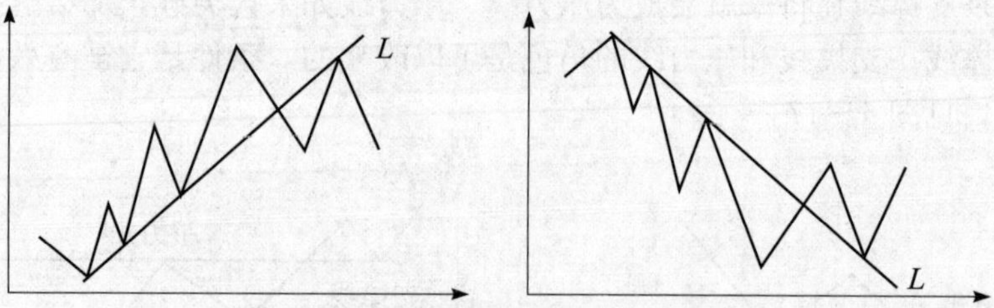


**图 4-19 趋势线被突破后起相反作用**

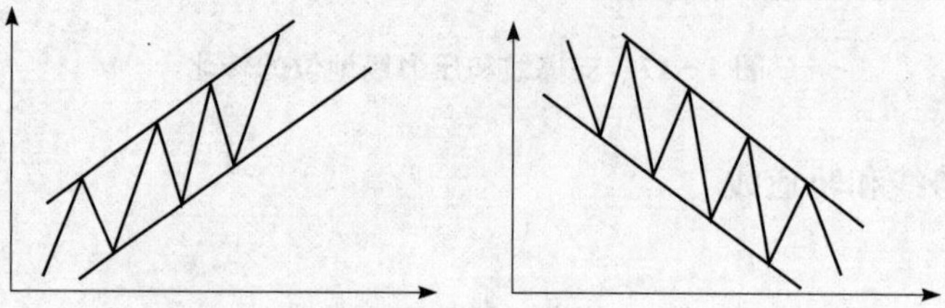

**图 4-20 轨道线**

两条平行线组成一条轨道，这就是常说的上升轨道和下降轨道。轨道的作用是限制价格的变动范围，让价格不能变得太离谱。一旦一条轨道得到确认，那么价格就应该在这条轨道里变动。

与突破趋势线不同，对轨道线的突破并不是趋势反向的开始，而是趋势加速的开始，即原来趋势线的直线斜率的绝对值将会增加，趋势线的方向将会更加陡峭。

轨道线可以提出趋势转向的警报。如果在一次波动中价格未触及轨道线，离得很远就开始掉头，这往往是趋势将要改变的信号，它说明市场已经没有力量继续维持原有的上升或下降趋势了。

#### 4.2.3.4 黄金分割线和百分比线

黄金分割线是具有神奇魔力的线，在实际中往往能发挥意想不到的作用。在技术分析中，有两种黄金分割线：一种是单点的黄金分割线；另一种是两个点的黄金分割线。后者其实是百分比线的一种特殊情况。它们是两种水平方向的直线（其他直线大多是斜的），它们提前提供了支撑线和压力线所在的价位，而对在什么时间达到这个价位并不关心。

**1. 黄金分割线**

获得黄金分割线可分为三个步骤。第一步是记住以下几个特殊的数字：

0.236　0.382　0.500　0.618　1.618　2.000　2.618　4.236　6.854

这些数字就是著名的"黄金分割数"，是在黄金分割中要用到的最重要的数字。

第二步是找到一个极点（价格）。极点是上升行情结束并调头向下的最高点，或者是下降行情结束并调头向上的最低点。当然，这里的高点和低点都是相对的，是在一定范围内的。一般来说，只要能确认一个趋势（无论是上升趋势还是下降趋势）已经结束或暂时结束，这个趋势的转折点就可以作为极点。

第三步是用极点的价格分别乘以上述的黄金分割数，就能得到若干个价格，进而得到水平直线，这就是黄金分割线。证券价格容易在黄金分割线处得到支撑或压力。

例如，假设某证券上涨的极点是 10 元，而后调头向下。投资者关心这次下落将在什么位置获得支撑。黄金分割线提供了如下几个支撑位，即：

10×0.618=6.18(元)　10×0.500=5.00(元)

10×0.382=3.82(元)　10×0.236=2.36(元)

其中，6.18 元、5.00 元和 3.82 元的可能性最大，见图 4-21。

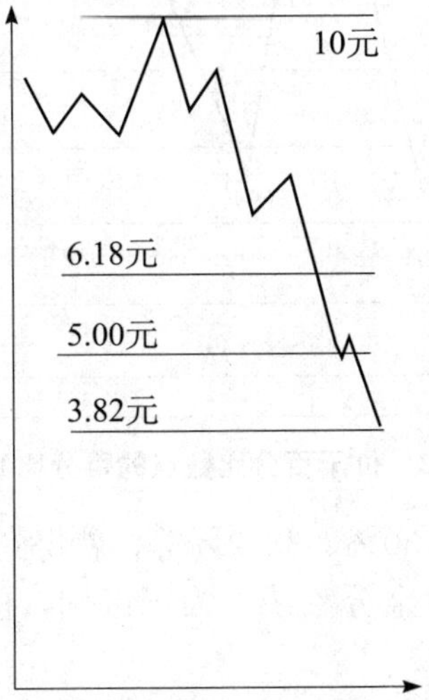


**图 4-21　几个支撑位的黄金分割线**

再如，假设某证券先下降到 10 元，而后调头向上，投资者关心这次上涨将在什么位置遇到压力。黄金分割线提供了如下几个价位，即：

10×1.618=16.18(元)　10×2.000=20.00(元)

10×2.618=26.18(元)　10×4.236=42.36(元)

10×6.854=68.54(元)

其中，16.18 元、20.00 元和 26.18 元的可能性最大。

### 2. 百分比线

百分比线位于波动区间的特殊分界点，包括百分比数点和黄金分割数点。百分比数点一共 9 个，黄金分割数点一共 4 个，即：

1/8　1/4　3/8　1/2　5/8　3/4　7/8　1/3　2/3

0.236　0.382　0.500　0.618

第一步，计算整个上涨（或下降）过程最高点和最低点之间的差，称之为上涨（或下降）的区间长度 $H$。

第二步，将整个区间进行划分，就得到了百分比线。图 4-22 展示了位于百分比数点处的百分比线。

例如，假设最低点是 10 元，最高点是 22 元，则按上述方法可得到 9 个价位，它们就是未来支撑压力可能出现的位置。以 1/2 为例，10+(22-10)×1/2=16(元)。

在这 9 条百分比线中，1/2、1/3、2/3 这三条线最重要。在很大程度上，回撤到 1/2、1/3、2/3 是人们的一种心理倾向。如果没有回落到 1/3 以下，就好像没有回落够似的。

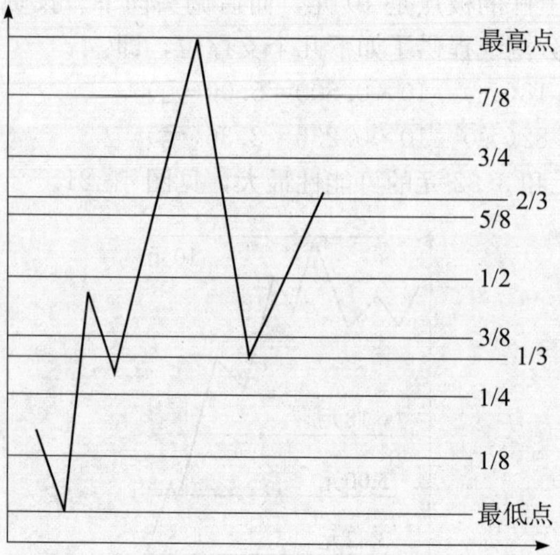


**图 4－22　位于百分比数点的百分比线示意图**

将百分比数点换成61.8%、50%、38.2%等，就得到了特殊的百分比线，即两个点的黄金分割线。这里出现了两种黄金分割线，为了区别，前面介绍的被称为单点的黄金分割线。

### 4.2.3.5　支撑压力的案例分析

图 4－23 是单点的黄金分割线的应用案例。股票从 15.08 元开始下降，当下降到15.08 元的 0.618（9.3 元）、0.50（7.5 元）和 0.382（5.8 元）位置的时候都可以考虑买入。从结果来看，0.382 位置的效果最好，几乎达到最低点，而其余两次买入都可以有盈利。

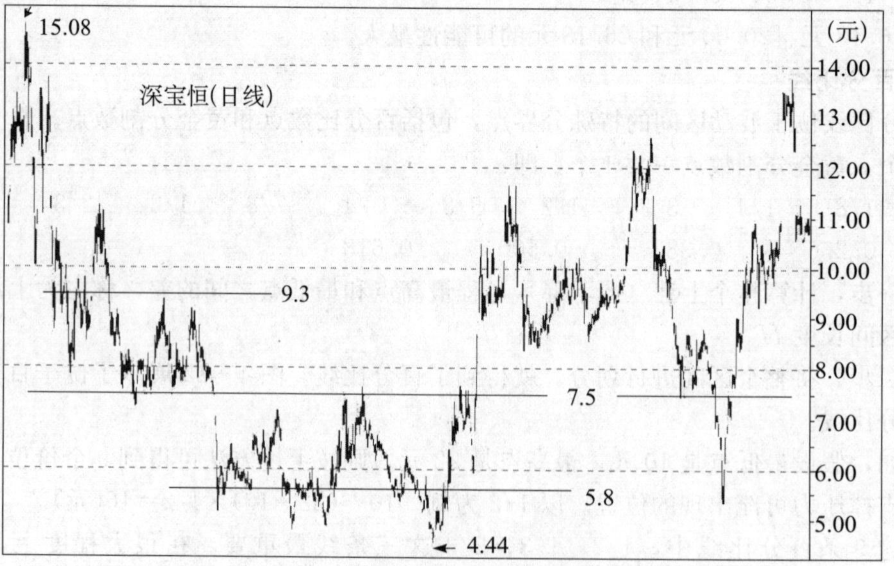


**图 4－23　单点的黄金分割线的应用案例**

### 4.2.4　形态理论

价格趋势的方向发生变化都有一个发展的过程。价格曲线的波动都是多空双方争斗的结果，多空双方的力量对比决定价格曲线是向上波动还是向下波动，并留下价格移动的轨迹。形态理论正是通过研究价格曲线的各种形态，挖掘出价格曲线所隐含的多空双方力量的对比结果，发现价格的运动方向。

#### 4.2.4.1　两种基本的价格形态类型

决定价格移动方向的基本因素是市场中多空双方力量的对比。如果多方处于优势，价格将向上移动；如果空方处于优势，价格将向下移动。

取得决定性优势的一方在把价格推向自己的方向时，并不是无限制地随意拉抬。随着价格向自己的一方移动，原来属于本方的力量将逐渐跑到对方的行列中去。根据多空双方力量对比可能发生的变化可知，价格的移动应该遵循这样的规律：

第一，价格应在多空双方取得平衡的位置上下做小幅波动。

第二，在原有的平衡被打破后，价格将寻找新的平衡位置。

简单地说就是：持续整理，保持平衡→打破平衡，找到新的平衡→再打破平衡，再找到新的平衡……价格的移动就是按这个规律循环往复、不断进行的。

形态理论所涉及的形态都处在平衡阶段。这些平衡都是暂时的，都有被打破的一天。形态理论分析的是打破平衡之后价格运动的方向。显然，价格形态有两种可能的方向：一种是与原来的方向相反，另一种是保持原来的方向。据此，可以把价格形态分成两大类：反转突破形态和持续整理形态。

其中，反转突破形态是形态学技术研究的重点内容，在使用时，必须注意下面这一条件：价格原先必须确有趋势存在，才能谈得上趋势的反转。

各种价格曲线被总结出了十几种具有代表性的形态，每种形态都会提供一些有帮助的内容，下面将对这些形态逐一做出简单的介绍。

#### 4.2.4.2　反转突破形态——双重顶（底）、头肩顶（底）、三重顶（底）和圆弧形

反转突破形态是应该花大力气研究的一类重要形态，下面将介绍双重顶（底）、头肩顶（底）、三重顶（底）和圆弧形这几种反转突破形态。

**1. 双重顶和双重底**

双重顶和双重底就是M头和W底，在实际中出现得非常频繁。图4-24是双重顶和双重底的示意图。

双重顶（底）一共出现两个顶（底），也就是两个相同高度的高点（低点）。下面以M头为例说明双重顶形成的过程。

价格在上升过程中，在$A$点建立了新高点。这是第一个高点，而后价格出现了正常的回落。受上升趋势线的支持，这次回落将在$B$点附近停止，然后价格继续上升，但是力量不够，因而上升高度不足，在$C$点（与$A$点等高）遇到压力，并开始向下运动。这样就形成了$A$点和$C$点的双重顶。

在M头形成后，有两种可能的结果：第一，未突破$B$点的支撑位置，价格在$A$、$B$、

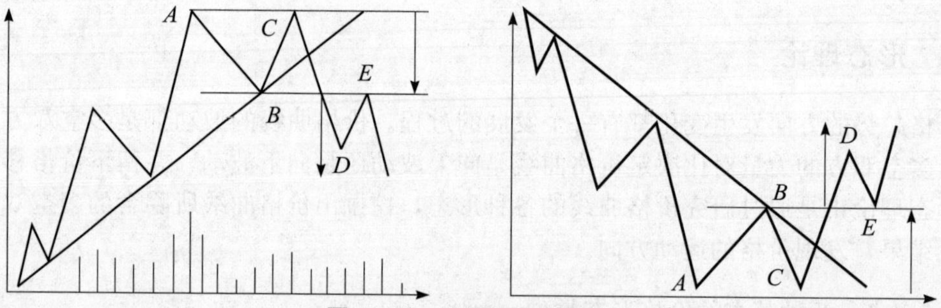


图 4-24 双重顶和双重底

$C$ 三点形成的狭窄范围内上下波动，演变成三角形或矩形；第二，突破 $B$ 点的支撑位置继续向下运动，这种情况才说明双重顶反转突破形态真正出现。前一种情况只能说出现了一个潜在的双重顶反转突破形态。

过 $B$ 点画平行于 $A$、$C$ 连线的平行线，就得到一条非常重要的直线——颈线。$A$、$C$ 连线是趋势线，颈线是与这条趋势线对应的轨道线，这条轨道线在这里起支撑作用。

真正的双重顶除了有必要的两个相同高度的高点以外，还应该向下突破 $B$ 点的支撑，或者说是突破颈线。

一旦双重顶反转突破形态得到确认，我们就可以用它对后市进行预测。它的主要功能是测算功能，从突破点算起，价格至少要下跌与形态高度相等的距离。形态高度就是从 $A$ 点或 $C$ 点到 $B$ 点的垂直距离，即从顶点到颈线的垂直距离。图 4-24 左图中下面箭头所指的位置将是价格至少要跌到的位置，价格必须在这个位置之下才能找到像样的支撑，此前的支撑都不足取。

双重底（就是常说的 W 底）有完全相似或者完全相同的逻辑，只要将对双重顶的叙述反过来就可以了，比如向下说成向上、高点说成低点、支撑说成压力。

在颈线被突破后，价格通常会有反扑。此时，颈线就起着支撑或压力的作用，图 4-24 中的 $E$ 点是行动的信号。

**2. 头肩顶和头肩底**

头肩顶和头肩底在实际价格形态中出现得较多，图 4-25 是示意图。头肩顶（底）一共出现了三个局部的高点（低点）。中间的高点（低点）比另外两点都高（低），称为头，左右两个高点（低点）称为肩，这就是头肩顶（底）名称的来历。下面以头肩顶为例对头肩形进行介绍。

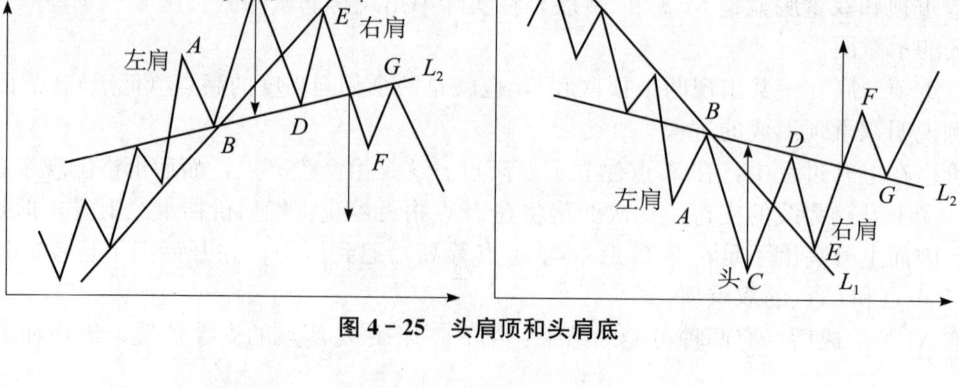


图 4-25 头肩顶和头肩底

在上升趋势中，不断升高的各个局部的高点和低点均保持着上升的趋势，然后在某一个地方，上涨势头将放慢。图4－25左图中的 $A$ 点和 $B$ 点还没有出现放慢的迹象，但在 $C$ 点和 $D$ 点已经有了势头受阻的信号，这说明这一轮上涨趋势可能已经出了问题。最后，价格走到了 $E$ 点和 $F$ 点，这时反转向下的趋势已明显。

头肩顶反转向下的现象与支撑线和压力线的内容有密切关系。图4－25左图中的直线 $L_1$ 和直线 $L_2$ 是两条明显的支撑线。从 $C$ 点到 $D$ 点突破了直线 $L_1$，说明上升的势头已经遇到了阻力，$E$ 点和 $F$ 点之间的突破则是趋势的转向。另外，$E$ 点的反弹高度没有超过 $C$ 点，$D$ 点的回落高度已经低于 $A$ 点，都是上升趋势出了问题的信号。

图4－25左图中的直线 $L_2$ 是头肩顶形态的颈线，在头肩顶形态中，它是支撑线，起支撑作用。

头肩顶形态走到了 $E$ 点并掉头向下，只能说是原有的上升趋势已经转化成了横向延伸，还不能说已经反转向下了。只有当价格走到了 $F$ 点，即价格向下突破了颈线，才能说头肩顶反转突破形态已经形成。

### 3. 三重顶和三重底

三重顶（底）是头肩形的一种变体，它是由三个一样高的顶（或一样低的底）组成的。三重顶（底）与头肩形的区别是，头的价位回缩到与肩部差不多相同的位置。从这个意义上讲，三重顶（底）与双重顶（底）也有相似的地方，它比双重顶（底）多"折腾"了一次，见图4－26。

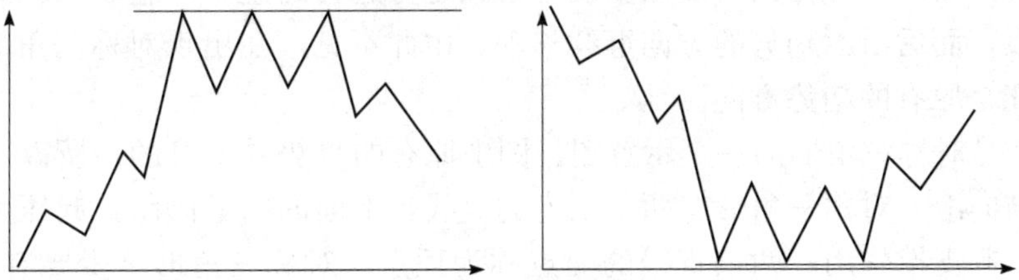

**图4－26　三重顶（底）**

识别和应用三重顶（底）主要是用识别和应用头肩形的方法，直接应用头肩形的结论。对于头肩形适用的东西，三重顶（底）差不多都适用。有些文献甚至不把三重顶（底）单独看成一类形态，而是将其直接纳入头肩形。

### 4. 圆弧形

考虑价格在前一段时间的每一个局部高点，把它们用折线连起来，有时可能会得到一条类似于圆弧的弧线，像一个盖子一样盖在价格之上。将每个局部的低点连在一起也可能得到一条弧线，托在价格之下，见图4－27。

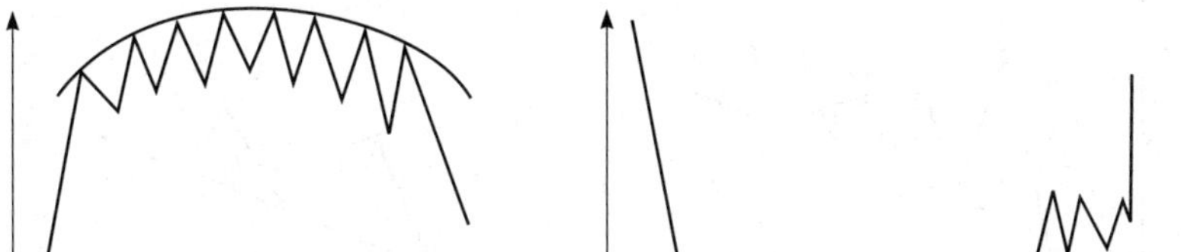

**图4－27　圆弧形**

这样的价格形态就是圆弧形，圆弧形又称碟形、圆形、碗形等。该曲线不是数学意义上的圆，只是一条曲线。人们已经习惯于使用直线，但在遇到图中这样复杂的顶和底时，用直线显然就不够了。由于顶底的变化太频繁，使用一条直线明显应付不过来。

圆弧形的形成过程与头肩形中的复合头肩形有相似的地方，只是圆弧形的各种顶或底没有明显的头肩的感觉。这些顶部和底部的地位都差不多，没有明显的主次区分。

圆弧底说明事物缓慢发展变化，一般被认为是庄家逐步建仓的过程。这些人手里持有足够的资金，如果一下子吃得太多、价格上升得太快，则不利于今后的买入，应一口一口地吃。价格一点一点地来回拉锯，直到价格往上接近圆弧边缘时，这些人才会用少量的资金一举往上提拉价格到一个很高的高度。

圆弧顶是空方一点一点地往外抛，形成多个来回拉锯的结果，直到手中筹码接近抛完时，才会出现大幅度打压，使价格下降到很低的位置。

#### 4.2.4.3 持续整理形态——三角形、矩形、旗形和楔形

下面介绍几种常见的持续整理形态。

**1. 三角形**

三角形分为三种：对称三角形、上升三角形和下降三角形。第一种有时又称正三角形，后两种合称直角三角形。

（1）对称三角形。对称三角形大多发生在大趋势进行的途中，它表示原有的趋势暂时处于休整阶段，而后沿原趋势的方向继续移动。由此可见，在出现对称三角形后，今后走向的最大可能是原有的趋势方向。

图 4－28 是对称三角形的一个示意图。图中原有的趋势是上升的，所以三角形形态完成以后是突破向上。对称三角形有两条聚拢的直线：上面的向下倾斜，起压力作用；下面的向上倾斜，起支撑作用；两条直线的交点称为顶点。对称三角形至少要有 4 个转折点，因为每条直线的确定需要 2 个点，上下两条直线至少要有 4 个转折点。对称三角形一般应有 6 个转折点，这样，上下两条直线的支撑和压力作用才能得到验证。

对称三角形被突破后有测算功能，有两种测算价位的方法。下面以原有趋势上升为例加以说明。

方法一：如图 4－29 所示，从 $C$ 点向上的带箭头的直线的高度，是未来价格至少要走到的高度。箭线长度应与 $AB$ 连线长度相等，$AB$ 连线的长度称为对称三角形形态的高度。

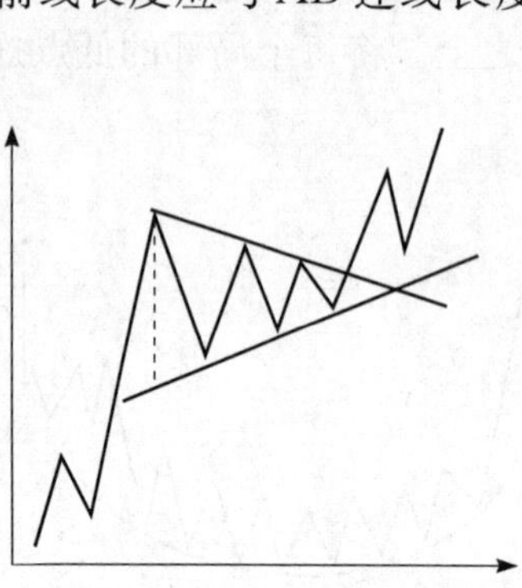

图 4－28 对称三角形

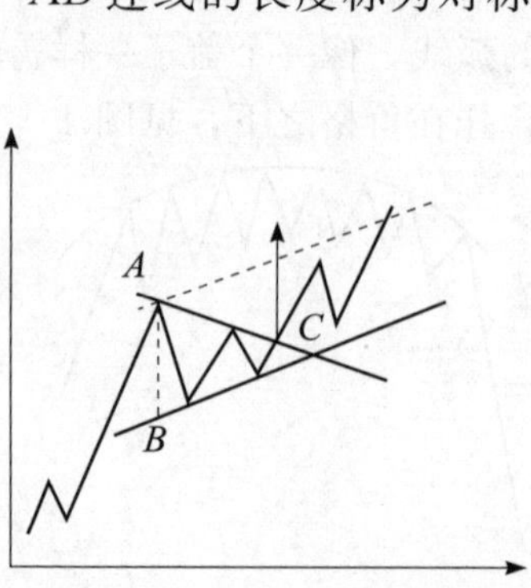


图 4－29 对称三角形测算功能

从突破点算起，价格至少要运动到与形态高度相等的距离。

方法二：见图4-29，过$A$点画平行于下边直线的平行线，注意图中的斜虚线，价格今后至少要达到这条虚线。

(2) 上升三角形。将对称三角形上面的直线由向下倾斜变成水平方向就得到上升三角形。上面的直线起压力作用，下面的直线起支撑作用。在上升三角形中，压力线是水平的，没有变化，而支撑线却是越撑越高。可见，与对称三角形相比，上升三角形有更强烈的上升意识。

上升三角形被突破后也有测算功能，测算的方法与对称三角形类似。图4-30左图展示了上升三角形测算功能。

(3) 下降三角形。下降三角形与上升三角形正好反向，是看跌的形态，其内容与上升三角形相似，只要按相反方向理解就可以了，见图4-30右图。

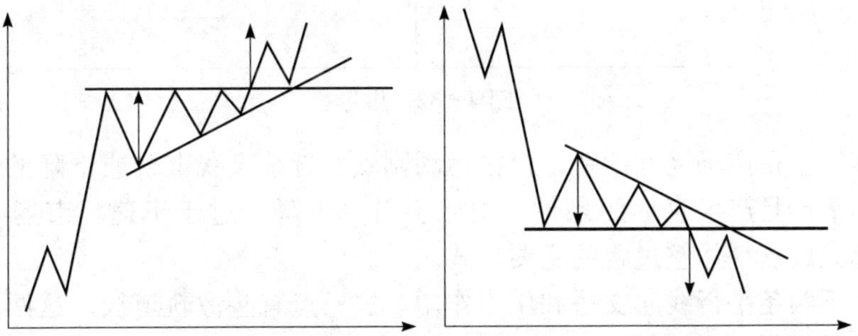

**图4-30 上升三角形和下降三角形及其测算功能**

### 2. 矩形

矩形又称箱形，也是一种典型的整理形态。股票价格在两条横着的水平直线之间波动，上也上不去、下也下不来，一直做横向延伸的运动，见图4-31。

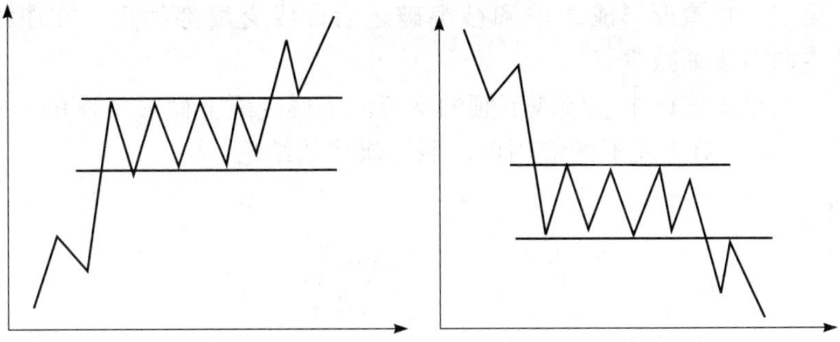

**图4-31 矩形**

矩形在形成之初，多空双方全力投入、各不相让，时间一长就形成了上下两条界线。随着时间的推移，双方的战斗逐步减弱，市场趋于平淡。如果原来的趋势是上升，那么经过矩形整理后会继续原来的趋势，多方会占优并采取主动，使价格向上突破矩形的上界。如果原来是下降趋势，则空方会采取行动，使价格向下跌破矩形的下界。

### 3. 旗形和楔形

旗形和楔形出现的频率最高，在一段上升行情或下跌行情的中途，可能出现好几次这样的图形。两者都是一个趋势的中途休整过程，在休整之后，还要保持原来的趋势方向。

（1）旗形。旗形似乎更应该叫平行四边形，它的形状是一个向上倾斜或向下倾斜的平行四边形，见图 4－32。

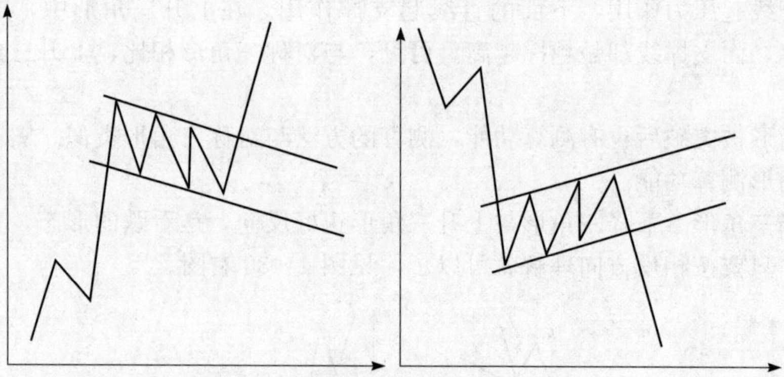

**图 4－32　旗形**

旗形大多发生在市场极度活跃、价格运动剧烈、近乎直线上升或下降的情况之后，这种剧烈波动的情形是产生旗形的条件。由于上升（下降）过于迅速，市场必然会有所休整，旗形就是完成这一休整过程的主要形式之一。

旗形的上下两条平行线起支撑和压力作用，这一点有些像轨道线。这两条平行线中的某一条被突破是旗形完成的标志。

旗形也有测算功能，旗形的形态高度是平行四边形左右两条边的长度。旗形被突破后，价格至少要走过等于形态高度的距离，有些理论认为要走过等于旗杆高度的距离。

在识别旗形时，需要注意三点：第一，在旗形出现之前，一般应有一个旗杆，这是由价格做直线运动形成的。第二，旗形持续的时间不能太长，如果时间过长，就不能认为是中途的休整。第三，在旗形形成之前和被突破之后，成交量都很大。在旗形的形成过程中，成交量从左向右逐渐减少。

（2）楔形。如果将旗形中上倾或下倾的平行四边形变成上倾或下倾的三角形，就得到了楔形，见图 4－33。对于楔形的应用可以照搬旗形的结论。

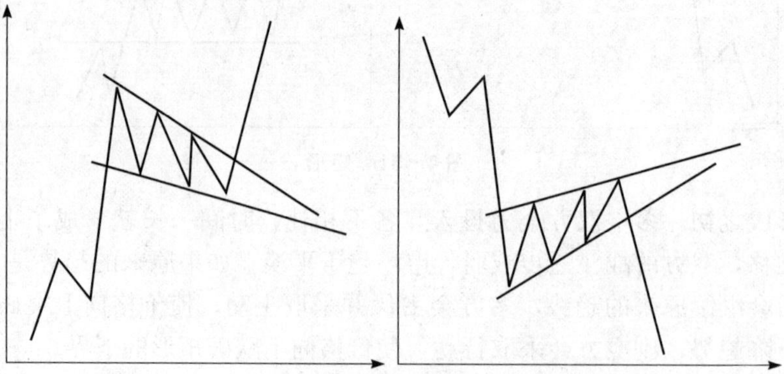

**图 4－33　楔形**

由于对楔形的要求没有旗形那么严格，因此实际中楔形出现得要多一些。另外，从图

4－33中可见，楔形的上下两条边都朝着同一个方向倾斜，这与三角形不同。

### 4.2.4.4　喇叭形和菱形

喇叭形和菱形是三角形的变形体，在实际中出现的次数不多，但一旦出现，则极为有用。这两种形态的共同之处都是出现在顶部，而且两者都是看跌。从这个意义上说，喇叭形和菱形又可以作为顶部反转突破形态。

1. 喇叭形

喇叭形可以看成一个对称三角形倒转过来的结果，所以可以把它看成三角形的一个变形体，见图4－34。

在经过一段时间的上升后，价格经历了幅度越来越大的波动，形成了越来越高的3个高点以及越来越低的2个低点。这说明当时的交易异常活跃，成交量日益放大，市场已失去控制，完全由参与交易的公众情绪决定。在这个混乱的时候进入股市是很危险的，不知道什么时候危险就会出现，进行交易十分困难。在经过剧烈的动荡之后，人们的热情会渐渐平静，并远离这个市场，价格将逐步向下运行。

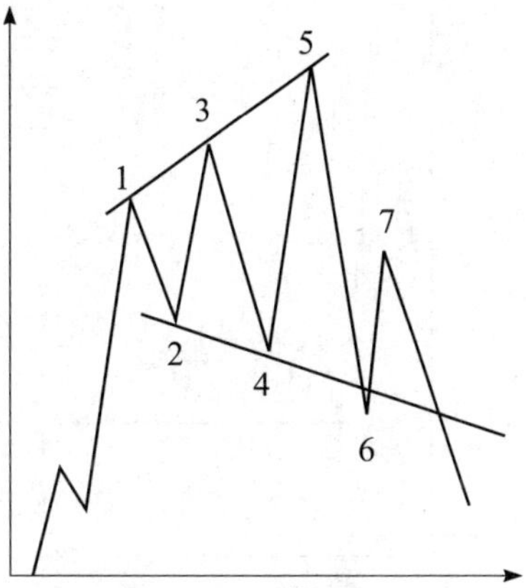

图4－34　喇叭形

3个高点和2个低点是喇叭形已经完成的标志。投资者应该在第3峰（图中的5）调头向下时抛出手中的股票，这在大多数情况下是正确的。如果价格进一步跌破了第2个谷（图中的4），则喇叭形的完成得到确认，抛出股票更成为必然。

价格在喇叭形之后的下调过程中肯定会遇到反扑（图中的7），而且反扑的力度会相当大，这是喇叭形的特殊性。但是，只要反扑高度不超过下跌高度的一半，价格下跌的势头还是会继续。

2. 菱形

菱形是另一种出现在顶部的看跌形态。与喇叭形相比，菱形更有向下的趋势。它的前半部分类似于喇叭形，后半部分类似于对称三角形，所以菱形有对称三角形保持原有趋势的特性。在前半部分的喇叭形之后，趋势应该是下跌，后半部分的对称三角形使这一下跌暂时推迟，但趋势终究没有摆脱下跌的命运，见图4－35。

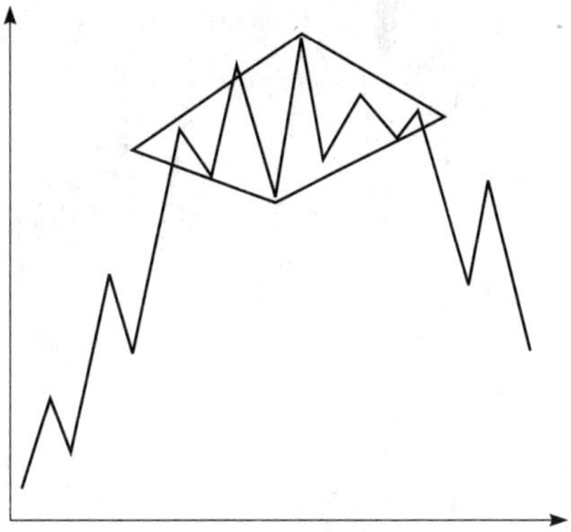
图4－35　菱形

菱形形成过程中的成交量是随价格的变化而变化的，开始是越来越大，然后是越来越小。菱形的测算功能是以菱形最宽处的高度为形态高度的。今后下跌的深度从突破点算起，至少下跌一个形态高度，这与大多数的测算方式是相同的。

### 4.2.4.5　形态理论的案例分析

图4－36是一个规模比较大的双重底形态。双重底之后的上升是巨大的，其颈线在很长时间之后起到了支撑作用，这是绝好的买入信号。

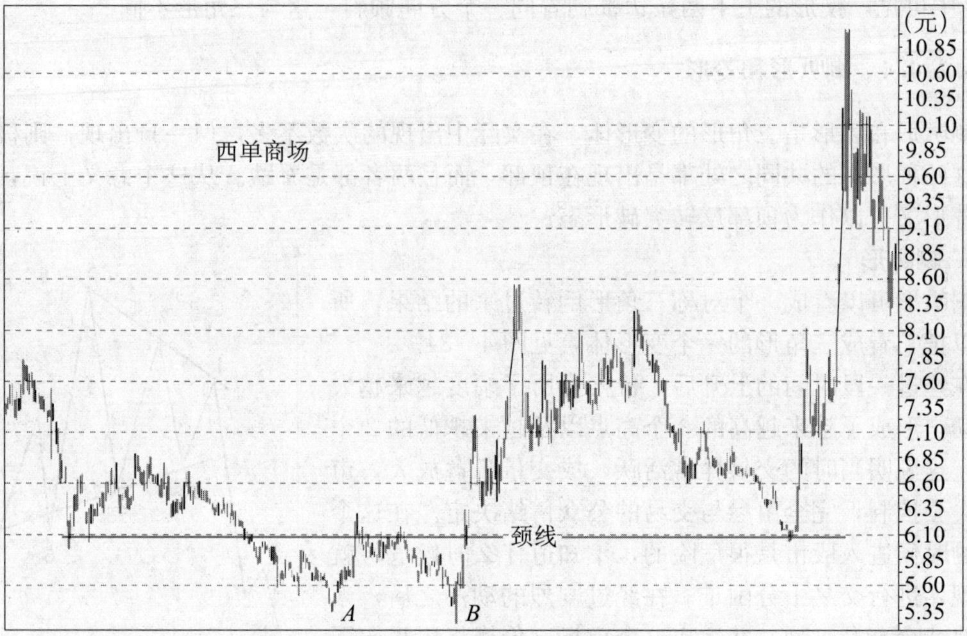


**图 4-36　双重底形态和颈线**

图 4-37 中的形态是一个比较复杂的复合头肩底，它的“头”是一个“规模较小”的双重底。左肩和右肩都是旗形或楔形。该形态完成后，出现了较大的上升，直到出现双重顶为止。

**图 4-37　复合头肩底**

## 4.2.5　波浪理论

波浪理论是技术分析方法的重要组成部分，是最神奇的理论之一。用波浪理论得出的一些结论和预测，在开始的时候可能被认为很荒唐，但过后却不可思议地被事实所证实。这里只简单介绍波浪理论的相关结果，详细内容可以参考相关的文献。

#### 4.2.5.1　波浪理论的形成过程和核心内容

波浪理论最初由艾略特发现并应用于证券市场。20 世纪 70 年代，普莱切特与弗罗斯特合作出版了《艾略特波浪理论》，这本书成为后人学习和研究波浪理论的权威之作，把波浪理论的应用和发展推向了一个新的阶段。

艾略特受到价格上涨、下跌不断重复现象的启发，力图找出其上升和下降的周期性。波浪理论中的周期的时间长短可以不同，一个大周期之中存在小的周期，而小的周期又可以再细分成更小的周期，每个周期都以 8 浪结构进行。在这 8 个过程完结以后，本周期结束，并进入另一个周期，新的周期依然遵循上述模式。这就是艾略特波浪理论的核心内容，是艾略特作为波浪理论的奠基人所做出的贡献。

#### 4.2.5.2　波浪理论的价格基本形态——8 浪结构图

图 4－38 是一个上升周期中的 8 浪结构图。无论趋势是何种规模，8 浪的价格基本形态是不会变化的——前面是 5 浪结构，后面是 3 浪结构。

这 8 浪分为主浪和调整浪，主浪是波动的主体，调整浪是对主浪的补充。主浪和调整浪的地位是相对的，需要考虑所观察的范围。

如果某个浪的趋势方向与比它高一层次的浪的趋势方向相同，那么这一浪就称为主浪。主浪起着推动趋势发展的作用，所以又称推动浪，图 4－38 中的 1 浪、3 浪、5 浪就是主浪。

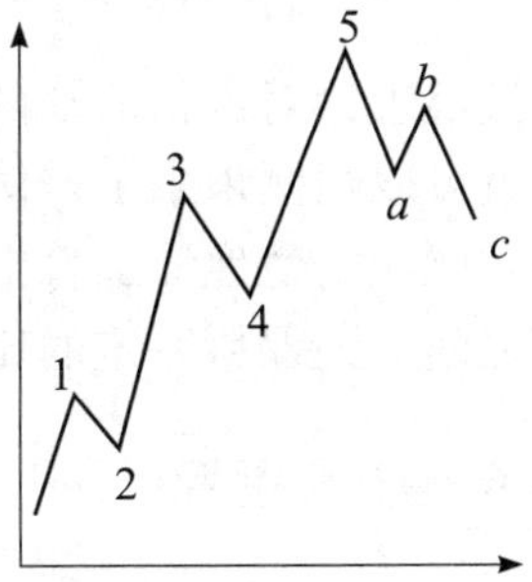

图 4－38　波浪理论的 8 浪结构图

调整浪的运行方向与比它高一层次的浪的趋势方向不同，它是对主浪的调整和补充。例如，8 浪结构中的 2 浪、4 浪是调整浪，由 $a$、$b$、$c$ 浪组成的大浪是对由 1～5 浪组成的大浪的调整浪。

#### 4.2.5.3　浪的合并和浪的细分——波浪的层次

波浪理论考虑价格基本形态的时间和空间跨度是不受限制的，必然会遇到将大浪细分成很多小浪和将很多小浪合并成大浪的问题，这就涉及波浪的层次。

处于较低层次的几个浪可以合并成一个较高层次的大浪，而处于较高层次的一个浪又可以细分成几个较低层次的小浪，层次的高低和浪的大小是相对的。一个浪相对于高层次浪，就是小浪，相对于低层次浪，就是大浪。图 4－39 是波浪的细分和合并的图形表示。

最高层次的浪是从 $L_1$ 到 $H$ 的第一大浪和从 $H$ 到 $L_2$ 的第二大浪，共 2 个浪。第一大浪和第二大浪可以分成（1）（2）（3）（4）（5）（$a$）（$b$）（$c$）共 8 个浪，这是第二层次的浪。第二层次的浪又可以细分成图中的 1、2、3、4、5、$a$、$b$、$c$ 这些第三层次的小浪，共 34 个浪。

#### 4.2.5.4　斐波纳奇数列与波浪的数目

斐波纳奇数列在波浪理论的数浪中有不可忽视的作用。从图 4－39 可以看到，第一大浪

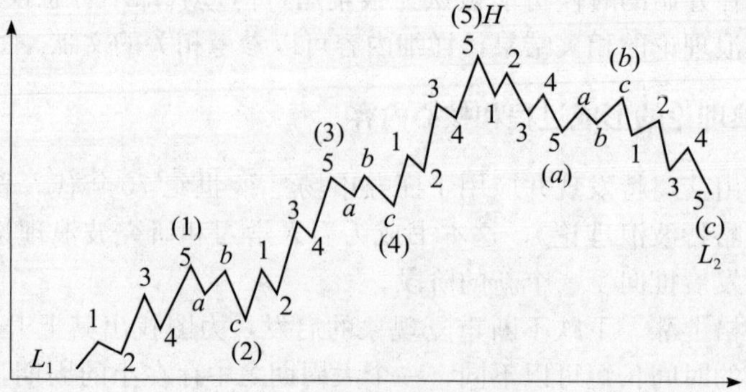

图 4-39 波浪的细分和合并

由 5 个浪组成，同时又由更小的 21 个浪组成，第二大浪由 3 个浪组成，同时又由更小的 13 个浪组成。第一大浪、第二大浪为 2 个浪，它们由 8 个下一层次的浪组成，同时又由 34 个更小的浪组成。如果继续细分，还可以看到比 34 大的斐波纳奇数列中的数字。

数字 2，3，5，8，13，21，34，…就是斐波纳奇数列中的数字。它们的出现不是偶然的，这是艾略特波浪理论的数字基础，正是在这一基础上，才有波浪理论的发展。

#### 4.2.5.5 应用波浪理论预测

波浪理论对价格波动的全过程进行了说明，如果明确了当前价格在 8 浪结构中的位置，就可以预测未来了。例如，如果发现了一个 5 浪结构，而且目前处在这个 5 浪结构的末尾，就能清楚地知道将出现一个 3 浪结构的调整浪。此外，波浪理论还认为，各个浪的高度之间应该保持一定的比例关系，可以根据前面浪的高度预测后面浪的高度。

### 4.2.6 技术指标

技术指标是技术分析重要的分支，全世界各种各样的技术指标有千种以上。下面将从技术指标的基本概念开始，简单介绍几种技术指标。

#### 4.2.6.1 技术指标概述

**1. 技术指标的本质**

按一定的数学方法对相关数据进行处理，经过处理后所得的数值就是技术指标值，不同的数学处理方法会产生不同的技术指标。每一种技术指标都是以一种特定的方式对市场进行观察，通过相应的数学公式计算技术指标值。技术指标反映市场某一方面深层的内涵，仅仅通过原始数据是很难看出这些内涵的。技术指标将某些对市场的定性认识进行定量分析，可以使具体操作的精确度提高。

**2. 技术指标的应用法则**

应用技术指标主要应该从以下 5 个方面考虑：①指标的背离；②指标的交叉；③指标的极端值；④指标的形态；⑤指标的转折。

指标的背离是指标的走向与价格走向不一致，是技术指标提前于价格的反映；指标的交叉是指标曲线图中的两条线发生了相交现象，黄金交叉（简称金叉）和死亡交叉（简称死叉）就属于这类情况，起的作用是加强技术指标的信号；指标的极端值是指标的数值达到了一个极其少见的高值或低值，是判断超买、超卖的依据；指标的形态是指标呈现某些反转形态，同样是加强技术指标的信号；指标的转折是指标的曲线发生了调头，这种调头有时是一个价格趋势的结束。

3. 应用技术指标应注意的问题

投资者常犯的错误是频繁地使用技术指标。其实，一个技术指标能够发出信号的次数是极少的。在一年内，一个技术指标能够发出信号的次数应该在4次以内。

了解每一种技术指标是很有必要的，但众多的技术指标不可能都被考虑到，每一种技术指标在预测行情方面的能力大小和准确程度也会有所区别。通常说来，应该同时以4～5种技术指标为主，而这4～5种技术指标的选择因人而异。

#### 4.2.6.2　移动平均线（MA）

1. MA的计算

MA是连续若干天的价格的算术平均，天数就是MA的参数。例如，如果参数选择为10，要计算今天的MA，就把包括今天在内的最近10天的收盘价相加，然后除以10，就得到今天的10日移动平均线的值，用符号MA(10)表示。此外，如果选择其他的时间单位作为交易的时间单位，可以得到其他形式的MA，如周线的移动平均线。

2. MA的特点

MA是对收盘价进行平滑之后的产物，平滑的目的是消除偶然因素的影响。此外，MA稍微具有一点平均成本价的含义。MA具有以下几个特点：

第一，追踪趋势。MA能够表示价格的趋势，不受小的反向波动的影响，并追随这个趋势。用原始数据得到的价格图表不具备这种追踪趋势的特性。

第二，滞后性和稳定性。在短时间内，MA的数值发生比较大的改变（无论是向上还是向下）比较困难，除非当天的价格有很大的变动。因为MA的变动不是一天的变动，而是几天的变动，一天的大变动被几天一分，变动就会变小而显不出来。这种特性的优点是不被暂时的小波动所迷惑，缺点是在价格原有趋势已经反转时反应迟缓，其反应速度落后于大趋势。

第三，助涨助跌性和支撑压力性。当价格突破了MA时，无论是向上突破还是向下突破，价格都有继续向突破方向再走一阵的惯性，这就是MA的助涨助跌性。它其实具有了支撑线和压力线的特性。MA被突破，实际上是支撑线和压力线被突破，只不过MA是曲线，而不是直线。

3. MA的应用

MA参数的作用是加强MA的上述特性，参数选择越大，上述特性就越明显。例如，突破5日线和突破10日线的助涨助跌的力度是不同的。MA通常同时使用多个不同的参数，包括长期、中期和短期三类MA，长、中、短期是相对的，并且因人而异。图4-40是以60日、120日和250日为参数的MA。

使用MA的经典方法是格兰维尔（Granville）法则，可叙述如下：

第一，平均线从下降开始走平，价格从下向上穿过平均线；价格连续上升远离平均线，突然下跌，但在平均线附近再度上升；价格跌破平均线并连续暴跌，远离平均线。以上三种情况均为买入信号。

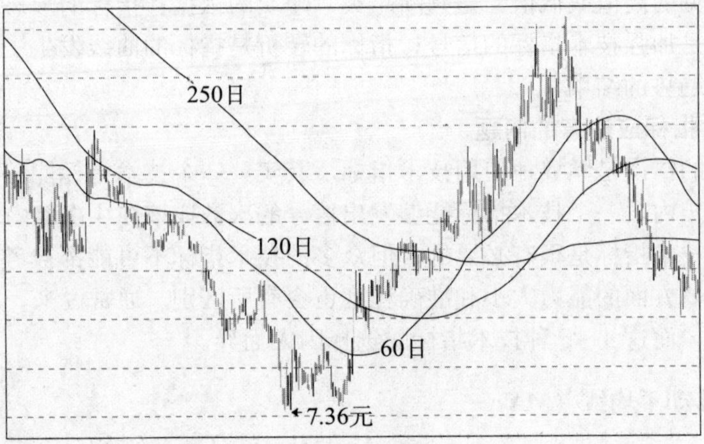


图 4-40 MA

第二，平均线从上升开始走平，价格从上向下穿过平均线；价格连续下降远离平均线，突然上升，但在平均线附近再度下降；价格上穿平均线并连续暴涨，远离平均线。以上三种情况均为卖出信号。

对格兰维尔法则的记忆，只要掌握了支撑和压力的思想就不难。常说的死亡交叉和黄金交叉实际上就是向下、向上突破支撑线或压力线的问题。

需要说明的是，每天的价格实际上是参数为 1 的 MA。价格相对于移动平均线实际上是短期 MA 相对于长期 MA。从这个意义上说，如果只面对两个不同参数的 MA，则我们可以将相对短期的 MA 当成价格，将较长期的 MA 当成 MA，这样，上述法则中价格相对于 MA 的所有叙述都可以换成短期 MA 相对于长期 MA。

在趋势形成后的中途休整阶段或局部反弹和回档阶段，MA 的信号出现得很频繁，极易产生错误的信号。MA 只是充当支撑线或压力线，例如位于支撑线之上当然有利于上涨，但并不是说一定会涨，支撑线也有被突破的时候。

#### 4.2.6.3 指数平滑异同移动平均线（MACD）

MACD 的英文是 moving average convergence / divergence，它是两条指数移动平均线（EMA）之差，计算公式比较复杂。

1. MACD 的计算公式

MACD 由 DIF（差离值）和 DEA（差离平均值）两部分组成，DIF 是核心，DEA 是辅助。DIF 是短期指数移动平均线 EMA(12) 与长期指数移动平均线 EMA(26) 之差，短期和长期的区别在于进行指数平滑所采用的参数，参数小的是短期，参数大的是长期。

EMA 的计算采用递推的方法，其公式为：

$$\text{今日 EMA} = a \times \text{今日收盘价} + (1-a) \times \text{前一交易日的 EMA} \qquad (4-1)$$

其中，$0<a<1$ 是计算指数移动平均线的平滑系数，$a=2/(\text{周期单位数}+1)$。选择不同的 $a$，可得到不同速度的 EMA。此外，第一个 EMA 的值等于第一天的收盘价。下面以常用的参数 12 和 26 为例。

如果取 $a=2/(12+1)$，就得到短期指数移动平均线 EMA(12) 的计算公式。

如果取 $a=2/(26+1)$，就得到长期指数移动平均线 EMA(26) 的计算公式。

DIF是两条指数移动平均线之差，计算公式为：

$$DIF=EMA(12)-EMA(26) \quad (4-2)$$

虽然单独用DIF也能进行行情预测，但为了使信号更可靠，可引入另一个指标DEA。DEA是连续数日的DIF数值的算术平均。DEA有自己的参数，即计算DIF的算术平均的天数。对DIF进行移动平均的处理是为了消除某些因素的影响。如果DEA的参数是10，那么就形成了常用的MACD(12，26，10)。

与MA相比，MACD除掉了MA中信号出现频繁的问题，使发出信号的限制增加，假信号出现的机会减少，其发出的信号比MA发出的信号更可靠。另外，对未来价格上升和下降的幅度，MACD不能给予有帮助的建议。

2. MACD的应用

MACD的应用应从下面两个方面考虑：

第一，考虑DIF和DEA的取值及两者之间的相对取值。DIF>0说明短期指数移动平均线比长期指数移动平均线高，是多头市场。当DIF和DEA均为正值时，市场属于多头市场。DIF向上突破DEA是买入信号，DIF向下跌破DEA时应获利了结。同理，当DIF和DEA均为负值时，市场属于空头市场。

第二，考虑DIF和DEA的走向。这属于技术指标的背离，具体地说，如果DIF或DEA的走向与价格走向相背离，则这是采取行动的信号——出现底背离时买进，出现顶背离时卖出。

3. MACD的案例分析

在图4-41中，从$A$点到$B$点，MACD与价格形成底背离，所以$B$点是买入信号点。

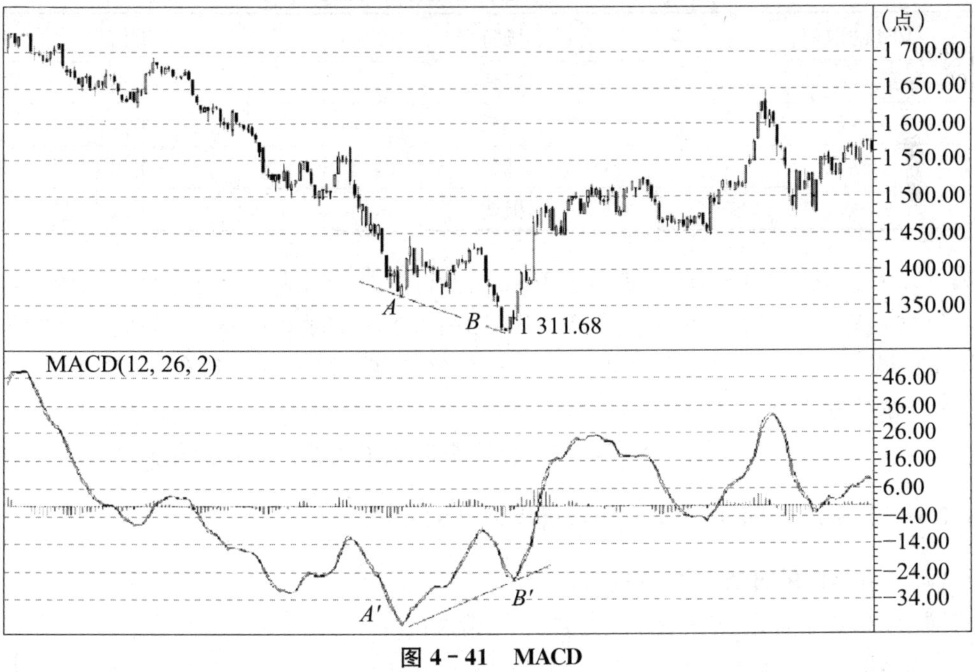


**图4-41　MACD**

#### 4.2.6.4　相对强弱指标（RSI）

RSI的英文是relative strength index，是怀尔德（Wilder）于1978年首先提出的。

1. RSI 的计算公式和构造原理

计算 RSI 需要收盘价和参数。该参数是时间区间的长度，一般是交易日的天数。下面以参数等于 14 为例，具体介绍 RSI(14) 的计算方法。

找到包括当天在内的连续 14 天的收盘价，每一天的收盘价减去前一天的收盘价，就得到 14 个数字，这 14 个数字中有正数（比前一天高），也有负数（比前一天低）。

$A$=14 个数字中的正数之和

$B$=14 个数字中的负数之和×(−1)

$$\mathrm{RSI}(14)=A/(A+B)\times 100 \tag{4-3}$$

$A$ 表示 14 天中价格向上波动的大小，$B$ 表示向下波动的大小，$A+B$ 表示价格总波动的大小。RSI 的取值范围为 0～100。实际上，RSI 表示向上波动在总波动中所占的百分比，占的比例大就是强市，占的比例小就是弱市。

2. RSI 的应用

RSI 的应用应从以下几个方面考虑：

第一，考虑两个不同参数的 RSI 的结合。参数小（大）的 RSI 为短期（长期）RSI。如果短期 RSI＞长期 RSI，则市场属于多头市场。如果短期 RSI＜长期 RSI，则市场属于空头市场。

第二，考虑 RSI 取值的大小。按照表 4-1 的做法，将 0～100 分成 4 个行动区域。表中对强弱分界线的划分是比较粗略的，根据具体情况，可进行适当调整。应该考虑的因素有 RSI 的参数和股票本身的波动特性。

**表 4-1　RSI 的取值、市场特征与买卖信号**

| RSI 的取值 | 市场特征 | 买卖信号 |
|---|---|---|
| 81～100 | 极强 | 卖出 |
| 51～80 | 强 | 买入 |
| 21～50 | 弱 | 卖出 |
| 0～20 | 极弱 | 买入 |

第三，考虑 RSI 与价格的背离。若 RSI 处于高位，并形成一峰比一峰低的两个峰，而对应的价格一峰比一峰高，形成顶背离，则这是比较强烈的卖出信号。与此相反的是底背离，RSI 在低位形成两个依次上升的谷底，而价格还在下降，这是建仓的信号。

3. RSI 的案例分析

在图 4-42 中，从 $A$ 点到 $B$ 点，RSI 与价格形成了底背离，$B$ 点是买入信号。

#### 4.2.6.5　威廉指标（WMS）和随机指标（KD）

1. WMS 和 KD 的计算公式及构造原理

威廉于 1973 年首创威廉指标，其计算公式为：

$$\mathrm{WMS}(n)=(C-L_n)/(H_n-L_n)\times 100 \tag{4-4}$$

式中，$C$ 为当天的收盘价；$H_n$ 和 $L_n$ 为最近 $n$ 日内（包括当天）出现的最高价和最低价；$n$ 为威廉指标参数。

利用威廉指标可以计算 KD 指标，KD 指标是 K 指标和 D 指标的合称，其计算公

**图 4-42　RSI 案例**

式为：

$$当日K值=(1-a)\times 前一日K值+a\times 当日的WMS \quad (4-5)$$

$$当日D值=(1-a)\times 前一日D值+a\times 当日的K值 \quad (4-6)$$

式中，$a$ 为 KD 指标的参数。第一个 K 值和 D 值一般设为 50。

WMS 指标表示当天的收盘价在过去某个时间区间内全部价格变动范围中所处的相对位置。如果 WMS 的值较大，说明当天的价格处在相对较高的位置；如果 WMS 的值较小，说明当天的价格处在相对较低的位置。

从数学公式看，K 值是 WMS 的指数平滑，D 值是 K 值的指数平滑，所以 KD 与 WMS 有某些相同的特性。在上涨趋势中，收盘价一般接近“天花板”。在下降趋势中，收盘价一般接近“地板”。在反映市场价格变化时，WMS 最快，K 其次，D 最慢。

2. WMS 和 KD 的应用法则

WMS 的应用法则主要是从 WMS 碰顶（底）的次数进行考虑的。WMS 的取值为 0～100，接近 100（0）就是碰顶（底）。如果 WMS 高于 80，此时处于超买状态，应当考虑卖出；如果 WMS 低于 20，此时处于超卖状态，应当考虑买入。为了避免偶然性的影响，要求 WMS 多次碰顶或碰底。WMS 连续几次碰顶（底），局部形成双重或多重顶（底），则是卖出（买进）的信号，要求至少 2 次，一般不超过 4 次。

KD 的使用可从以下三个方面考虑：

第一，考虑 KD 的取值。KD 的取值在 80 以上为超买区，考虑卖出；KD 的取值在 20 以下为超卖区，考虑买入；其余为徘徊区。这是创建 KD 的初衷。这种操作很简单，但是很容易出错。

第二，考虑 K 与 D 的交叉。K 上穿 D 是金叉，为买入信号，但对于金叉还要看其他条件。例如，金叉出现的位置应该比较低，在超卖区的位置越低越好。对于 K 从上向下突破 D 的死叉，也有类似的结果。

第三，考虑 KD 与价格的背离。KD 处在高位，并形成两个依次向下的峰，而此时价格还在涨，这叫顶背离，是卖出的信号。KD 处在低位，并且一底比一底高，而价格还在继续下跌，就构成底背离，这是买入的信号。

3. KD 的案例分析

在图 4－43 中，$B$ 点形成了底背离，是买入点。

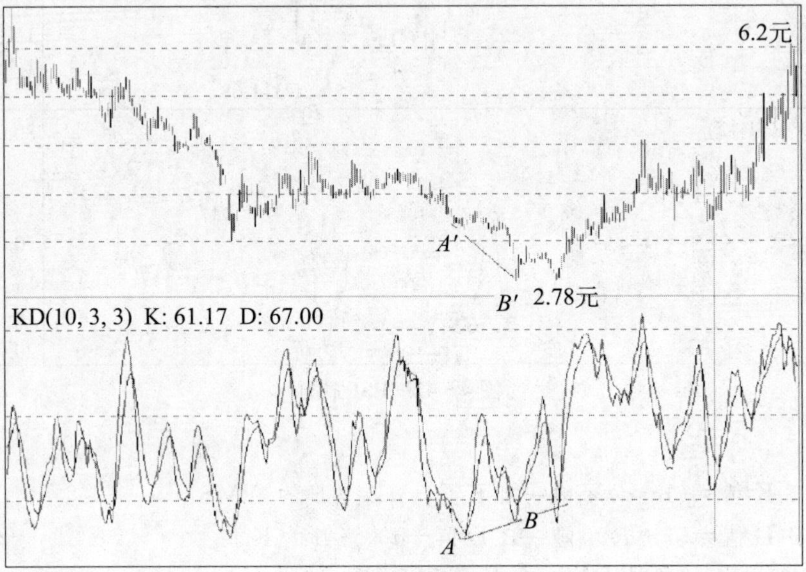


**图 4－43　KD 案例**

### 4.2.6.6　乖离率（BIAS）

1. BIAS 的计算公式和构造原理

BIAS 是价格与移动平均线的偏离程度，其计算公式如下：

$$BIAS(n)=[Close-MA(n)]/MA(n)\times 100 \qquad (4-7)$$

式中，Close 为收盘价；MA($n$) 为参数是 $n$ 的移动平均线；分子表示价格与移动平均线的绝对距离。

乖离率的参数是移动平均线的参数 $n$。$n$ 首先影响 MA，然后影响 BIAS。显然，BIAS 是收盘价偏离 MA 的相对距离。一般来说，参数选得越大，允许价格远离 MA 的程度就越大。

BIAS 的构造原理是离得太远了就该回头，因为物体有向心的趋向。另外，在经济学中价格与需求的关系也是产生这种向心作用的原因。价格低，需求就大，需求一大，价格就会上升；反之，价格高，需求就小，价格就会下降。

2. BIAS 的应用

BIAS 的应用应考虑以下几点：

第一，考虑 BIAS 的取值大小。这是产生 BIAS 的最初想法，只要 BIAS 超过某条分界线，就应该感到危险（机会）而考虑抛出（买入）。问题的关键就在于如何找到这条分界线。

分界线的选择与两个因素有关：首先是 BIAS 的参数大小。参数越大，分界线越高。

其次是具体证券在市场中的活跃程度。证券越活跃，分界线越高。

第二，考虑BIAS与价格的背离。BIAS形成从上到下的两个或多个下降的峰，而此时价格还在继续上升，这是抛出的信号。BIAS形成从下到上的两个或多个上升的谷，而此时价格还在继续下跌，这是买入的信号。

3. BIAS的案例分析

在图4－44中，从 $A$ 点到 $B$ 点，BIAS与价格形成顶背离，因此在 $B$ 点附近应该卖出。

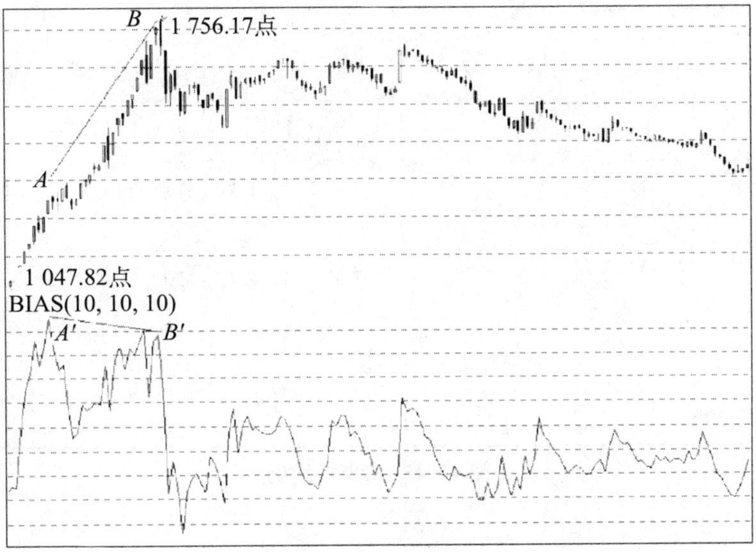


图4－44　BIAS案例

#### 4.2.6.7　超买超卖指标（OBOS）

这个指标只能用于大盘指数，不能用于个股。在证券市场中有很多市场价格指数，如道琼斯指数、上证综指等。每种指数都力图全面地反映市场的整体情况，但价格指数有时反映的市场实际情况也会出现偏差。这个技术指标将在一定程度上弥补价格指数的不足。

1. OBOS的计算公式

OBOS用一段时间内上涨股票家数总和与下跌股票家数总和的差距来反映当前市场中多空双方力量对比的强弱。OBOS的计算公式为：

$$\text{OBOS}(n)=P_1-P_2 \tag{4-8}$$

式中，$P_1$为 $n$ 日内每日上涨股票家数的总和；$P_2$为 $n$ 日内每日下跌股票家数的总和；$n$ 为OBOS的参数。

2. OBOS的应用

OBOS的应用应考虑以下几点：

第一，当市场处于整理时期时，OBOS应该在0上下来回摆动。当市场处在多（空）头市场时，OBOS应该是正（负）数，距离0应该较远，而且距离0越远，势头越强劲。

第二，OBOS的走势与价格指数背离是采取行动的信号，这属于背离现象。

第三，OBOS在高位（低位）形成M头（W底），就是卖出（买入）的信号。连接高点或低点的支撑和压力作用也能帮助看清OBOS的趋势，进一步验证OBOS是否与价格指数的走势发生背离。

3. OBOS的案例分析

在图4-45中，从$A$点到$B$点，再到$C$点，形成了底背离，因此在$B$点和$C$点都可买入。

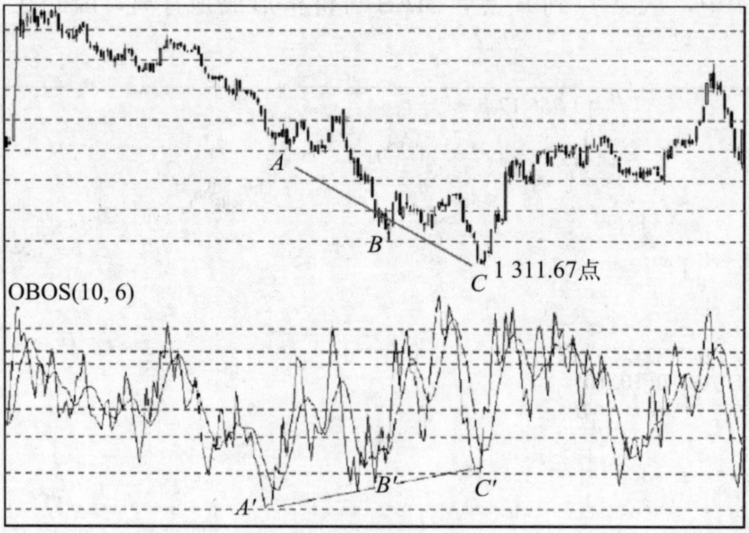


图4-45 OBOS案例

## 本章小结

本章主要介绍了技术分析的基础性内容和具体的技术分析方法，首先需要明确技术分析是对市场行为的分析，这有别于基本分析。

技术分析的理论基础是三大假设，其中最重要的假设是"历史会重复"。

本章介绍了几个关于证券投资的理论（看法），其中最值得注意的是相反理论。

对于各种技术分析方法的细节性内容，本章列举了实际的案例，对所介绍的方法进行了说明。

本章介绍了技术分析的鼻祖道氏理论的主要原理。这是了解道氏理论的关键，也是了解技术分析演变过程的起点。

K线理论其实包含一大类方法，本章所介绍的只是其中最具代表性的一部分。K线图是进行技术分析的关键工具，本章列举了8类典型的组合形态，其中7类反转组合形态是重点。

支撑压力理论提供了价格趋势可能停顿的位置，对于选择买卖价格有直接的指导作用。其中，支撑线和压力线的相互转化和黄金分割线是最值得重点了解的。

形态理论从价格波动轨迹推断上升、下降的力量对比，本章介绍了十几种典型的价格形态，包括反转突破形态和持续整理形态。每种形态都值得了解。

波浪理论是公认的灵活性很强的技术分析方法，不容易掌握。本章只介绍了波浪理论最基础的内容，即价格波动所遵循的8浪结构，以及波浪的合并与细分。

技术指标的种类非常多，本章介绍了其中的几种，重点内容是让学生了解如何具体使用技术指标。对技术指标来说，背离是最值得深入了解的。

## 本章关键内容

- 技术分析的定义。
- 技术分析理论的假设条件。
- 技术分析的分类。
- K线组合形态。
- 道氏理论的主要原理。
- 反转突破形态和持续整理形态的识别。
- 得到支撑线和压力线的方法。
- 波浪理论的核心内容和8浪结构。
- 技术指标的定义。
- 技术指标的应用法则。
- 具体技术指标的构造原理和应用。

## 本章思考题

一、名词解释

| | | | | |
|---|---|---|---|---|
| 市场行为 | 三大假设 | 相反理论 | 上影线 | 趋势 |
| 反转突破形态 | 黄金分割线 | 技术指标 | 背离 | 8浪结构 |

二、简答题

1. 技术分析方法的特点是什么？
2. 如何理解技术分析的三大假设？
3. 技术分析主要分为哪几类？各自有什么特点？
4. 支撑线和压力线起什么作用？
5. 简述黄金分割线的画法。它们如何预测行情？
6. 旗形和楔形的区别是什么？
7. 如何理解波浪理论中价格走势的基本形态结构？
8. 如何进行波浪的合并和细分？
9. 什么是技术指标？
10. 技术指标的应用法则有哪几条？
11. 移动平均线的作用是什么？
12. 技术指标中参数的选择是否影响技术指标的结论？
13. 何谓技术指标与价格的背离？应该如何使用？
14. RSI、KD指标是如何计算和使用的？
15. 简述BIAS的构造原理。
16. 在图4-46中的*B*点前后出现了何种形态？买卖信号在哪里？技术指标MACD在

哪里发出了卖出的信号？为什么？

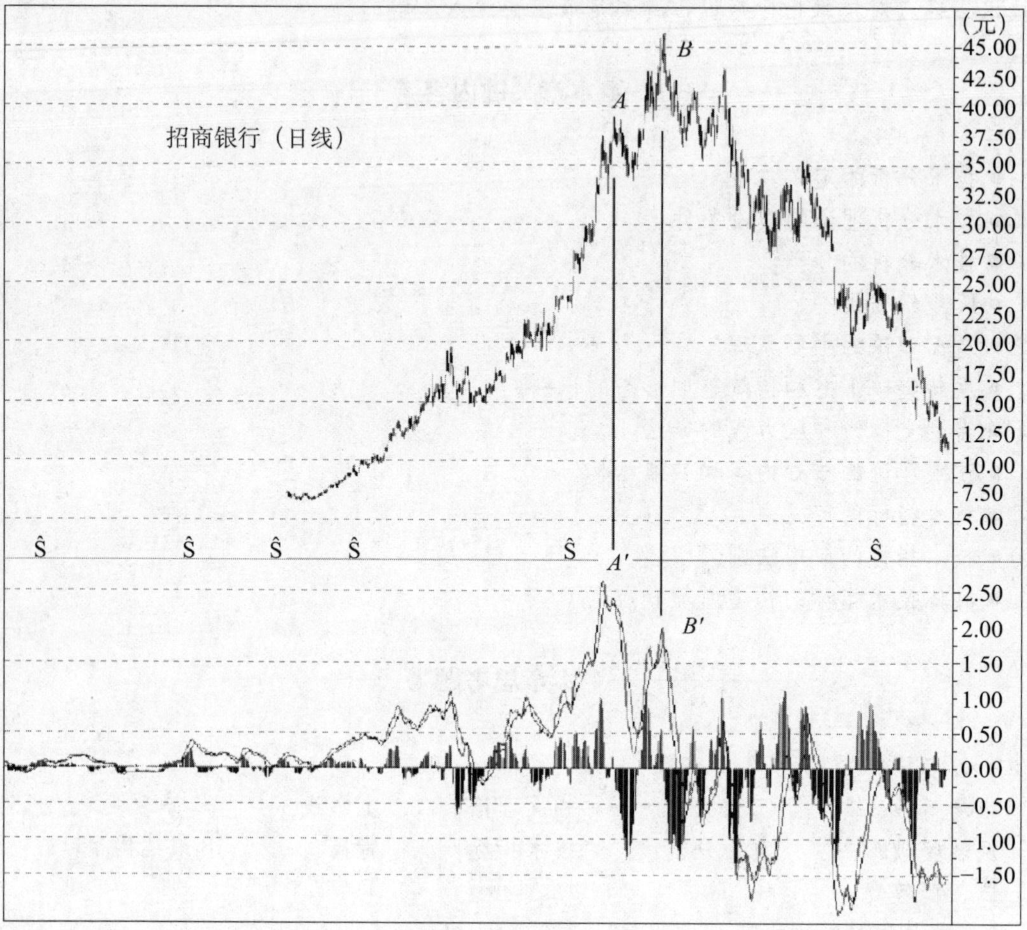


图 4-46 MACD

3

PART THREE

第三篇

# 组合管理篇

黄达教授（中间）、王传纶教授（坐者）和吴晓求教授于2003年1月11日第七届中国资本市场论坛开幕前在贵宾室交谈。

应美国国务院和时任美国驻华大使的克拉克·T. 兰特（Clark T. Randt）先生的邀请，2003年2月17日—3月16日吴晓求教授作为美国国务院国际访问者项目（IVP）资助的杰出专家访美。2003年2月25日，吴晓求教授访问哈佛大学商学院，就金融发展的未来趋势与哈佛大学商学院著名金融学教授、1997年诺贝尔经济学奖获得者罗伯特·默顿（Robert Merton）博士（左侧）进行学术交流。

# 第5章 证券组合管理

**学习目标**

- 了解证券组合管理的意义及其必要性。
- 掌握马科维茨的投资组合理论的原理及其运用。
- 掌握夏普的单一指数模型的内涵及其运用。

## 5.1 证券组合管理概述

### 5.1.1 证券组合管理及其必要性

#### 5.1.1.1 证券组合的含义

“证券组合”（又称投资组合、资产组合）一词对应的英文是 portfolio，该词源于意大利语中的 portafoglio，它由 portare 和 foglio 两部分组合而成，前者意为携带，后者意为纸张。该词曾指装国家重要文件的公文包。在现在的英语词典中，它的首义也为公文包、文件夹。如果从其词典释义出发，证券组合在人们的感觉中无非就是一个时髦皮夹里摆着的一叠文件。但在金融投资理论与实践中，证券组合通常是指个人或机构投资者所拥有的由股票、债券以及金融衍生工具等多种有价证券构成的一个投资集合。

#### 5.1.1.2 证券组合管理的意义

证券组合管理思想的提出和成熟，实际上使现实中的投资活动分成两类工作：一是分析证券和市场，其核心是对投资者可能选择的所有投资工具的风险和预期收益的特性进行评估；二是基于现存的各种资产构建最优资产组合，这涉及在可行的资产组合中决定最佳风险-收益机会，也就是从可行的资产组合中选择最好的资产组合。

因此，证券组合管理的重要意义之一就在于它带来了一次证券投资管理理念上的革命。对证券投资进行管理与对证券投资进行组合管理是不同的。尽管传统证券投资管理所管理的也是一种证券的组合，但是其思维方式和着眼点都在于证券个体，是个体管理的简单集合。而证券组合管理则是以证券组合整体为对象和基础，或者说以拥有整个证券组合的投资者的效用最大化为目标所进行的管理，单只证券的风险和收益特征并不是证券组合管理所关注的焦点。证券组合管理的重点应该是证券之间的相互关系及证券组合整体的风险-收益特征，即风险与收益的权衡。

#### 5.1.1.3 证券组合管理的必要性

证券组合理论是建立在对理性投资者行为特征的研究基础之上的。在经典经济理论中，厌恶风险和追求收益最大化是理性投资者最基本的行为特征。对证券投资进行组合管理，可以在降低资产组合风险的同时实现收益最大化。

**1. 降低风险**

为什么说构建资产组合可以降低投资风险呢？人们常常用以篮子装鸡蛋的例子来说明这个问题：如果我们把鸡蛋放在同一个篮子里，万一我们不小心将这个篮子掉在了地上，所有的鸡蛋都可能摔碎；而如果我们把鸡蛋分放在不同的篮子里，一个篮子掉了，不会影响到其他篮子里的鸡蛋。投资组合理论证明，资产组合的风险随着组合所包含证券数量的增加而降低，资产间相关度极低的多元化资产组合可以有效地降低非系统性风险。

**2. 实现收益最大化**

理性投资者都厌恶风险，同时又追求收益最大化。就单个资产而言，风险与收益是成正比的，高收益总是伴随着高风险。但是，各种资产不同比例的组合却可以使证券组合整体的风险-收益特征达到在同等风险水平下收益最高或在同等收益水平下风险最小的理想状态。

### 5.1.2 证券投资风险

作为投资组合理论的创始人，马科维茨在理论上的主要洞见在于他认识到了风险是整个投资过程的核心。正如英国金融学家迪姆松曾指出的那样，“如果计划是零风险的，那就不会有任何问题……风险意味着可能发生的事情远多于确定将会发生的事情”，因此，虽然现实中我们不会预期自己的房子被烧毁，但这的确有可能发生，投资也是如此。那么，什么是风险？在投资过程中可能存在哪些风险？这些问题显然需要我们在进行资产选择，进而构建投资组合之前有所了解。

#### 5.1.2.1 证券投资风险的经济内涵

作为一个所指极为宽泛的词汇，“风险”在经济学中一般是与不确定性或不完全信息联系在一起的，即风险就是指要么由于事件的发生无规可循，要么由于虽然存在相关信息，但信息收集和处理的成本超过了可获得的好处，因此主体对该事件的未来状态判断失误而遭受损失的可能性。① 从实践来看，风险现象，或者说不确定性或信息不完全的现象，在经济生活中无处不在。

在证券投资活动中，（投资）风险的存在意味着尽管投资者的（事后）最终财富肯定

① 显然，我们在这里把不确定性与风险两个经济范畴等同了。虽然 1921 年奈特曾对风险与不确定性之间的区别做过先驱性研究——他把“风险”视为主体根据对事实的客观分类，有能力用具体的客观概率表述的情形，而“不确定性”则指代不可能客观分类的情形，很多学者也接受了这种说法，但在金融理论中，一般把不确定性与风险等同，如 1995 年赫什利弗和赖利就认为（不确定性与风险之间的）这种划分已被证明是没有结果的：一方面，可以用“主观概率”的概念来处理奈特的第二种情形；另一方面，即使对于第一种情形，所谓的“客观概率”也是虚幻的，例如人们一般认为掷骰子时得到 1 的概率为 1/6，但这是有前提的，只有骰子为均质的时，才能使出现任何一面的概率是 1/6。

是单一结果，但在事前来看却由于各种影响因素的不确定性，最终财富可能会产生一个以上的结果。

为了理解这一点，假设投资者A有20万元人民币的初始财富，若将其全部投资于与宏观经济运行正相关的股票C，就可能产生两种结果：当宏观经济运行处于繁荣阶段时，股票价格上扬导致最终财富增加到了30万元；当宏观经济运行处于衰退阶段时，股票价格下跌导致最终财富减少到了10万元。显然，对于投资者A而言，全部投资股票C的最终财富的结果只能是一个（经济繁荣时为30万元，经济衰退时为10万元），但由于事先无法预知宏观经济运行的状态，因此无法确定究竟哪一个最终财富结果会出现。这种不确定性就是证券投资风险。

但值得注意的是，在现有的理论文献中，金融（投资）理论中提及的风险与保险理论中提及的风险在含义上存在较为微妙的差异——保险理论一般关注的是“纯风险”，即损失或无损失的可能性，比如地震、雪崩、海啸等自然灾难一旦发生，就会引致损失，若没有发生，也就不会出现损失①；而金融理论关注的却是“投机性风险”，即在损失的同时也有盈利的可能，比如投资活动的结果就是不确定的，既有亏损的可能，也有盈利的希望，且其遭受损失与获得收益的机会服从一定的概率分布。

#### 5.1.2.2　证券投资风险的分类

**1. 按证券投资风险的来源分类**

不同的投资方式会带来不同的投资风险，风险产生的原因和程度也不尽相同，总体上按证券投资风险的来源可将风险分为以下几大类：

（1）市场风险。这是金融投资中最普遍、最常见的风险，无论是投资于股票、债券、期货、期权、票据、外币、基金等金融产品，还是投资于房地产、大宗商品等有形资产，或是投资于其他实体项目，几乎所有投资者都必须承受这种风险。这种风险来自市场买卖双方供求不平衡引起的价格波动，这种波动使投资者在投资到期时可能得不到投资决策时所预期的收益。

（2）偶然事件风险。这种突发性风险是绝大多数投资者必须承担的，并且其剧烈程度和时效性因事而异。例如，自然灾害、异常气候、战争危险的出现可能影响期货的价格；政府的货币政策和外贸政策的变化可能导致汇率的波动和外汇投资的损失；法律诉讼、专利申请、高层改组、兼并谈判、产品未获批准、信用等级下降等事件的发生可能引起股票、债券价格的急剧变化，这些都是投资者在进行投资决策时无法预料的。

（3）贬值风险。投资收益可分为名义收益和实际收益，由于投资者所期望的是实际收益，因而名义收益和实际收益的差别至关重要。这种差别通过通货膨胀来反映。通货膨胀可分为“期望型”和“意外型”，前者是投资者根据以往的数据资料对未来通货膨胀的预计，也是他们对未来投资索取补偿的依据和基础；而后者则是他们始料未及的，也不可能得到任何补偿。短期债券和具有浮动利率的中长期债券由于考虑了通货膨胀补偿，因此可以降低期望型通货膨胀的贬值风险；股票、期权和票据以及固定利率的长期债券的投资者

---

① 纯风险总与损失密切相关，如提起纯风险，对于家庭一般就意味着失业、疾病、残疾甚至死亡等意外冲击，对于公司一般就意味着由自然灾害引致的生产环节中断、消费者需求改变等意外冲击。

则同时承受这两种风险，期限越长，贬值风险越大。

（4）信用风险。信用风险涵盖了违约风险、破产风险和交易对手风险。违约风险指的是债券等固定收益证券的投资者所面临的一种风险。这类证券在发行时向投资者明文保证他们可以在未来一段时间内得到确定金额的收入；这笔金额可能是在证券到期时一次性发放，也可能是在证券的存续期内多次发放。然而，当公司现金周转不灵、财务陷入困境时，这种事先承诺就可能无法兑现。破产风险则指的是股票和债券的投资者，特别是中小型公司或新创公司股票和债券的投资者必须面对的风险。当公司由于经营管理不善、操作运转不良或其他原因而负债累累、难以维持时，它就可能申请破产保护，筹划公司重组，甚至宣布倒闭。因此，破产风险表现为当公司宣布破产时，股票、债券的价格急剧下跌，进而在公司真正倒闭时，其投资者可能血本无归。交易对手风险指的是在衍生产品交易等带有或有性质的金融交易中，盈亏结算时交易的亏损方无力支付的可能性。

（5）流动性风险。这是股票、债券所必须面对的另一种风险，它通常与偶然事件风险紧密相连。当有关公司的不好消息进入市场时，有时会立刻引起轩然大波，投资者争先恐后地抛售其股票，致使私人投资者无法及时脱手手中的股票。

（6）利率风险。利率提高，债券的机会成本增加，因而债券的价格与利率呈反向变动关系。利率升高，债券价格便下降。相对而言，违约风险与破产风险仅是少数债券的不良表现，而利率风险比违约风险和破产风险的涉及面更广、辐射度更强、影响力更大、时效更长，债券价格更频繁、更强烈地受到利率变化的影响和制约。此外，从对利率变化的敏感度讲，长期债券要大于短期债券，无息债券要大于有息债券，低息债券要大于高息债券，一次性付息债券要大于分期付息债券。综上所述，公司债券的价格变动一部分反映利率变化的影响，另一部分反映公司自身经营状况的影响，故利率风险、违约风险和破产风险是债券及债券基金投资者尤其应该提高警觉并加以防范的。通常债券的期限越长，这些风险（包括贬值风险）越大。

（7）汇率风险。任何从事国际投资、对外贸易或外汇交易的投资者都会承担这种风险。外汇汇率由于受到各国政府货币政策、财政政策、外贸政策以及国际市场上供给与需求平衡的影响而频繁变动，因此当投资者投资于以外币为面值发行的有价证券时，他们除了要承担与其他证券相同的风险外，还要承担货币兑换的额外风险。由于未曾预料到的汇率变动，他们在将收益转换为本国货币时，得到的收益可能与原先的预期相去甚远。

（8）政治风险。各国的金融市场都与本国的政治局面、财政状况、外贸交往、投资气候等息息相关，因此投资于外国有价证券时，除了承担汇率风险外，投资者还面临这种宏观风险。

**2. 按证券投资风险的性质分类**

按证券投资风险的性质的不同，可以将证券投资风险分为系统性风险和非系统性风险两个部分，在数量上，风险等于这两者之和。

系统性风险与市场的整体运动相关，通常表现为某个领域、某个金融市场或某个行业部门的整体变化。它涉及面广，往往使整个一类或一组证券产生价格波动。这类风险因其来源于宏观因素变化对市场整体的影响，因而被称为“宏观风险”。前面提到的市场风险、贬值风险、利率风险、汇率风险和政治风险等均属此类。

非系统性风险基本上只与某个具体的股票、债券相关联，而与其他有价证券无关，也与整个市场无关。这种风险来自企业内部的微观因素，因而被称为“微观风险”。前面提到的偶然事件风险、破产风险、流动性风险、违约风险等均属此类。

### 5.1.3 证券组合的基本类型

证券组合通常以投资目标为标准进行分类。以美国为例，证券投资组合可分为避税型证券组合、收入型证券组合、增长型证券组合、收入-增长型证券组合、货币市场型证券组合、国际型证券组合及指数化型证券组合等。

（1）避税型证券组合。这种证券组合以避税为首要目的，主要服务于处于高税率档次的富人，通常投资于政府债券，这种债券在大多数国家都是免税的。在西方国家，投资管理要考虑的一个重要因素就是投资者的税收地位。以美国为例，要想使投资者实际获得尽可能多的基本收益（即利息、股息收益）和资本收益，不仅要考虑联邦所得税，还要考虑州所得税。对于一个处于高税率档次的富人来说，如果他投资于高股息或高利息的证券，那么在纳税后其收益实际上剩不下多少钱；而对于一个处于50%税率档次的投资者来说，如果他购买了一种利率为6%的免税债券，那么他就相当于获得了12%的税前收益率。

（2）收入型证券组合。这种证券组合追求的是低风险和基本收益的稳定。能够带来基本收益的证券有附息债券、优先股及一些避税债券等。一般来说，年纪较大的投资者、需要负担家庭生活费用和教育费用的投资者及有定期支出的机构投资者（如养老基金等）会偏好这种组合。这种组合的主要功能是为投资者实现基本收益的最大化，定期从组合获得的收入可能要用于满足投资者的部分或全部日常开支。当然，这并不是说收入型证券组合仅适用于中等收入阶层。从收入型证券组合的投资目标来看，富人也可能有此需要，只是他们不仅要考虑基本收益的最大化，还要考虑避税的问题。

（3）增长型证券组合。这种证券组合以资本升值（即未来价格上升带来价差收益）为目标，投资者往往愿意通过延迟获得基本收益来求得未来收益的增长，因而投资风险较大。增长型证券组合的管理要想获得成功，就一定要严格遵守证券组合管理的基本步骤和基本原则。所谓增长是指收益要远高于市场平均收益，因此选股极为重要。在分析中可借助预期收益、标准差、$\beta$值等工具。多元化的原则也不应被忽视，证券太少则风险太大，而证券太多又影响收益。此外，还需要对企业做深入细致的分析，如产品需求、竞争对手、经营特点、公司管理状况等。

朝气蓬勃的年轻人及高税率阶层往往偏好这种组合，年轻人希望通过推迟眼前的收益来获得未来收益的增长，富人们则看重长期资本收益的所得税税率低于基本收益的所得税税率。

（4）收入-增长型证券组合。这种证券组合试图在基本收益与资本增长之间、收益与风险之间达到某种均衡，因此也称均衡组合。均衡可以通过两种组合方式获得：一种是使组合中的收入型证券和增长型证券达到均衡；另一种是选择那些既能带来基本收益，又具有增长潜力的证券进行组合。

（5）货币市场型证券组合。这种证券组合是由各种货币市场工具构成的，如国债、高信用等级的商业票据等。货币市场交易具有规模大、价差波动小的特点，不适宜小额投资，但这种组合使中小投资者得以参与货币市场投资。在西方国家，货币市场基金还赋予投资者以基金账户为基础签发支票的权利，因而基金账户具有了结算账户的功能。资产管理账户中的货币通常在投资者做出再投资决策前自动转入货币市场基金，由于很多货币市场基金都是基金家族的一员，因此投资者可以免费将货币从一种基金转入另一种基金。

（6）国际型证券组合。这种证券组合投资于海外不同国家和地区，既是组合管理的时代潮流，也是经济、金融全球化和国际资本流动的必然结果。实证研究结果表明，这种证券组合的业绩总体上强于只在本土投资的组合，因为它可以降低国家和地区风险，在世界范围内追求收益最大化。20 世纪 90 年代初期，发达国家普遍实行低利率政策，导致国际资本大规模流入新兴市场，基金的国际化投资亦在其中，但在 1997 年对冲基金的投机活动引发了波及全球的东南亚金融危机后，大量国际型基金从新兴市场中抽逃出来并流回欧美等发达国家市场。这不仅对东南亚等新兴市场的股市和汇市下跌起了推波助澜的作用，也大大缩减了国际型基金的规模。

（7）指数化型证券组合。这种证券组合模拟某种市场指数，信奉有效市场理论的机构投资者通常会倾向于这种证券组合，以求获得市场平均的收益水平，因此这种证券组合又称追踪基金或被动基金。根据模拟指数的不同，指数化型证券组合可以分为两类：一类模拟内涵广大的市场指数，这属于常说的被动投资管理；另一类模拟某种专业化的指数，如道琼斯 15 种公用事业股票平均指数，这种证券组合可不属于被动管理之列，因为它对指数是有选择的。第一只指数基金产生于 1971 年。在 20 世纪 70 年代初期西方股市的大规模调整中，指数基金的总体业绩好于进取型基金，从而在基金市场上赢得了市场份额。①20 世纪 90 年代更是指数基金大发展的时期，美国养老基金市场总资产中的很多资产已被指数化。

## 5.1.4 证券组合管理的基本步骤

### 5.1.4.1 确定组合管理目标

所谓组合管理目标，从大的方面讲，可以收入、增长或均衡为目标；从小的方面讲，可以在大目标下具体设定的收益率水平等为目标。

组合管理目标对外是证券组合及其管理者特征的反映，在组合营销（如基金营销）时为组合管理者吸引特定的投资者群体；反过来说，则便利投资者根据自身的需要和情况选择基金。例如，养老基金定期有相对固定的货币支出需要，因此要求有稳定的资产收入，故收入目标就是最基本的。

组合管理目标对内可以帮助组合管理者明确工作目标，以便为实现一定风险下的收益最大化而努力，也可为组合管理者的业绩评估提供一种基准。

---

① 指数基金的业绩好于进取型基金的主要原因有以下三个：第一，指数基金是非常分散化的投资，可以有效降低少数股票损失对整个基金业绩的损害。比如追踪富时 100 指数的基金可能会购买该指数包括的 100 种股票，这样每种股票对该基金整体业绩的影响的权重仅为 1%。第二，指数基金总是处于满仓状态，与进取型基金相比，这在股市处于下跌状态时较为不利，但在股市处于上升状态时颇为有益。自 20 世纪 80 年代以来，西方股市除去几次大调整外，一直处于上升趋势中。第三，指数基金的交易成本低。指数基金设立后，除非指数构成发生变化或者有资金加入或撤出，否则无须交易，这使指数基金的营运成本较频繁换手的进取型基金低得多。有研究表明，交易成本一般是基金能不能跑赢大盘的决定因素。

### 5.1.4.2 制定组合管理政策

组合管理政策是为实现组合管理目标、指导投资活动而设立的原则和方针。证券组合的管理政策首先要规定投资范围，即确定证券组合所包含的证券种类。例如，证券组合管理者要决定该证券组合是只包括股票，还是包括股票、债券等多种证券。更具体一些，证券组合管理者还要决定投资于哪些行业或板块的股票、哪些种类的债券，决定资金在它们之间的分配。

确定投资政策还要考虑客户要求和市场监管机构的限制，考虑税收因素等。例如，我国有关证券投资基金管理的法律法规对基金投资组合和禁止行为的规定就是基金管理人必须遵守的。此外，投资政策的制定还会受到来自信息公开制度的压力，这有时会导致证券组合管理者被迫公布对己不利的政策。

### 5.1.4.3 构建证券组合

证券组合的构建首先取决于证券组合管理者的投资策略。投资策略大致可分为积极进取型投资策略、消极保守型投资策略和混合型投资策略三类。采取积极进取型投资策略的证券组合管理者会在选择资产和买卖时机上下功夫，努力寻找价格偏离价值的资产；采取消极保守型投资策略的证券组合管理者则相反，只求获得市场平均的收益率水平，一般模拟某一种主要的市场指数进行投资；采取混合型投资策略的证券组合管理者介于两者之间。

选择哪一种投资策略主要取决于两个因素：一是证券组合管理者对市场效率的看法如何，相信市场有效率的证券组合管理者就会选择消极保守型投资策略，反之就会选择积极进取型投资策略；二是该证券组合负债的性质和特点，如养老基金就比较适合消极保守型投资策略，因为其有定期的负债支付要求。

传统证券投资管理和现代证券组合管理的证券组合构建过程是不同的。现代证券组合管理构建证券组合的程序是：确定整体收益和风险目标→进行资源配置→确定个别证券的投资比例。资源配置可以利用威廉·夏普的单一指数模型进行，个别证券的投资比例可以利用哈里·马科维茨的均值-方差模型来确定。传统证券投资管理构建证券组合的程序是：证券分析→资产选择→自发形成一种组合。进行证券分析可选择的方法主要是基本分析方法和技术分析方法等。

### 5.1.4.4 修订证券组合资产结构

证券组合的目标是相对稳定的，但个别证券的价格及收益风险特征是可变的。根据上述原则构建的证券组合，在一定时期内应该是符合证券组合的投资目标的，但是，随着时间的推移和市场条件的变化，在该证券组合中一些证券的市场情况与市场前景也可能发生变化，如某企业可能出现并购事件，导致生产和经营策略发生变化。当某种证券的收益和风险特征的变化足以使该证券组合整体发生不利的变动时，就应当对该证券组合的资产结构进行修订，或剔除该证券，或增加有抵消作用的证券。

### 5.1.4.5 证券组合的经济效果评估

对证券组合的经济效果进行评估是证券组合管理的最后一环，也是十分关键的一环。

它既包括对过去一个时期组合管理业绩的评价，也包括对下一个时期组合管理方向的展望。评估经济效果并不是仅仅比较一下收益率就行了，还要看证券组合所承担的风险。风险水平不同，收益率也不同，在同一风险水平下的收益率数值才具有可比性。而证券组合风险水平的高低应取决于投资者的风险承受能力，超过投资者的风险承受能力进行投资，即使获得高收益也是不可取的。对于获得的收益，应区分哪些是证券组合管理者主观努力的结果，哪些是市场客观因素造成的。例如，如果在强劲的牛市中，市场平均收益率为50%，那么即使某证券组合的收益率为35%，其管理者的经营能力也仍要被评为不合格；而如果在大熊市中，市场指数下跌了50%，那么即使某证券组合的资产净值下跌了35%，也可以说其管理者表现相当不错。

### 5.1.5 投资组合理论的形成与发展

投资组合理论最早是由美国著名经济学家哈里·马科维茨于1952年系统提出的，他在1952年3月的《金融杂志》上发表的题为《资产组合选择》的论文中提出了确定最小方差资产组合集合的思想和方法，开创了对投资进行整体管理的先河，奠定了投资组合理论乃至金融经济学发展的基石。在此之前，经济学家和投资管理者一般仅致力于对个别投资对象的研究和管理，20世纪30年代偶尔有人在论文中提出组合的概念，但缺乏系统的理论支持，没有引起人们的注意。

马科维茨在创立投资组合理论的同时，也用数量化方法提出了确定最佳投资组合的基本模型。在以后的岁月中，经济学家一直在利用数量化方法不断丰富和完善有关投资组合管理的理论及实际投资管理方法，并使之成为投资学中的主流理论。

马科维茨的模型对资产之间的相互关系没做任何假设，其风险计算结果是十分精确的。但是这一方法涉及计算所有资产的协方差矩阵，面对上百种可选资产，其计算量是相当大的，因而在当时的技术条件下，该方法难以被实际应用推广，也不利于证券组合管理者对市场整体进行分析和研究。

1963年，马科维茨的学生夏普根据马科维茨的模型，建立了一个计算相对简化的模型——单一指数模型。这一模型假设资产收益只与市场总体收益有关，使计算量大大减少，打开了将投资组合理论应用于实践的大门。如今，马科维茨的模型被广泛用于不同类型的资产组合，而夏普的模型则被广泛用于同类资产内部不同资产的组合。马科维茨本人也将这些技术应用于资产组合的实际管理。

也是在20世纪60年代初期，金融经济学家开始研究马科维茨的模型是如何影响证券估值的，研究导致了CAPM的产生。这一模型阐述了在投资者都采用马科维茨的理论进行投资管理的条件下市场价格均衡状态的形成，把资产预期收益与预期风险之间的理论关系用一个简单而又合乎逻辑的线性方程式表示出来。在实践中，很多专家用它来估计资产收益，指导投资行为，确定投资策略。

尽管CAPM由于其假设条件的超现实性而一直难以得到验证，但是对它的讨论却长盛不衰。1977年，在罗尔（Roll）对其有效性提出质疑后，这种讨论发展到了一个新的阶段。一方面，其他资产定价模型开始出现，其中以套利定价理论（APT）最为著名，发展至今，其地位已不低于CAPM；另一方面，人们通过放宽传统CAPM的假设条件而发展了多种CAPM，以使其更接近现实。投资组合理论和资产定价模型的发展为科学评价职业投资管理人的业绩提供了依据。

20世纪60年代中期，法玛提出了一个绝妙的假设：如果市场分析家都能快速、有效地消化信息，则任何形式的证券分析都不可能产生异常的收益。与此同时，由于信息事件的发生是随机的，证券价格的运动是不规则的，因此技术分析就是毫无意义的。法玛提出该假设的一个重要结论是，在一个有效市场中，任何资产的价格都是其均衡价值的真实反映。很多投资理论的研究都是以此为前提条件的。不过，实际市场并非如此完美，在大量经验性研究结果中，既有支持它的，也有提出反面证据的。这的确是一个很矛盾的概念，否则证券分析这一职业早就不复存在了。

1973年，以无套利均衡分析以及动态股价波动模拟为基础，美国经济学家布莱克和斯科尔斯共同提出一个全新的期权定价模型，也就是B-S期权定价公式。经过默顿的发展，B-S期权定价公式逐渐演变成所有金融衍生产品定价的理论基础，客观上在全球范围内引发了一场金融衍生产品革命，导致了大量新型金融产品的问世。而这些全新的金融产品在丰富金融世界的同时，不仅为组合管理提供了基本材料，而且也为投资组合保险等新型组合管理策略的提出和发展提供了土壤。

经过众多学者的逐渐完善、深化，这些理论已经成为投资理论的经典内容，或者说投资的主流思想。这些理论不仅以各种方式被应用到实际投资管理中，还被编入投资学教科书，使教科书发生了结构和内容的变革。20世纪五六十年代的教科书在介绍投资法规和程序的基础上，着重讲述投资的基础分析与技术分析，并以此为依据讲述投资管理。七八十年代的投资理论日益成熟，逐渐形成体系，而且也被编入教科书，但投资分析的地位仍未受到影响，投资理论总被放在最后。由于当时的人们既固守传统投资分析对投资管理的重要意义，又看好科学的投资理论，因此很多教科书都像百科全书一样包罗万象。

进入21世纪后，资产价格波动和投资管理的历史使人们认识到凭借资产价格预测来进行投资管理是不可靠的，还是应把重点放在科学地选择资产、确定最佳的投资组合上。这样，投资理论便取代了投资分析，跃居教科书的首要地位。传统意义上的基础分析和技术分析有了较大的改变，相应地，投资管理的指导思想也做了相应的调整，投资理论的应用成为其核心。与此同时，随着金融衍生产品及其市场的发展，针对利用它们进行投资的风险管理也成了投资学的一个重要组成部分。

**专栏5-1**

### 投资组合理论的起源

关于投资组合理论的起源，学术界还有一些有意思的讨论。马科维茨在其1987年出版的《资产组合选择和资本市场的均值-方差分析》一书中曾用一段文字描述了组合投资这个观念零星的发展历程。他自认为并不是这个观念的唯一创始人，并评论道："投资组合理论的时代始于1952年发表的两篇文章，即罗伊的一篇论文和马科维茨的另一篇论文，它们开创了投资组合理论的时代……"

在1952年之前，尽管实践中的投资者均认识到规避风险是人类的天性——无论是对自己的投资分析技巧多么有信心的投资者，还是多么急于增加自己的财富的投资者，都会偏好确定的结果，而非不确定的结果，但有关证券投资的理论研究文献不是忽略了风险与收益间的交互作用，就是以不经意的态度处理这个问题。关于这一点，颇具代表性的研究就是威廉姆斯在1938年完成的《投资价值理论》中的“股利贴现模型”——遵循威廉姆斯的分析，他的理论似乎建议投资者应购买具有最高预期收益的股票，并避开其余股票；换句话说，假如你确定IBM具有最高的投资价值，进而爱极了IBM，那么根本不需要再考虑并拥有通用电气等其他公司的股票。

客观地说，当时市场中有很多成功人士都相信集中投资是投资的最佳法则，而分散投资则是不好的策略。20世纪最具影响力的经济学家凯恩斯就曾认为：“基于安全至上的理由，将资金分成许多小笔金额，分别投资在一大群我没有足够信息可以做出良好判断的不同公司上，相较于把大笔资金投资在我可以获得确切信息的一家公司上，前者对我来说，正是一种扭曲的投资策略。”而华尔街的著名经纪人洛布也曾指出：“当你信息充足时，就不会采取分散投资策略；分散投资策略等于承认自己不知道如何寻找投资标的，只是想达到平均的收益水准而已。”从某种意义上说，洛布的这种态度代表了20世纪60年代之前华尔街的典型投资思维模式，甚至到现在，这种观念仍存在于某些人的心中。

而1952年3月马科维茨在《金融杂志》上发表的《资产组合选择》一文则对上述华尔街流行的投资思维提出了质疑，其主要洞见在于意识到了风险是整个投资过程的核心——如果投资者只把焦点放在收益上，而不考虑风险因素，结果将出现并不最适当的投资组合。马科维茨的论文为两个古老的投资原则提供了正式的理论支撑：第一，不入虎穴，焉得虎子；第二，不要把所有鸡蛋放在同一个篮子里。马科维茨以科学的方式精确定义了前述一般人所熟悉的法则，同时采用数学（统计）方法解释投资者处理抵换问题的谜题，他的分析精确地显现了投资者如何把承担最小的风险和达到较高预期收益的愿望相结合。

在马科维茨的论文发表几个月之后，英国剑桥大学的罗伊教授在《计量经济学》上发表了《安全至上与资产持有》一文，在对简单的预期收益观念提出反对的同时，他试图去发掘“充斥着不确定性与残酷的世界中的行为法则”。罗伊在发表这篇论文后，于1956年又发表了一篇补充文章，其后也曾发表4～5篇讨论概率和不确定性的文章。尽管如此，他的主要兴趣并不在于投资和财务方面，或许这是罗伊在金融学界默默无闻的真正原因之一。而另一个原因可能是时机不对（如同达尔文之于华莱士、牛顿之于莱布尼茨一样），马科维茨的理论比罗伊更受瞩目，可能只是因为他比罗伊早一步发表。

值得一提的是，2006年一家美国金融杂志以英文形式介绍了一篇意大利统计学家德菲内蒂于1940年以意大利语完成的论文，该论文提出在保险精算领域将均值-方差分析作为风险和投资最优权衡的方法。这篇论文原文接近90页。由于德菲内蒂并没有用它来解决投资问题，再加上论文是用意大利语写的，因此这篇论文在发表后的60余年中并没有引起广泛关注。

## 5.2　马科维茨选择资产组合的方法

马科维茨以理性投资者及其基本行为特征为前提，论述了建立资产组合的有效边界（即在一定风险水平上收益水平最高的资产组合的集合）的思想和方法。

马科维茨考虑的问题是单期投资问题，投资者拥有一笔资金，从现在起投资特定的时间（称为持有期）。在期初，投资者需要做出购买哪些证券及购买多少的决定，并持有到期末。分别以一定资金比例购买的一组证券称为一个证券组合，因而投资者的决策就是要从一系列可能的证券组合中选择一个最优的证券组合，这样一个决策问题被马科维茨称为组合选择问题。为了解决这个问题，马科维茨对投资者的决策方法和行为特征做了如下假设：①每一种投资都可由一种预期收益的可能分布来代表；②投资者都利用预期收益的波动来估计风险；③投资者仅以预期收益和风险为依据进行决策，在同一风险水平上，投资者偏好收益较高的资产或资产组合，在同一收益水平上，投资者偏好风险较小的资产或资产组合；④投资者在一定时期内总是追求收益最大化。

**专栏5-2**

### 哈里·马科维茨与华尔街的第一次数学革命

2023年6月22日，1990年诺贝尔经济学奖得主哈里·马科维茨在美国去世，享年95岁。

1927年8月，马科维茨出生于美国芝加哥的一个中产阶级家庭，是家里的独子。他爱好阅读、玩国际象棋，同时也是学校乐队的小提琴手。自14岁阅读了达尔文的《物种起源》后，他一度最爱哲学，其偶像是大卫·休谟。高中毕业后，马科维茨申请进入芝加哥大学，接受了博雅教育，结合了数学与社会科学的经济学开始成为他关注的领域。对于马科维茨来说，芝加哥大学最大的吸引力来自1939年搬迁到芝加哥大学的考尔斯经济学研究委员会。因此，在获得经济学学士学位后，马科维茨继续攻读研究生，同时担任考尔斯经济学研究委员会的研究助理。当时，考尔斯经济学研究委员会的研究负责人分别是库普曼斯（1975年诺贝尔经济学奖得主）和马尔沙克（美国经济学家，主要研究计量经济学）。

在马科维茨开始考虑博士学位论文选题时，偶然碰到一位自称是股票经纪人的男士，而这位男士建议马科维茨以股票市场作为研究主题，思考一下线性优化算法下的投资组合选择问题。当马科维茨对马尔沙克提出这一建议时，出乎意料地，马尔沙克对此非正统的提议十分感兴趣，并马上指出考尔斯曾于20世纪30年代对此开展过研究，同时他把马科维茨介绍给芝加哥大学商学院院长凯彻姆（1957年美国金融学会会长）。

马科维茨本人对线性优化非常熟悉，曾跟随丹齐格在兰德公司学习相关方法。在凯彻姆的指导下，马科维茨系统了解了威廉姆斯的《投资价值理论》，并发现了威廉姆斯的分析将导致一个难以理解的悖论，那就是威廉姆斯似乎建议投资者购买具有最高预期收益的股票并避开其余股票，但问题是在真实的世界中，投资者的行为并非如此，只有狂人及赌徒才会把全部家当下注在同一只股票上。马科维茨意识到投资者可能不只是重视收益，同样也在意风险，甚至可以说风险才是整个投资过程的核心。

意识到这一点之后，马科维茨将概率中的均值-方差概念引入投资行为分析，借助库普曼斯在“活动分析”课程中对效率的定义和对有效集等的分析，于 1952 年在《金融杂志》上发表了《资产组合选择》一文。在全部 15 页的内容中，纯文字内容很少，大部分是图或方程式。尽管 38 年之后，马科维茨的成就为他赢得了诺贝尔经济学奖，但这篇论文发表后沉寂了近10 年，在 1960 年之前，这篇文章在学术文献上被引用的次数寥寥无几。在 1954 年马科维茨参加博士学位论文答辩时，作为委员的 1976 年诺贝尔经济学奖得主弗里德曼甚至直接说道：“我看不出你的数学有任何错误，但我有个疑问，这不是一篇经济学论文，因此我们不能授予你经济学博士学位。这篇论文不是数学论文，不是经济学论文，甚至不是企业管理论文。”

1959 年，马科维茨最重要的著作《资产组合选择：投资的有效分散化》出版。

马科维茨加入了兼具全球政策咨询公司和学术机构性质的兰德公司。在兰德公司期间，他参与了大型物流仿真模型的构建，并在构建工业能力的全行业和多行业活动分析模型时发展了稀疏矩阵技术，它后来成了大型线性规划的标准技术。此后，马科维茨和他人合作创办了一家以量化投资为特色的投资组合管理公司，使用异步离散事件模拟器编制并运行了一个计算机量化投资程序。

马科维茨攻读博士学位期间的研究成果被认为是现代金融学的开端。1960 年，他还扮演了威廉·夏普博士学位论文导师的角色，也正是夏普的简化市场模型使得马科维茨的投资组合理论朝向真实世界的应用迈进了一大步。1990 年，马科维茨与威廉·夏普和默顿·米勒获得诺贝尔经济学奖。

### 5.2.1 理性投资者的行为特征和决策方法

从理论上说，具有独立经济利益的投资者的理性经济行为有两个规律特征：一是追求收益最大化；二是厌恶风险。两者的综合反映为追求效用最大化。“效用”一词在微观经济学中是指人们从消费商品和服务中得到的满足。在金融市场上，交易主体追求的是收益最大化。无奈高收益总是伴随着高风险，对风险的承受力直接制约着人们对预期收益的定位。通常说来，人们只在可接受的风险范围内寻求相对高的收益，或者只有当收益足够高时，才会冒较大的风险。所以，投资活动的效用就是投资者权衡风险与收益后获得的满足。

**1. 追求收益最大化的规律特征**

这一特征表现为，当风险水平相当时，理性投资者都偏好预期收益较高的交易。在可能的范围内，投资者总是选择收益最高的资产投资；然而，与之相对的市场资金需求者为了自身收益最大化的要求则要选择成本最低的融资方式，资金供求双方对立的经济利益、一致的利益冲动制约着市场均衡价格的形成。

2. **厌恶风险的规律特征**

这一特征表现为，当预期收益相当时，理性投资者总是偏好风险较小的交易。人们对风险的厌恶程度是不同的，有的强，有的弱，有的对风险持中性态度，有的甚至偏好风险。从理论上定义，理性投资者一般是以厌恶风险为特征的，这一特征直接决定着价格的结构。对于厌恶风险的人，要使之接受交易中的风险，就必须在价格上给予足够的补偿，有风险交易的收益从结构上看应该是无风险交易的收益加上一个风险补偿额——风险越大，风险补偿额越高。

3. **追求效用最大化**

追求效用最大化就是要选择能带来最大满足的风险与收益的资产组合。效用由无差异曲线表示，可供选择的最佳风险与收益的资产组合的集合由有效边界表示，无差异曲线与有效边界的切点就是提供最大效用的资产组合。

（1）风险厌恶资金供应者的无差异曲线。金融市场的无差异曲线表示在一定的风险和收益水平下，资金供应者对不同资产组合的满足程度是无区别的，即同等效用水平曲线。图 5-1 是一组风险厌恶资金供应者的无差异曲线。

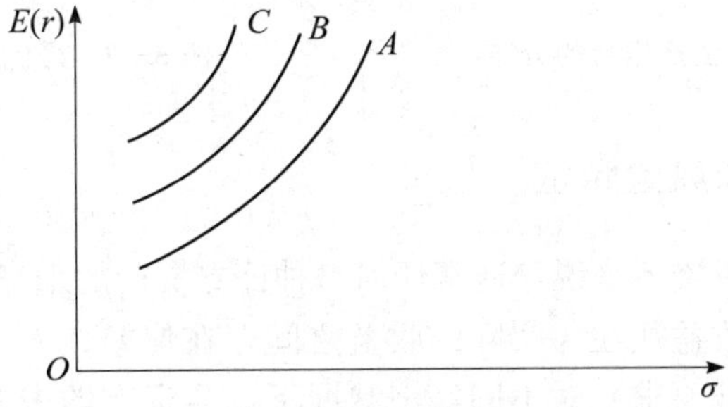


**图 5-1　风险厌恶资金供应者的无差异曲线**

不同水平的曲线代表着效用的大小，水平越高，效用越大。图 5-1 中的曲线 $C$ 显然代表着最大效用。

曲线的凸向反映着资金供应者对风险的态度，由于横轴是风险变量，纵轴是预期收益变量，因此曲线右凸反映风险厌恶偏好。风险厌恶者要求风险与收益成正比，曲线越陡，风险增加时对收益补偿的要求越高，对风险的厌恶越强烈；曲线越平缓，对风险的厌恶越弱。风险中性的无差异曲线为水平线，风险偏好的无差异曲线为左凸曲线。

（2）资产组合的有效边界。在投资组合理论中，假设资产互不相关，当三个以上的风险资产进行组合时，各种不同风险与收益水平的资产组合分布在一条双曲线的一边或者一个伞形的区域内①，见图 5-2。

伞形区域边缘上的资产或资产组合都是在同等收益水平下风险最小的资产组合，因此伞形区域边缘被称为最小方差资产组合的集合。伞形区域端点处的资产组合又是所有最小方差资产组合集合中方差最小的一个，被称为最小方差资产组合（MVP）。这一端点将伞形区域分为上、下两部分，上部分边缘上的各种资产和资产组合，不仅满足同等收益水平下风险最小的条件，还满足同等风险水平下收益最高的条件，是理性投资者的理想选择，

① 资产组合线的构造详见后文。

因此伞形（双曲线）区域上半部分的边缘被称为资产组合的有效边界（或有效资产组合的集合）。由于有效边界的收益和风险是对称的，因此理想投资者到底选择有效边界上的哪一点，取决于投资者风险厌恶程度的强弱。风险厌恶程度较强的，可选择靠近端点的资产组合；风险厌恶程度较弱的，可选择高风险、高收益的资产组合。在本小节中，我们借助"效用最大化"这一概念来描述投资者最优资产组合的选择过程。

（3）效用最大化。把上述两图叠加起来，由于与有效边界相切的无差异曲线是有效边界所能遇到的效用最高的无差异曲线，因此两者的切点 $F$ 就是能给投资者带来最大效用的有效资产组合——最优资产组合，见图 5-3。

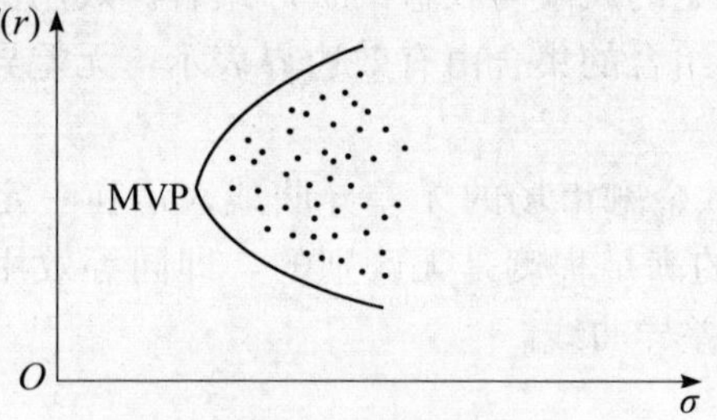


图 5-2　风险资产组合的分布

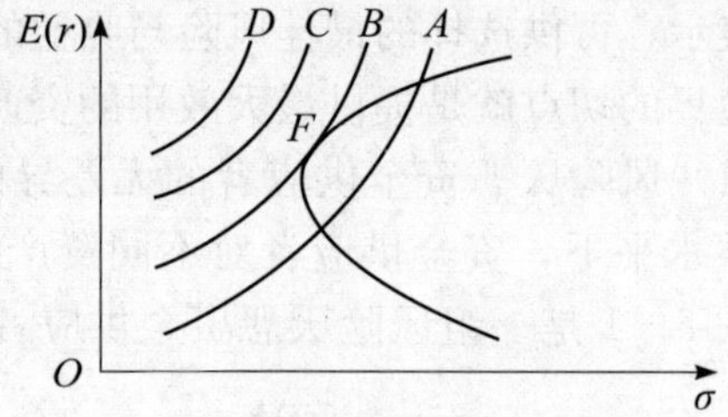


图 5-3　最优资产组合的确定

## 5.2.2　资产的收益和风险特征

对于证券分析师或投资者来说，通常任何一种证券资产的未来投资收益都带有不确定性，或者说证券承诺的收益往往与实际的收益之间存在偏差。为了进行事前的证券估价，证券分析师往往要（或被要求）对不同经济状况下证券资产的未来收益做出不同的估计，并用两个数来综合所面临的形势——一个表示综合分布的中心趋势（或者说期望收益），另一个测度有关的风险。

### 1. 预期收益

证券资产的未来收益受到宏观经济形势以及利率、汇率波动等很多因素的影响，通常是不确定的，但在不同的经济状况下，我们可以对证券资产的未来收益做出不同的估计。每一种经济状况及在这种状况下资产的收益率都有自己发生的概率，把所有可能出现的资产收益按其可能发生的概率进行加权平均计算，我们便对这一资产未来可能出现的收益有了一个综合的估计，这便是预期收益的含义（预期收益常用预期收益率表示）。也就是说，预期收益并不代表将来可能获得的收益，而只是反映了我们对一切可能的有关信息进行合理分析后对资产获利能力的一种估计。

数学期望为我们估计证券的预期收益提供了一个科学的工具。根据不同的经济状况，我们会对资产的未来收益做出不同的估计，每一种估计的出现都有自己的概率，两者的加权概率平均值就是数学期望，其计算公式为：

$$E(r)=\sum_{i=1}^{n}h_i r_i \tag{5-1}$$

式中，$r_i$ 为第 $i$ 种可能的收益率；$h_i$ 为 $r_i$ 可能发生的概率；$E(r)$ 为预期收益率。

表 5-1 是一个计算数学期望的例子，计算结果表明，证券甲的预期收益率为 19%。

表 5-1 证券甲的预期收益率的估算

| 经济状况 $i$ | 可能的收益率 $r_i$(%) | 概率 $h_i$(%) | $h_ir_i$(%) |
|---|---|---|---|
| 1 | 0 | 20 | 0 |
| 2 | 10 | 10 | 1 |
| 3 | 20 | 40 | 8 |
| 4 | 30 | 20 | 6 |
| 5 | 40 | 10 | 4 |
| 合计 (预期收益率) | | | 19 |

### 2. 风险（方差）

方差反映的是随机变量对数学期望的离散程度。由于我们把投资的风险定义为实际收益率偏离预期收益率的潜在可能性，因此我们可以借预期收益率的方差作为衡量风险的标准，计算公式为：

$$\sigma^2 = \sum_{i=1}^{n} h_i[r_i - E(r)]^2 \tag{5-2}$$

$$\sigma = \sqrt{\sum_{i=1}^{n} h_i[r_i - E(r)]^2} \tag{5-3}$$

方差的平方根为标准差。方差（标准差）越大，随机变量与数学期望的偏离越大，风险也就越大。

根据表 5-1 中的数据计算，证券甲的预期收益率的方差为 0.014 9，标准差为 0.122。具体计算过程如下：

$$\begin{aligned}\sigma &= \sqrt{\sum_{i=1}^{n} h_i[r_i - E(r)]^2} \\ &= \sqrt{20\%\times(-19\%)^2+10\%\times(-9\%)^2+40\%\times(1\%)^2+20\%\times(11\%)^2+10\%\times(21\%)^2} \\ &= \sqrt{0.0149} \\ &= 0.122\end{aligned}$$

从经济角度考虑，鉴于离差 $[r_i - E(r)]$ 有正也有负，正的离差对投资者是有利的，只有负的离差才是我们要关注的风险，因此有人提出半方差（semivariance）的标准，但因收益率离差这一随机变量的分布存在对称性，正负相当，故没必要太精细，而且在大量运算中，要把负的离差都挑出来也不容易。

遵循均值-方差的分析框架，可以发现：尽管现实中两种证券的收益分布乍看上去截然不同，但如果两种证券的预期收益和风险均相同的话，那么就可以认为这两种证券是完全相同的证券。如表 5-2 所示，在两种未来状态中，证券 1 和证券 2 的状态收益和状态发生概率均不同，但预期收益（均值）和风险（方差）却均为 0 和 1。

表 5-2 一个例子

| | 状态 1 的收益 | 状态 1 发生的概率 | 状态 2 的收益 | 状态 2 发生的概率 |
|---|---|---|---|---|
| 证券 1 | 1 | 0.5 | −1 | 0.5 |
| 证券 2 | 3 | 0.1 | −1/3 | 0.9 |

### 3. 样本平均值和样本方差

在实际生活中，随机变量的概率往往是不可知的，股票收益率尤其如此，这就需要利用样本来估计未来收益和风险，计算样本平均值和样本方差。在计算资产未来收益的样本平均值和样本方差时，我们是以以前的收益为样本的，并假设资产收益的分布概率是不变的。

利用上面证券甲的收益率数据，我们来看一下证券甲的样本平均值和样本方差的计算公式及计算结果。

证券甲的样本平均值是：

$$\begin{aligned}\bar{r} &= \frac{\sum_{t=1}^{N} r_t}{N} \\ &= \frac{0+10\%+20\%+30\%+40\%}{5} \\ &= 20\%\end{aligned}$$

式中，$N$ 为收益观察值的数量，通常是一个时间变量，如多少月、多少年。

由于在计算样本平均值时，我们假设资产各种收益发生的概率相等，因此样本平均值与预期收益是有差别的，这一差别称为样本误差。样本误差可以通过增加观察值来缩小，但观察时间越长，概率不变的假设就越不现实。可接受的做法是，在你认为概率不会发生巨大变化的限度内增加观察值。

证券甲的样本方差是这样计算的：

$$\begin{aligned}\bar{\sigma}^2 &= \frac{\sum_{t=1}^{N}(r_t-\bar{r})^2}{N-1} \\ &= [(0\%-20\%)^2+(10\%-20\%)^2+(20\%-20\%)^2 \\ &\quad +(30\%-20\%)^2+(40\%-20\%)^2]/(5-1) \\ &= 0.025\end{aligned}$$

样本标准差为：

$$\bar{\sigma} = 0.158$$

公式的分母之所以为 $N-1$，是因为我们将样本平均值作为未知平均数的代表，作为补偿，只有 $N$ 减去 1，才能产生方差的无偏估计。

样本平均值和样本方差是我们评价资产的一种基本方法，但在比较资产时要注意，不同风险资产的收益率是不可以直接进行比较的。

**专栏 5-3**

#### 投资者偏好、二次效用函数与投资组合选择

历史地看，法国数学家伯努利可能是最早开展不确定性研究的学者——他在 1738 年发表的一篇论文中提出了“圣彼得堡悖论”的一个解答（后来《计量经济学》期刊认为这篇论文相当重要，因此在 1954 年将其重刊）。

假设保罗不断地抛掷硬币，直到硬币出现人头面为止。彼得承诺，如果保罗在第

一次就掷出人头面，他愿意给保罗一个硬币；如果在第二次掷出人头面，则给保罗两个硬币；在第三次掷出人头面，则给四个硬币；在第四次掷出人头面，则给八个硬币；依此类推。随着保罗掷硬币次数的增加，彼得必须支付的硬币也就增加，因此保罗的收入也会增加。那么，如何判定保罗的期望值是多少？

在伯努利看来，即便考虑了不确定性，保罗的数学期望看上去也应该是无穷大的，但有意思的是，他在询问很多人后得到的答案却是一个较小的有限值。

问题是，该期望值怎么可能是一个有限值？伯努利思考再三，提出了在他之前没有任何学者想到的一种解释方法——在他看来，当存在不确定性的时候，参与这一游戏的保罗可能并不关注每次游戏结束后获得的硬币数量绝对值的大小，而可能最关注与这一绝对值相关的某个函数的大小。如果保罗关心的函数是对数函数，即

$$U(x)=\ln(x)$$

那么，在存在不确定性的背景下，保罗的预期收益就等于：

$$E[U(x)]=\frac{1}{2}\ln(2^0)+\frac{1}{2^2}\ln(2^1)+\frac{1}{2^3}\ln(2^2)+\cdots+\frac{1}{2^t}\ln(2^{t-1})+\cdots$$

而求解这一无穷数列的和，答案恰恰是一个有限值。因此，伯努利认为他很好地解释了这一问题。从当前经济学的角度看，伯努利的解释存在明显的问题，即在函数呈凸性的前提下，函数的期望值和期望函数值是两个不同的数值。在伯努利的这个例子中，对于保罗而言，如果其效用函数是对数函数，那么期初确定性地获得有限值数量的硬币要比进行这个游戏更有价值。但伯努利提出的“圣彼得堡悖论”的解答引入了一个非常重要的概念，也就是投资者效用函数。这成为后续资产选择理论的基础。

容易理解，现实中的投资者效用函数有指数效用函数、对数效用函数、二次效用函数等多种形式，但在构建现代资产组合选择模型时，马科维茨对投资者风险-收益偏好以及效用的分析隐含了二次效用函数的假设，即假设投资者效用函数可以表示为：

$$U(r_P)=a+br_P-cr_P^2 \quad b>0,\ c>0 \tag{5-4}$$

之所以选择这一效用函数，是因为这一函数性质简单，其一阶导数和二阶导数分别为：

$$U'(r_P)=b-2cr_P$$

$$U''(r_P)=-2c<0$$

期望效用为：

$$\begin{aligned}E[U(r_P)]&=bE(r_P)-c[E(r_P^2)]\\&=bE(r_P)-c\,[E(r_P)]^2-cE[r_P-E(r_P)]^2\end{aligned}$$

换句话说，投资者的期望效用只取决于两个随机变量，即期望和方差，而且与期望成正比（当且仅当 $r_P<b/2c$ 时），与方差成反比。

客观地说，尽管二次效用函数内在性质非常简单，并可以借助线性规划来解决其求解问题，进而成为投资组合理论中最常见的函数形式，但我们也应该了解，其在实践中的运用还是存在很多缺陷的。关于这一点，我们可以举一个非常简单的例子来说明。

假设现实中存在 3 种不同的证券，其价格及收益率分布见表 5-3。

表 5-3　3 种不同的证券的价格及收益率分布

| 证券 | 当前价格（元） | 1 年后的价格（元） | | 1 年后的收益率（%） | |
|---|---|---|---|---|---|
| | | 状态 1 | 状态 2 | 状态 1 | 状态 2 |
| | | 概率=50% | 概率=50% | 概率=50% | 概率=50% |
| 证券 1 | 100 | 105 | 120 | 5 | 20 |
| 证券 2 | 100 | 50 | 160 | -50 | 60 |
| 证券 3 | 100 | 105 | 160 | 5 | 60 |

借助表 5-3，我们可以发现：尽管从直观上理解，证券 3 在两种未来状态中的价格以及收益率均不比证券 1 差，理性的投资者在两者之间选择的话，理应选择证券 3 而不是证券 1，但如果从均值-方差的二次效用函数的角度看，我们却发现：

$E(r_1)=12.5\%$，$\sigma_1=7.5\%$

$E(r_2)=5\%$，$\sigma_2=55\%$

$E(r_3)=32.5\%$，$\sigma_3=27.5\%$

所以，证券 3 肯定优于证券 2（相比证券 2，证券 3 在预期收益率高的同时，其风险只有证券 2 的一半），但在证券 3 和证券 1 之间却不能直接做出选择——证券 1 是一种低风险、低收益的产品，而证券 3 则是一种高风险、高收益的产品，究竟应选择哪种证券取决于投资者的风险偏好。显然，马科维茨模型的这样一种结论是有别于直观感受的。

## 5.2.3　资产组合的收益和风险

我们已经学习了计算单个资产的收益和风险的方法，当面对资产组合时，我们关心的将不仅是单个资产的收益和风险，更主要的还是资产组合作为一个整体的收益和风险，我们还需要决定在各种资产上各投资多少钱。

### 1. 资产组合的收益

资产组合的预期收益率 $E(r_P)$ 是资产组合中所有资产预期收益率的简单加权平均值，其中的权数 $x$ 为各资产投资占总投资的比率。计算公式为：

$$\begin{aligned} E(r_P) &= E(x_1r_1+x_2r_2+\cdots+x_nr_n) \\ &= x_1E(r_1)+x_2E(r_2)+\cdots+x_nE(r_n) \\ &= \sum_{i=1}^{n} x_iE(r_i) \end{aligned} \tag{5-5}$$

其中，$x_1+x_2+\cdots+x_n=1$。

假设一个资产组合由某公司债券和某股票指数资产组合两项资产组成。历史数据显示，公司债券的预期收益率为 5%，而股票指数资产组合的预期收益率为 12.5%。如果按照表 5-4 中的权数分别进行组合投资，则该资产组合的预期收益率是多少？（注：$\rho$ 表示相关系数。）

**表 5-4　公司债券和股票指数资产组合信息表**

| 资产组合序号 | 公司债券权数 | 股票指数资产组合权数 | $E(r_P)$ (%) | $\sigma_P$ (%) | |
|---|---|---|---|---|---|
| | | | | $\rho=1$ | $\rho=-1$ |
| 1 | 0 | 1.0 | 12.5 | 20 | 20 |
| 2 | 0.2 | 0.8 | 11.0 | 17 | 15 |
| 3 | 0.4 | 0.6 | 9.5 | 14 | 10 |
| 4 | 0.6 | 0.4 | 8.0 | 11 | 5 |
| 5 | 0.8 | 0.2 | 6.5 | 8 | 0 |
| 6 | 1.0 | 0 | 5.0 | 5 | 5 |

### 2. 卖空与权数

权数为正数，表明我们预测这两项资产的市场价格都将上升并且我们分别买入了这两项资产，此时我们处在多头的状态。有时，投资者预测某种股票价格将会下跌，他可能到证券商那里借入这种股票，并按现行的价格售出，等股票价格下降后再以低价购回并归还，借此来赚取价差，这种投资策略叫卖空。在卖空时，投资的权数为负值。

假设我们有 100 万元的本钱，将其投资于证券 1，证券 1 的收益率为 20%；我们还要在证券 2 上做 30 万元的卖空，即借价值 30 万元的证券 2 售出。假设证券 2 的收益率为 10%，售后收入全部投资于证券 1，试问我们这一资产组合的预期收益率如何？

$$\begin{aligned}E(r_P)&=x_1r_1+x_2r_2\\&=1.3\times20\%+(-0.3)\times10\%\\&=23\%\end{aligned}$$

$x_1$ 为 1.3 是因为我们对证券 1 的投资除自有的 100 万元以外，还有 30 万元证券 2 的售后收入，总额相当于我们本钱的 130%；售出证券 2 收入 30 万元，相当于本钱的 −30%；权数合计仍为 100%。

投资的损失是有限的，最多为 100%，即你花 100 万元买的证券跌得一文不值；卖空的损失则是无限的，因为价格的上涨是无限的。在实际的经济环境中，把借入证券的售后收入全部投资的做法，也只有大的机构投资者可以做，小投资者不但要把售后收入单独保存，还要另交一定数额的保证金。

### 3. 资产组合的方差

计算资产组合的方差可没有计算预期收益率那样简单，资产组合的方差不是各资产方差的简单加权平均值，而是资产组合的收益率与其预期收益率偏离数的平方，即

$$\sigma_P^2=E[r_{Pi}-E(r_P)]^2 \tag{5-6}$$

式中，$i$ 为假设状态；$r_{Pi}$ 为资产组合 $P$ 在状态 $i$ 下的收益率。

对于 $n$ 个资产的组合来说，计算方差的一般公式为：

$$\sigma_P^2=\sum_{i=1}^{n}\sum_{j=1}^{n}x_ix_j\mathrm{cov}(r_i,r_j) \tag{5-7}$$

其中，$x_1+x_2+\cdots+x_n=1$。

由于当 $i=j$ 时，$\mathrm{cov}(r_i,r_j)=\sigma_i^2$，$n$ 个资产组合方差的一般公式也可表示为：

$$\sigma_P^2 = \sum_{i=1}^{n} x_i^2 \sigma_i^2 + \sum_{i=1}^{n} \sum_{\substack{j=1 \\ i \neq j}}^{n} x_i x_j \text{cov}(r_i, r_j)$$

该公式表明，资产组合的方差是资产各自方差与它们之间协方差的加权平均值。

由 $A$、$B$ 两项资产组成的资产组合的方差的计算公式为：

$$\begin{aligned}
\sigma_P^2 &= E[r_{Pi} - E(r_P)]^2 \\
&= \sum_{i=1}^{n} h_i \{(x_A r_{Ai} + x_B r_{Bi}) - [x_A E(r_A) + x_B E(r_B)]\}^2 \\
&= \sum_{i=1}^{n} h_i \{x_A [r_{Ai} - E(r_A)] + x_B [r_{Bi} - E(r_B)]\}^2 \\
&= \sum_{i=1}^{n} h_i \{x_A^2 [r_{Ai} - E(r_A)]^2 + x_B^2 [r_{Bi} + E(r_B)]^2 \\
&\quad + 2x_A x_B [r_{Ai} - E(r_A)][r_{Bi} - E(r_B)]\} \\
&= x_A^2 \sum_{i=1}^{n} h_i [r_{Ai} - E(r_A)]^2 + x_B^2 \sum_{i=1}^{n} h_i [r_{Bi} - E(r_B)]^2 \\
&\quad + 2x_A x_B \sum_{i=1}^{n} h_i [r_{Ai} - E(r_A)][r_{Bi} - E(r_B)] \\
&= x_A^2 \sigma_A^2 + x_B^2 \sigma_B^2 + 2x_A x_B \text{cov}(r_A, r_B)
\end{aligned} \tag{5-8}$$

在表 5-4 中，如果假设公司债券的标准差是 5%，而股票指数资产组合的标准差为 20%，两者的相关系数为 1 和 −1，那么随着权重的变化，我们可以发现两项资产的资产组合的标准差也呈现与预期收益率相同的变化趋势。

由于从取值范围上看，方差是一个无限的量，因此当我们需要一个有限的量来刻画资产组合时，相关系数就非常有用。相关系数是反映两个随机变量联系程度的指标，其计算公式为：

$$\rho_{AB} = \frac{\text{cov}(r_A, r_B)}{\sigma_A \sigma_B} \tag{5-9}$$

式中，$\sigma_A$ 为资产 $A$ 的标准差；$\rho_{AB}$ 为资产 $A$ 与资产 $B$ 的相关系数。

$\rho_{AB}$ 的最大取值为 1，最小取值为 −1，正数表示正相关，负数表示负相关；$\rho_{AB}$ 越是接近 1，资产 $A$ 与资产 $B$ 的正向相关度越大；$\rho_{AB}$ 越是接近 −1，资产 $A$ 与资产 $B$ 的负向相关度越大；当 $\rho_{AB}=1$ 时，资产 $A$ 的变动与资产 $B$ 的变动绝对一致，称为完全正相关；当 $\rho_{AB}=-1$ 时，资产 $A$ 的变动与资产 $B$ 的变动绝对相反，称为完全负相关；当 $\rho_{AB}=0$ 时，资产 $A$ 与资产 $B$ 毫无关系，称为互不相关。

两项资产的资产组合的方差可由相关系数表示为：

$$\sigma_P^2 = x_A^2 \sigma_A^2 + x_B^2 \sigma_B^2 + 2x_A x_B \rho_{AB} \sigma_A \sigma_B \tag{5-10}$$

由此不难推断，在不允许卖空的条件下，$\rho_{AB}$ 的数值越大，$\sigma_P^2$ 也越大；$\rho_{AB}$ 的数值越小，$\sigma_P^2$ 也越小。换句话说，资产的相关度越高，资产组合的风险越大。选择互不相关或负相关的资产进行组合可降低风险。在实际经济生活中，由于各种资产对一些宏观经济信息都会做出不同程度的反映，因此绝对负相关或不相关的资产是很难找的，只能尽量选择相关系数偏低的资产。方差的计算也不是手工计算所能胜任的，需要借助计算机完成。

**4. 风险-收益坐标系中资产组合线的构造**

资产组合线是两种或两种以上的资产在进行组合构建时，资产组合的收益和风险特征在风险-收益坐标系中呈现出来的形状。依两种资产相关度的不同，资产组合线可呈直线状态，也可呈曲线状态。其他条件都相同，只有相关度不同的资产所形成的资产组合线放在一起，可以清楚地展现不同的相关度对资产组合风险的影响，见图 5-4。

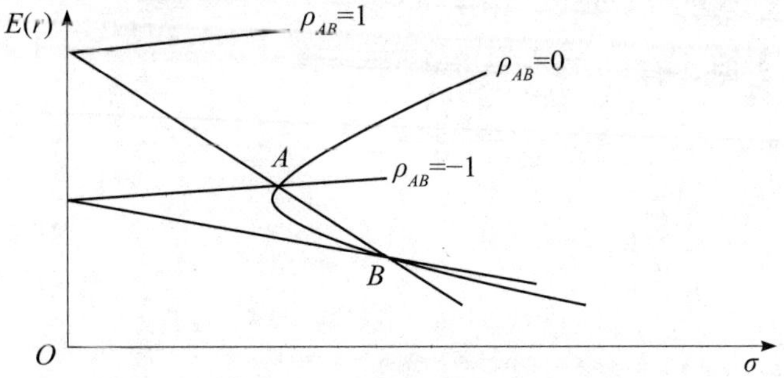


**图 5-4 相关度不同的资产所形成的资产组合线**

从三条资产组合线 $AB$ 间的部分距原点的距离不难看出，当相关度不同的资产进行组合时，资产组合风险的降低程度是不同的。相关度越大，资产组合风险的降低程度越小；相关度越小，资产组合风险的降低程度越大。在同等收益水平下，相关度最小的资产组合风险最小。

这些资产组合线是如何构建出来的？从理论上说，资产组合线是资产组合预期收益率和方差分析的直接运用。

（1）完全正相关的两资产组合线。假设证券 $A$ 和证券 $B$ 完全正相关，那么对于由这两种资产构成的组合，有

$$E(r_P)=x_Ar_A+x_Br_B=x_Ar_A+(1-x_A)r_B \tag{5-11}$$

$$\sigma_P^2=x_A^2\sigma_A^2+x_B^2\sigma_B^2+2x_Ax_B\rho_{AB}\sigma_A\sigma_B=[x_A\sigma_A+(1-x_A)\sigma_B]^2 \tag{5-12}$$

由公式（5-12），我们可以得到：

$$\sigma_P=|x_A\sigma_A+(1-x_A)\sigma_B| \tag{5-13}$$

因此，当 $x_A\sigma_A+(1-x_A)\sigma_B>0\left(\text{即 } x_A>\frac{-\sigma_B}{\sigma_A-\sigma_B}\right)$时，有

$$x_A=\frac{\sigma_P-\sigma_B}{\sigma_A-\sigma_B} \tag{5-14}$$

当 $x_A\sigma_A+(1-x_A)\sigma_B<0\left(\text{即 } x_A<\frac{-\sigma_B}{\sigma_A-\sigma_B}\right)$时，有

$$x_A=-\frac{\sigma_P+\sigma_B}{\sigma_A-\sigma_B} \tag{5-15}$$

分别把公式（5-14）和公式（5-15）代入公式（5-11），可以得到：

$$E(r_P)=r_B-(r_A-r_B)\times\frac{\sigma_B}{\sigma_A-\sigma_B}+(r_A-r_B)\times\frac{\sigma_P}{\sigma_A-\sigma_B}，\ x_A>\frac{-\sigma_B}{\sigma_A-\sigma_B}$$

$$E(r_P)=r_B-(r_A-r_B)\times\frac{\sigma_B}{\sigma_A-\sigma_B}-(r_A-r_B)\times\frac{\sigma_P}{\sigma_A-\sigma_B}，\ x_A<\frac{-\sigma_B}{\sigma_A-\sigma_B}$$

这两个式子表明，完全正相关两资产组合的预期收益率同样是标准差的一个线性函数，表示在风险-收益坐标系中就是图 5-4 中的一条折线。

（2）完全负相关的两资产组合线。假设证券 $A$ 和证券 $B$ 完全负相关，那么对于由这两种资产构成的组合，有

$$E(r_P)=x_Ar_A+x_Br_B=x_Ar_A+(1-x_A)r_B$$

$$\sigma_P^2=x_A^2\sigma_A^2+x_B^2\sigma_B^2-2x_Ax_B\rho_{AB}\sigma_A\sigma_B=[x_A\sigma_A-(1-x_A)\sigma_B]^2 \quad (5-16)$$

由公式（5-16），我们可以得到：

$$\sigma_P=|x_A\sigma_A-(1-x_A)\sigma_B| \quad (5-17)$$

因此，当 $x_A>\frac{\sigma_B}{\sigma_A+\sigma_B}$ 时，有

$$x_A=\frac{\sigma_P+\sigma_B}{\sigma_A+\sigma_B} \quad (5-18)$$

当 $x_A<\frac{\sigma_B}{\sigma_A+\sigma_B}$ 时，有

$$x_A=\frac{\sigma_B-\sigma_P}{\sigma_A+\sigma_B} \quad (5-19)$$

分别把公式（5-18）和公式（5-19）代入公式（5-11），可以得到：

$$E(r_P)=r_B+(r_A-r_B)\times\frac{\sigma_B}{\sigma_A+\sigma_B}+(r_A-r_B)\times\frac{\sigma_P}{\sigma_A+\sigma_B},\ x_A>\frac{\sigma_B}{\sigma_A+\sigma_B}$$

$$E(r_P)=r_B+(r_A-r_B)\times\frac{\sigma_B}{\sigma_A+\sigma_B}-(r_A-r_B)\times\frac{\sigma_P}{\sigma_A+\sigma_B},\ x_A<\frac{\sigma_B}{\sigma_A+\sigma_B}$$

这两个式子表明，完全负相关两资产组合的预期收益率同样是标准差的一个线性函数，表示在风险-收益坐标系中就是图5-4中的一条折线。借助图5-4可知，当两资产完全负相关时，只要 $x_A=\frac{\sigma_B}{\sigma_A+\sigma_B}$，则无须卖空，我们就可以得到零标准差（风险）的组合。

（3）不完全相关的两资产组合线。假设证券 $A$ 和证券 $B$ 不完全相关，那么对于由这两种资产构成的组合，有

$$E(r_P)=x_Ar_A+x_Br_B=x_Ar_A+(1-x_A)r_B \quad (5-20)$$

$$\begin{aligned}\sigma_P^2&=x_A^2\sigma_A^2+x_B^2\sigma_B^2+2x_Ax_B\mathrm{cov}(r_A,\ r_B)\\&=x_A^2\sigma_A^2+(1-x_A)^2\sigma_B^2+2x_A(1-x_A)\rho_{AB}\sigma_A\sigma_B\end{aligned} \quad (5-21)$$

此时，从数学上说，资产组合预期收益率和标准差之间呈现出一种双曲线的关系。

借助公式（5-21）和图5-4，我们可以发现当两资产不完全相关时，两资产组合的风险恒大于零（或者说无法得到无风险组合）。方差与相关系数之间的关系如下：

$$\frac{\partial\sigma_P^2}{\partial\rho_{AB}}=2x_A(1-x_A)\sigma_A\sigma_B>0$$

这意味着在不允许卖空的情况下，不完全相关两资产组合的标准差应小于两资产加权平均的标准差 $x_A\sigma_A+(1-x_A)\sigma_B$；换句话说，投资组合的分散化具有积极效应。

对于给定的预期收益率 $E(r_P)$，当 $x_A$ 不变时，我们可以发现：随着相关系数的不断变小（从1到−1），投资组合的方差不断变小。

当相关系数为0（即相互独立）时，仅当 $x_A=\frac{\sigma_B^2}{\sigma_A^2+\sigma_B^2}$ 时，两资产组合的风险最小。

当相关系数在−1到0之间时，我们可以证明其资产组合线位于图5-4中通过 $A$ 点和 $B$ 点的双曲线与折线之间，而当相关系数在0到1之间时，资产组合线在通过 $A$ 点、$B$ 点的双曲线与直线之间。

利用两资产组合线，我们可以较为方便地构建一些所需的资产组合。例如，假设证券 $A$ 和证券 $B$ 的标准差分别为12%和15%，解答下列问题：

（1）如果两者的相关系数为 $-1$，要产生一个零标准差的组合，那么两者各自的权重应该是多少？

利用公式（5-17），我们可以非常快速地得到，当 $\sigma_P$ 为零时，有

$$x_A=\frac{\sigma_B}{\sigma_A+\sigma_B}=\frac{15\%}{27\%}=\frac{5}{9}$$

而

$$x_B=1-x_A=\frac{4}{9}$$

（2）如果两者的相关系数为 0，要想获得一个风险最小的组合，那么两者各自的权重应该是多少？

利用公式（5-21），我们可以非常快速地得到，当 $\sigma_P$ 最小时，有

$$x_A=\frac{\sigma_B^2}{\sigma_A^2+\sigma_B^2}=\frac{15\%^2}{15\%^2+12\%^2}\approx 0.61$$

$$x_B\approx 0.39$$

（3）如果两者的相关系数为 1 且不允许卖空，那么所能获得的风险最小组合中两者各自的权重应该是多少？

由公式（5-13）可知，在正相关且不允许卖空的情况下，要想获得最小风险组合，应该把所有资金都投资到低风险资产上，即证券 $A$ 的权重为 100%，而证券 $B$ 的权重为 0。

**5. 资产数量与资产组合风险的关系**

法玛在 1976 年出版的《金融基础》（*Foundations of Finance*）一书中，对资产组合风险与资产组合中资产数量的关系做了实证研究。他首先计算了 50 种从纽约证券交易所随意选出的股票 1963 年 7 月—1968 年 6 月月收益率的标准差，然后逐一计算包括 1 种到包括 50 种资产的资产组合的标准差。他先选了一种标准差为 11%的股票，然后又随机选了另一种加进去，权数相同的这两种股票组合的结果使资产组合的标准差降到了 7.2%。依此类推，一种一种地增加股票，分别计算出各种组合的标准差。最终，法玛发现：在最初几种股票被加入资产组合时，这种方法对标准差的降低作用非常大，当股票从 4 种增加到 5 种时，标准差的降幅最大；当股票增加到 20 种时，再增加证券，对资产组合标准差的降低作用就不大了；当股票从 30 种增加到 34 种时，出现风险边际下降（即增加证券种类对风险的降低作用不敌成本）的情况。从图 5-5 来看，资产组合中的资产种类选为 15～25 种就可以了。

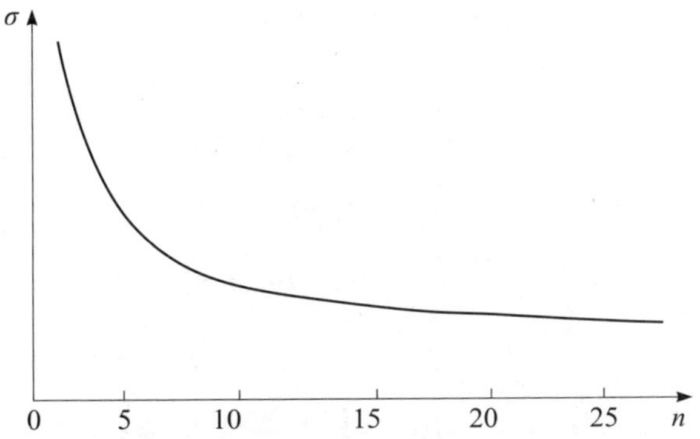


**图 5-5　资产数量与资产组合风险的关系**

我们也可利用资产组合方差的计算公式对资产组合风险与资产组合中证券数量的关系进行理论推导。

包括 $n$ 种资产的资产组合方差的计算公式为：

$$\sigma_P^2 = \sum_{i=1}^{n}\sum_{j=1}^{n} x_i x_j \operatorname{cov}(r_i, r_j)$$
$$= \sum_{i=1}^{n} x_i^2\sigma_i^2 + \sum_{i=1}^{n}\sum_{\substack{j=1\\ i\neq j}}^{n} x_i x_j \operatorname{cov}(r_i, r_j)$$

假设进行等权数投资，即任何一种资产的权数为 $1/n$，则

$$\sigma_P^2 = \sum_{i=1}^{n}\left(\frac{1}{n}\right)^2\sigma_i^2 + \sum_{i=1}^{n}\sum_{\substack{j=1\\ i\neq j}}^{n}\left(\frac{1}{n}\right)^2 \operatorname{cov}(r_i, r_j)$$
$$= \frac{1}{n}\times\bar{\sigma}_i^2 + \frac{n-1}{n}\times\overline{\operatorname{cov}(r_i, r_j)}$$

上式反映了资产数量与资产组合风险之间的关系。

如果各资产互不相关，则资产组合的风险等于$\frac{1}{n}\times\bar{\sigma}_i^2$。随着资产组合中资产数量的增加，当 $n$ 趋于无穷大时，资产组合的风险就趋于零。也就是说，在资产完全不相关的情况下，资产组合的风险会随着资产数量的增加而消失。

在现实生活中，资产完全不相关或完全负相关的情况不多，大部分资产处于不完全正相关状态。因为各种投资行为都会受一些共同因素的影响，如利率、经济状况等，因此协方差项的总和为正值。此时，资产组合的风险主要来自资产价格的共同运动。当 $n$ 趋于无穷大时，$\frac{n-1}{n}\to 1$，因而资产之间的协方差就成了资产组合方差的决定因素，协方差是不能靠资产组合多元化来降低的。

### 6. 无风险资产与风险资产的组合

上一小节介绍了风险资产进行组合后的风险与收益状况，如果我们把资产分别投在一种风险资产和一种无风险资产上，情况会怎样？

假设一种股票 $A$ 的收益率为 8%、标准差为 6%，一种国债 $B$ 的收益率为 4%。由于国债是由政府担保的，因此可以认为国债是无风险的，国债的预期收益率的标准差等于零。这两种资产进行组合的预期收益率和风险可计算如下：

$$E(r_P)=x_A E(r_A)+x_B E(r_B)$$

因为

$$x_A+x_B=1$$

所以

$$x_B=1-x_A$$
$$E(r_P)=x_A E(r_A)+(1-x_A)E(r_B)=[E(r_A)-E(r_B)]x_A+E(r_B)$$
$$\sigma_P=\sqrt{x_A^2\sigma_A^2+(1-x_A)^2\sigma_B^2+2\,x_A(1-x_A)\rho_{AB}\sigma_A\sigma_B}$$

因为

$$\sigma_B=0$$

所以

$$\sigma_P=\sqrt{x_A^2\sigma_A^2}=x_A\sigma_A$$

根据上述计算资产组合预期收益率和风险的公式，我们就可以在确定 $x_A$ 的取值后，计算出股票 $A$ 和国债 $B$ 各种组合的预期收益率及风险，见表 5-5。

**表 5-5　几种资产组合的预期收益率及风险**

| $x_A$ | $E(r_P)$ | $\sigma_P$ |
|---|---|---|
| 0 | 0.04 | 0 |
| 0.5 | 0.06 | 0.03 |
| 1.0 | 0.08 | 0.06 |
| 1.5 | 0.10 | 0.09 |
| 2.0 | 0.12 | 0.12 |

从上述计算资产组合预期收益率和风险的公式不难推断，上述资产组合预期收益率和风险之间是线性关系。也就是说，当我们对无风险资产和风险资产进行组合投资时，由这两种资产各种组合的预期收益率和风险数据所构成的是一条直线（见图 5-6），线段 $AB$ 上的各种组合是按不同比例同时投资 $A$、$B$ 这两种资产的情况。$A$ 点右方的射线代表卖空国债 $B$，并将收益全部投资于股票 $A$ 的情况。很显然，只要卖空无风险资产就可以有效改善资产组合的风险和收益状况。

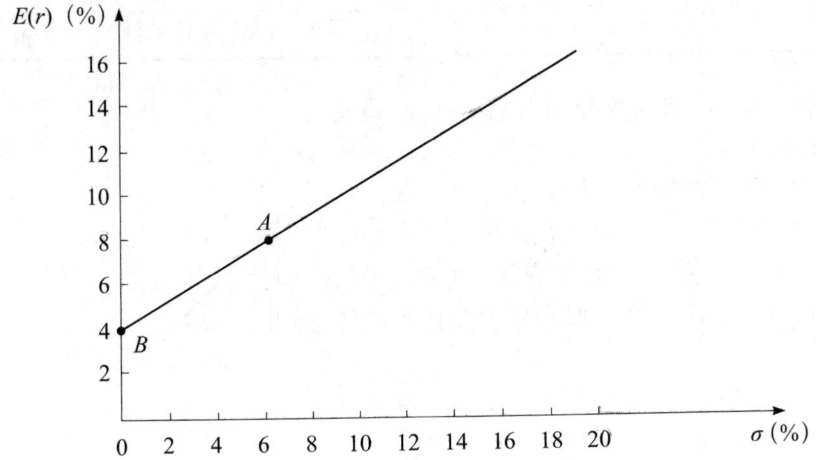


**图 5-6　无风险资产和风险资产的资产组合线**

## 5.2.4　确定最小方差资产组合集合的方法

前面讲述了资产和资产组合的收益及风险特征的计算以及判断最优资产组合的标准，为具体选择资产和实现资产组合管理的目标提供了一种工具。在实际的投资管理中，我们不仅需要知道什么样的资产和资产组合是好的，更要知道如何通过恰当的投资组合实现理想的目标。由于效用曲线的确立缺乏客观的标准，在现实生活中，选择最优资产组合的问题往往是通过寻找能实现预期收益率目标的最小方差资产组合的面貌出现的。也就是说，确定恰当的投资比率，使资产组合既能实现预期收益率目标，又能将风险降到最低水平。

确定最小方差资产组合集合和有效资产组合集合的方法有三种：图像法、微积分法和非线性方程法。图像法是最容易理解的一种方法。本小节将主要介绍由马科维茨于1952年最早开创的用图像法确立三种风险资产的最小方差资产组合集合及有效边界的过程。虽然这种方法最多仅可应用于四种资产的组合，但它阐明了建立最小方差资产组合集合的内在逻辑，是我们学习和理解其他更深奥方法的基础。最后，我们还将简单介绍一下微积分法。非线性方程法所需的数学知识已超出我国大学经济数学的范畴，在此不做介绍。

1. 对三种资产进行组合的权数分布图

利用图像法建立最小方差资产组合集合的过程，就是在以资产权数为坐标轴的空间内，绘制反映资产组合各种预期收益和风险状况的线，然后依理性投资者选择资产和资产组合的原则确定最小方差资产组合集合的过程。我们的分析将在允许卖空的前提下进行，以便不受限制条件的约束，简化说明。最后，我们再看一下限制卖空的情况。

假设我们要对资产 A、B、C 进行组合，已知 $E(r_A)=10\%$，$E(r_B)=20\%$，$E(r_C)=30\%$，这三种资产的协方差矩阵见表 5－6。

**表 5－6　资产 A、B、C 的协方差矩阵**

| | A | B | C |
|---|---|---|---|
| A | 0.25 | 0 | 0.10 |
| B | 0 | 0.20 | 0.05 |
| C | 0.10 | 0.05 | 0.15 |

设资产 A、B、C 的权数分别由 $x_A$、$x_B$、$x_C$ 表示，限制条件为 $x_A+x_B+x_C=1$。由于 $x_C=1-x_A-x_B$，因而只要知道 $x_A$ 和 $x_B$ 的数据，我们就可以推出 $x_C$ 的数据了。因此，我们便可以在一个两维平面图上显示三种资产的组合情况，见图 5－7。同理，我们也可以利用三维图形来显示四种资产的组合。

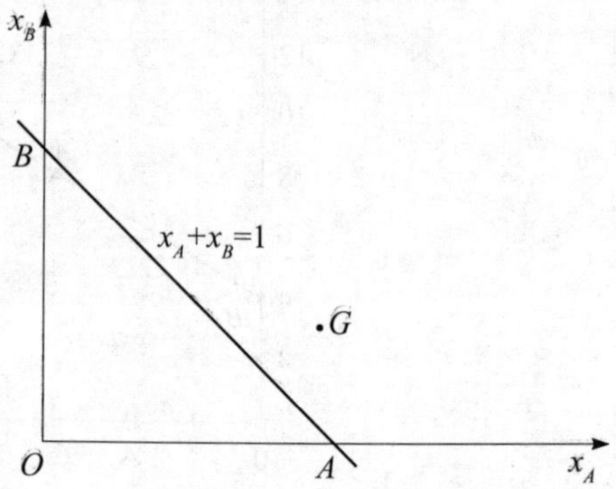


图 5－7　对三种资产进行组合的权数分布

在以 $x_A$、$x_B$ 为坐标轴的图形中，直线 AB 的方程是 $x_A+x_B=1$，所有仅对资产 A 和资产 B 进行投资，而不包含资产 C 的资产组合都分布在这条直线上；不包含资产 A 的组合分布在 $x_B$ 轴上；不包含资产 B 的组合分布在 $x_A$ 轴上；分布在 AOB 三角区（含边线）内的各种资产组合都不含卖空资产；在 AOB 三角区（含边线）以外的各种资产组合都含对一种或两种资产的卖空，如 G 点就是卖空资产 C，投资于资产 A、资产 B 的组合。当我们要确定最优资产组合或最小方差资产组合时，如果没有对卖空的限制，我们就可以在整个坐标系图上去寻找；如果有对卖空的限制，我们就必须根据具体的限制条件（是限制某一种、两种，还是都限制）在允许的范围内寻找。假设对三种资产都不允许卖空的话，我们就只能在 AOB 三角区（含边线）内寻找了，这样确定的资产组合在限制条件下是最优的，但相对于没有限制的资产组合往往只是次优的。

### 2. 等预期收益线

当三种或三种以上资产进行组合时，我们可以通过多种组合方式来达到一定的收益率目标。等预期收益线就是由那些权数结构不同，但资产组合预期收益相同的资产组合构成的直线。

等预期收益线可以从计算资产组合预期收益的公式推导出来：

$$E(r_P)=x_AE(r_A)+x_BE(r_B)+x_CE(r_C)$$

因为

$$x_A+x_B+x_C=1$$

所以

$$x_C=1-x_A-x_B$$

故

$$E(r_P)=x_AE(r_A)+x_BE(r_B)+(1-x_A-x_B)E(r_C)$$

转换得到：

$$x_B=\frac{E(r_C)-E(r_P)}{E(r_C)-E(r_B)}+\frac{E(r_A)-E(r_C)}{E(r_C)-E(r_B)}\times x_A$$

可见，$x_A$、$x_B$之间是线性关系，$\frac{E(r_A)-E(r_C)}{E(r_C)-E(r_B)}$是等预期收益线的斜率，由于其中$A$、$B$、$C$三种资产的预期收益率都是已知数，因此等预期收益线的斜率是一个常数。

$\frac{E(r_C)-E(r_P)}{E(r_C)-E(r_B)}$是等预期收益线的截距，由于其中只有$E(r_P)$是未知数，$E(r_P)$不同，等预期收益线的截距便不同，因此等预期收益线是一组斜率相同而截距不同的直线，每一条等预期收益线代表一种预期收益水平的资产组合。不同的等预期收益线代表不同的预期收益水平。当三种资产进行组合时，我们可以得到一组斜率相同、截距不同的等预期收益线，见表5-7和图5-8。

**表5-7 等预期收益线的信息**

| $E(r_P)$ | 截距 | 等预期收益线 |
|---|---|---|
| 20% | 1 | $x_B=1-2x_A$ |
| 30% | 0 | $x_B=-2x_A$ |
| 35% | $-0.5$ | $x_B=-0.5-2x_A$ |

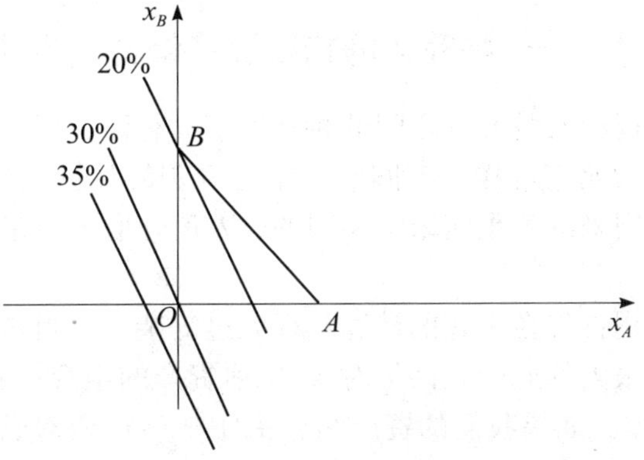


图5-8 等预期收益线

在本小节给出的例子中，等预期收益线的一般方程可推导如下：

$$x_B=\frac{E(r_C)-E(r_P)}{E(r_C)-E(r_B)}+\frac{E(r_A)-E(r_C)}{E(r_C)-E(r_B)}\times x_A$$
$$=\frac{0.3-E(r_P)}{0.3-0.2}+\frac{0.1-0.3}{0.3-0.2}\times x_A$$
$$=[3-10E(r_P)]-2x_A$$

仅仅确定等预期收益线还是不够的，因为在一条等预期收益线上就有无数种资产组合存在，要确定哪些资产组合对我们合适，还需要加入其他限制条件。在资产组合理论中使用的限制条件是投资者对以方差或标准差计算的风险的选择。

3. 等方差椭圆线

与等预期收益线相当，等方差椭圆线是由方差相同的资产组合的权数构成的曲线，公式推导的结果显示这种曲线是椭圆线。

我们可以利用计算资产组合方差的公式，推导出上述三种资产的等方差椭圆线的方程。

$$\sigma_P^2=x_A^2\sigma_A^2+x_B^2\sigma_B^2+x_C^2\sigma_C^2+2x_Ax_B\mathrm{cov}(r_A,r_B)+2x_Ax_C\mathrm{cov}(r_A,r_C)$$
$$+2x_Cx_B\mathrm{cov}(r_C,r_B)$$

代入协方差的数据，公式可变形为：

$$\frac{\left(x_A-\frac{1}{4}\right)^2}{5}+\frac{\left(x_B-\frac{2}{5}\right)^2}{4}=\sigma_P^2-0.1$$

可见，以我们给出的数据计算出的等方差椭圆线是标准椭圆，圆心在$\left(\frac{1}{4},\frac{2}{5}\right)$处。与等预期收益线一样，等方差椭圆线也是一组线，每一条等方差椭圆线代表一种方差水平。假设资产组合方差为30%，则等方差椭圆线为$\frac{\left(x_A-\frac{1}{4}\right)^2}{5}+\frac{\left(x_B-\frac{2}{5}\right)^2}{4}=0.2$。方差越大，椭圆越大。椭圆的圆心是所有等方差椭圆线中方差最小的点，也就是在我们前面介绍的以预期收益和风险为坐标轴的图中，最小方差资产组合集合中方差最小的资产组合(MVP)，即伞形区域的左端点。等方差椭圆线见图5-9。

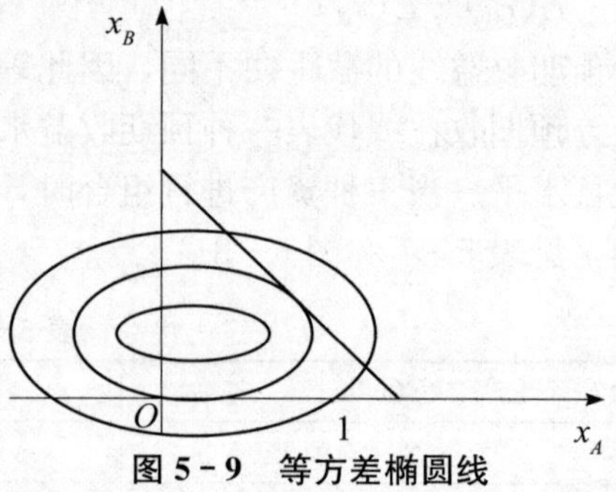

图5-9 等方差椭圆线

## 5.2.5 单一指数模型——一种简化的构建资产组合的方法

马科维茨模型对各资产收益波动之间的相互关系没有任何假设，逐一计算了协方差矩阵中的各个不同项目，因此它对样本期间资产组合方差的计算结果是非常准确的。当然，这一方差结果是否可以用来准确预测未来期间的方差值，取决于未来个别方差和协方差是否稳定。

马科维茨模型的问题首先在于它的计算过程太过复杂——当资产组合中包含大量资产时，手工计算就会遇到很大的麻烦，因为对于$N$项资产的组合，我们必须计算$N$个方差和$N(N-1)/2$个协方差。如果我们的资产组合由100项资产构成，我们就要计算100个方差和4 950个协方差，当我们再增加一项资产时，就要增加计算1个方差和100个协方差。此外，观察值的数量还多于资产的数量，这会把我们的精力都牵制在资产的相互关系上，而忽略资产的个性。而与计算过程的复杂相对应，20 世纪 50 年代马科维茨模型的分析和构建成本极高——普林斯顿大学的鲍默尔在 1966 年的一篇论文中提到，即使以较简化的模式从 1 500 只证券中挑选出效率组合，每跑一次计算机程序要花费 150～300 美元；如果要执行完整的马科维茨式计算，所需成本起码是前述金额的 50 倍，而且它还有个前提，分析师必须能持续且精确地估计标的证券的预期收益率、方差和协方差，否则整个运算过程就毫无意义。

马科维茨非常清楚将自己的理论付诸实践的困难，他曾在其 1959 年出版的著作中概述了一个可能的修改方向，希望借此使上述工作更容易操作。他的想法很简单："大多数证券的收益都是彼此相关的。如果标普 500 指数大幅上扬，我们可以预期美国钢铁公司普通股价格会上扬；如果标普 500 指数大幅上扬，我们也可以预期美国糖果公司普通股价格会上扬。因此，当美国糖果公司的股票表现不错的时候，美国钢铁公司的股票也很可能会表现不错。"正是沿着马科维茨的这一分析思路，夏普在马科维茨模型的基础上采用回归分析法，发展了单一指数模型（夏普称之为"对角线模型"），解决了马科维茨模型在实践运用中的难题。

**1. 市场价格波动对建立模型的启发**

造成资产价格波动的信息是多种多样的，信息出现的时间、性质不同会导致价格波动的幅度、方向和时间各不相同。不过，从总体上看，当整个市场处于熊市状态的时候，市场中的单个资产的价格也大多处于下降态势；而当整个市场处于牛市状态的时候，市场中的单个资产的价格也大多呈上升态势。可见，在单个资产价格波动与市场价格波动之间存在着一定的关系，正是基于对市场价格波动规律的这种观察结果，夏普提出了简化马科维茨模型的方法，建立和发展了单一指数模型。

**2. 单一指数模型的假设**

（1）基本假设。单一指数模型的基本假设就是，影响资产价格波动的主要和共同的因素是市场总体价格水平（通常以某一市场指数代表，例如，在研究上海证券交易所上市股票的价格波动时，我们可以选择上证 180 指数或上证综指代表市场总体价格水平）的变动，资产价格波动之间的相互关系可以通过各资产与这一共同因素之间的相互关系反映出来，这种间接的反映虽然不如直接计算各资产间的协方差那样准确，但结果还是可靠的，关键是计算量因此大大减少了，从而使之现实可用。

图 5－10 反映了在一段时间内，资产 $A$ 的收益率与市场收益率之间的关系，单一指数模型假设两者之间存在线性关系。

处在各点之间的直线称为特征线，是我们利用回归分析法估算出来的，反映资产 $A$ 的收益率与市场收益率之间的关系。如果我们以 $\alpha_A$ 表示直线的截距，反映在资产收益率中独立于市场波动的部分，以 $\beta_A$ 表示直线的斜率，反映资产 $A$ 的收益率对市场收益率变动的敏感度，那么这条反映资产 $A$ 的收益率和市场收益率关系的特征线的数学表示如下：

$$\hat{r}_A=\alpha_A+\beta_A r_M$$

但是，$\hat{r}_A$ 是资产 $A$ 的收益率的估计值而不是实际值，主要反映了市场收益率变动的结果，而没有反映其他因素变动的影响，这使得 $\hat{r}_A$ 与资产 $A$ 的实际收益率 $r_A$ 之间必然会有偏差。为了全面反映资产收益率波动的原因，又不至于改变我们建立模型假设的初衷，我

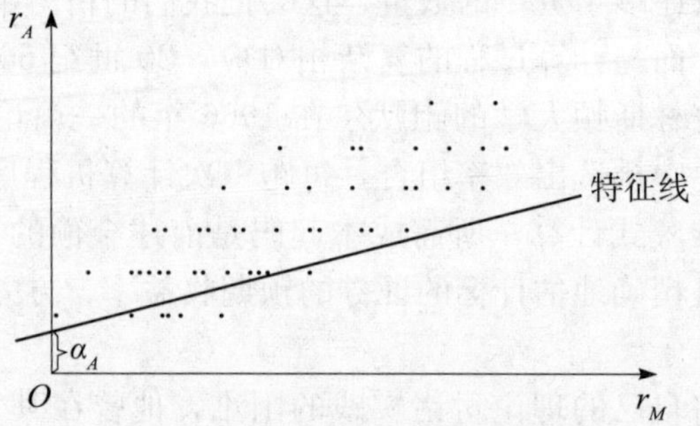


**图 5-10　资产 A 的收益率与市场收益率之间的关系**

们可以误差项 $\varepsilon_A$ 代表所有没有被我们在特征线方程中考虑到的影响资产 $A$ 收益率的因素以及 $r_A$ 与 $r_M$ 存在线性关系的假设错误时产生的误差。这样，我们便可以把特征线的方程修订为：

$$r_A=\alpha_A+\beta_A r_M+\varepsilon_A \tag{5-22}$$

（2）对影响收益率波动因素的假设。单一指数模型假设影响资产收益率波动的因素有两类：宏观因素和微观因素。宏观因素影响市场全局，如利率的调整、通货膨胀率的变动等，会引起市场总体价格水平的涨落，进而带动绝大部分资产的价格变动，属于系统性风险。个别资产价格相对于市场总体价格水平波动的程度取决于个别资产价格相对于市场总体价格波动的敏感度，即该资产的 $\beta$ 值，$\beta$ 值越大，敏感度越高。$\beta$ 值大于 1 表示资产价格的波动幅度大于市场总体价格的波动幅度，资产价格对市场总体价格波动的敏感度高；$\beta$ 值小于 1 则相反，如 $\beta$ 值等于 0.7，表示市场收益率每涨落 1 个单位，该资产收益率涨落 0.7 个单位，该资产收益率的涨落幅度小于市场收益率的涨落幅度。

微观因素被假定只对个别企业有影响，对其他企业一般没有影响，是个别企业特有的风险，或称非系统性风险。例如，企业生产技术革新带来劳动生产率的提高、企业主要负责人发生意外等，这些因素只会造成相关企业股票价格的波动，对市场总体价格水平和其他企业的股票价格不会产生影响。由企业微观因素造成的使企业资产价格高于或低于市场总体价格水平的价格波动，在方程式中是以误差项表示的。

（3）对误差项的假设。

1）$E(\varepsilon_A)=0$。从特征线所在的坐标图中不难看出，$\varepsilon_A$ 是随机变量 $r_A$ 的实际值与估计值之间的离差。随机变量离差的数学期望是零。

2）$\text{cov}(\varepsilon_A, r_M)=0$，即假设误差项与市场收益率无关。$\varepsilon_A$ 与 $r_M$ 分别受微观因素和宏观因素的影响，两者互不相关，无论市场收益率发生多大的变动，都不会对 $\varepsilon_A$ 产生影响。

3）$\text{cov}(\varepsilon_A, \varepsilon_B)=0$，即不同资产的误差项互不相关。单一指数模型的最基本假设就是各种资产的收益率变动都只受市场共同因素的影响，误差项反映的是一个企业特有的风险，与其他企业无关。

**3. 计算资产及资产组合的预期收益率和风险**

（1）资产预期收益率的计算。按照单一指数模型对资产预期收益率决定因素的假设，资产 $A$ 的预期收益率可表示为：

$$E(r_A)=E(\alpha_A+\beta_A r_M+\varepsilon_A)$$

$$=E(\alpha_A)+E(\beta_A r_M)+E(\varepsilon_A)$$
$$=\alpha_A+\beta_A E(r_M) \tag{5-23}$$

它表明，个别资产的预期收益率变动主要受市场预期收益率变动的影响，所受影响的大小取决于其对市场收益率波动的敏感度，即$\beta$值的大小。

(2) 资产方差的计算。资产方差也是通过将单一指数模型的基本假设代入计算方差的标准公式推导出来的，其计算公式为：

$$\sigma_A^2=E[r_A-E(r_A)]^2$$
$$=E\{(\alpha_A+\beta_A r_M+\varepsilon_A)-[\alpha_A+\beta_A E(r_M)]\}^2$$

经展开推导，结果为：

$$\sigma_A^2=\beta_A^2\sigma_M^2+\sigma_{\varepsilon_A}^2 \tag{5-24}$$

这一计算公式表明，资产$A$的风险是由两部分构成的：$\sigma_M^2$是市场风险，或称系统性风险；$\sigma_{\varepsilon_A}^2$是企业特有的风险，或称非系统性风险。系统性风险对所有资产都会产生影响，无法靠多元化来回避；非系统性风险则是企业特有的，与其他企业无关，可以靠多元化投资来分散。

(3) 资产之间协方差的计算。同上，我们还可以推导出单一指数模型计算资产$A$和资产$B$之间协方差的公式为：

$$\mathrm{cov}(r_A, r_B)=\beta_A\beta_B\sigma_M^2 \tag{5-25}$$

可见，在单一指数模型中，资产之间的相互关系是通过它们与市场之间的相关关系综合反映出来的。计算两种资产的协方差只要求出市场方差和各种资产的$\beta$值就可以了。资产组合每增加一种资产，只需增加计算该种资产的$\beta$值就可以计算出协方差了。

(4) 资产组合预期收益率的计算。计算资产组合预期收益率就是将资产预期收益率的计算公式代入计算资产组合预期收益率的标准公式后进行推导，其计算公式为：

$$E(r_P)=\sum_{i=1}^{N}x_iE(r_i)$$
$$=\sum_{i=1}^{N}x_i[\alpha_i+\beta_iE(r_M)]$$
$$=\sum_{i=1}^{N}x_i\alpha_i+(\sum_{i=1}^{N}x_i\beta_i)E(r_M)$$

如果我们定义$\sum_{i=1}^{N}x_i\alpha_i=A_P$，$\sum_{i=1}^{N}x_i\beta_i=\beta_P$，我们就可以把资产组合预期收益率表示为：

$$E(r_P)=A_P+\beta_PE(r_M) \tag{5-26}$$

(5) 资产组合的方差。在单一指数模型中，资产组合方差的计算公式与单个资产方差的计算公式类似：

$$\sigma_P^2=\beta_P^2\sigma_M^2+\sigma_{\varepsilon_P}^2$$

若已知$\beta_P=\sum_{i=1}^{N}x_i\beta_i$，那么误差项的方差$\sigma_{\varepsilon_P}^2$等于什么？

根据马科维茨模型中方差的计算公式，资产组合误差项的方差可计算如下：

$$P_{\varepsilon_P}^2=\sum_{i=1}^{N}x_i^2\sigma_{\varepsilon_i}^2+\sum_{i=1}^{N}\sum_{\substack{j=1\\i\neq j}}^{N}x_ix_j\mathrm{cov}(\varepsilon_i, \varepsilon_j)$$

由于我们在单一指数模型中假设任何资产的误差值变动互不相关，即 $\text{cov}(\varepsilon_A, \varepsilon_B)=0$，因此资产组合误差项的方差便是各资产误差项的加权平均值，即

$$P_{\varepsilon_P}^2=\sum_{i=1}^{n}x_i^2\sigma_{\varepsilon_i}^2$$

**4. 多元化对资产组合风险影响的再考察**

资产组合误差项的方差代表资产组合的非系统性风险以及其特有风险，而各资产的误差项是互不相关的，那么资产组合误差项的方差与资产组合数量之间的关系是否也类似资产组合方差与资产数量的关系？我们来看一下公式的推导。

假设资产组合中的各资产权数相同，即 $x_1=x_2=\cdots=x_n=\frac{1}{N}$，则

$$P_{\varepsilon_P}^2=\sum_{i=1}^{N}x_i^2\sigma_{\varepsilon_i}^2=\sum_{i=1}^{N}\left(\frac{1}{N}\right)^2\sigma_{\varepsilon_i}^2=\frac{1}{N}\sum_{i=1}^{N}\frac{\sigma_{\varepsilon_i}^2}{N}=\frac{1}{N}\bar{\sigma}_{\varepsilon_i}^2$$

这样，当 $N\to\infty$ 时，$P_{\varepsilon_P}^2$ 将趋于零。此时，资产组合的方差就主要根据市场收益率的波动而定，两者联动性的大小取决于资产组合的 $\beta$ 值，即

$$\sigma_P^2\to\beta_P^2\sigma_M^2$$

因此，当投资种类非常多的时候，资产组合的风险将主要来自市场，非系统性风险将会非常低。换句话说，单一指数模型表明，多元化可以有效降低非系统性风险，但无法规避系统性风险，这一结论与马科维茨模型的推论是一致的，只是更具体而已。

**5. 关于 $\beta$ 值的预测能力问题**

单一指数模型中的 $\beta$ 值是利用收益率的历史数据估算出来的，由于 $\beta$ 值常常被人们用作投资决策的依据，因此，一个很重要的问题便是，用历史的 $\beta$ 值来预测未来的可靠性有多大？

1971 年 3 月，布卢姆（Blume）在《金融杂志》上发表的《风险评估》（On the Assessment of Risk）一文中专门研究了这个问题。他采集了 1926 年 1 月至 1968 年 6 月纽约证券交易所所有上市公司普通股的月收益率数据，同时把 1926 年 1 月至 1968 年 6 月分成 6 个时间段，分别计算每个时间段各种股票的 $\beta$ 值；然后，随机选择股票，逐一计算包含 1、2、4、7、10、20、35、50、75 和 100 种股票的资产组合的 $\beta$ 值；最后，计算两个相邻时间段各资产组合 $\beta$ 值的相关系数。其中，1954 年 7 月至 1961 年 6 月和 1961 年 7 月至 1968 年 6 月这两个时间段中包含 1、2、4、7、10、20、35 和 50 种股票的资产组合的 $\beta$ 值的相关系数见表 5-8。

**表 5-8 $\beta$ 值的相关系数**

| 资产组合中资产的数量 | 相关系数 |
|---|---|
| 1 | 0.60 |
| 2 | 0.73 |
| 4 | 0.84 |
| 7 | 0.88 |
| 10 | 0.92 |
| 20 | 0.97 |
| 35 | 0.97 |
| 50 | 0.98 |

对单个资产来说，$\beta$值的预测能力很差，因为在相关系数为0.6时，历史$\beta$值只能说明未来$\beta$值的36%（判定系数是相关系数的平方），随着资产组合的扩大，$\beta$值的预测能力才有所改善。

### 5.2.6 几个例子

**【例5-1】** 根据历史数据，市场组合的方差为0.4，试借助市场模型计算由下面两种股票构建的投资组合的方差。

**表5-9 股票信息**

| 股票 | 每股价格（元） | 股票持有数量（股） | $\beta$值 | 方差 |
|---|---|---|---|---|
| 1 | 80 | 5 000 | 0.8 | 0.5 |
| 2 | 30 | 20 000 | 0.3 | 0.3 |

**解：**

该投资组合的总投资额为100万元，其中股票1和股票2的投资金额分别为40万元和60万元，其投资比例分别为0.4和0.6。

$$\beta_P=x_1\beta_1+x_2\beta_2=0.4\times0.8+0.6\times0.3=0.5$$

$$\sigma_{\varepsilon_1}^2=\sigma_1^2-\beta_1^2\sigma_M^2=0.5-0.8^2\times0.4=0.244$$

$$\sigma_{\varepsilon_2}^2=\sigma_2^2-\beta_2^2\sigma_M^2=0.3-0.3^2\times0.4=0.264$$

$$\sigma_{\varepsilon_P}^2=x_1^2\sigma_{\varepsilon_1}^2+x_2^2\sigma_{\varepsilon_2}^2=0.4^2\times0.244+0.6^2\times0.264=0.039+0.095=0.134$$

$$\sigma_P^2=\beta_P^2\sigma_M^2+\sigma_{\varepsilon_P}^2=0.5^2\times0.4+0.134=0.234$$

**【例5-2】** 根据历史数据，市场组合的方差为0.316 2，当资产$A$和资产$B$的标准差分别为0.5和0.7，两种资产收益率的相关系数为0.5，且资产$B$的$\beta$值为1.1时，请计算资产$A$的$\beta$值。

**解：**

因为资产$A$和资产$B$的协方差满足下式：

$$\mathrm{cov}(r_A,r_B)=\rho_{AB}\sigma_A\sigma_B=\beta_A\beta_B\sigma_M^2$$

所以两种资产的协方差为：

$$0.5\times0.5\times0.7=0.175$$

进而有：

$$\beta_A=\frac{\mathrm{cov}(r_A,r_B)}{\beta_B\sigma_M^2}=\frac{0.175}{1.1\times0.316\ 2}\approx0.503\ 1$$

**【例5-3】** 根据历史数据，市场组合的方差为0.6。$A$、$B$、$C$三种股票的相关信息如表5-10所示。

**表5-10 $A$、$B$、$C$三种股票的相关信息**

| 股票 | 股数（股） | 每股价格（元） | $\beta$值 | 预期收益率 | 方差 |
|---|---|---|---|---|---|
| $A$ | 2 000 | 80 | 0.5 | 0.4 | 0.7 |
| $B$ | 4 000 | 45 | 0.5 | 0.25 | 0.5 |
| $C$ | 7 000 | 60 | 1.0 | 0.21 | 0.7 |

（1）计算每只股票的残差的方差。

（2）由这三只股票构成的资产组合的$\beta$值是多少？

（3）资产组合的方差是多少？

（4）资产组合的预期收益率是多少？

（5）假设各股票之间的协方差如下，资产组合的实际马科维茨方差是多少？

$\text{cov}(r_A, r_B)=0.2$

$\text{cov}(r_A, r_C)=0.35$

$\text{cov}(r_C, r_B)=0.5$

**解：**

$A$、$B$、$C$三种股票在构建的投资组合中的金额分别为160 000元、180 000元和420 000元，所占比例分别为0.21、0.24和0.55。

（1）$\sigma_{\varepsilon_A}^2=\sigma_A^2-\beta_A^2\sigma_M^2=0.7-0.5^2\times0.6=0.55$

$\sigma_{\varepsilon_B}^2=\sigma_B^2-\beta_B^2\sigma_M^2=0.5-0.5^2\times0.6=0.35$

$\sigma_{\varepsilon_C}^2=\sigma_C^2-\beta_C^2\sigma_M^2=0.7-1^2\times0.6=0.1$

（2）
$$\begin{aligned}\beta_P&=x_A\beta_A+x_B\beta_B+x_B\beta_C\\&=0.21\times0.5+0.24\times0.5+0.55\times1\\&=0.775\end{aligned}$$

（3）$\sigma_P^2=\beta_P^2\sigma_M^2+\sigma_{\varepsilon_P}^2$

$\sigma_M^2$是已知条件，$\beta_P$也已计算出来，现在需要计算$\sigma_{\varepsilon_P}^2$，即

$$\begin{aligned}\sigma_{\varepsilon_P}^2&=x_A^2\sigma_{\varepsilon_A}^2+x_B^2\sigma_{\varepsilon_B}^2+x_C^2\sigma_{\varepsilon_C}^2\\&=0.21^2\times0.55+0.24^2\times0.35+0.55^2\times0.1\\&=0.075\end{aligned}$$

$$\begin{aligned}\sigma_P^2&=\beta_P^2\sigma_M^2+\sigma_{\varepsilon_P}^2\\&=0.775^2\times0.6+0.075\\&=0.435\end{aligned}$$

（4）
$$\begin{aligned}E(r_P)&=x_AE(r_A)+x_BE(r_B)+x_CE(r_C)\\&=0.21\times0.4+0.24\times0.25+0.55\times0.21\\&=0.26\end{aligned}$$

（5）
$$\begin{aligned}\sigma_P^2&=\sum_{i=1}^{n}x_i^2\sigma_i^2+\sum_{i=1}^{n}\sum_{\substack{j=1\\j\neq i}}^{n}x_ix_j\text{cov}(x_i, x_j)\\&=0.21^2\times0.7+0.24^2\times0.5+0.55^2\times0.7+2\times0.21\times0.24\times0.2\\&\quad+2\times0.21\times0.55\times0.35+2\times0.24\times0.55\times0.5\\&=0.504\end{aligned}$$

## 本章小结

马科维茨在1952年提出的投资组合理论开创了金融数理分析的先河，是现代金融学的一个重要理论基础。本章在简单介绍投资组合基本内涵及其种类的基础上，较为完整地描述了马科维茨投资组合理论的基本内容。

在马科维茨的投资组合理论中，数学期望代表预期收益，方差或标准差代表风险，协方差代表资产之间的相互关系，进而资产组合的预期收益是资产组合中所有资产预期收益的简单加权平均值，而资产组合的方差则为各种资产的方差与它们之间协方差的加权平均。利用马科维茨模型确定最小方差资产组合，首先要计算构成资产组合的单个资产的收益、风险及资产之间的相互关系，然后计算资产组合的预期收益和风险。在此基础上，依据理性投资者的投资决策准则确定最小方差资产组合。

投资组合理论的主要贡献在于，它阐明了资产组合的风险并不取决于各资产风险的平均值，而是各资产的协方差，也就是取决于资产间的相关关系。运用马科维茨关于组合投资的基本思想，我们可以看到在资产完全不相关的情况下，资产组合的风险会随着资产数量的增加而消失。由于在现实生活中，资产完全不相关或完全负相关的情况不多，大部分处于不完全正相关状态，所以资产之间的协方差就成了资产组合方差的决定因素，而协方差是不能靠资产组合多元化来降低的。

鉴于马科维茨模型在实践中应用困难，我们介绍了威廉·夏普在马科维茨模型的基础上，采用回归分析法发展的单一指数模型。通过假设各种资产的收益率变动都只受市场共同因素的影响，单一指数模型极大地简化了投资组合理论的实践运用。单一指数模型被广泛用来估计马科维茨模型要计算的资产组合的方差。

## 本章关键内容

1. 证券组合管理的意义。
2. 证券投资风险的经济内涵。
3. 证券组合的基本类型。
4. 资产组合线的构造。
5. 资产组合的有效边界的确定。
6. 组合投资对系统性风险的影响。
7. 单一指数模型与马科维茨投资组合理论的联系。
8. 单一指数模型的内涵。
9. 单一指数模型中$\beta$值的经济含义及其运用。

## 本章思考题

一、名词解释

收入型证券组合　　增长型证券组合　　指数化型证券组合

资产组合的有效边界　　风险资产　　单一指数模型

特征线

二、简答题

1. 相对于传统投资管理而言，组合管理有什么重要意义？
2. 证券组合的种类主要有哪些？分别适用于哪些投资者？
3. 组合管理的基本步骤有哪些？各步骤在组合管理中的地位和作用如何？

4. 理性投资者的行为特征是什么？

5. 从理论上说，最优资产组合应如何确定？

6. 什么叫卖空？如果你有本金 1 000 元，卖空股票 $A$ 并将收入的 500 元连同本金全部投资于股票 $B$，则在你的资产组合中，股票 $A$ 和股票 $B$ 的权数各是多少？

7. 如果两种资产完全正相关，你能把它们组成一个方差为零的资产组合吗？

8. 如果股票 $A$ 和股票 $B$ 的协方差为正值，当股票 $A$ 的实际收益大于其预期收益时，你对股票 $B$ 会有什么样的预期？

9. 为什么大多数金融资产都呈不完全正相关关系？试分别举一个资产收益高度正相关和高度负相关的例子。

10. 请分析资产的数量与资产组合风险的关系。

11. 什么是系统性风险和非系统性风险？

12. 根据单一指数模型的假设，资产 $i$ 的收益率可表示如下：

$$r_i=\alpha_i+\beta_i r_M+\varepsilon_i$$

（1）式中的各符号分别代表什么？

（2）宏观因素对这一模型会有什么影响？哪个符号可以反映这种影响的大小？

（3）什么样的事件可以造成资产实际收益对回归线的偏离？哪个符号可以反映这种偏离？

13. 利用 $\beta$ 值进行投资决策时需要注意什么问题？

14. 卖空限制对证券组合管理有什么影响？

三、计算题

1. 表 5 - 11 为 $A$、$B$ 两种资产及市场的协方差矩阵。

**表 5 - 11　$A$、$B$ 两种资产及市场的协方差矩阵**

| | $A$ | $B$ | 市场 |
|---|---|---|---|
| $A$ | 0.150 | 0.030 | 0.140 |
| $B$ | 0.030 | 0.095 | 0.090 |
| 市场 | 0.140 | 0.090 | 0.120 |

现假定某投资经理计划以这两种资产构建投资组合，初始分配比例为 7∶3。

请计算：（1）每种资产相对于市场的 $\beta$ 值；（2）拟构建组合的 $\beta$ 值；（3）拟构建组合的方差。

2. 假设某市场仅存在三种风险资产 $A$、$B$、$C$，且这三种资产的预期收益率完全一致，但其标准差之比为 1∶2∶3。当这三种风险资产的收益彼此之间的相关系数均为 0 时，根据投资组合理论，在由这三种风险资产构成的最优投资组合中，其各自的比例分别是多少？

第6章

# 风险资产的定价与证券组合管理的应用

**学习目标**

- 掌握资本资产定价模型的基本内涵及其运用。
- 掌握套利定价模型的原理及其运用。
- 掌握布莱克-斯科尔斯期权定价模型和二项式期权定价模型的原理及其运用。

## 6.1 资本资产定价模型

### 6.1.1 资本资产定价模型的基本内涵

1952年，马科维茨的均值-方差理论第一次以严谨的数理工具为手段，向人们展示了一个理性投资者在面对众多的风险资产时以这些资产为基础来构建其最优资产组合的方法。应该说，这一理论带有很强的规范性意味，告诉了投资者应该如何进行投资选择。但问题是，在20世纪50年代，即便有了当时刚刚诞生的计算机的帮助，在实践中应用马科维茨的理论模型也仍是一个烦琐、令人生厌的高难度工作；或者说，这一理论在当时与投资的现实世界脱节得过于严重，进而很难被投资者完全采用。

正是由于这一问题的存在，从20世纪60年代初开始，以夏普①、林特纳②和莫辛③为代表的一些经济学家从实证的角度出发，探索解决证券投资领域的一些现实问题，如：应如何简化马科维茨的均值-方差理论在现实中的实际应用？如果市场中所有的投资者都依据马科维茨的均值-方差理论来选择其最优资产组合，那么风险资产的均衡价格将如何在收益与风险的权衡中形成？或者说，在市场均衡状态下，资产的价格如何依风险而确定？

这些学者的研究直接导致了资本资产定价模型（CAPM）的产生。④ 作为风险资产期

---

① Sharpe, W. F., "Capital Asset Prices: A Theory of Market Equilibrium under Conditions of Risk", *Journal of Finance*, 1964, 19 (3): 425 - 442.

② Lintner, J., "The Valuation of Risk Assets and the Selection of Risky Investments in Stock Portfolios and Capital Budgets", *Review of Economics and Statistics*, 1965, 47 (1): 13 - 37.

③ Mossin, J., "Equilibrium in a Capital Asset Market", *Econometrica*, 1966, 34 (4): 768 - 783.

④ 其实，早在20世纪50年代，马科维茨本人就已经意识到了这一问题，并在以其博士学位论文为基础出版的著作中提出了一个可能的修改方向，但其本人在这个革命性的简化过程中主要是作为夏普的导师，以指导者的身份出现的。

望收益均衡基础上的预测模型之一，CAPM 阐述了在市场中所有的投资者均采用马科维茨的理论进行投资组合管理的前提下市场的（供求）均衡状态，并把风险资产的预期收益率与风险之间的关系用一个简单的线性关系式表达了出来，即认为一种风险资产的预期收益率与衡量该资产风险的一个指标（$\beta$值）之间存在正相关关系。从历史上看，夏普提出的单一指数模型以及此后出现的 CAPM 不仅极大地简化了投资组合选择的运算过程，使马科维茨的投资组合理论朝现实世界的应用迈进了一大步，而且也使证券理论从以往的定性分析转入定量分析，从规范性转入实证性，进而对证券投资的理论研究和实际操作，甚至对整个金融理论与实践的发展都产生了巨大影响，成为现代金融学的理论基础。

当然，近几十年来，作为资本市场均衡理论模型的焦点，CAPM 的形式已经远远超越了夏普、林特纳和莫辛提出的传统形式，有了很大的发展，如套利定价理论、跨期资本资产定价模型、消费资本资产定价模型等，现在已经形成了一个较为系统的资本市场均衡理论体系。

**专栏 6-1**

### 夏普与资本资产定价模型

威廉·夏普从 1960 年开始参与马科维茨的研究计划，当他在 1961 年获得加利福尼亚大学洛杉矶分校博士学位时，他已经完成了一篇清楚阐述其观念的论文，即 1963 年 1 月发表于《管理科学》上的《投资组合分析的简化模型》。夏普毕业后最初的研究工作主要围绕着一个主题，那就是风险如何影响在某个固定时点上组合成整个市场的所有资产的价值，但同时也认识到“目前缺乏一套理论，能够真正诠释某个单一资产的价格和其风险之间的关系……遗憾的是，针对具有相关性的特定风险组成因子的研究实在太少了”，进而他一直试图建构“一套在风险条件下，资产价格的市场均衡理论”。

为了实现这一目标，夏普提出了一个问题，那就是：如果每个人都遵循马科维茨和他（以及当时的一些学者，如特雷诺）所主张的逻辑和理性方法来计算收益及风险间的抵换关系，将会出现怎样的结果？以当时颇为流行的一般均衡理论为基础，借助马科维茨、托宾等人既有的研究成果，夏普在 1964 年 9 月发表的论文《资本资产价格：一个风险条件下的市场均衡理论》中得出了两个颇为惊人的结论：一是托宾的所谓超级效率投资组合，其实就是股市本身；换句话说，没有其他具有相同风险程度的投资组合能比股市提供更高的预期收益率，也没有任何具有相同预期收益率的投资组合能比股市拥有更低的风险。二是在股票价格经过系统性风险的调整后，所有股票都会具有相同的预期收益率。

尽管从学术角度看，CAPM 的结论极为简单，但这个理论模型的内在逻辑几乎无懈可击，而且更重要的是，这一理论把萨缪尔森与法玛的市场行为理论和马科维茨与托宾的投资组合理论结合成一套完整的理论，具有极高的价值。1971 年，米勒指出：“这真是一项奇迹，把这么高度复杂的问题简化到最单纯的情况，即通过某个单一因子就足以解释在波动中有意义的部分。”但从实践的角度看，这一模型存在很大的问题，因为这个模型的成立不仅建立在完全无摩擦与完全竞争的市场假设之下，而且要求所有的投资者会对市场做出相同的预测，1963 年，拉吉特[①]指出这“太过荒谬”。换句话说，如果这个世界如同凯恩斯所描述的那样，即每个人都是噪声交易者的话，那么 CAPM 将毫无用武之地。或许正因如此，正如夏普所描述的那样：“我知道这篇论文将是我所做过最杰出的一篇论文，电话可能随时会响起。但是整整过了一年，电话依然沉寂。有很长一段时间，几乎没有人在乎。”

不过，最终长久的等待获得了回报——1989 年，年仅 55 岁的夏普就获得了斯坦福大学荣誉教授的头衔，并于 1990 年获得诺贝尔经济学奖。此外，在 1989 年庆祝夏普这篇论文发表 25 周年的场合，富国银行投资顾问公司颂扬夏普是“最有价值的人……当代值得尊敬的人”，并且强调：“CAPM 为我们提供了一座土壤丰沃的知识花园，让我们得以成长。”夏普的 CAPM 不仅可以作为投资组合管理者预测风险与收益的工具，而且也产生了许多有价值的衍生变化，如评价组合绩效方面的应用、在企业财务和投资领域的广泛运用以及在研究市场行为上的理论创新等。但需要指出的是，在经历了长期的理论纷争之后，CAPM 在金融理论界的地位颇为微妙——在 2004 年发表的一篇论文中，法玛和弗伦奇曾对 CAPM 的地位有如下描述：“CAPM 的魅力在于其简单的逻辑性和对怎样衡量风险及预期收益率与风险的联系的自觉预测。遗憾的是，可能正是简单性导致了其平庸的实证记录，以至于它在运用中无效……CAPM，正如其建立基础——马科维茨的投资组合理论，是一个丧失威力的理论工具。我们继续把 CAPM 当作投资组合理论和资产定价的基础传授给学生……但我们也警告学生，尽管它有着诱人的简单性，但 CAPM 的实证问题很可能使得它的运用变得无效。”

最后，值得强调的是，学术界普遍认为除夏普的论文之外，哈佛大学商学院资深教授林特纳在 1965 年发表于哈佛出版的《经济学与统计学评论》中的论文《在股票投资组合与资金预算限制下风险性资产的评价与风险性投资标的的选择》、挪威的经济学家莫辛于 1966 年刊登于《计量经济学》上的论文均得到了与 CAPM 相同的结论。但可惜的是，莫辛英年早逝，而林特纳则对这一理论在实务中的运用也一直持怀疑态度——他曾告诉夏普，他从未在提供顾问服务上，甚至课堂上，提高资本资产定价理论的地位，而且也没有想过要把这套理论应用在实务上。林特纳于 1983 年逝世。

### 6.1.2　传统资本资产定价模型

传统 CAPM 是建立在多种假设基础之上的，这些假设的核心是尽量使个人同质化（尽管无论是从实践还是从理论而言，这些个人本来是有着不同的初始财富和风险厌恶程

① 拉吉特当时是艾奥瓦大学的金融学教授，担任《金融杂志》的主编，负责评审夏普的这篇论文。他在收到这篇论文后很快退稿。夏普努力修改这篇论文，与此同时，《金融杂志》的编辑部改组。经过多次修改后，这篇论文最终被刊出。

度的），并以此为基础简化投资者的投资行为，进而给出了资本市场处于均衡状态时资产预期收益率与风险之间的关系。

传统 CAPM 的假设如下：

（1）所有投资者都依据马科维茨模型选择资产组合，即投资者都使用预期收益率和标准差这两个指标来选择投资组合，也就是他们选择资产或资产组合的决策过程是一样的。

（2）所有投资者具有相同的投资期限，投资者的行为是短视的，不考虑投资决策对投资期限届满之后任何事件的影响。

（3）所有投资者以相同的方法对信息进行分析和处理，具有相同的预期（或者说“同质期望或信念”）。所有投资者对风险资产的预期收益率、方差和协方差的估计是同一的，进而形成了对风险资产及其组合的预期收益率、标准差以及协方差的一致看法。换句话说，无论证券价格如何，所有投资者的投资顺序均相同。

（4）资本市场是完全的，没有税负，没有交易成本。

（5）所有资产都是无限可分的，即资产的任何一部分都是可以单独买卖的。

（6）所有投资者都具有风险厌恶的特征，即当面临其他条件相同的两种组合时，他们将选择具有较低风险（也就是标准差较小）的组合。

（7）投资者永不满足。当面临其他条件相同的两种组合时，他们将选择具有较高预期收益率的组合。

拓展阅读

传统 CAPM 的推导

（8）存在无风险利率，而且所有投资者都可以这一利率水平不受限制地贷出（即投资）或借入资金。

（9）市场是完全竞争的。也就是说，市场中存在大量的投资者，每个投资者所拥有的财富在所有投资者财富总和中只占很小的比重，他们是价格的接受者，单个投资者的交易行为对证券价格几乎没有影响。

（10）信息充分、免费，并且立即可得。

### 6.1.3 几个例子

**【例 6-1】** 利用 CAPM 补全表 6-1。

**表 6-1 股票信息**

| 股票 | 预期收益率 | 标准差 | $\beta$值 | 残值的方差 |
|---|---|---|---|---|
| 1 | 0.15 | ? | 2.00 | 0.10 |
| 2 | ? | 0.25 | 0.75 | 0.04 |
| 3 | 0.09 | ? | 0.50 | 0.17 |

**解：**

$$E(r_i)=r_f+[E(r_M)-r_f]\beta_i$$

$$\begin{cases}0.15=r_f+[E(r_M)-r_f]\times 2\\ 0.09=r_f+[E(r_M)-r_f]\times 0.5\end{cases}$$

$r_f=0.07$

$E(r_M)=0.11$

$E(r_2)=r_f+[E(r_M)-r_f]\beta_2=0.07+(0.11-0.07)\times 0.75=0.10$

$\sigma_A^2=\beta_A^2\sigma_M^2+\sigma_{\varepsilon_A}^2$

$\sigma_M^2=\dfrac{\sigma_2^2-\sigma_{\varepsilon_2}^2}{\beta_2^2}=\dfrac{0.25^2-0.04}{0.75^2}=0.04$

$\sigma_1^2=\beta_1^2\sigma_M^2+\sigma_{\varepsilon_1}^2=2^2\times 0.04+0.1=0.26$

$\sigma_1=0.509\ 9$

$\sigma_3^2=\beta_3^2\sigma_M^2+\sigma_{\varepsilon_3}^2=0.5^2\times 0.04+0.17=0.18$

$\sigma_3=0.424\ 3$

**【例 6-2】** 假设有三家公司 $A$、$B$、$C$ 的股票。市场组合的收益率（$r_M$）为 12%，标准差（$\sigma_M$）为 4%，无风险利率（$r_f$）为 5%。每只股票的收益率均服从单一指数模型：

$r_i=\alpha_i+\beta_i r_M+\varepsilon_i$

通过利用市场数据回归分析，你得到了如表 6-2 所示的信息。

**表 6-2 相关信息**

| | $\hat{\beta}_i$ | $\hat{\alpha}_i$（%） | $\sigma_{\varepsilon_i}$（%） |
|---|---|---|---|
| $A$ | 1.2 | −1 | 10 |
| $B$ | 1 | 0.2 | 21.5 |
| $C$ | 0.6 | 0 | 8 |

（1）请计算股票收益率相对于市场组合收益率的协方差。

（2）假设估计的参数在统计上显著，则在 CAPM 框架中，不同公司的股票是被高估、低估还是准确估计了？

**解：**

（1）$\mathrm{cov}(r_A,r_M)=\beta_A\sigma_M^2=0.192\%$

$\mathrm{cov}(r_B,r_M)=\beta_B\sigma_M^2=0.16\%$

$\mathrm{cov}(r_C,r_M)=\beta_C\sigma_M^2=0.096\%$

（2）计算不同股票的 $\alpha_i$，并将其与 $\hat{\alpha}_i$ 相比。

$\alpha_A=(1-\beta_A)r_f=-1\%$，与估计值一致，股票 $A$ 定价合理。

同理，$\alpha_B=0\%$，低于估计值（0.2%），价格被低估。

$\alpha_C=2\%$，高于估计值（0%），价格被高估。

**【例 6-3】** 假设两种证券 $A$ 和 $B$ 组成市场组合，它们的占比分别为 0.39 和 0.61，方差分别为 160 和 340。这两种证券的协方差为 190。计算这两种证券的 $\beta$ 值。

**解：**

$$\begin{aligned}\sigma_P^2&=x_A^2\sigma_A^2+x_B^2\sigma_B^2+2x_Ax_B\mathrm{cov}(r_A,r_B)\\&=0.39^2\times 160+0.61^2\times 340+2\times 0.39\times 0.61\times 190\\&=241.252\end{aligned}$$

$$\beta_A=\frac{\text{cov}(r_A,\ r_P)}{\sigma_P^2}=\frac{\text{cov}(r_A,\ 0.39r_A+0.61r_B)}{\sigma_P^2}=\frac{0.39\times160+0.61\times190}{241.252}$$
$$=0.74$$
$$\beta_B=1.17$$

**【例 6-4】** 假设无风险利率为 5%，市场组合收益率为 12%。

（1）某公司股票当前的市价为 40 元，以后每年末将支付每股 5 元的股息，$\beta$ 值为 1.4，那么，相对该股票内在价值而言，市价被高估还是低估了？

（2）某公司股票预期收益率为 11%，其 $\beta$ 值是多少？

（3）投资者拟购入某公司，其预期的永久现金流为 100 万元，但因有风险而不确定。如果投资者认为该公司的 $\beta$ 值为 0.5，当 $\beta$ 值实际为 1 时，投资者愿意支付的金额比该公司的实际价值高多少？

**解：**

（1）根据 CAPM，有

$$E(r_i)=r_f+[E(r_M)-r_f]\beta_i$$
$$E(r_i)=0.05+0.07\times1.4=0.148$$

在不变股利增长模型下，有

$$P=5/0.148=33.78(\text{元})$$

鉴于市价大于内在价值，市价被高估。

（2）根据

$$E(r_i)=r_f+[E(r_M)-r_f]\beta_i$$

有

$$\beta=(11\%-5\%)/(12\%-5\%)=0.86$$

（3）根据

$$E(r_i)=r_f+[E(r_M)-r_f]\beta_i$$

当 $\beta=0.5$ 时，有

$$E(r_i)=0.05+0.07\times0.5=0.085$$

在不变股利增长模型下，有

$$V=100/0.085=1\ 176.47(\text{万元})$$

当 $\beta=1$ 时，有

$$E(r_i)=0.05+0.07\times1=0.12$$

在不变股利增长模型下，有

$$V=100/0.12=833.33(\text{万元})$$

因此，投资者多支付了 343.14 万元。

**【例 6-5】** 假设市场中存在 $n$ 种收益完全独立的风险资产，如果这 $n$ 种风险资产的预期收益率均相同，在风险资产标准差已知的情况下，请给出最优风险资产组合的构成比例。

**解：**

根据马科维茨关于理性投资者风险厌恶的假设，在预期收益率给定的情况下，投资者总是偏好风险最低的资产或资产组合。鉴于

$$
\begin{aligned}
E(r_P) &= E(x_1 r_1 + x_2 r_2 + \cdots + x_n r_n) \\
&= x_1 E(r_1) + x_2 E(r_2) + \cdots + x_n E(r_n) \\
&= \sum_{i=1}^{n} x_i E(r_i)
\end{aligned}
$$

$$
\sigma_P^2 = \sum_{i=1}^{n} x_i^2 \sigma_i^2 + \sum_{i=1}^{n} \sum_{\substack{j=1 \\ i \neq j}}^{n} x_i x_j \operatorname{cov}(r_i, r_j)
$$

考虑到 $E(r_i)$ 是一个常数，而 $\operatorname{cov}(r_i, r_j)=0$，因此，要得出最优风险资产组合，就要求解下列函数的最小值：

$$
f(x_1, x_2, \cdots, x_n) = \sum_{i=1}^{n} x_i^2 \sigma_i^2 + \lambda(1 - x_1 - x_2 - \cdots - x_n)
$$

对任何一种风险资产的权重求一阶导数并令其为零，则有：

$$
\frac{\partial f}{\partial x_i} = 2x_i \sigma_i^2 - \lambda = 0
$$

由此可知，对于任何两种风险资产，有：

$$
\frac{x_i}{x_j} = \frac{1/\sigma_i^2}{1/\sigma_j^2}
$$

因此，如果令 $x_i=\lambda/\sigma_i^2$，那么在最优风险资产组合中，其他任意一种风险资产的权重为 $x_j=\lambda/\sigma_j^2$，进而

$$
\sum_{i=1}^{n}\left(\frac{\lambda}{\sigma_i^2}\right) = 1, \lambda = \frac{1}{\sum_{i=1}^{n}(1/\sigma_i^2)}
$$

这意味着在最优风险资产组合中，每种风险资产的权重为：

$$
x_i = \lambda/\sigma_i^2 = \frac{1}{\sigma_i^2 \sum_{i=1}^{n}(1/\sigma_i^2)}
$$

### 6.1.4 CAPM 的几种发展形式

资本资产的定价问题一直是金融经济学研究的核心。因此，自 20 世纪 60 年代 CAPM 问世以来，无数学者投身于对 CAPM 在这一问题上的应用的研究，他们通过在理论上放松传统 CAPM 的某些假设，再结合实证检验，取得了丰硕的研究成果，极大地深化了人们对 CAPM 的认识。下面介绍有一定代表性的几种 CAPM 新理论。

1. 零 $\beta$ CAPM

零 $\beta$ CAPM 是由布莱克推导出来的。① 他放松的假设条件是存在一个无风险资产，而且投资者可以无风险利率无限制地买卖。在布莱克的模型中，无风险资产被零 $\beta$ 资产组合代替，零 $\beta$ 资产组合的收益率与市场组合收益率无关，即它的 $\beta$ 值是零。不过，零 $\beta$ 资产组合并非完全没有风险，因为它还有误差项方差。零 $\beta$ 资产组合处在有效边界上，是最小方差资产组合。

图 6-1 描绘了零 $\beta$ 资产组合和市场组合经过再组合后的资本市场线，$Z$ 为最小方差资

① Black, F., "Capital Market Equilibrium with Restricted Borrowing", *Journal of Business*, 1972, 45 (3): 444-455.

产组合，$E(r_Z)$ 取代了 $r_f$，但有关无限制买卖的条件对 $E(r_Z)$ 仍是必要的。零 $\beta$ CAPM 的均衡收益如下：

$$E(r_i)=E(r_Z)+[E(r_M)-E(r_Z)]\beta_i$$

可见，零 $\beta$ CAPM 与传统 CAPM 有着同样的线性关系，衡量系统性风险的 $\beta$ 值也是一样的，只是零 $\beta$ 资产组合的预期收益率比无风险利率高，并且需要估计。

由于零 $\beta$ CAPM 释放了“无风险资产”的假设，相对于传统 CAPM，实证检验结果更支持它，因此，零 $\beta$ CAPM 已被接受为传统 CAPM 的一种发展形式。当然，它仍然面临其他限制的束缚。该模型的其他变形要进一步放松的条件包括：①可以无风险借贷，但应以不同的利率水平借贷；②投资者的投资应按无风险利率进行，但不能按无风险利率借入；③可以无风险贷放，但对借入资金有保障要求；④没有无风险资产，禁止卖空。

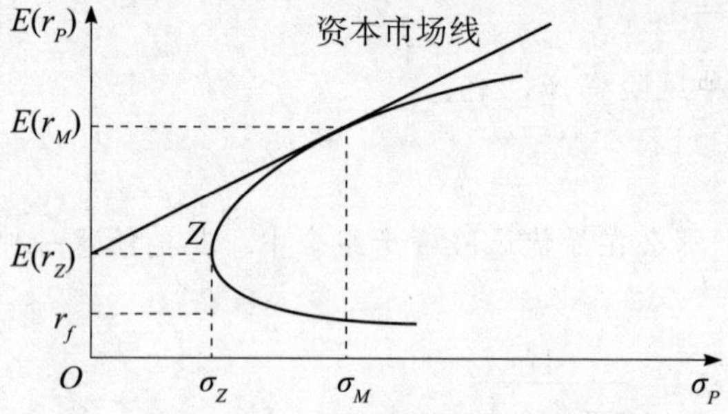


**图 6-1　零 $\beta$ 资产组合和市场组合的再组合**

2. 跨期 CAPM

众所周知，时间在投资的所有过程中扮演着举足轻重的角色，但由于在传统 CAPM 中，经济学家关注的焦点是投资者在某特定时点的行动模式，而不是在连续时间中的行动模式，因此，一旦基础经济条件改变，传统 CAPM 就变得毫无用处；换句话说，在持续变动的世界中，传统 CAPM 中的 $\beta$ 值预测将具有相当大的不确定性，其结论也就没有太大意义了。因此，如何把单一时间模型转换为更为实际的模型，使该理论横跨多个时期仍能成立就成为 CAPM 出现之后许多经济学家努力的方向。跨期 CAPM 和多 $\beta$ CAPM 就是金融理论在这一方向上较为突出的两类推广。

跨期 CAPM 最早是由默顿推导出来的，他放松的假设条件是只考虑一个时期的投资水平。

在跨期 CAPM 中，投资者在确定效用最大化的资产组合时，不仅要考虑一个时期的可能收益，还要考虑下一个时期的可能收益。也就是说，其资产组合要实现终生消费预期效用的最大化。

跨期 CAPM 还假设，资产交易是连续的，而且投资者能及时了解投资机会集合的随机变动过程。此外，传统 CAPM 假设资产收益率呈正态分布，而跨期 CAPM 假设资产收益率呈对数正态分布。

根据上述假设，默顿推导出了一个一般化的持续跨期均衡模型。与此同时，他还假设：①投资机会集合是不变的；②存在无风险资产，无风险利率随着时间的推移是非随机变动的。

该模型在形式上与传统 CAPM 没什么区别，如果把传统 CAPM 看成静态模型，那么跨期 CAPM 当然就是动态模型，前者可以从后者推导出来。但是，跨期 CAPM 放松的假设是建立在另一个不现实的假设基础之上的——投资机会集合不变。因此，跨期 CAPM 还需进一步放松这一假设，这便导致了多 $\beta$ CAPM 的产生。

3. 多 $\beta$ CAPM

多 $\beta$ CAPM 是默顿于 1973 年在放松投资机会集合和无风险利率长期不变的假设条件基础上发展起来的。在把两者视为随机变量的情况下，投资者将选择三种资产或资产组合投资：无风险资产、市场组合、一种收益率与投资机会集合完全负相关的资产组合 $N$。这样，多 $\beta$ CAPM 的均衡资产预期收益可描述如下：

$$E(r_i)=r_f+[E(r_M)-r_f]\beta_{iM}+[E(r_N)-r_f]\beta_{iN} \tag{6-1}$$

式中，$E(r_N)$ 为防御性资产组合 $N$ 的预期收益率；$\beta_{iN}$ 为资产 $i$ 相对于 $N$ 的 $\beta$ 值，它表示资产 $i$ 不仅面临市场波动的风险，还面临投资机会集合不利波动的风险，这种风险的补偿便是 $[E(r_N)-r_f]$。

如果一个变量不足以把握投资机会集合的波动，我们可以继续增加变量。多 $\beta$ CAPM 的一般表达式为：

$$E(r_i)=r_f+[E(r_M)-r_f]\beta_{iM}+[E(r_{N1})-r_f]\beta_{iN1}+\cdots+[E(r_{NK})-r_f]\beta_{iNK} \tag{6-2}$$

4. 消费 CAPM

消费 CAPM 是由布里登于 1979 年提出的。其基本形式为：

$$E(r_i)=r_f+[E(r_C)-r_f]\beta_{iC}$$

式中，$E(r_C)$ 为人均消费总量增长率；$\beta_{iC}$ 为资产 $i$ 的消费 $\beta$ 值，$\beta_{iC}=\dfrac{\mathrm{cov}(r_i,\ r_C)}{\sigma_C^2}$。

布里登把默顿的多 $\beta$ CAPM 进一步简化为单一 $\beta$ 模型。他强调，在市场均衡状态下，消费的边际效用必须等于财富的边际效用。投资者在选择最优资产组合和消费决策时，应该使资产预期收益与人均消费总量增长率之间存在上述线性关系。

以消费为自变量虽然解决了变量的可测性问题，但仍没有足够的证据证明它比其他形式的 CAPM 更具实用价值。

## 6.2　套利定价理论

套利定价理论（arbitrage pricing theory，APT，也称套利定价模型）是由美国经济学家罗斯于 1976 年提出的。在给定投资者的预期收益率-风险关系的条件下，CAPM 阐述了当市场（供求）均衡时资产将会处于何种价位，但它对于哪些因子（即资产或资产组合风险和收益的主要来源）可能会并在何种程度上（即敏感性）影响投资者对投资收益的预期没有做进一步阐述。APT 在很大程度上填补了这个缺口——它提供了一种方法来衡量类似通货膨胀、利率、风险预期的变化以及经济增长等因子的变动是如何影响资产收益率进而影响价格的变化的。应该说，相对于传统 CAPM 而言，APT 是一种更现实、更一般化，进而也更具解释力的资产定价理论。经过几十年的发展，APT 在资产定价理论中的地位已不亚于 CAPM。

套利定价理论的出发点是假设资产的收益率与未知数量的未知因子相联系，其核心思想是对于一个充分分散化的大投资组合来说，只需要借助几个共同因子就可以解释单一风险资产的风险补偿来源，进而利用市场数据来实证分析不同因子的影响程度。此外，尽管市场中的每个投资者都想利用套利组合在不增加风险的情况下增加其投资组合的收益率，但在一个有效（处于无套利均衡状态）的市场中，不存在无风险的套利机会。

### 6.2.1 APT 的研究思路

套利定价理论要研究的是，如果每个投资者对各种证券的预期收益影响因子及其市场敏感性都有相同估计的话，各种证券的均衡价格是如何形成的。研究者拓展问题的思路是：首先，分析市场是否处于均衡状态；其次，如果市场是非均衡的，分析投资者会如何行动；再次，分析投资者的行动会如何影响市场并最终使市场达到均衡；最后，分析在市场均衡状态下，证券的预期收益由什么决定。

套利定价理论认为，套利行为是形成现代有效市场（也就是形成市场均衡价格）的一个决定因子。套利行为是指利用同一实物资产或证券的不同价格来赚取无风险利润的行为。当投资者可以构造一个能产生安全利润的零投资证券组合时，套利机会就出现了。显然，任何投资者在套利资产组合中都愿意尽可能大地拥有这一头寸。最典型的例子就是当一价定律在外汇市场中被违反时，投资者利用同一种货币在不同市场上的价格差异，在价格水平较低的市场上买入该种货币，再在价格水平较高的市场上卖出，以获取价差收益的行为。这种套利行为直接改变了这两个市场上该种货币的供求，最终导致两者的供求实现均衡。

在一个高度竞争的、流动性很强的市场体系中，由于电子通信设备和实时执行操作技术的日益发达，套利机会已经变得非常少，而且往往这种套利机会一被发现，就会立即引起市场的反应，机会稍纵即逝，因而正是这种套利行为推动着有效市场的形成。在证券市场体系中也是如此。

套利定价理论认为，如果市场未达到均衡状态的话，市场上就会存在无风险的套利机会。由于理性投资者具有厌恶风险和追求收益最大化的行为特征，因此投资者一旦发现套利机会，就会设法利用它们。随着套利者的买进和卖出，有价证券的供求状况将会改变，套利空间逐渐减少直至消失，有价证券的均衡价格得以实现。因此，这种推论实际上也隐含了对一价定律的认同。

此外，套利机会不仅存在于单一证券上，还存在于相似的证券或组合中。也就是说，投资者还可以对一些相似的证券或组合通过部分买入、部分卖出进行套利。套利行为可以有多种定义方式，其中之一是用广泛影响证券价格的因子来解释的。在实践中，“因子”通常指的是一个多空组合。例如，“市场因子”是在做多全市场市值加权指数的同时做空无风险利率的组合；“市值因子”是在做多市值最小的前 1/3 股票的同时做空市值最大的前 1/3 股票的组合；“价值因子”是在做多账面市值比最大的前 1/3 股票的同时做空账面市值比最小的前 1/3 股票的组合。

因子模型表明，具有相同因子敏感性的证券或组合，除了非因子风险外，将以相同的方式行动。因此，具有相同因子敏感性的证券或组合必然要求有相同的预期收益率；如若不然，“准套利”机会便会存在，投资者必将利用这一机会，而他们的行动最终将会使套利机会消失，均衡价格得以形成。这就是套利定价理论逻辑推演的核心。

## 6.2.2　因子模型和套利组合

### 6.2.2.1　因子模型

因子模型是一种统计模型，其核心是把实践中的一些主要经济因子（包括经济周期、技术革新、劳动力成本和原材料价格等）视为一系列宏观经济指示器并假定这些因子的变化影响着整个证券市场，进而它们是影响证券之间相关性的经济来源。如果这些变量发生了非预期的变化，那么整个证券市场的收益率也会发生非预期的变化。

在实践中，投资者往往都在有意或无意地使用着因子模型的方法，其中又有单因子模型和多因子模型之分。单因子模型较为简单，即把证券收益率的非预期变化看作某一宏观经济指标（如市场组合指数收益率或者 GDP 增长率等）变化的结果，可写成：

$$r_i=E(r_i)+\beta_i F+e_i \tag{6-3}$$

式中，$F$ 为宏观因子的非预测成分；$\beta_i$ 为证券 $i$ 对宏观经济指标的敏感度；$e_i$ 为非预期的公司特有事件的影响，其期望值为 0。

多因子模型相对较为复杂，它把证券收益率的决定看作多种经济因子（如行业生产的变动率、预期通货膨胀率的变动率、长期公司债券对长期政府债券的超额收益率、长期政府债券对短期国债的超额收益率等）集合作用的结果，用公式表示就是：

$$r_i=\alpha_i+\sum_{n=1}^{N}\beta_{i,n}F_n+e_i$$

在众多的多因子模型中，Fama 和 French（1993）① 的三因子模型和 Carhart（1997）② 的四因子模型的影响较为显著。

**1. Fama 和 French（1993）的三因子模型**

实证研究表明，CAPM 在解释横截面股票收益率时并没有涵盖各类分析因子，因而其有效性值得怀疑。Fama 和 French（1993）发现：①如果挑出那些 $\beta$ 值与公司规模无关的股票，就会发现 $\beta$ 值与公司在 1941—1990 年获得的平均收益率没有任何关系；②$\beta$ 值不足以解释个股的平均收益率，而公司规模很好地解释了个股之间收益率的差异；③股票账面市值比 $B/E$ 也能很好地解释个股之间收益率的差异。据此，他们对 CAPM 进行了改进，提出了三因子模型。该模型认为，股票相对于无风险利率的超额收益率 $E(R_i)-r_f$，可以由三个风险因子来解释：

（1）股票市场相对于无风险利率的超额收益率，即 $E(R_M)-r_f$（可用 MKT 表示，即市场因子）。

（2）小公司与大公司之间的收益率差额，即 SMB（也称规模因子）。

（3）高 $B/E$ 的股票与低 $B/E$ 的股票之间的收益率差额，即 HML（也称价值因子）。

该模型的数学形式如下：

$$E(R_i)-r_f=\alpha_i+\beta_1[E(R_M)-r_f]+\beta_2 E(\text{SMB})+\beta_3 E(\text{HML}) \tag{6-4}$$

---

① Fama, E., French, K., "Common Risk Factors in the Returns on Stocks and Bonds", *Journal of Financial Economics*, 1993, 33 (1): 3-56.

② Carhart, M., "On Persistence in Mutual Fund Performance", *Journal of Finance*, 1997, 52 (1): 57-82.

式中，$\beta_1$、$\beta_2$、$\beta_3$为三个风险因子的系数，或称为因子载荷。

Fama 和 French（1993）认为，SMB 可以反映公司的规模效应，小公司的预期收益率往往大于大公司的预期收益率。个股在 HML 上的因子载荷$\beta_3$代表了该上市公司的“相对痛苦指标”的大小。营业收入长期低迷的弱小企业一般有高的 $B/E$ 以及正的因子载荷，而营业收入长期丰厚的强势企业一般有较低的 $B/E$ 以及负的因子载荷。套利定价理论利用因子模型来描述资产价格的决定因子和均衡价格的形成机理，这在套利定价理论的假设条件和套利定价模型中都能清楚地体现出来。

2. Carhart（1997）的四因子模型

在三因子模型的基础上，Carhart（1997）提出了四因子模型。该模型在三因子模型的基础上引入了一年期的股票收益动量（PR1YR，也可用 MOM 表示）作为新的变量。这样构建的四因子模型为：

$$E(R_i)-r_f=\alpha_i+\beta_1[E(R_M)-r_f]+\beta_2 E(\text{SMB})+\beta_3 E(\text{HML})+\beta_4 E(\text{PR1YR}) \quad (6-5)$$

卡哈特（Carhart）在进行实证检验时，对一年期的股票收益动量的构建如下：将所有的股票每年前 11 个月的收益减去其滞后 1 个月的后 11 个月的收益，然后对每只股票自身的计算结果进行等权重的加权平均，而后再进行总体排序，前 30%的数据与后 30%的数据之间的差额就是该指标。

3. Fama 和 French（2015）[①] 的五因子模型

Fama 和 French（2015）对他们在 1993 年提出的三因子模型进行了改进，提出了五因子模型，就是在原有的市场、规模以及价值三个因子的基础上，加入了盈利能力因子和投资模式因子，以期能够更好地解释股票横截面收益率的差异。

在进行实证检验时，Fama 和 French（2015）将盈利能力因子界定为高盈利股票投资组合与低盈利股票投资组合的收益率之差（RMW），而将投资模式因子界定为高投资比例股票投资组合与低投资比例股票投资组合的收益率之差（CMA）。从美国股票市场的实证结果看，他们发现：与三因子模型相比，虽然五因子模型能够更好地解释股票的收益率，但它对于高投资比例、低盈利小盘股的收益率给出的解释不甚理想，而且在加上了盈利能力和投资模式两个新因子后，三因子模型中的价值因子似乎变得有些多余。

#### 6.2.2.2 套利组合

根据套利定价理论，投资者会竭力发掘构造一个套利组合的可能性，以便在不增加风险的情况下，增加组合的预期收益率。如何才能构造一个套利组合？一般来说，套利组合必须同时满足以下三个要求。

1. 它是一个不需要投资者提供任何额外资金的组合

如果 $x_i$ 表示投资者对证券 $i$ 持有量的变化，套利组合的这一特征就可表示为：

$$x_1+x_2+\cdots+x_n=0$$

2. 套利组合对任何因子都没有敏感性

这是因为套利组合没有因子风险。这一特征用公式可表示为：

---

① Fama，E.，French，K.，“A Five-Factor Asset Pricing Model”，*Journal of Financial Economics*，2015，116（1）：1-22.

$\beta_{P_j}=0$

在存在多个影响因子的情况下，这一特征可表示为一个方程组：

$$\begin{cases} x_1\beta_{11}+x_2\beta_{21}+\cdots+x_n\beta_{n1}=0 \\ x_1\beta_{12}+x_2\beta_{22}+\cdots+x_n\beta_{n2}=0 \\ \cdots \\ x_1\beta_{1k}+x_2\beta_{2k}+\cdots+x_n\beta_{nk}=0 \end{cases}$$

为了能找到满足上述特征的解，证券的个数应多于因子的个数，即 $n>k$。

严格地讲，除了因子风险等于零以外，一个套利组合的非因子风险也应该等于零。但是，套利组合的非因子风险实际上常常大于零，只是其数量非常小，套利定价理论认为可以忽略不计。

**3. 套利组合的预期收益率必须是正值**

$$x_1E(r_1)+x_2E(r_2)+\cdots+x_nE(r_n)>0$$

当一个组合的投资权重可以同时满足上述三个要求时，该组合就是一个套利组合。这样一个套利组合对任何一个渴望高收益且不关心非因子风险的投资者都具有吸引力——因为它不需要任何额外资金，没有任何因子风险，却可以带来正的预期收益率。

为了说明套利组合的存在性及构建问题，下面举两个简单例子加以说明。

**【例 6-6】** 假设每种证券的收益率都可以用以下双因子模型来分析：

$$R_i=E(R_i)+\beta_{1i}\times F_1+\beta_{2i}\times F_2$$

式中，$R_i$ 为第 $i$ 种证券的收益率；$F_1$ 和 $F_2$ 为系统性风险，其期望值等于 0，协方差等于 0。

假设资本市场上有四种证券，其收益率分别如下：

$$R_f=0.05$$

$$R_1=0.06+0.02F_2$$

$$R_2=0.08+0.02F_1+0.01F_2$$

$$R_3=0.12+0.04F_1+0.04F_2$$

请判断是否存在套利机会。如果存在套利机会，应该怎样进行套利？

**解：**

显然，要想判断市场是否存在套利机会，其核心是判断零投资证券组合是否存在。假设存在这样一个组合，投资者对 4 种证券的持有量的变化分别为 $X_f$，$X_1$，$X_2$，$X_3$，那么根据套利组合的要求，它们应该同时满足以下几个要求：

$$X_f+X_1+X_2+X_3=0$$

$$X_f\beta_{1f}+X_1\beta_{11}+X_2\beta_{12}+X_3\beta_{13}=0$$

$$X_f\beta_{2f}+X_1\beta_{21}+X_2\beta_{22}+X_3\beta_{23}=0$$

$$X_fE(R_f)+X_1E(R_1)+X_2E(R_2)+X_3E(R_3)>0$$

这意味着以下四式要被同时满足：

$$X_f+X_1+X_2+X_3=0$$

$$0.02X_2+0.04X_3=0$$

$$0.02X_1+0.01X_2+0.04X_3=0$$

$$0.05X_f+0.06X_1+0.08X_2+0.12X_3>0$$

但问题是，当前三个式子成立的时候，第四个式子大于号左边部分恰好等于 0，从而无法满足要求。这就可以证明市场中不存在套利机会。

**【例 6-7】** 某投资者拥有一个包含四种证券的投资组合，假设组合中每种证券的收益率可以用以下双因子模型来分析：

$$R_i = E(R_i) + \beta_{1i} \times F_1 + \beta_{2i} \times F_2$$

式中，$R_i$ 为第 $i$ 种证券的收益率；$F_1$ 和 $F_2$ 为系统性风险，其期望值等于 0，协方差等于 0。该投资者决定通过将证券 $B$ 的持有比例增加 0.05 来建立一个套利组合。证券相关信息见表 6-3。

（1）其他三种证券的权数各增减多少？

（2）套利组合的预期收益率是多少？

**表 6-3 证券相关信息**

| 证券 | 因子 1 的敏感度 | 因子 2 的敏感度 | 权数 | 预期收益率（%） |
| --- | --- | --- | --- | --- |
| $A$ | 2.5 | 1.4 | 0.3 | 13 |
| $B$ | 1.6 | 0.9 | 0.3 | 18 |
| $C$ | 0.8 | 1.0 | 0.2 | 10 |
| $D$ | 2.0 | 1.3 | 0.2 | 12 |

**解：**

为得到一个套利组合，假设该组合中四种证券权数的变动分别为 $X_A$，$X_B$，$X_C$，$X_D$。套利组合应该同时满足以下几个要求：

$$X_A + X_B + X_C + X_D = 0$$

$$X_A\beta_{1A} + X_B\beta_{1B} + X_C\beta_{1C} + X_D\beta_{1D} = 0$$

$$X_A\beta_{2A} + X_B\beta_{2B} + X_C\beta_{2C} + X_D\beta_{2D} = 0$$

$$X_AE(R_A) + X_BE(R_B) + X_CE(R_C) + X_DE(R_D) > 0$$

由于 $X_B = 0.05$，因此有：

$$X_A + 0.05 + X_C + X_D = 0$$

$$2.5X_A + 1.6 \times 0.05 + 0.8X_C + 2X_D = 0$$

$$1.4X_A + 0.9 \times 0.05 + X_C + 1.3X_D = 0$$

解得：

$$X_A = -0.043, \quad X_C = -0.019, \quad X_D = 0.012$$

由此可得套利组合的预期收益率为 0.3%。

## 6.2.3 套利定价模型的假设与推导及单因子资产组合

### 1. 套利定价模型的假设

套利定价模型的假设与 CAPM 相比存在较大的差异。在这些差异中，最重要的一点在于，APT 既不像 CAPM 那样依赖于市场组合，也没有假设只有市场风险影响资产的预期收益率，而是认为资产的预期收益率可能会受到几种风险的影响，而到底是哪几种风险会产生影响，以及这些风险具体是什么则无关紧要。因此，APT 的限制条件不像 CAPM 那样严格。此外，APT 也没有下列 CAPM 所需要的假设：只是一个时期的投资水平；不考虑税收因子；以无风险利率借贷；投资者根据预期收益率和方差选择资产组合。

APT 与 CAPM 相同的假设包括：投资者都有相同的预期；投资者追求效用最大化；市场是完美的。

APT 的最基本假设就是投资者都相信证券 $i$ 的收益率受 $k$ 个共同因子的影响，证券 $i$ 的收益率与这些因子的关系可以用下面这个 $k$ 因子模型表示出来：

$$r_i = E(r_i) + \beta_{i1}F_1 + \beta_{i2}F_2 + \cdots + \beta_{in}F_n + \varepsilon_i$$

式中，$r_i$为任意一种证券 $i$ 的收益率；$E(r_i)$ 为证券 $i$ 的预期收益率，包含了到目前为止所有可知的信息；$\beta_{ik}(k=1, 2, \cdots, n)$ 是证券 $i$ 相对于 $k$ 因子的敏感度；$\varepsilon_i$是误差项，也可认为是只对个别证券收益率起作用的非系统性因子；$F_k(k=1, 2, \cdots, n)$ 是对所有资产都起作用的共同因子，又称系统性因子。

由于已知的信息都已包含在 $E(r_i)$ 中了，所以这里的 $F$ 因子都是不可测的，它们在将来的发生纯属意外。有意外发生，就会改变 $r_i$和 $E(r_i)$ 之间的关系；没有意外发生，从 $\beta_{i1}F_1$到 $\beta_{in}F_n$都将是零。由于 $F_k$是随机变量，所以 $E(F_k)=0$。不过，APT 并不在意总共会有多少因子以及这些因子是什么之类的问题。

### 2. 套利定价模型的推导

因子模型并没有对均衡状态进行描述，若把上述因子模型转换成一个均衡模型，所需讨论的就是证券的预期收益率。根据上述对市场套利行为及其影响的分析，罗斯基于以下两个基本点来推导套利定价模型。

（1）在一个有效市场中，当市场处于均衡状态时，不存在无风险的套利机会。

（2）对于一个高度多元化的资产组合来说，只有几个共同因子需要补偿。证券 $i$ 与这些共同因子的关系为：

$$E(r_i) = \lambda_0 + \beta_{i1}\lambda_1 + \beta_{i2}\lambda_2 + \cdots + \beta_{ik}\lambda_k$$

这便是套利定价模型。其中，$\lambda_k$为投资者承担 1 单位 $k$ 因子风险的补偿额，风险的大小由 $\beta_{ik}$表示，当资产对所有 $k$ 因子都不敏感时，这个资产或资产组合就是零 $\beta$ 资产或资产组合。

### 3. 单因子资产组合

假设资产组合 $P_1$只与因子 1 有 1 单位的敏感度，即 $\beta_{i2}=\beta_{i3}=\cdots=\beta_{ik}=0$，则有：

$$E(r_{P_1}) = \lambda_0 + \lambda_1$$

$$\lambda_1 = E(r_{P_1}) - \lambda_0$$

这就是说，风险补偿可以被理解为预期收益率超过零 $\beta$ 资产组合收益率的部分，$P_1$被称为单因子资产组合。依此类推其他 $\lambda$ 值后，我们可以把上面的套利定价模型改写为：

$$E(r_i) = \lambda_0 + \beta_{i1}[E(r_{P_1}) - \lambda_0] + \beta_{i2}[E(r_{P_2}) - \lambda_0] + \cdots + \beta_{ik}[E(r_{P_k}) - \lambda_0]$$

显然，资产 $i$ 预期收益率的计算取决于以下两点：

（1）确定系统性因子，准确估计各 $\beta$ 值；

（2）确定各单因子资产组合的预期收益率。

下面是建立单因子资产组合的例子。

在一个多元化的资产组合中，由于各资产对某个因子有着不同的敏感度，因此从理论上说，我们可以通过对资产进行适当的组合而使资产组合对这一因子的敏感度（即 $\beta$ 值）

为1或0。

$A$、$B$、$C$、$D$四种资产的$\beta$值见表6-4。

**表6-4 $A$、$B$、$C$、$D$四种资产的$\beta$值**

| | $A$ | $B$ | $C$ | $D$ |
|---|---|---|---|---|
| $\beta_{i1}$ | 0.5 | −1.9 | −3.3 | 3 |
| $\beta_{i2}$ | 0.7 | −2.9 | 2.3 | −0.4 |

我们可以通过使$A$、$B$、$C$、$D$四种资产的权数分别为10%、10%、20%、60%，使该资产组合对第一个因子的$\beta$值等于1，即：

$$\beta_{P_1}=0.5\times0.1+(-1.9)\times0.1+(-3.3)\times0.2+3\times0.6=1$$

这样的权数还可以使该资产组合对第二个因子的敏感度为零，即：

$$\beta_{P_2}=0.7\times0.1+(-2.9)\times0.1+2.3\times0.2+(-0.4)\times0.6=0$$

### 6.2.4 套利定价理论的应用

套利定价理论在资产组合管理中应用的领域与CAPM差不多，只是具体的决策依据和思路依模型的不同而有差异而已。如果把套利定价理论应用于消极的资产组合管理，投资者可以在已确定因子的情况下建立一个最优风险资产组合，即$\beta$值的最优组合。这种策略对只包含几种不同资产类型的大资产组合比较合适，因为它充分利用了不同类型资产对不同因子变动具有不同敏感度的特点。例如：债券和股票的收益率一般对利率因子的反应是相反的；零售业的股票比一般股票对通货膨胀率更敏感；等等。当资产组合中的资产类型很多时，组合各部分的特殊风险就被分散了。

在积极的资产组合管理中，可以利用对因子非预期波动的挖掘，判断资产价值是被高估还是被低估了，并以此选择资产、调整资产组合。例如，如果公认的通货膨胀率是3%，而资产组合管理者预测其应改为1%，那么对该资产组合管理者来说，意外的通货膨胀率就是−2%，投资者依此估算的资产收益率就会低于市场公认的收益率，投资者可据此调整资产组合，卖出价值被高估的资产。如果该资产组合管理者的预测被证明是正确的，他获得的利润就是超额利润。

## 6.3 期权定价理论

拓展阅读

期权定价理论的早期发展历程

世界上用得最广泛的期权定价理论（option pricing theory，OPT）有两种：第一种是假定股票价格的变化满足二项式分布的模型，即二项式期权定价模型（又称二叉树期权定价模型）；第二种是假定股票价格的变化满足对数正态分布的模型，由于后者是由美国经济学家布莱克和斯科尔斯共同提出的，因而它被称为布莱克-斯科尔斯（B-S）期权定价模型。

### 6.3.1 期权价格的经济内涵

我们曾提及期权是较为独特的一种金融衍生工具，期权的卖方授予买方在某一特定时点或时期内，以某一特定价格买卖某一特定种类、数量、质量资产的权利。一旦期权交易达成，期权的买方将拥有期权标的资产价格发生有利变化时的收益，而无须承担价格反向变化引致的损失，或者说权利与义务并不完全对称。显然，作为一种公平博弈，期权的买方必须支付一定的代价才能获得这种权利。这种代价就是期权费，也就是期权价格。

从期权合约的内容来看，购买者所支付的期权费应该包含两部分内容：内在价值（intrinsic value）与时间价值（time value)。其中，期权的内在价值是指期权标的资产的市场价格与其执行价格（又称履约价格，strike price 或 exercise price）之间的差额。这一差额是期权费的核心部分。一般来说，对于看涨（call）期权（又称买入期权）而言，内在价值等于市场价格超出执行价格的那一部分，而对于看跌（put）期权而言，内在价值就是市场价格低于执行价格的部分。期权的时间价值是指期权费超过其内在价值的部分，有时又称外在价值。

一般来说，有 6 种因素会影响期权的价格。如果以股票期权为例，这 6 种因素分别为：当前股票价格、期权执行价格、期权期限、股票价格的波动率、无风险利率和期权存续期间预期发放的股息。

当前股票价格和期权执行价格对期权价格的影响最为直接。就看涨期权而言，由于这种合约赋予买方在将来某一时刻行使按执行价格购买一定数量股票的权利，执行时期权合约的收益等于股票价格与执行价格的差额，随着股票价格的上升，看涨期权价格也会上升，而随着期权执行价格的上升，其价格将会下降。看跌期权恰好相反，其价格随着股票价格的上升而下降，随着执行价格的上升而上升。

期权期限对期权价格的影响则依美式期权与欧式期权的类型不同而有所差异。对于两个其他条件相同但期权期限存在差异的美式期权合约而言，期限长的期权合约的时间价值要比短的那个期权合约高。这是因为相对于短期期权合约而言，期限长的期权合约赋予投资者执行期权的机会已经包含了短期期权合约所可能提供的机会，而且期限短的期权合约也不可能有超过自己的有效期时期限长的期权在其到期日之前所具有的执行合约的机会。而对于欧式期权而言，尽管一般来说上述分析也大致成立（即随着期限的延长，欧式看涨期权和欧式看跌期权的价格会上升），但如果考虑到不同期限股息等其他因素，这一结论并非总成立。

相对于期权期限而言，股票价格的波动率对股票期权的影响非常直接。当波动率增大时，股票价格上升很多和下降很多的机会将会增大，进而期权购买者获利的可能性也会增大，期权价格自然也会上升。

鉴于无风险利率的变化在改变投资者对股票投资预期收益率要求的同时也会通过贴现对股票价格产生冲击，其对期权价格的影响方向并不显而易见。在期权合约的其他因素保持不变的前提下，一般认为，当利率上升（下降）时，股票价格往往会下降（上升)，而利率上升（下降）与相应股票价格下降（上升）的净效应可能会使看涨期权价格下降（上升)，而看跌期权价格上升（下降)。

期权存续期间预期发放的股息对股票期权的影响也较为直接。鉴于股息的支付将导致股票在除息日的价格除权效应（价格下降），因此股息越大，价格除权效应就越大，这将导致看涨期权的价格下降，而看跌期权的价格上升。

### 6.3.2 二项式期权定价模型

假定现在要确定某个买入期权在到期之前某个时点的价值。与此同时，进一步假定与期权相对应的股票在当时的价格为每股 50 元，但有可能上升到 75 元或下跌到 25 元。再假定借贷利率为 25%。在这些条件下，一个执行价格为 50 元的买入期权的价值是多少？

为了回答这一问题，需要考察如表 6－5 所示的投资组合。

**表 6－5**

| 投资组合 | $t=0$ 时的资金流入（元） | $t=1$ 时的资金流入（元） | |
|---|---|---|---|
| | | $S_1=25$（元） | $S_2=75$（元） |
| 出售 2 个买入期权 | $+2C$ | 0 | $-50$ |
| 购买 1 股股票 | $-50$ | $+25$ | $+75$ |
| 借入 20 元 | $+20$ | $-25$ | $-25$ |
| 合计 | $2C-30$ | 0 | 0 |

对于上述投资组合，无论股票价格今后会发生何种变化，是上升到 75 元还是下跌到 25 元，其投资结果都将是 0 元。这意味着该组合的成本应该为 0 元，即

$$2C-30=0(\text{元})$$

即期权价格应该为：

$$C=15(\text{元})$$

如果期权价格 $C=10$ 元，那么就是定价偏低。此时买进期权、抛空股票，同时贷出资金，将会立即得到一笔利润，见表 6－6。

**表 6－6**

| 投资组合 | $t=0$ 时的资金流入（元） | $t=1$ 时的资金流入（元） | |
|---|---|---|---|
| | | $S_1=25$（元） | $S_2=75$（元） |
| 购买 2 个买入期权 | $-20$ | 0 | $+50$ |
| 抛空 1 股股票 | $+50$ | $-25$ | $-75$ |
| 出借 20 元 | $-20$ | $+25$ | $+25$ |
| 合计 | $+10$ | 0 | 0 |

无论股价在 $t=1$ 时将发生何种变化，都不会出现纯资金流入或流出。唯一的资金流入发生在 $t=0$ 时，是正的 10 元，这是一笔无风险、无成本的利润。随着投资者不停地进行上述套利活动，期权的价格将不断上升，直到套利利润为零。

再考察当期权价格 $C=20$ 元时的情形。在这一价格上，买入期权定价过高，投资者可以通过出售期权、购买股票和借入资金获得一笔利润。其结果见表 6－7。

表 6-7

| 投资组合 | $t=0$ 时的资金流入（元） | $t=1$ 时的资金流入（元） | |
|---|---|---|---|
| | | $S_1=25$（元） | $S_2=75$（元） |
| 出售 2 个买入期权 | +40 | 0 | −50 |
| 购买 1 股股票 | −50 | +25 | +75 |
| 借入 20 元 | +20 | −25 | −25 |
| 合计 | +10 | 0 | 0 |

同样，在 $t=1$ 时，将不发生净资本流入或流出，如果这种情形存在的话，投资者将保证能获得一笔无风险、无成本的利润，为 10 元。显然，即使出现这种情形，也不会持续很长时间，因为上述套利活动将促使期权价格不断下降，使三种工具的价格重新获得均衡。

因此，在前面所说的条件下，买入期权的价格只能定在 15 元。

这一例子的基本原理可以扩展到一般的情形。我们先设计一个由买入期权和相应股票组成的投资组合，使得无论股票的价格发生什么样的变化，这一组合的结果都保持不变。然后，通过贷出或借入，使得期权、股票和借贷的最终收益为零。在例子中，我们是将 1 股股票与 2 个买入期权组合，产生 25 元的净资金流量。导致组合收益结果与股价变动无关的每一期权所对应的股票数量被称为保值率，与此对应的股票和期权的组合被称为保值组合。说得具体一点，我们定义：

$S_0$＝当 $t=0$ 时股票的价格

$E$＝期权的执行价格

$u$＝1＋股票价格的上升幅度（%）

$d$＝1＋股票价格的下跌幅度（%）

$C$＝买入期权的价格

$a$＝每一期权所对应的股票数量

$Cu$＝股价上升时买入期权的价值（应该为 0 与 $uS_0-E$ 之间的较大者）

$Cd$＝股价下跌时买入期权的价值（应该为 0 与 $dS_0-E$ 之间的较大者）

考察表 6-8 的投资组合：

表 6-8

| 投资组合 | $t=0$ 时的资金流入 | $t=1$ 时的资金流入 | |
|---|---|---|---|
| | | $S_1=uS_0$ | $S_2=dS_0$ |
| 出售 1 个买入期权 | $C$ | $-Cu$ | $-Cd$ |
| 购买 $a$ 股股票 | $-aS_0$ | $auS_0$ | $adS_0$ |
| 合计 | $C-aS_0$ | $auS_0-Cu$ | $adS_0-Cd$ |

为了使上述投资组合成为一个保值组合，必须满足下述条件：

$$auS_0-Cu=adS_0-Cd$$

由此可得：

$$a=\frac{Cu-Cd}{S_0(u-d)}$$

对于前面的例子而言：

$$u=1+\frac{75-50}{50}=1.5$$

$$d=1+\frac{25-50}{50}=0.5$$

$$S_0=50$$

$$Cu=75-50=25$$

$$Cd=0$$

由此可得：

$$a=\frac{25-0}{50\times(1.5-0.5)}=\frac{1}{2}$$

因此，无论股票的价格在 $t=1$ 时将发生何种变化，为了使由买入期权与股票组成的投资组合产生同一个结果，在每卖出 1 个买入期权的同时必须买入半股股票。在例子中，2 个买入期权与 1 股股票相对应，符合保值率的要求。

根据保值率 $a$ 的要求组成期权和股票的组合，意味着在 $t=1$ 时，该组合的收益结果只有一个，即

$$-Cu+auS_0=-Cd+adS_0$$

与此同时，为了使该组合在 $t=1$ 时的净资金流量等于零，我们可以在 $t=0$ 时借入资金，而在 $t=1$ 时归还本利和，归还的数量正好等于组合的收益结果 $Cd-adS_0$ 或 $Cu-auS_0$。如果用 $r$ 表示 1 加借贷利率，那么在 $t=0$ 时所需借入的资金就是 $(Cd-adS_0)/r$ 或 $(Cu-auS_0)/r$。上述结果可以用表 6-9 来表示。

**表 6-9**

| 投资组合 | $t=0$ 时的资金流入 | $t=1$ 时的资金流入 | |
|---|---|---|---|
| | | $S_1=uS_0$ | $S_2=dS_0$ |
| 出售 1 个买入期权 | $C$ | $-Cu$ | $-Cd$ |
| 购买 $a$ 股股票 | $-aS_0$ | $auS_0$ | $adS_0$ |
| 借入资金 | $\frac{-Cd+adS_0}{r}$ | $Cu-auS_0$ | $Cd-adS_0$ |
| 合计 | $C-aS_0-\frac{Cd-adS_0}{r}$ | 0 | 0 |

如前所述，如果在 $t=1$ 时投资的净资金流入为零，那么其投资成本也应该为零，否则就会出现套利行为。因此，可以得到：

$$C-aS_0-\frac{Cd-adS_0}{r}=0$$

整理可得：

$$C=\frac{arS_0+Cd-adS_0}{r}$$

将保值率 $a=\dfrac{Cu-Cd}{S_0(u-d)}$代入上式，可得：

$$C=\frac{\dfrac{Cu-Cd}{S_0(u-d)}\times rS_0+Cd-\dfrac{Cu-Cd}{S_0(u-d)}\times dS_0}{r}$$

整理可得：

$$C=\frac{Cu\times\dfrac{r-d}{u-d}+Cd\times\dfrac{u-r}{u-d}}{r}$$

这就是买入期权的定价公式。如果我们令

$$P=\frac{r-d}{u-d}$$

则上式可简化为：

$$C=\frac{CuP+Cd(1-P)}{r}$$

在使用这一公式时必须注意两个问题：第一，我们在推导的过程中没有考虑股票价格上升或下跌的概率分布，甚至我们从未考虑股票价格的变化应该呈现什么样的情形。$P$ 和 $1-P$并不是概率，而是一个与股价变化幅度和无风险利率有关的参数。第二，我们在推导时，只考虑了股票价格从 $t=0$ 时的 $S_0$到 $t=1$ 时的 $S_1$一个周期的变化情况，因而这一公式被称为单周期定价公式。但是，在购买期权到期权到期这一段时间内，股票的价格可能发生不止一次变化。因此，我们要求的可能不是一个周期的期权价格，而是两个或两个以上周期的期权价格。假设股票的价格在期权到期之前发生两次变动，见图 6-2。

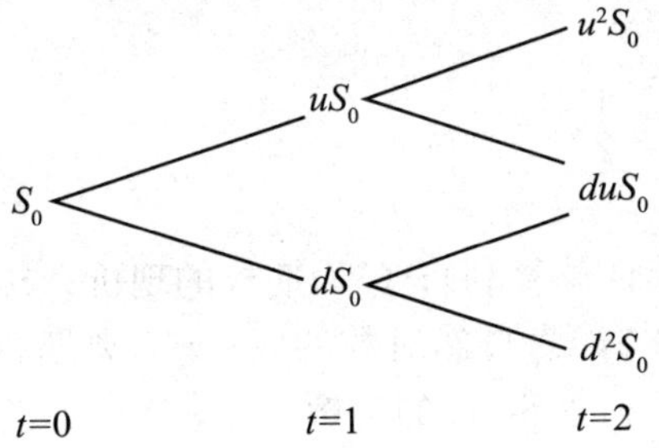


**图 6-2**

我们令 $Cu^2$ 为连续发生两次股票价格上升时买入期权在到期日的价值（即 $u^2S_0-E$ 与 0 之间的较大者）；令 $Cud$ 为发生一次股价上升、一次股价下跌时买入期权在到期日的价值（即 $duS_0-E$ 与 0 之间的较大者）；再令 $Cd^2$ 为连续发生两次股价下跌时买入期权在到期日的价值（即 $d^2S_0-E$ 与 0 之间的较大者）。根据只发生一次股价变动时期权的定价公式，我们有如下结论：

（1）如果 $t=1$ 时股票的价格为 $uS_0$，则此时买入期权的价格应为：

$$Cu=\frac{PCu^2+(1-P)Cud}{r}$$

（2）如果 $t=1$ 时股票的价格为 $dS_0$，则此时买入期权的价格为：

$$Cd=\frac{PCud+(1-P)Cd^2}{r}$$

而根据单周期定价公式，$t=0$ 时买入期权的定价为：

$$C=\frac{PCu+(1-P)Cd}{r}$$

$$=\frac{P\times\frac{PCu^2+(1-P)Cud}{r}+(1-P)\times\frac{PCud+(1-P)Cd^2}{r}}{r}$$

整理可得：

$$C=\frac{P^2Cu^2+2P(1-P)Cud+(1-P)^2Cd^2}{r^2} \tag{6-6}$$

这就是在期权到期之前股价发生两次变化时买入期权的定价公式，称为双周期定价公式。根据同样的方法，我们可以推导出 3 周期、4 周期甚至 $n$ 周期定价公式。

### 6.3.3 布莱克-斯科尔斯（B-S）期权定价模型的内涵

在前面二项式期权定价模型的推导中，我们实际上做了一个假定，即在期权合约到期之前的这段时间内，其对应的股票价格所发生的 $n$ 次变化（上升或下跌）呈现出一种二项式分布。现在，我们假定股票价格所发生的 $n$ 次变化不是呈二项式分布，而是呈现出一种对数正态分布。这样，当 $n\to\infty$ 时，也就是当股票价格连续发生变化时，我们就得到了另一种期权定价模型，这就是 B-S 期权定价模型。其表达式如下：

$$C=S_0N(d_1)-\frac{E}{e^{rt}}\times N(d_2) \tag{6-7}$$

$$d_1=\frac{\ln(S_0/E)+(r+\frac{1}{2}\delta^2)t}{\delta\sqrt{t}} \tag{6-8}$$

$$d_2=\frac{\ln(S_0/E)+(r-\frac{1}{2}\delta^2)t}{\delta\sqrt{t}} \tag{6-9}$$

式中，$r$ 为无风险利率（连续计算复利）；$C$ 为期权的现价；$S_0$ 为相应股票的现价；$E$ 为期权的执行价格；e 等于 2.718 3，为自然对数的底；$t$ 为离期权到期日的年数；$\delta$ 为连续复利收益率的标准差；$\ln(S_0/E)$ 为 $S_0/E$ 的自然对数；$N(d)$ 为正态函数在自变量为 $d$ 时的累计和。

B-S 期权定价模型的证明过程如下：

首先，与二项式期权定价模型的证明一样，我们也设计一个投资组合，该投资组合涉及出售期权和购买股票，使得不管股票价格发生何种变化，该组合产生的投资结果都将保持不变。这就是前面所说的保值组合。为了简单起见，我们假定只购买 1 股股票。

其次，我们看一下组合中应出售的期权数量是多少。为了使投资组合的结果保持不变，所出售的买入期权的数量应该等于 1 除以因股票价格发生 1 单位变化而引起的期权价值变化。例如，假定当股票价格发生 1 单位变化时，期权价值发生 0.5 单位变化，那么与 1 股股票相对应的应出售的买入期权应该是 2 个。因为如果股票价格上升 1 元，持有股票将导致整个保值组合的价值增加 1 元。但是，如果我们出售 2 个买入期权，每个期权的价值将下降 0.5 元，2 个期权正好下降 1 元。这样一来，由购买 1 股股票和出售 2 个买入期权所组成的投资组合的最终价值将不发生任何变化。

最后，如果该投资组合的最终收益不因股票价格的变化而变化，那么该投资就属于无风险投资，而无风险投资的收益率应该等于无风险利率。

假定 $V_H$ 为保值组合（股票＋期权）的初始价值（成本）；$S$ 为股票的价格；$Q_S$ 为组合中所持的股票数量；$Q_C$ 为组合中所持的期权数量；$C$ 为买入期权的价值；$r$ 为无风险利率。保值组合的初始价值为：

$$V_H = Q_S S + Q_C C$$

保值组合的价值变化应满足如下方程：

$$\mathrm{d}V_H = Q_S \mathrm{d}S + Q_C \mathrm{d}C$$

由于该组合是无风险组合，因而在单位时间内，保值组合的价值变化应该等于由无风险利率得到的利息，即

$$rV_H \mathrm{d}t = Q_S \mathrm{d}S + Q_C \mathrm{d}C$$

根据前面的结论，组合中 $Q_S$ 与 $Q_C$ 的关系为：

当 $Q_S = +1$ 时，有

$$Q_C = \frac{-1}{\partial C/\partial S}$$

与此同时，我们还知道：

$$V_H = Q_S S + Q_C C$$

代入前面的关系式，可得：

$$r \times \left(S - \frac{C}{\partial C/\partial S}\right)\mathrm{d}t = \mathrm{d}S - \frac{1}{\partial C/\partial S}\mathrm{d}C$$

整理可得：

$$\begin{aligned}\mathrm{d}C &= \frac{\partial C}{\partial S}\mathrm{d}S - r\frac{\partial C}{\partial S}\left(S - \frac{C}{\partial C/\partial S}\right)\mathrm{d}t \\ &= \frac{\partial C}{\partial S}\mathrm{d}S - rS\frac{\partial C}{\partial S}\mathrm{d}t + rC\mathrm{d}t\end{aligned}$$

如果假定股票价格的变化呈对数正态分布，则有

$$\frac{\mathrm{d}S}{S} = \mu \mathrm{d}t + \delta \mathrm{d}z$$

式中，$\mu$ 为股票的预期收益率；$\delta$ 为预期收益率的波动率（标准差）；$\mathrm{d}z$ 为零均值、单位标准差的正态分布变量。

根据这种对数正态分布形式，可以得到期权价格的变化情形如下：

$$\mathrm{d}C = \frac{\partial C}{\partial S}\mathrm{d}S + \frac{\partial C}{\partial t}\mathrm{d}t + \frac{1}{2} \times \frac{\partial^2 C}{\partial S^2} \times \delta^2 S^2 \mathrm{d}t$$

式中，等号右边前两项就是对买入期权价值求导的结果；最后一项是来自 $S$ 的随机因素。

将两个关于期权价格变化的表达式结合起来，可以得到以下关系式：

$$\frac{\partial C}{\partial S}\mathrm{d}S + \frac{\partial C}{\partial t}\mathrm{d}t + \frac{1}{2} \times \frac{\partial^2 C}{\partial S^2} \times \delta^2 S^2 \mathrm{d}t = \frac{\partial C}{\partial S}\mathrm{d}S - rS\frac{\partial C}{\partial S}\mathrm{d}t + rC\mathrm{d}t$$

整理可得：

$$\frac{\partial C}{\partial t} = rC - rS \times \frac{\partial C}{\partial S} - \frac{1}{2} \times \frac{\partial^2 C}{\partial S^2} \times \delta^2 S^2$$

这是一个偏微分方程，其边界条件是：

$$C=\begin{cases}S-E, & S>E\\0, & S\leqslant E\end{cases}$$

求解上述方程，即可得到前面的B-S期权定价模型的结论。

由B-S期权定价模型可以发现，它与其他期权定价模型有一个很大的不同，即公式中并没有直接出现股票的预期价格这一变量，但从推导过程可知，股价变化已通过对数正态分布，以期权价格变化的形式表现出来了。实际上，预期价格进入期权定价模型是因为它决定了股票的现价，但当股票现价被设定后，预期价格将不会对期权的价值发挥作用。其他因素与期权价值的关系如下：①股票现价 $S_0$ 与期权执行价格 $E$ 的比率越高，则期权的价值越大。这一点是可以理解的，因为这一比率越高，就意味着股票现价与期权执行价格之间的差距越小，从而期权的价值也就越大。②期权离到期日越远，即 $t$ 越大，则期权的价值也就越大。这一点也是可以理解的，因为离到期日越远，股票价格远离现有水平的可能性也就越大，而股价变化的收益是非对称性的，因而期权价值上升的可能性也就越大。③无风险利率越高，期权的价值也就越大。这也是可以理解的，利率越高，执行期权所必须支付的资金的现值也就越少。这就意味着期权的成本下降，其价值就会上升。

### 6.3.4 B-S期权定价模型的应用

通过对B-S期权定价模型的进一步考察可以发现，确定期权价格所需的资料涉及股票的现价、期权的执行价格、期权离到期日的时间、无风险利率、股票年收益率标准差以及正态分布表。所有这些资料，除了股票年收益率标准差外都是很容易获得的。股票年收益率标准差的求法，在某种条件下，可以使用股票价格的历史数据。例如，如果我们要求某股票年收益率的标准差，我们可以使用某一年中该股票每周的价格数据。我们把每周最后一个交易日股票的收盘价加上这一周内可能的股息支付除以这一周第一个交易日的收盘价，就可以得到该股票每周的相对价格 $x_i$，再求出这一年该股票的周平均相对价格 $\overline{x}_i$，我们就可以用下面的公式求出周收益率标准差：

$$\delta_i=\sqrt{\sum_{i=1}^{n}\frac{(x_i-\overline{x}_i)^2}{n}}$$

如果该年有52个交易周，则 $n=52$。如果要把周收益率标准差转换为年收益率标准差，只要乘以52即可。

下面用一个例子来结束对B-S期权定价模型的分析。假定：

（1）股票的现价 $S_0=90$。

（2）期权的执行价格 $E=100$。

（3）期权离到期日还有0.5年（即 $t=0.5$）。

（4）股票年收益率标准差 $\delta=0.5$。

（5）无风险利率 $r=0.1$。

根据上述条件，可以求出 $d_1$、$d_2$ 如下：

$$d_1=\frac{\ln\left(\frac{90}{100}\right)+\left(0.1+\frac{1}{2}\times 0.25\right)\times 0.5}{0.5\times\sqrt{0.5}}$$

$$=0.02$$

$$d_2=\frac{\ln\left(\frac{90}{100}\right)+\left(0.1-\frac{1}{2}\times 0.25\right)\times 0.5}{0.5\times\sqrt{0.5}}$$

$$=-0.33$$

查阅正态分布表，可得 $N(d_1)$ 和 $N(d_2)$ 如下：

$$N(d_1)=N(0.02)=0.5080$$

$$N(d_2)=N(-0.33)=0.3707$$

最后，可求得该期权的理论价格为：

$$C=90\times 0.5080-\frac{100}{e^{0.1\times 0.5}}\times 0.3707=10.46$$

假定该期权在市场上卖 9.50，如果 B-S 期权定价模型成立的话，就意味着该期权定价过低，投资者可以直接购买期权得利，也可以通过买进期权和卖空股票的组合得利。$N(d_1)=0.5080$ 意味着对应于每一个买进的买入期权，应该卖出 0.508 0 股股票。因此，$N(d_1)$ 相当于前面所说的保值率。

B-S 期权定价模型的另一个意义是，如果假定目前市场上期权的价格是符合实际的，那么利用这一期权价格，根据 B-S 期权定价模型，我们就可以求出相应股票的年收益率方差 $\delta^2$ 或年收益率标准差 $\delta$。与此同时，如果对于某只股票存在着 $N$ 种不同的期权，那么由于这些期权的执行价格和到期日各不相同，每一种期权都有一个 $\delta$ 与其对应，因此一只股票就有好几个年收益率标准差（比如 $N$ 个）。在这种情形下，最合适的标准差就是所有这 $N$ 个标准差的平均值，即

$$\delta=\frac{1}{N}\sum_{i=1}^{N}\delta_i \tag{6-10}$$

由于年收益率标准差代表了股票的风险大小，因此利用 B-S 期权定价模型，我们不仅可以对已知风险大小的股票的期权进行定价，还可以求解已知其期权价格的股票的风险。

### 6.3.5　资产定价理论发展概要

第一，20 世纪 50 年代以前的资产定价理论。

1900 年法国数学家巴舍利耶将股票价格变化视为随机过程，并且提出了价格变化服从鞅过程。20 世纪 30 年代，经济学家威廉姆斯证明了股票价格是由其未来股利决定的，提出了重要的股利折现模型。考尔斯于 1933 年 7 月发表论文《股市预测指标能够准确预测吗?》，他认为没有任何预测指标可以准确预测股票市场波动。

第二，20 世纪 50—80 年代的资产定价理论。

在基础资产定价理论方面，1952 年马科维茨发表的《资产组合选择》提出了资产组合均值-方差理论。用资产组合的均值代表期望收益，用方差代表资产组合的风险，投资者理性的投资方式是实现预期收益最大化（风险不变）或者风险最小化（预期收益不变）的资产组合方式。后来，托宾简化了马科维茨的资产组合选择过程，提出了著名的“两基

金分离定理”。

1964年，夏普在马科维茨、托宾等人的研究基础之上，发展了现代资产组合理论，并且提出了风险资产定价的一般均衡理论，即CAPM；1965年，林特纳也提出了相似的模型。后来的实证研究表明，CAPM无法解释资产价格受公司规模、财务杠杆等影响的现象。随后，1976年，罗斯提出了APT。通过多因素模型，APT在更广泛的意义上建立了证券收益与宏观经济中其他因素的联系。默顿在1973年提出了跨期CAPM（ICAPM），用以解决传统CAPM单期假设不足的问题。1978年，卢卡斯提出了消费资本资产定价模型（CCAPM）。该模型把产品市场、要素市场和金融市场上的各种变量通过消费和投资的关系联系起来，进而获得了真正意义上的资产组合决策的一般均衡分析。此后，布里登、格罗斯曼等先后提出了不同形式的CCAPM。

衍生产品定价理论主要包括期货和期权定价理论。期货定价理论主要包括：以沃金和布伦南为代表的持有成本理论；以凯恩斯为代表的延期交割费用理论；以赫什利弗为代表的基于对冲压力的期货定价理论。

期权定价理论起源于1900年法国数学家巴舍利耶的博士学位论文《投机理论》。他通过假设股票价格符合布朗运动，推导出了第一个看涨期权的定价公式。1961年，斯普伦克尔假设股票价格服从对数正态分布，推导出了新的期权定价公式。此后，卡索夫、博恩斯、萨缪尔森以及默顿相继给出了看涨期权定价公式。1973年，布莱克和斯科尔斯提出了著名的布莱克-斯科尔斯期权定价公式。同年，默顿也提出了同样的期权定价公式，而后他还做了三个重要的扩展工作。由于布莱克-斯科尔斯期权定价公式并不完全符合实际，因此也出现了很多新模型，比如考克斯、罗斯和鲁宾斯坦于1979年提出的二叉树期权定价模型；考克斯单独提出的常弹性波动率模型；默顿于1976年提出的随机利率期权定价模型；威金斯于1987年提出的随机波动性模型；等等。

第三，20世纪80年代以后兴起的行为金融资产定价理论。

传统的资产定价理论对很多市场现象都无法解释，比如格罗斯曼-斯蒂格利茨悖论、动量效应、期间效应、孪生股票价格差异之谜、收益率的过度波动、股权溢价之谜、封闭式基金折价、投机性泡沫、投资者过度交易现象、羊群效应、红利效应等。

行为金融学家基于投资者的非理性假设和有限套利，构建了各种资产定价理论，用以解释金融市场的市场异象。卡尼曼和特维斯基于1979年提出了著名的前景理论，将投资者的非理性第一次模型化。其他行为金融资产定价模型包括行为资本资产定价模型、噪声交易者模型等。

相对于传统金融理论，行为金融学能够有效地解释许多传统金融理论难以解释的市场异象，与人类真实的投资行为更加接近。但是，迄今为止，行为金融学还没有建立起获得普遍接受的统一理论框架和研究范式，行为金融学有望成为现代金融学突破的方向。

## 本章小结

本章介绍了现代金融学中资产定价领域的几个经典理论，即资本资产定价模型

(CAPM)、套利定价理论（APT）和期权定价理论（OPT）等的基本内容。

CAPM和APT是在资产定价领域影响最大、应用最广的两个理论。它们旨在解决的问题是：假设在资本市场中，投资者都采用马科维茨的投资组合理论，那么资产的均衡价格是如何在风险与收益的权衡中形成的？或者说，在市场均衡状态下，资产的价格是如何依风险而确定的？

期权定价理论涉及期权这种或有权益的定价问题，是金融衍生产品发展的理论基础。本章介绍了期权定价的两类主要模型：第一类是在假定股票价格的变化满足二项式分布时期权定价的二项式期权定价模型；第二类是在假定股票价格的变化满足对数正态分布时，由美国经济学家布莱克和斯科尔斯共同提出的B-S期权定价模型。

## 本章关键内容

1. CAPM的应用。
2. 资产定价的因子模型。
3. 套利定价模型中套利组合的构造。
4. 期权价格的经济内涵。
5. 二项式期权定价模型。
6. B-S期权定价模型的内涵与运用。

## 本章思考题

一、名词解释

因子模型　　套利组合

二项式期权定价模型　　B-S期权定价模型

二、简答题

1. 传统CAPM的假设条件有哪些？

2. 分析CAPM与APT的异同。

3. 什么是套利？试结合期货或期权等金融衍生产品说明资产定价无套利均衡分析的内在逻辑。

三、计算题

1. ABC公司目前的股价是95元/股，上年末其每股账面价值为100元。现在某投资者预测该公司净资产收益率（ROE）为10%，股利支付率为30%（直至永远）。市场无风险利率为3%，股市市场风险溢价为7%，该公司的估计贝塔值为1.1。

(1) 请根据不变股利增长模型，计算ABC公司股票在目前股价下的预期收益率（隐含收益率）。

(2) 假设CAPM成立，讨论ABC公司的股票目前是在折价交易还是溢价交易。

2. 假设某公司股票价格具有如图6-3所示的二叉树结构。

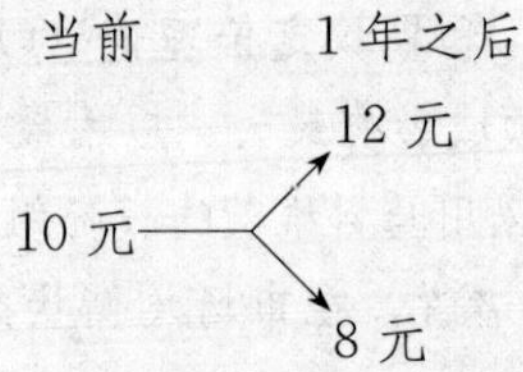


**图 6-3**

两个可能结果发生的概率相等，无风险利率是 5%。请利用无套利均衡的分析理念，为一个以此股票为标的资产、执行价格为 9 元的欧式看跌期权（期限为 1 年，1 个期权可以卖出 5 股股票）定价。

3. 某股票当前价格为 25 元，以该股票为标的物的看涨期权（1 个期权购买 1 股股票）的执行价格为 25 元，期权到期日前的时间为 0.5 年，同期无风险利率为 12%，股票收益率的方差为 0.36。假设持有期内不发放股利，利用 B-S 期权定价模型所确定的股票看涨期权的价格为多少？

4. 假设影响投资收益率的是两个相互独立的经济因子 $F_1$ 和 $F_2$。市场上同期的无风险利率为 5%。组合 $A$ 对 $F_1$ 和 $F_2$ 的 $\beta$ 系数分别为 1.2 和 1.8，预期收益率为 24%；组合 $B$ 对 $F_1$ 和 $F_2$ 的 $\beta$ 系数分别为 2 和 −0.3，预期收益率为 22%。请根据 APT 写出预期收益率与 $\beta$ 系数之间的关系。

第 7 章

# 量化投资、大数据分析与智能投顾

**学习目标**

- 深入理解信息比率的定义，能够从历史数据中计算后验信息比率。
- 掌握如何应用信息比率使增加值最大化。
- 对于残余收益的经验预测公式、评分的量化以及前瞻信息比率与投资头寸的关系有比较深入的了解。
- 理解如何使用大数据辅助投资决策。
- 理解智能投顾的内涵及其与量化组合管理理论的关系。
- 理解人工智能的发展对于量化金融的冲击，尤其是对于资产组合管理、智能投顾等的影响。

投资正在从一门艺术向严谨的理论转变。随着现代金融经济学理论的发展，投资经理人更多地依靠严密的经济学理论和结构化的资产配置来投资，而非单凭个人感性认识和对市场的直觉来做判断。这种变化体现了从定性投资转向量化投资的趋势，而这一转变已受到了人工智能（AI）的深刻影响。

信息比率（information ratio）是量化投资的关键，是对量化投资者投资绩效的度量，也是确定投资头寸的重要指标。针对信息比率这一研究内容，首先，本章将介绍有关量化投资的一些基本概念，这有助于我们理解信息比率的含义；其次，本章将给出信息比率的定义及其在量化投资中的应用；最后，本章将介绍残余收益的预测方法及其在信息比率中的使用。

随着信息技术的进步，特别是人工智能和机器学习的发展，量化投资策略得以利用大数据进行更精确的投资决策。大数据分析具有多样数据源，如股价和新闻，以预测市场趋势。同时，智能投顾平台利用机器学习提供个性化投资建议，体现投资管理的自动化和智能化。AI 和大数据的应用标志着投资领域的一次革命，影响着投资策略和绩效，本章后续将深入介绍投资的大数据分析和智能投顾，展现量化投资的最新发展。

## 7.1 量化投资的基本概念

量化投资是指运用严密的数量方法和严格的程序进行分析来跑赢市场，获得高于市场水平的收益率的投资方式。然而，建立在有效市场假说基础上的现代金融学理论认为：在有效市场中，任何一个投资者都不可能获得高于市场水平的收益率。该理论促使积极投资管理转向了消极投资管理，即管理者只需购买市场组合，而不用努力打败市场。尽管如此，在现实中，获得高于市场水平的收益率的机会不但存在，而且可以被科学地发现并加以利用，量化投资者可以通过严谨的量化分析获得高于市场水平的收益率。

人工智能对量化投资的影响深远，它不仅加速了数据处理，提高了分析效率，还能通过机器学习发现数据中的模式，增强投资策略的准确性和适应市场变化的能力。此外，AI通过大数据分析强化了风险管理，助力投资者规避重大损失。

专栏 7-1

**量化投资基金**

量化投资基金因使用量化投资方法而得名。量化投资基金通过数理统计分析，选择那些未来回报可能会超过基准的证券进行投资，以期获得超过指数基金的收益。

在我国证券市场上，基本面研究占据市场的主流地位。然而，随着证券市场的不断发展、证券数目的增加、金融衍生产品的出现以及新业务的推出，基于基本面研究的基金要战胜指数基金的难度也不断增加，因而量化投资将发挥越来越重要的作用。在西方资本市场多年的发展过程中，涌现出了一大批优秀的量化投资基金。

与定性投资相比，在现阶段，我国A股市场的特点更适合采用客观、公正、理性的量化投资风格。相对于海外成熟市场，A股市场的发展历程较短、有效性偏弱，而且A股市场上被错误定价的股票相对较多，留给投资者利用量化投资策略去发掘市场无效性、寻找超额收益的潜力和空间也就更大。事实上，尽管量化投资在国内的发展历程较短，但从国内已采用了量化投资方法并运作了一段时间的基金来看，量化投资基金可被证明是适应中国市场的。

资料来源：丁鹏．量化投资：策略与技术．北京：电子工业出版社，2012.

量化投资的一般操作流程如下：首先，确定要进行投资的证券；其次，找到能够预测证券收益率的信息并按照本章介绍的办法对定性的信息进行量化处理，而后通过该信息预测未来的超额收益；再次，构建最优的投资头寸，当外部信息发生变化时，要及时调整投资头寸；最终，获得期望的超额收益。在这个操作流程中，数据和信息的获取和量化、收益率的预测方法以及如何选择最优投资头寸都至关重要。后文将要介绍的信息比率以及超额收益率的经验预测公式在这个过程中具有非常重要的应用。本章将在最后给出量化投资的流程图。

在介绍量化投资的内容前，我们先回顾和审视一下传统的资本资产定价模型(CAPM)，这个传统理论中的研究方法可被量化投资者借鉴。

### 7.1.1 市场收益与残余收益

如前所述，在 CAPM 中有两个重要因素：一个是市场组合 $M$，另一个是 $\beta$ 系数。$\beta$ 系数是将任意股票或投资组合与市场组合联系起来的重要参数。从理论上说，市场组合应该包括市场中的每一只股票，而在现实中，市场组合通常由本国证券交易所的著名指数充当，如中国的上证综指、沪深300指数，美国的标准普尔500指数等。

超额收益可定义为某资产的收益减去无风险利率后的余值。我们把投资组合 $P$ 的超额收益记为 $r_P$，把市场组合 $M$ 的超额收益记为 $r_M$。

对投资组合超额收益 $r_P(t)$ 与同期市场组合超额收益 $r_M(t)$ 做线性回归，其回归方程为：

$$r_P(t) = \alpha_P + \beta_P r_M(t) + \varepsilon_P(t) \tag{7-1}$$

我们定义残余收益 $\theta_P(t)=\alpha_P+\varepsilon_P(t)$。残余收益是指股票的超额收益在去除市场因素后剩下的收益。由于回归方程中随机误差项的期望值为零，故 $\alpha_P=E(\theta_P)$，即 $\alpha_P$ 衡量的是残余收益的期望值。投资组合 $P$ 的 $\beta$ 值由下式给出：

$$\beta_P = \frac{\mathrm{cov}(r_P,\ r_M)}{\mathrm{var}(r_M)} \tag{7-2}$$

显然，市场组合的 $\beta$ 值等于1，无风险资产的 $\beta$ 值等于0。

CAPM认为，对于所有的股票和投资组合，其残余收益的期望值均为零，即 $\alpha_P=E(\theta_P)=0$。这等价于投资组合 $P$ 的期望超额收益 $E(r_P)$ 完全取决于市场的期望超额收益 $E(r_M)$ 以及投资组合 $P$ 的 $\beta$ 值，它们之间存在简单的线性关系：

$$E(r_P) = \beta_P E(r_M) \tag{7-3}$$

依据CAPM得到的期望收益称为一致期望收益。这是因为依据CAPM得到的最优投资组合只包含市场组合与无风险资产，市场组合可以看作所有投资者的一致投资组合。

那么，CAPM对量化投资管理有什么价值？一般来说，量化投资者是指那些并不持有大家公认的投资组合（即市场组合）的投资者，所以量化投资者的期望收益与一致期望收益并不匹配。这主要是因为量化投资者所选投资策略的 $\alpha$ 值一般不为零。

如果已知某投资组合的 $\beta$ 值，就可以将该组合的超额收益划分成市场收益和残余收益：

$$r_P = \beta_P r_M + \theta_P \tag{7-4}$$

并且残余收益 $\theta_P$ 与市场收益 $r_M$ 不相关，因而投资组合 $P$ 的方差为：

$$\sigma_P^2 = \beta_P^2 \sigma_M^2 + \omega_P^2 \tag{7-5}$$

式中，$\sigma_M$ 为市场组合超额收益 $r_M$ 的标准差；$\omega_P$ 为残余收益 $\theta_P$ 的标准差，$\omega_P=\mathrm{std}(\theta_P)$，它度量了残余风险的大小。

### 7.1.2 基准组合

传统投资组合理论基于市场组合构建，但在实践中，市场组合概念对机构投资者的实际意义有限，因其包含的股票范围有限且难以持有。量化投资者通常将投资组合绩效与特定基准指数相比较，而非全面的市场组合。这些基准指数在金融产品条款中常被规定为评价投资表现的标准。因此，实际量化投资更侧重于以基准组合作为参考，而非理论上的市场组合。在引入基准组合后，下面将要介绍积极收益、积极风险、残余收益、残余风险的定义，这些都是在量化投资管理中非常重要的概念。

### 7.1.3 积极收益与积极风险

风险是一个抽象的概念，在投资学中用资产年化收益率的标准差（即波动率）来定义风险。设 $r_P$ 是投资组合 $P$ 的超额收益，其标准差可用下述公式表示：

$$\sigma_P = \text{std}(r_P)$$

在实际中，量化投资者并不关心总风险，而是关心相对风险，因为在总风险中包含了基准组合的风险，而这部分风险被投资者认为是不可避免的。剔除基准组合风险后的风险才是量化投资者真正关心的风险，也是大多数投资者关心的风险。

如果我们规定了一个基准组合 $B$ 来衡量基金管理人的表现，该基准组合的超额收益用 $r_B$ 表示，而基金管理人所管理投资组合 $P$ 的超额收益为 $r_P$，那么两者的差额 $r_P-r_B$ 能够反映出基金管理人相对于基准组合的表现。我们把这一差额称为积极收益，并用 $r_{PA}$ 来表示，它反映了基金管理人因为比基准组合积极而获得的额外收益。相应地，我们把积极风险 $\psi_P$ 定义为积极收益的标准差：

$$\psi_P = \text{std}(r_{PA}) = \text{std}(r_P - r_B) \tag{7-6}$$

下面用一个简单的例子来说明积极风险的含义。考虑最简单的情况，假设基准组合由两只股票组成——60％的中国石化股票和 40％的中国联通股票。图 7－1 描述了积极风险随着中国联通股票积极头寸持有比例的变化而变化的情况。其中，积极头寸持有比例是指在实际投资组合中某只股票占投资组合的比例减去其在基准组合中的比例。

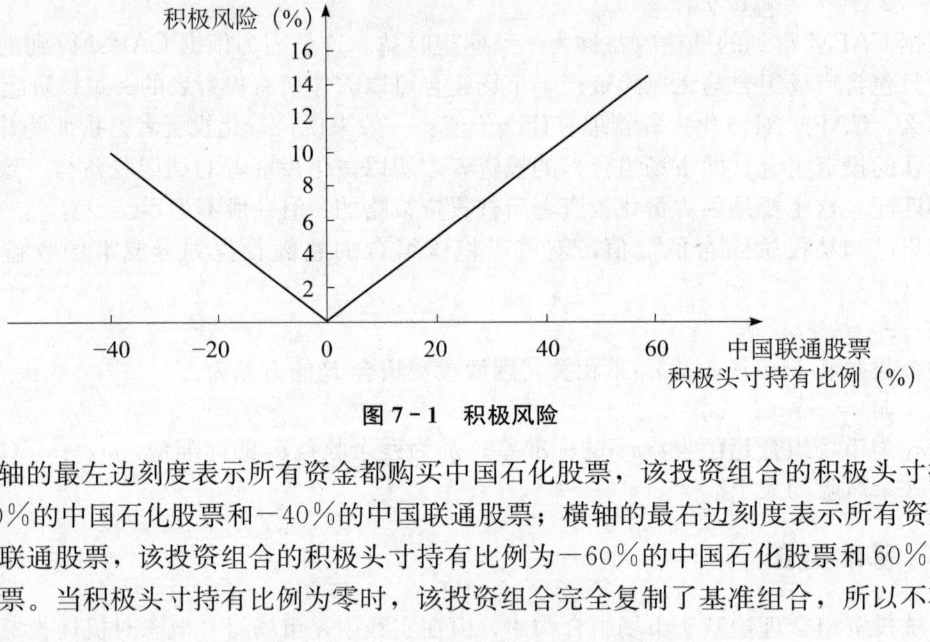


**图 7－1　积极风险**

横轴的最左边刻度表示所有资金都购买中国石化股票，该投资组合的积极头寸持有比例为 40％的中国石化股票和－40％的中国联通股票；横轴的最右边刻度表示所有资金都购买中国联通股票，该投资组合的积极头寸持有比例为－60％的中国石化股票和 60％的中国联通股票。当积极头寸持有比例为零时，该投资组合完全复制了基准组合，所以不存在积极风险。

与基准组合相同的投资头寸持有比例承担了基准组合的风险，而积极头寸持有比例则承担了额外的积极风险。在实际操作中，投资者习惯于根据某资产占总资产的比例来限制该资产的积极头寸持有比例。例如，如果中国石化股票在基准组合中的份额是 6％，则投资者可能会把对中国石化股票的投资头寸持有比例限制在 3％～9％；而对于另一只在基准组合中权重为 0.4％的股票，就会把投资头寸持有比例限制在 0.2％～0.6％。这样一来，投资者将中国石化股票的积极头寸持有比例限制在±3 个百分点，而将另一只股票的积极头寸持有比例限制在±0.2 个百分点。

### 7.1.4　残余收益与残余风险

沿用 CAPM 的理论框架，只是把市场组合替换为基准组合，我们就可以赋予 $\beta$ 值新的含义。基准组合 $B$ 的超额收益为 $r_B$，投资组合 $P$ 的超额收益为 $r_P$，仿照公式（7－2）定义投资组合 $P$ 相对于基准组合 $B$ 的 $\beta$ 值为：

$$\beta_P=\frac{\operatorname{cov}(r_P,\ r_B)}{\operatorname{var}(r_B)} \tag{7-7}$$

对普遍意义上的 $\beta$ 值做了改进后，某资产的 $\beta$ 值不再与市场有关，而是与基准组合相关。前文曾对投资组合的超额收益进行了划分［见公式（7－4)］，在考虑了基准组合后，这种划分也发生了改变，即

$$r_P=\beta_P r_B+\theta_P \tag{7-8}$$

相应地，残余收益 $\theta_P$ 的定义也与此前有所差异：

$$\theta_P=r_P-\beta_P r_B \tag{7-9}$$

即残余收益是指在投资组合超额收益中与基准组合无关的部分。$\omega_P$ 为残余收益的标准差，用于度量残余风险的大小，其定义式如下：

$$\omega_P=\operatorname{std}(\theta_P)=\sigma_P^2-\beta_P^2\sigma_B^2 \tag{7-10}$$

通常说来，我们认为基准组合的风险是不可避免的，是所有投资者必须承担的系统性风险，所以承担残余风险就是承担基准组合之外的非系统性风险。残余风险是在收益风险中与系统性风险正交的那部分风险，或者说，残余风险是与系统性风险相互独立的非系统性风险。

### 7.1.5　残余收益与积极收益的关系

我们介绍了两种收益来衡量量化投资者相对于基准组合的表现——残余收益与积极收益，它们各自的标准差代表了残余风险与积极风险。两者的定义式如下：

残余收益 $\theta_P=r_P-\beta_P r_B$

积极收益 $r_{PA}=r_P-r_B$

积极收益可分为与基准组合相关的部分 $\beta_{PA}r_B$ 和残余收益 $\theta_P$，即

$$r_{PA}=r_P-r_B=(\beta_P r_B+\theta_P)-r_B=\beta_{PA}r_B+\theta_P \tag{7-11}$$

其中，

$$\beta_{PA}=\beta_P-1$$

即 $\beta_{PA}$ 代表了积极收益相对于基准组合的 $\beta$ 值。

一般来说，量化投资者获得的超过基准组合的收益来自两个方面——择时（买卖基准组合的时机选择）和选股。投资者可以被动地持有基准组合，获得与基准组合完全相同的收益。当然，投资者也可以选择持有基准组合的时机，即在基准组合价格上涨时持有，在基准组合价格下降时卖出，则可以获得超过基准组合的收益，而这部分收益就是来自买卖基准组合的时机选择。此外，除了持有基准组合外，投资者还可以通过选择股票，构建不同于基准组合的投资组合，由此获得的收益就是来自股票的选择。

# 7.2 信息比率

## 7.2.1 信息比率的定义

从广义上说，信息比率（IR）是平均残余收益与残余风险的比率，也是衡量投资经理表现的重要指标。首先，我们定义后验信息比率，它可以通过历史数据来衡量量化投资者的表现。一般来说，我们提到的信息比率均为后验信息比率。其次，我们再介绍前瞻信息比率，它是根据预测性的信息计算出的对未来信息比率的预测，是对未来投资机会的衡量。

### 7.2.1.1 后验信息比率

我们用 IR 表示信息比率，它是指（年化）平均残余收益与（年化）残余风险的比率。也就是说，信息比率描述了单位残余风险所对应的平均残余收益。依据历史数据计算出已实现的平均残余收益和残余风险，两者的比值就是已实现的后验信息比率。

对于某投资组合 $P$，我们在得到历史数据后，可以通过如下线性回归的方式得到残余收益：

$$r_P(t)=\alpha(t)+\beta r_B(t)+\varepsilon(t) \tag{7-12}$$

其中，$r_P(t)$ 为投资组合 $P$ 在时间 $t=1, 2, 3, \cdots, T$ 的超额收益，$r_B(t)$ 为基准组合在各个时间的超额收益。某组合的残余收益 $\theta(t)=\alpha(t)+\varepsilon(t)$。后验信息比率的计算公式为：

$$\mathrm{IR}=\frac{E(\theta)}{\mathrm{std}(\theta)} \tag{7-13}$$

在上式中，我们使用残余收益的标准差作为残余风险的度量。也就是说，我们用历史数据中残余收益的平均值和标准差的比值来计算信息比率。

如果 $\alpha(t)$ 不随时间的变化而变化，其为常数，则公式（7-13）可以写成：

$$\mathrm{IR}=\frac{\alpha_P}{\omega_P} \tag{7-14}$$

式中，$\alpha_P$ 为投资组合 $P$ 的 $\alpha$ 值（平均残余收益）；$\omega_P$ 为投资组合 $P$ 的残余风险，$\omega_P=\mathrm{std}(\theta)=\mathrm{std}(\varepsilon)$。因此，信息比率又称“$\alpha$-$\omega$ 比率”。

具体说来，由于投资组合的残余收益可以由个股残余收益加权得到，同时期望也具有可加权的性质，所以投资组合的 $\alpha$ 也是由个股的 $\alpha$ 加权得到的。假设投资组合 $P$ 中有 $N$ 只股票，则有：

$$\alpha_P=\sum_{i=1}^{N}x_i\alpha_i \tag{7-15}$$

$$\omega_P^2=\sum_{i=1}^{N}\sum_{j=1}^{N}x_ix_j\mathrm{cov}(\varepsilon_i, \varepsilon_j) \tag{7-16}$$

式中，$x_i$ 为资产 $i$ 在投资组合 $P$ 中所占的权重；$\alpha_i$ 为资产 $i$ 残余收益的期望；$\mathrm{cov}(\varepsilon_i, \varepsilon_j)$ 为资产 $i$ 和资产 $j$ 的残余收益的协方差。

最优信息比率是指在能够得到的所有投资组合中最大的信息比率值。假设 $\Phi$ 是所有投资组合的集合，则最优信息比率 $\mathrm{IR}^*$ 为：

$$\mathrm{IR}^* = \max(\mathrm{IR} \mid \Phi) \tag{7-17}$$

信息比率可用来衡量投资者的业绩。信息比率呈现负值，表明投资组合未超越基准且承担了未补偿的风险。基准组合的 IR 为零。理想的投资组合的 IR 应超过 0.5，其中 IR=0.5 视为良好，IR>1.0 视为优秀。IR 与样本间隔相关，通常采用年化 IR 以便比较。残余风险随时间的推移而增加，与时间平方根成正比，年化处理可确保不同策略间 IR 的可比性。

#### 7.2.1.2 前瞻信息比率

后验信息比率是依据历史数据计算的，而前瞻信息比率是承担单位年化残余风险所能获得的年化平均残余收益的预期值。

从前瞻信息比率的角度看，对 $\alpha$ 值的预测通常是由回归方程得到的。假定在 $t-1$ 时刻，某信息 $g(t-1)$ 对 $t$ 时刻的 $\alpha(t)$ 有一定的预测作用，即 $\alpha(t)=c+bg(t-1)$，则公式（7-12）可以写成：

$$r_P(t) = c + bg(t-1) + \beta r_B(t) + \varepsilon(t) \tag{7-18}$$

因而在 $t-1$ 时刻，对于 $t$ 时刻的预测信息比率（前瞻信息比率）为：

$$\mathrm{IR}_{t|t-1} = \frac{c + bg(t-1)}{\mathrm{std}(\varepsilon)} \tag{7-19}$$

假定 $b>0$，$g(t-1)$ 越大，则前瞻信息比率 $\mathrm{IR}_{t|t-1}$ 也越大。前瞻信息比率对于投资者实时调控投资头寸具有重要的作用，即当前瞻信息比率大的时候（此时投资效果好），投资者可以选择多投资；反之，投资者可以选择少投资或者不投资。后文还会讲到前瞻信息比率的应用。

**专栏 7-2**

### 夏普比率和信息比率

夏普比率又称夏普指数，由诺贝尔经济学奖获得者威廉·夏普于 1966 年最早提出，是广泛用于衡量基金绩效表现的一个标准化指标。夏普比率可定义为超额收益 $r_P$ 除以超额收益的标准差，即

$$\text{夏普比率} = \frac{r_P}{\mathrm{std}(r_P)}$$

夏普比率和信息比率都是衡量经风险调整后收益的指标，但是夏普比率关注每单位总风险带来的超额收益，而信息比率专注于每单位残余风险的平均残余收益。随着量化投资的发展，信息比率因更精准地剔除基准风险而变得更为重要。尽管如此，由于夏普比率的形式简洁、计算方便，因而它在评价投资者的绩效时也有广泛的应用。

## 7.2.2 信息比率的应用

在定义了信息比率后，下面介绍如何在实践中应用信息比率。

### 7.2.2.1 残余边界

信息比率为投资者提供了投资机会，它表明了承担一单位残余风险会带来多少平均残余收益。假设信息比率是 0.5，给定 4%的残余风险，量化投资者能够获得 2%的平均残余收益。

正因为信息比率独立于风险水平，所以信息比率给出了可供投资者选择的残余风险与平均残余收益的组合边界——残余边界。在残余边界上的任意平均残余收益和残余风险的组合都是投资者能够获得的。图 7-2 展示了在 IR=0.5 的情况下投资者所面临的残余边界。残余边界上的每个点都对应着一种残余风险和平均残余收益的组合，残余边界是一条通过坐标轴原点的直线。残余边界较好地描述了投资者能够得到的投资机会，而信息比率决定了残余边界。

图 14-2 中的原点代表基准组合，其平均残余收益和残余风险均为零，无风险资产也对应着原点。残余边界直线上所有的点都是 IR 值最大的组合。在图 7-2 中，$P_1$，$P_2$，…，$P_6$ 的残余风险从 1%到 6%变化，它们都在残余边界上。

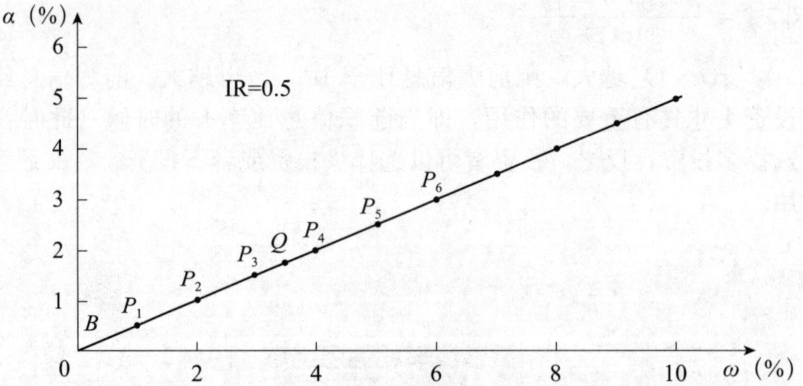


**图 7-2 残余边界**

残余边界上任意的平均残余收益和残余风险的组合都是投资者能够获得的。假设投资者能够获得 $Q$ 点的平均残余收益与残余风险水平，那么用投资组合 $Q$ 和无风险资产来构建新的投资组合 $P$，通过调整投资组合 $P$ 中无风险资产的比例就能得到残余边界上的每一个点。

具体说来，假设投资者的残余风险和平均残余收益水平能够达到 $Q$ 点，其坐标为 $(\omega_Q, \alpha_Q)$。用投资组合 $Q$ 和无风险资产构建新的投资组合 $P$，其中投资组合 $Q$ 所占的比例为 $w_1$，无风险资产所占的比例为 $w_2=1-w_1$。当 $w_2<0$ 时，表示借入无风险资产来购买投资组合 $Q$。下面计算投资组合 $P$ 的残余风险与平均残余收益，设 $R_Q$、$R_P$ 分别代表投资组合 $Q$ 和投资组合 $P$ 的收益率，$R_F$ 代表无风险收益率。

投资组合 $P$ 的超额收益为：

$$r_P = R_P - R_F = (w_1 R_Q + w_2 R_F) - R_F = w_1 (R_Q - R_F) = w_1 r_Q \tag{7-20}$$

投资组合 $P$ 的 $\beta$ 值为：

$$\beta_P=\frac{\operatorname{cov}(r_P, r_B)}{\operatorname{var}(r_B)}=\frac{\operatorname{cov}(w_1 r_Q, r_B)}{\operatorname{var}(r_B)}=w_1\times\frac{\operatorname{cov}(r_Q, r_B)}{\operatorname{var}(r_B)}=w_1\beta_Q \tag{7-21}$$

投资组合 $P$ 的平均残余收益和残余风险分别为：

$$\theta_P=r_P-\beta_P r_B=w_1 r_Q-w_1\beta_Q r_B=w_1\theta_Q \tag{7-22}$$

$$\alpha_P=E(\theta_P)=w_1 E(\theta_Q)=w_1\alpha_Q \tag{7-23}$$

$$\omega_P=\operatorname{std}(\theta_P)=w_1\operatorname{std}(\theta_Q)=w_1\omega_Q \tag{7-24}$$

因此，投资组合 $P$ 的信息比率 $\mathrm{IR}_P=\alpha_P/\omega_P=\mathrm{IR}_Q$，说明构建的投资组合 $P$ 也在残余边界上，并且 $P$ 点的残余风险和平均残余收益水平为（$w_1\omega_Q$，$w_1\alpha_Q$）。

图 7-3 给出了三种信息比率下的残余边界，三条直线分别对应业绩较好的管理者 IR=0.5、业绩很好的管理者 IR=0.75 以及业绩极好的管理者 IR=1。

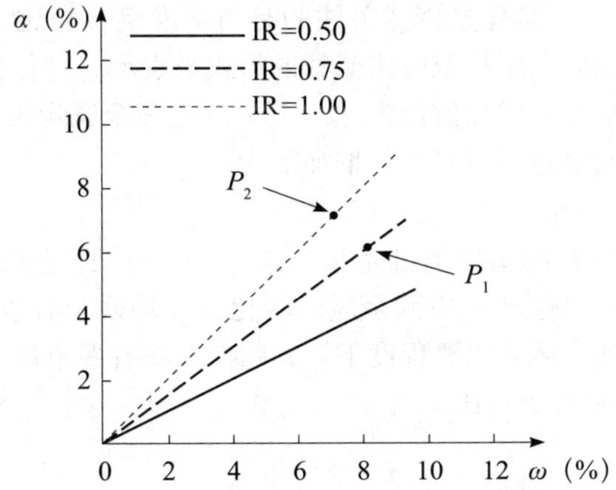


**图 7-3 三种信息比率下的残余边界**

信息比率为量化投资者的业绩描述了一个有效的“预算界限”，其方程为 $\alpha_P=\omega_P\mathrm{IR}$。残余边界表明，管理者要想获得更多的平均残余收益，必须承担相应的残余风险，它们的比值是由信息比率决定的。

### 7.2.2.2 量化投资的目标——增加值（value added，VA）最大化

残余边界给出了投资的机会集，为了确定最优的残余风险与平均残余收益，我们还需要一个目标函数，这个函数应该与收益正相关而与风险负相关。

首先，我们要把风险的成本表示出来，才能使风险与收益在同一量纲下进行比较。通常说来，我们用收益率方差乘以风险厌恶水平来衡量风险成本，风险成本相当于收益损失。例如，某投资者的残余风险厌恶程度为 20，在这一残余风险厌恶程度下，4%的残余风险相当于 $20\times(4\%)^2=3.2\%$ 的残余风险成本。图 7-4 给出了在残余风险厌恶程度为 20 的条件下，残余风险成本随残余风险的变化情况。

在传统的总风险-总收益框架下，我们在确定最优投资组合时，是使目标函数最大化，目标函数 $U(P)$ 的定义为：

$$U(P)=f_P-\lambda_T\sigma_P^2 \tag{7-25}$$

式中，$f_P$ 为投资组合的平均超额收益；$\lambda_T\sigma_P^2$ 为风险成本，参数 $\lambda_T$ 度量了对总风险的厌恶程

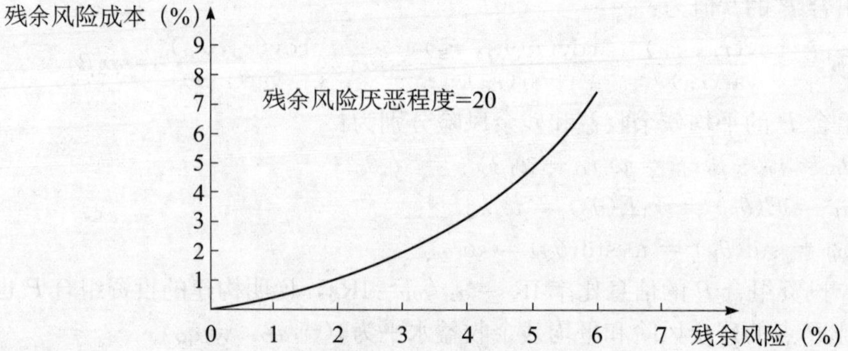


**图 7-4　残余风险成本与残余风险的关系**

度，这里的总风险包括了系统性风险（由基准组合产生）和残余风险。

与公式（7-25）类似，量化投资者关注的是与基准组合相比，量化投资带来了多少增加值，这里的增加值也可以用类似效用函数的形式来表示。量化投资的目标就是使平均残余收益和残余风险所对应的增加值最大化。定义 $\lambda_R$ 是残余风险厌恶程度。由量化投资所带来的残余风险和平均残余收益所对应的增加值为：

$$VA(\omega_P)=\alpha_P-\lambda_R\,\omega_P^2 \tag{7-26}$$

后文所说的投资组合 $P$ 的增加值都是指公式（7-26）所定义的增加值 $VA(\omega_P)$。$\lambda_R$ 是残余风险厌恶程度，可以通过 $\lambda_R$ 将残余风险转化成平均残余收益的损失。图 7-5 的三条曲线就给出了在不同残余风险厌恶程度下，$\alpha_P$ 的损失随着残余风险变化的曲线。在每种情况中，损失都与 $\omega_P$ 的平方成正比。

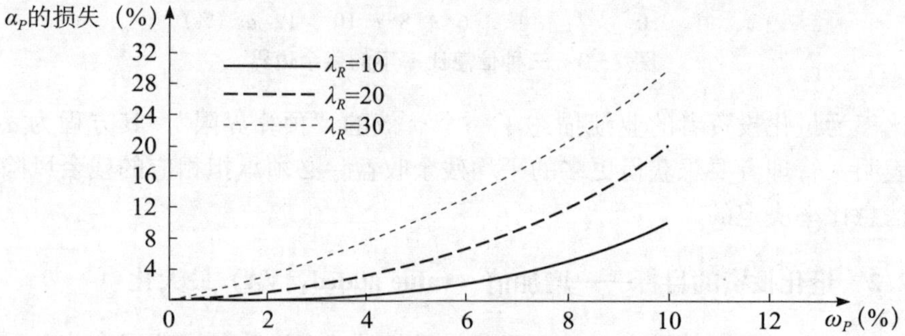


**图 7-5　不同残余风险厌恶程度下 $\alpha_P$ 的损失**

如果固定残余风险厌恶程度 $\lambda_R$，我们可以在以平均残余收益 $\alpha_P$ 为纵坐标、以残余风险 $\omega_P$ 为横坐标的坐标系中，用等增加值曲线来刻画不同的增加值水平，即 $\alpha_P=VA+\lambda_R\omega_P^2$。如图 7-6 所示，固定 $\lambda_R$，三条抛物线代表的增加值分别为 1%、2%和 4%。这三条曲线的方程分别是 $\alpha_P=1\%+\lambda_R\omega_P^2$，$\alpha_P=2\%+\lambda_R\omega_P^2$ 和 $\alpha_P=4\%+\lambda_R\omega_P^2$。这三条曲线在纵轴上的截距分别为 1%、2%和 4%，表示了残余风险为零时平均残余收益的大小。

### 7.2.2.3　最优化

量化投资的目标是最大化增加值 VA，从图形上说，就是要尽可能达到最高的等增加值曲线。我们选择资产组合的机会是由残余边界给出的，因此最优的残余风险和平均残余

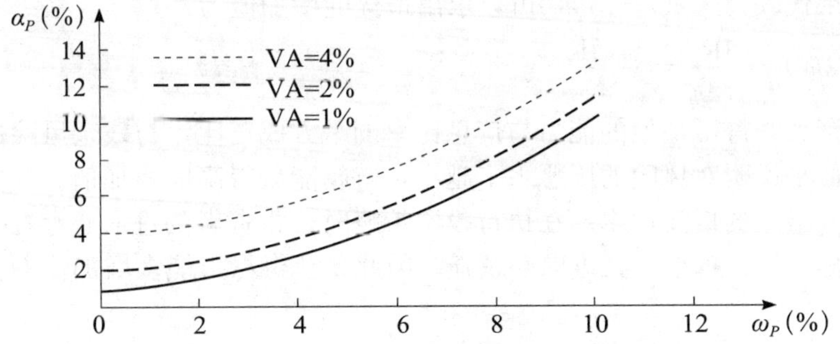


**图 7-6 等增加值曲线**

收益组合点应该是等增加值曲线和残余边界的切点。

如图 7-7 所示，假设残余边界信息比率为 0.8，残余风险厌恶程度 $\lambda_R=10$，切点 $P^*$ 是最优的选择。

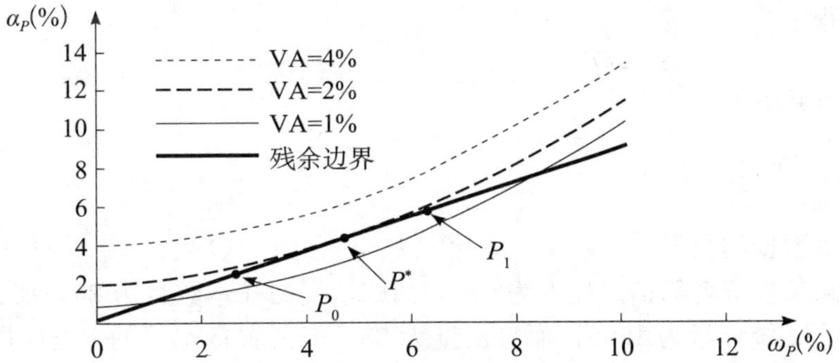


**图 7-7 最优选择**

我们将残余边界方程 $\alpha_P=\omega_P \mathrm{IR}$ 代入增加值方程（7-26），可得：

$$\mathrm{VA}(\omega_P)=\omega_P\mathrm{IR}-\lambda_R\omega_P^2 \tag{7-27}$$

令 $\mathrm{VA}(\omega_P)$ 最大化，我们可以得到对于量化投资者来说最大即最优的残余风险水平，其一阶条件为：

$$\mathrm{IR}-2\lambda_R\omega_P=0 \tag{7-28}$$

最优残余风险水平为：

$$\omega_P^*=\frac{\mathrm{IR}}{2\lambda_R} \tag{7-29}$$

这个结果说明了残余风险水平会随信息比率（代表投资机会）的增加而增加，随残余风险厌恶程度的增加而降低。信息比率加倍会使最优残余风险水平加倍，而残余风险厌恶程度加倍则会使最优残余风险水平减半。

公式（7-29）还可用于确定任何水平下合理的 IR 与 $\lambda_R$。例如，如果某投资者希望获得 5%的残余风险和 0.5 的信息比率，那么该投资者合理的残余风险厌恶程度为：

$$\lambda_R=\frac{\mathrm{IR}}{2\times\omega_P}=\frac{0.5}{2\times 0.05}=5$$

人们通常认为，残余风险厌恶程度 $\lambda_R=5$ 的投资者是进取型的，$\lambda_R=10$ 的投资者是适中的，$\lambda_R=15$ 的投资者为残余风险厌恶程度较高的，其投资会受到较多限制。将公式

（7－29）的结果代入公式（7－27），可以求出最优的增加值为：

$$\mathrm{VA}\,(\omega_P^*)=\frac{\mathrm{IR}^2}{4\lambda_R}=\frac{\omega_P^*\,\mathrm{IR}}{2} \tag{7-30}$$

这说明投资者获得增加值的能力与信息比率的平方成正比，与残余风险厌恶程度成反比。这个结论似乎说明对风险的厌恶水平越小，就越能获得高的增加值。其实，每个投资者都会努力寻找最大的信息比率。在执行投资策略时，投资者的进取心存在差异，$\lambda_R$是衡量进取心的指标——$\lambda_R$越小，其进取心越强。因此，获得尽可能多增加值的关键是要提高信息比率。

## 7.2.3 信息比率与其他比率的比较

### 7.2.3.1 信息比率和 $t$ 统计量

信息比率和 $\alpha$ 值的 $t$ 统计量具有相似性。令 $\alpha$ 不随时间的推移而变化，用 $\alpha_p$ 表示，则在如下回归方程中

$$r_P(t)=\alpha_p+\beta r_B(t)+\varepsilon(t) \tag{7-31}$$

$\alpha_p$ 的 $t$ 统计量的表达式为：

$$t_\alpha=\frac{\alpha_P}{\omega_P/\sqrt{T}}=\mathrm{IR}\sqrt{T} \tag{7-32}$$

式中，$T$ 为样本数据的数目。

例如，如果某投资者的信息比率为 0.4，回归依据的样本数目为 24，那么使用这个公式可以算出 $\alpha_p$ 的 $t$ 统计量为 1.96；而自由度为 23、95％置信水平的 $t$ 统计量为 1.71。由于 1.96＞1.71，因此可以得到结论：该投资者的平均残余收益将在 95％的置信水平下显著大于零。$t$ 统计量可直接用于计算后验信息比率。

### 7.2.3.2 $\beta=0$ 时的信息比率

很多对冲基金往往采用买卖（long/short）策略以对冲相对于基准组合的风险，因而这些基金在公式（7－12）中的 $\beta$ 值为零，所以这些基金的信息比率为：

$$\mathrm{IR}=\frac{E(r_P)}{\mathrm{std}(r_P)} \tag{7-33}$$

式中，$r_P$为对冲基金投资组合的超额收益。

因此，在很多对冲基金中，即使该基金的 $\beta$ 值略微偏离零，投资者也会使用公式（7－33）来计算基金的信息比率。

# 7.3 $\alpha$ 的预测与前瞻信息比率

量化投资者相信自选投资组合的收益高于基准投资组合的收益，这通常源于量化投资者发现了一定的信息，而利用这些信息对投资组合的收益可以做出准确的预测。通过合理使用这些信息，量化投资者可以打败一般的投资者。因此，量化投资的本质就是预测。下面将介绍如何有效地分析处理信息，对平均残余收益进行预测。

### 7.3.1　$\alpha$ 预测的经验法则

假定某个信号 $g$ 对于某资产的超额收益 $r$ 有一定的预测性，即

$$r(t)=c+bg(t-1)+\beta r_B(t)+\varepsilon(t) \tag{7-34}$$

式中，$r_B(t)$ 为基准组合的超额收益。

在公式（7-34）中，$c$、$b$、$\beta$ 是常数，$b$ 可以写为：

$$b=\frac{\mathrm{cov}[r(t),\ g(t-1)]}{\mathrm{var}(g)} \tag{7-35}$$

将公式（7-34）与公式（7-12）进行对比，可以看出：

$$\alpha(t)=c+bg(t-1)$$

也就是说，由于有信号 $g$ 的存在，投资者在 $t-1$ 时刻就可以对 $t$ 时刻的 $\alpha$ 有一定的预测和判断。

在 $t-1$ 时刻，对于在 $t$ 时刻超额收益的预测为：

$$E_{t-1}[r(t)\mid g(t-1)]=c+bg(t-1)+\beta E(r_B) \tag{7-36}$$

与此同时，对于 $r$ 的无条件期望为：

$$E(r)=c+bE(g)+\beta E(r_B) \tag{7-37}$$

用公式（7-36）减去公式（7-37），有：

$$\begin{aligned}E_{t-1}[r(t)\mid g(t-1)]&=E(r)+b[g(t-1)-E(g)]\\&=E(r)+\mathrm{cov}[r(t),\ g(t-1)]\times \mathrm{var}^{-1}(g)\times[g(t-1)-E(g)]\end{aligned} \tag{7-38}$$

我们用

$$\varphi=E_{t-1}[r(t)\mid g(t-1)]-E(r) \tag{7-39}$$

表示在信号 $g(t-1)$ 存在时比没有该信号时对于超额收益 $r$ 的预期的变化。与此同时，我们很容易得到 $\varphi=E_{t-1}[\alpha(t)\mid g(t-1)]-E(\alpha)$，即 $\varphi$ 等于信号 $g$ 造成的对于 $\alpha$ 的预测的变化。在很多条件下（如在CAPM中），$\alpha$ 的无条件期望 $E(\alpha)$ 为零，此时 $\varphi$ 代表了在 $t-1$ 时刻对于 $\alpha$ 的预测，进而可得：

$$\begin{aligned}\varphi&=\mathrm{cov}[r(t),\ g(t-1)]\times \mathrm{var}^{-1}(g)\times[g(t-1)-E(g)]\\&=\mathrm{std}(r)\times\frac{\mathrm{cov}[r(t),\ g(t-1)]}{\mathrm{std}(r)\mathrm{std}(g)}\times\frac{g(t-1)-E(g)}{\mathrm{std}(g)}\\&=\mathrm{std}(r)\times \mathrm{IC}\times z\end{aligned} \tag{7-40}$$

$\mathrm{std}(r)$ 是超额收益的标准差。若超额收益为年化收益，则其为超额收益的波动率。

在此，我们将信息系数（information coefficient，IC）定义为：

$$\mathrm{IC}=\frac{\mathrm{cov}[r(t),\ g(t-1)]}{\mathrm{std}(r)\mathrm{std}(g)} \tag{7-41}$$

容易看出，IC 为 $g(t-1)$ 和 $r(t)$ 的相关系数。IC 越大，就说明信号 $g$ 与超额收益 $r$ 的相关度越大，即信号 $g$ 的预测力越强，或者说发现消息的分析师的技能越高。

我们接着定义 $z$ 评分（z score）：

$$z=\frac{g(t-1)-E(g)}{\mathrm{std}(g)} \tag{7-42}$$

$z$ 评分是对信号 $g$ 的一个标准化，它表明了信号 $g$ 的强度；$z$ 评分越大，说明信号强

度越强。

因此，我们有

$$\varphi = \text{波动率} \times \text{IC} \times z\text{评分} \tag{7-43}$$

公式（7-43）被称为$\alpha$预测的经验法则。由公式（7-43）可知，信号$g$造成的对于$\alpha$的预测的改变涉及三个因素：波动率、分析师技能（IC）和信号强度（$z$评分）。

波动率通常被视为风险指标，但也意味着更高收益的可能性。资产的波动可以是正向或负向的，因此，高波动率增加了获得高收益的机会。IC评估分析师预测的准确性，反映了信号与实际残余收益的关联度。IC越高，预测能力越强。$z$评分通过量化和标准化原始信息得到，提供一个均值为0、标准差为1的评分，用于评估信号强度。

## 7.3.2 经验法则的应用

下面通过几个例子来说明对于不同的原始信息怎样计算$z$评分，并用经验法则得到$\alpha$的预测值。

### 7.3.2.1 股票消息

在买卖股票时，投资者会获得一些关于股票未来走势的消息。假设股票超额收益的波动率为20%，并且需要知道IC和$z$评分。我们可以通过分析消息来源的历史记录来量化：如果消息来源极好，令IC=0.2；如果消息来源较好，令IC=0.1；如果这个消息来源是无用的，令IC=0。对于$z$评分，把具有一般正面作用的消息赋值为1.0，把具有极佳正面作用的消息赋值为2.0。

### 7.3.2.2 上涨/下跌的预测

分析师会对未来股票是上涨还是下跌做出预测，这个预测是定性的原始预测。我们可以对上涨预测赋值为+1，对下跌预测赋值为−1，这样就得到了原始的$z$评分。平均来说，市场有2/3的时间是上涨的，有1/3的时间是下降的，因此$z$评分的均值和标准差分别为1/3和0.942 8。通过标准化后可知：若消息为上涨消息，则其$z$评分为0.707；若消息为下跌消息，则其$z$评分为−1.414。

假设市场指数的期望年度收益率为6%，年度风险为18%，于是月度收益率为0.5%，月度标准差为5.2%。对于对市场走势有影响的消息来说，由公式（7-43）可知，若消息为上涨消息，则上涨的收益率预测为：

$$0.50\% + 5.2\% \times \text{IC} \times 0.707$$

若消息为下跌消息，则下跌的收益率预测为：

$$0.50\% + 5.2\% \times \text{IC} \times (-1.414)$$

对于中等技能的分析师，取IC=0.075，则上涨的月度收益率预测为0.78%，下跌的月度收益率预测为−0.05%。

### 7.3.2.3 买入和卖出消息

如果我们得到了一位分析师对于某些股票买入和卖出的消息，则可以预测这些股票的$\alpha$值。首先，我们假定这位分析师的IC可以设为0.09。我们将买入消息的$z$评分记为

+1、卖出消息的 $z$ 评分记为−1，并且消息的均值为 0、标准差为 1。超额收益的波动率见表 7-1。我们用公式（7-43）可以算出今后的 $\alpha$ 预测值，相应的计算结果见表 7-1。在这些结果中，超额收益的波动率大的股票，其 $\alpha$ 预测值的绝对值也大。但是，如果我们不用公式（7-43），只是简单地将买入股的 $\alpha$ 记为+1%、卖出股的 $\alpha$ 记为−1%，则投资者一定会选波动率最小（因而风险最小）的股票买入，而这样做恰恰是不合理的。

**表 7-1　用买入和卖出消息预测 $\alpha$ 值**

| 股票 | 超额收益的波动率（%） | 观点 | $z$ 评分 | $\alpha$ 预测值（%） |
|---|---|---|---|---|
| 中国联通 | 22.66 | 卖 | −1 | −2.04 |
| 长江电力 | 12.70 | 买 | 1 | 1.14 |
| 招商银行 | 23.91 | 买 | 1 | 2.15 |
| 上海机场 | 12.35 | 卖 | −1 | −1.11 |
| 中国石化 | 19.30 | 卖 | −1 | −1.74 |
| 宝钢股份 | 17.49 | 买 | 1 | 1.57 |
| 民生银行 | 21.93 | 买 | 1 | 1.97 |
| 万科 A | 22.80 | 卖 | −1 | −2.05 |
| 武钢股份 | 16.53 | 卖 | −1 | −1.49 |
| 中兴通讯 | 20.86 | 买 | 1 | 1.88 |
| 中集集团 | 23.31 | 买 | 1 | 2.10 |
| 上港集箱 | 17.03 | 卖 | −1 | −1.53 |
| 浦发银行 | 18.48 | 买 | 1 | 1.66 |
| 深发展 A | 17.84 | 买 | 1 | 1.61 |
| 贵州茅台 | 21.56 | 买 | 1 | 1.94 |
| 五粮液 | 16.60 | 卖 | −1 | −1.49 |
| 申能股份 | 12.99 | 卖 | −1 | −1.17 |
| 盐田港 A | 19.50 | 卖 | −1 | −1.76 |
| 南方航空 | 21.44 | 买 | 1 | 1.93 |
| 西山煤电 | 19.25 | 卖 | −1 | −1.73 |

我们还可以更精确地处理买入、卖出的建议（或消息）。例如，我们将对股票买入、卖出的建议细分为 5 个等级：等级 5 表示有 10%的股票或者行业被极端低估，强烈推荐买入；等级 4 表示有 20%的股票或者行业被轻微低估，推荐买入；等级 3 表示有 40%的股票或者行业估值合理，推荐持有；等级 2 表示有 20%的股票或者行业被轻微高估，推荐卖出；等级 1 表示有 10%的股票或者行业被极端高估，强烈推荐卖出。假设等级 $D$ 的股票的期望 $E(D)=3$，标准差 $\sigma(D)=1.1$。将原始的预测标准化后得到 $z$ 评分，如对于推荐买入的股票，其 $z$ 评分为 $[4-E(D)]/\sigma(D)=1/1.1=0.91$；对于强烈推荐买入的股票，其 $z$ 评分为 $2/1.1=1.82$。这种方法会使我们的预测结果更加精确。

当然，我们可以将股票分为 10 个等级或者进行更精确的划分；最极端的情况是，我们可以对每一只股票都赋予不同的评分。例如，对 800 只股票赋值 1～800，将最好的股票赋值为 800、最差的股票赋值为 1，随后再将原始评分标准化。这样做会使预测更加精确，但增大了预测的工作量。

#### 7.3.2.4 前瞻信息比率

由公式（7-19）可得前瞻信息比率为：

$$\mathrm{IR}_{t|t-1}=\frac{E_{t-1}[\alpha(t)\mid g(t-1)]}{\omega_P}=\frac{E(\alpha)+\varphi}{\omega_P} \tag{7-44}$$

通常可以假设 $E(\alpha)=0$，因而公式（7-44）可以写成：

$$\mathrm{IR}_{t|t-1}=\frac{\mathrm{std}(r)\mathrm{IC}}{\omega_P}\times z \tag{7-45}$$

在一般情况下，$\mathrm{std}(r)$、IC 和 $\omega_P$ 均是常数，因而信息比率只与 $z$ 评分（即信号 $g$ 的强弱）有关。

用上述方法可以计算出某投资组合的前瞻信息比率。$z$ 评分越大，前瞻信息比率越大，因而应增加买入量。那么，对于不同的 $z$ 评分，投资者最优的投资头寸是多少？假设投资者预测出对某投资组合 $Q$ 的前瞻信息比率为 IR，且该投资组合 $Q$ 对应的残余风险和平均残余收益分别为 $\omega_Q$ 和 $\alpha_Q$。投资者的残余风险厌恶程度为 $\lambda_R$，因而我们可以求出最优的残余风险水平。公式（7-29）给出了最优残余风险水平 $\omega_P^*=\frac{\mathrm{IR}}{2\lambda_R}$。设投资组合 $P$ 为最优投资组合，由于它也在投资组合 $Q$ 所确定的残余边界上，因此投资组合 $P$ 应该由投资组合 $Q$ 和无风险资产构成。设投资组合 $P$ 中投资组合 $Q$ 所占的比例为 $w_1$，由公式（7-24）可知，投资组合 $P$ 的残余风险为 $\omega_P^*=w_1\omega_Q$。因此，可以计算出投资组合 $P$ 中投资组合 $Q$ 所占的比例为：

$$w_1=\frac{\mathrm{IR}}{2\lambda_R\omega_Q} \tag{7-46}$$

故最优的积极投资头寸为：持有 $\frac{\mathrm{IR}}{2\lambda_R\omega_Q}$ 比例的投资组合 $Q$ 和 $1-\frac{\mathrm{IR}}{2\lambda_R\omega_Q}$ 比例的无风险资产。

我们已经知道前瞻信息比率对调整投资头寸有着重要的作用，而前瞻信息比率又是由经验法则预测得到的，它主要取决于 $z$ 评分，也就是信号 $g$ 的强弱。对于投资组合 $Q$ 来说，$\mathrm{IR}=\frac{\mathrm{std}(r_Q)\times\mathrm{IC}\times z}{\omega_Q}$。将 IR 代入公式（7-46），可得投资组合 $Q$ 的持有比例为 $w_1=\frac{\mathrm{std}(r_Q)\times\mathrm{IC}}{2\lambda_R\omega_Q^2}\times z$，$1-w_1$ 为持有无风险资产的比例。

在量化投资中，一个简单易行的买入头寸的计算方法为：

$$w_1=nz,\ n>0 \tag{7-47}$$

式中，$n=\frac{\mathrm{std}(r_Q)\times\mathrm{IC}}{2\lambda_R\omega_Q^2}$ 为投资头寸随 $z$ 评分的变化而变化的幅度。

下面用一个例子说明如何利用 $z$ 评分来调整投资头寸。我们使用的是 2012—2022 年某股票的季度数据，并选取公司季报中的每股收益作为信号 $g$，我们判断上一季度的每股收益会对下一季度的股票走势有预测作用。用该股票的季度收盘价数据可以计算出季度超额收益，见表7－2。

**表7－2　某股票的信息**

| 时间 | 每股收益（元） | 季度收盘价（元/股） | 季度超额收益（%） |
|---|---|---|---|
| 2012－03－31 | 0.53 | 6.92 | |
| 2012－06－30 | 0.28 | 7.65 | 10.55 |
| 2012－09－30 | 0.45 | 8.30 | 8.50 |
| 2012－12－31 | 0.63 | 9.75 | 17.47 |
| 2013－03－31 | 0.17 | 10.86 | 11.38 |
| 2013－06－30 | 0.41 | 9.91 | −8.75 |
| 2013－09－30 | 1.23 | 10.62 | 7.16 |
| 2013－12－31 | 0.85 | 21.31 | 100.66 |
| 2014－03－31 | 0.23 | 26.72 | 25.39 |
| 2014－06－30 | 0.59 | 36.59 | 36.94 |
| 2014－09－30 | 0.39 | 52.50 | 43.48 |
| 2014－12－31 | 0.26 | 52.80 | 0.57 |
| 2015－03－31 | 0.17 | 35.40 | −32.95 |
| 2015－06－30 | 0.13 | 22.00 | −37.85 |
| 2015－09－30 | 0.14 | 15.62 | −29.00 |
| 2015－12－31 | 1.58 | 13.25 | −15.17 |
| 2016－03－31 | 0.52 | 21.92 | 65.43 |
| 2016－06－30 | 0.56 | 23.02 | 5.02 |
| 2016－09－30 | 1.30 | 19.65 | −14.64 |
| 2016－12－31 | 1.62 | 21.69 | 10.38 |
| 2017－03－31 | 0.17 | 22.78 | 5.03 |
| 2017－06－30 | 0.79 | 13.60 | −40.30 |
| 2017－09－30 | 1.29 | 12.96 | −4.71 |
| 2017－12－31 | 1.60 | 12.39 | −4.40 |
| 2018－03－31 | 0.42 | 13.62 | 9.93 |
| 2018－06－30 | 0.69 | 9.84 | −27.75 |
| 2018－09－30 | 1.07 | 8.54 | −13.21 |
| 2018－12－31 | 0.86 | 8.49 | −0.59 |
| 2019－03－31 | 0.42 | 8.93 | 5.18 |
| 2019－06－30 | 0.92 | 8.13 | −8.96 |
| 2019－09－30 | 1.40 | 7.38 | −9.23 |
| 2019－12－31 | 1.83 | 9.92 | 34.42 |

续表

| 时间 | 每股收益（元） | 季度收盘价（元/股） | 季度超额收益（%） |
|---|---|---|---|
| 2020-03-31 | 0.63 | 10.20 | 2.82 |
| 2020-06-30 | 0.48 | 12.05 | 18.14 |
| 2020-09-30 | 0.85 | 14.80 | 22.82 |
| 2020-12-31 | 0.76 | 15.60 | 5.41 |
| 2021-03-31 | 0.92 | 18.25 | 16.99 |
| 2021-06-30 | 0.67 | 20.12 | 10.25 |
| 2021-09-30 | 1.05 | 22.30 | 10.83 |
| 2021-12-31 | 0.98 | 24.75 | 10.99 |
| 2022-03-31 | 1.20 | 25.84 | 4.40 |
| 2022-06-30 | 0.85 | 27.40 | 6.04 |
| 2022-09-30 | 1.10 | 28.98 | 5.77 |
| 2022-12-31 | 1.15 | 30.62 | 5.66 |

通过表 7-2 可以计算出季度超额收益和上一期每股收益的相关系数为 0.437，即信息系数 IC=0.437。用 $r(t)$ 对 $g(t-1)$ 回归得到的结果为：

$$r(t)=-0.1254+0.2453\times g(t-1)+\varepsilon(t) \quad R^2=0.1910$$

$$(-1.79) \qquad (3.11) \qquad\qquad (7-48)$$

这说明每股收益和股价的相关性较高，回归具有显著性，数字下面括号中的数值为 $t$ 统计量。每股收益作为信号 $g$ 对股票走势有一定的预测作用。

根据公式 $z=\dfrac{g(t-1)-E(g)}{\text{std}(g)}$ 可以计算出 $z$ 评分。在计算 $E(g)$ 和 $\text{std}(g)$ 时，使用过去 7 年每股收益的历史数据（即此前的 28 个数据）作为样本计算均值和标准差。利用股票的季度收盘价数据可以计算出季度超额收益。相应的计算结果见表 7-3。

**表 7-3　$z$ 评分的计算**

| 时间 | $E(g)$ | $\text{std}(g)$ | $z$ 评分 | 季度超额收益（%） |
|---|---|---|---|---|
| 2022-03-31 | 0.887 5 | 0.465 4 | 0.198 8 | 4.40 |
| 2022-06-30 | 0.913 2 | 0.441 3 | 0.649 9 | 6.04 |
| 2022-09-30 | 0.947 5 | 0.415 5 | −0.234 7 | 5.77 |
| 2022-12-31 | 0.932 1 | 0.398 9 | 0.420 9 | 5.66 |

通过 $z$ 评分的大小，根据公式（7-47）可以调整投资头寸。我们算得该股票季度超额收益的波动率为 $\text{std}(r_Q)=0.3$，残余风险 $\omega_Q=0.5$，信息系数 IC=0.437，投资者的 $\lambda_R=5$。借助公式（7-47）的说明，我们可以算得 $n=0.0524$。在 2022 年第一季度末，我们根据第一季度数据计算得到的 $z$ 评分为 0.198 8，所以该股票的头寸应为：

$$w_1=nz=0.0524\times 0.1988=0.0104$$

即购买占投资者资产比例1.04%的该股票。从结果来看，2022年第二季度该股票的股价上升，收益率为6.04%，所以买多该股票是正确的。同理，在2022年第四季度初，根据第三季度的 $z$ 评分−0.234 7，计算得到的投资头寸为：

$$w_1 = nz = 0.052\,4 \times (-0.234\,7) = -0.012\,3$$

即卖空占投资者资产比例1.23%的该股票。但该股票第四季度上涨，收益率为5.66%，因而负头寸使投资者遭受了一定的亏损，也就是说，不是所有 $z$ 评分都预测得准确。因此，按照 $z$ 评分的大小确定头寸会在多数情况下带来正的收益，但 $z$ 评分并不是百分之百准确，因为世界上没有哪一种消息有百分之百准确的预测能力。

## 7.4 大数据在投资中的应用

证券市场高度依赖信息，投资者若能获取更有价值的信息，则可获得超额收益。传统上，投资决策主要依据金融市场的内部数据，如交易数据和公司财务报告。但信息技术的进步带来了数据“大爆炸”，使大量的公众观点和行为数据可被用于分析。这些大数据为投资者提供了全新的市场分析和预测手段，成为金融投资的关键工具。

### 7.4.1 大数据的特征

大数据的主要特征由IBM概括为五个方面：规模性、多样性、低价值密度性、高速性和真实性。规模性指的是大数据的庞大体量，提出了对数据采集、存储和计算的新要求，使得传统数据分析方法可能不再适用。多样性体现在数据来源和类型的广泛性上，包括结构化数据和非结构化数据，为投资者提供多维度信息，同时增加了分析的复杂性。低价值密度性意味着单个数据点的信息含量较低，需筛选噪声以提取有用信息。高速性关注数据的时效性，强调快速处理的重要性。真实性要求数据准确无偏，需特别注意数据造假等问题。这些特征定义了大数据分析在现代应用中的关键考虑因素。

### 7.4.2 可用于金融投资分析的若干典型大数据源

大数据分析没有定式，所有相关数据都可能有利用价值。目前广泛使用的大数据源包括：

（1）社交网络数据。人们在社交网络上的发言记录了他们的观点和情绪，这些数据帮助分析投资相关的情绪和信念。

（2）电子商务数据。电子商务数据包括成交信息、用户浏览记录、商品消费评价、库存信息等，这些数据有助于分析市场趋势和企业竞争力。

（3）搜索引擎数据。搜索引擎数据反映人们的关注点和需求，例如谷歌和百度的搜索指数显示特定词条的搜索频率。

（4）媒体数据。电子化媒体的广泛使用提供了大量信息，如新闻和自媒体内容，这些数据有助于预测企业和市场动态。

这些大数据源为投资决策提供支持，帮助投资者洞察市场和企业动态。

### 7.4.3 大数据的分析工具——机器学习算法

大数据的五个特征挑战了传统分析工具的适用性。例如，传统回归分析假设变量间的线性关系并估计参数，但大数据的多样性和低价值密度性意味着变量间可能无明显因果关系且含噪声较多，这使传统方法可能无效。又如，大数据的实时性要求快速处理，传统工具可能无法适应这种变化速度，容易造成过拟合或共线性问题。另外，大数据分析注重时效性，因为这些实时更新变量之间的关系并不稳定，而传统的分析工具很可能对这些关系变化反应不足，从而导致错误的结论。

机器学习提供了解决这些问题的方法。1959 年，IBM 的科学家塞缪尔将机器学习定义为“在不直接针对问题编程的情况下，赋予计算机学习能力的一个研究领域”。通过不断输入数据，模型可自动调整参数优化结果。它涵盖了监督学习（supervised learning）和无监督学习（unsupervised learning）两种形式，分别用于揭示数据的映射关系和发现数据内在规律。监督学习关注回归和分类任务，而无监督学习专注于聚类和降维，帮助揭示数据结构并提高效率。

在机器学习领域，有许多常用的算法可供选择，涵盖了不同的任务和技术。图 7－8 列举了一些常用的机器学习算法。其中，神经网络算法具有较高的灵活性，既可以用于监督学习，也可以用于无监督学习。

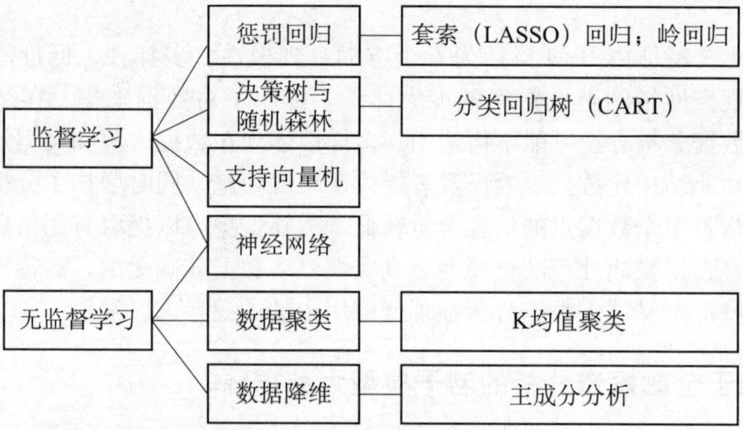


图 7－8 常用的机器学习算法

此外，强化学习，一种基于环境反馈的机器学习方法，逐渐受到关注。它涉及智能体（agent）在环境（environment）中根据行为获得奖励（reward），其目标是找到最优策略（policy）以最大化长期奖励。这种学习包括探索新策略与利用已知知识之间的平衡，且需考虑环境状态以做出决策。

在金融大数据分析中，强调学习优化投资策略，实时做出决策，处理非结构化数据如新闻和社交媒体数据，同时通过考虑长期奖励来管理风险。这些特点使其在金融投资中提供智能、高效的决策支持。

深度学习，一种基于多层神经网络的方法，在金融大数据分析中扮演着关键的角色。它通过学习数据的多层次特征，无须手工做特征工程，优化投资策略并实时响应市场变化。深度学习特别适合处理金融领域的大量非结构化数据，提取有用信息以支持投资决策，并通过长期奖励减少风险，为金融机构提供强大的分析和决策工具。

**专栏7-3**

## 大数据在投资中的应用实例

利用财经论坛投资者发帖的文本数据构建投资者情绪指数。①

某投资经理获得了某大型财经论坛上投资者发帖的文本数据。该经理希望从这些发帖中判断投资者的情绪类别（{乐观，中性，消极}中的一种），并汇总成市场情绪，从而帮助其更好地制定短期投资策略。由于论坛的发帖数量较大，因而采用人工手段对每个帖子中反映的投资者情绪进行判断并不可取，而机器学习可以很好地实现这一目标。这包括以下几个步骤：

(1) 构建用于判断文本情绪的词汇表。选取关键词用于识别帖子中的情绪，如“牛市”“看涨”表示乐观，“熊市”“看跌”表示消极。而“利润”“销售”等词汇可能反映了投资者做出判断的依据。

(2) 文本数据预处理。在原始的论坛发帖数据中，每个样本主要包含三个元素——发帖时间、对应股票板块以及具体的发帖内容。通过应用正则表达式，可以将自然语言分解成若干个关键词。例如，帖子“我认为股价将会上涨”，可以被分解成“我”“认为”“股价”“将会”“上涨”。通过步骤(1)中给出的词汇表，可以将原始样本中的文本数据结构化——通过统计词汇表中的词语在某个帖子中出现的频率，可以将文本数据投影到词汇表上。例如，若创建的词汇表为{上涨，利润，看空}，则如果在一个帖子中，关键词“上涨”“利润”“看空”分别出现了2次、1次和0次，那么该文本在词汇表上的投影为(2，1，0)。

(3) 为训练样本集设置情绪标签。需要构建一个训练样本集，并基于经验判断为该训练样本集内每个帖子所反映的市场情绪贴上标签（乐观、中性、消极）。

(4) 基于训练样本集，设计用于情绪分类的算法。情绪分类算法并没有统一的标准，多种思路都可用于实现分类目标，并且不同算法的分类结果并不一定相同。如简单的计分法或使用K近邻算法根据词汇频率向量进行分类。

(5) 模拟专家投票。这是针对步骤(4)的补充步骤。由于任意一种分类算法都会捕捉到数据中的噪声，因此很难找到一个绝对优于其他算法的分类标准。如果步骤(4)中设计了多种分类算法，那么通过模拟专家投票的方式，可以有效地消除算法噪声。如果多种算法对某帖子情绪的分类一致，则确认标签；否则，标记为缺失。

(6) 汇总各文本信息所反映的情绪，构建整体的情绪指数。如何构建整体的情绪指数取决于投资经理希望如何利用情绪指数进行投资决策。如果投资经理关注某只股票的价格走势，那么他可以筛选出与该股票相关的发帖样本，然后统计单位时间内所发帖子的情绪分布——单位时间长度取决于投资者关注的是日内价格波动、短期价格波动还是长期价格波动。

---

① Das, S., Chen, M., “Yahoo! For Amazon: Sentiment Extraction from Small Talk on the Web”, *Management Science*, 2007, 53 (9): 1375-1388.

## 7.5 智能投顾

智能投顾（robo-advisor）是一类提供在线组合配置建议及组合管理的理财顾问服务。该类业务兴起于2008年全球金融危机后，最初由科技初创公司推出，使用人工智能技术挑战传统理财顾问服务。由于私人财富管理行业的特性，智能投顾业务增长迅速，许多传统金融机构也开始参与。在全球范围内，智能投顾已成为金融科技生态系统中的一个重要应用，其普及得益于量化组合管理理论，如马科维茨的投资组合理论等，这些理论提供了应遵循的量化分析逻辑，确保了自动化投资建议的准确性。

### 7.5.1 智能投顾的业务流程

智能投顾提供的核心服务与传统理财顾问服务相似，都是基于客户偏好进行理财规划。不同的是，智能投顾依靠数据分析而非人工经验。智能投顾的典型业务流程如下：

（1）客户画像。通过在线调查问卷或大数据挖掘的方式，对客户的风险偏好（进取型、中立型、保守型等）和理财目标（资金流动性要求、避税需求等）进行定位。

（2）投资组合建议。首先明确可配置的资产集合，然后根据客户的潜在需求，利用量化的投资组合策略模型生成最优的资产配置策略，并为客户提供投资建议。

（3）交易执行。在获得客户许可后，根据制定的资产配置策略进行资产配置。

（4）投资组合再平衡。根据市场变动或资产比例偏差调整投资组合。

（5）收益报告。根据在财富管理过程中的收益表现，定期或不定期地向客户提供业绩报告。

### 7.5.2 智能投顾系统的主要特征

在现阶段，典型的智能投顾系统具有以下特征：

（1）自动化。利用智能设备和人工智能技术实现信息分析与交换的自动化，从而提高效率，降低服务成本，并使中低收入群体也能享受理财服务。

（2）个性化。通过数据挖掘比传统财富管理更精确地识别客户需求，提供定制化服务。例如，使用客户的电商数据分析其现金流需求。

（3）智能投顾主张基于客户的长期财富管理目标进行资产配置，通常采用被动投资策略，如投资ETF，以分散风险并优化投资回报，适应人工智能技术的应用。

### 7.5.3 智能投顾系统中的量化资产配置策略

马科维茨提出的投资组合理论打开了利用定量风险-收益特征进行资产配置的大门，其理念被广泛用于金融投资领域，而且经久不衰。该理论为智能投顾系统中的量化资产配置策略提供了重要的思想指导。

投资组合理论在模型的设计上无懈可击，然而它在应用领域仍存在问题。例如，投资组合理论假设市场上资产的风险-收益特征是稳定的，但在短期视角下，由于信息不对称问题，投资者可能对某些资产的短期风险-收益特征具有个性化的观点，而投资组合理论并不能很好地将这些观点整合到投资决策中。BL模型（Black and Litterman，1992）① 在投资组合理论的基础上进行了改良，将投资者的主观预期引入模型，具有更好的应用价值。在现阶段，很多主流的智能投顾系统都将BL模型作为核心资产配置策略。当智能投顾系统使用BL模型时，如何选取观点非常重要，因为这些观点可以来源于专家、客户甚至大数据分析系统。

此外，AI技术还能够自动化一些重复性任务，如订单执行、资产重新配置或客户服务，从而降低操作成本并提高服务效率。更具体地说，通过分析投资者的历史交易数据、社交媒体活动或搜索行为等，AI技术能够提供更加个性化的服务。

近年来，中国的智能投顾系统逐渐崭露头角，各大银行纷纷试水并推出了自己的智能投顾系统。例如浦发银行推出了“财智机器人”平台，该平台基于人工智能、大数据和云计算技术，为投资者提供组合资产配置建议，主要面向优质客户，与其线下配置平台进行互通。这些银行在智能投顾领域的布局既显示出各自的特点，也凸显出整个行业向技术驱动的方向发展的趋势。传统银行凭借其丰富的金融数据和客户资源，以及深厚的信任基础，与现代技术完美结合，为客户提供更为精准、高效和人性化的投资建议和服务。而从监管角度看，随着技术的发展和行业的壮大，未来对于智能投顾业务的法律政策也会逐步完善，以保障投资者的利益和市场的健康发展。

## 本章小结

在对本章内容进行总结前，我们先将量化投资流程图（见图7-9）构建出来。

本章主要介绍了量化投资的基本概念，给出了信息比率的定义及应用，讲述了$\alpha$预测的经验法则，以及如何确定和调整最佳的投资头寸。

$\alpha$预测的经验法则为：

$$\varphi = \text{波动率} \times \text{IC} \times z\ \text{评分}$$

借助$z$评分将信号标准化，能够较好地预测未来的平均残余收益$\alpha$。前瞻信息比率是由经验公式预测得到的，它主要取决于$z$评分，也就是信号$g$的强弱。借助前瞻信息比率，可以使量化投资者根据信号的强弱变化来调整最佳的投资头寸，从而使量化投资的增加值最大化。

总之，信息比率是量化投资的有力工具。合理利用信息比率做出投资决策，能够帮助量化投资者战胜基准组合，获取更多的超额收益。

本章还介绍了量化投资的两个前沿领域：大数据投资和智能投顾。

大数据投资将社交网络数据、电子商务数据、搜索引擎数据及媒体数据等纳入研究对象，采用以机器学习算法为代表的定制化手段进行分析，试图得到有利于投资决策的增量信息。本章列举了大数据在投资中的应用实例供量化投资者参考。

智能投顾以量化组合管理理论为基础，借助信息技术和人工智能技术等实现了对传统

① Black, F., Litterman, R., “Global Portfolio Optimization”, *Financial Analysts Journal*, 1992, 48 (5): 28-43.

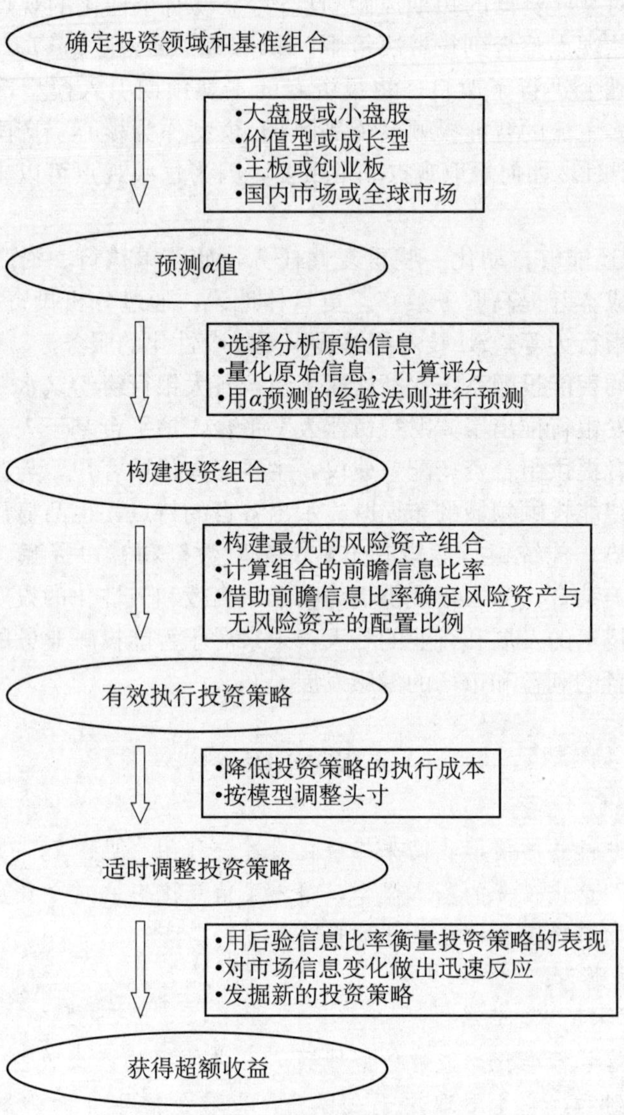


**图 7-9 量化投资流程图**

理财顾问服务的替代。本章对智能投顾的业务流程、智能投顾系统的主要特征和智能投顾系统中的量化资产配置策略进行了阐述。

## 本章关键内容

- 信息比率的定义及度量。
- 增加值的含义。
- $\alpha$ 预测的经验法则。
- $z$ 评分的量化。
- 前瞻信息比率与投资头寸的关系。

## 《本章思考题》

一、名词解释

信息比率　　　残余收益　　　$z$ 评分

二、简答题

1. 考虑某投资组合 $P$ 和基准组合 $B$，去年投资组合 $P$ 和基准组合 $B$ 的月收益率由表 7-4 给出。假设去年无风险资产的年收益率为 2%，那么去年该投资组合的信息比率是多少？

**表 7-4**

| 月份 | 1 | 2 | 3 | 4 | 5 | 6 | 7 | 8 | 9 | 10 | 11 | 12 |
|---|---|---|---|---|---|---|---|---|---|---|---|---|
| $R_P$(%) | −26.9 | 42.8 | 20.8 | 1.9 | 8.9 | 17.8 | 22.9 | −28.3 | −23.5 | −6.6 | 5.8 | 1.1 |
| $R_B$(%) | −19.8 | 25.7 | 14.1 | 6.8 | −0.9 | 28.1 | 13.8 | −9.9 | −13.7 | −2.3 | −14.6 | −8.2 |

2. 某信号 $g$ 对未来投资组合 $P$ 的收益有一定的预测作用，表 7-5 给出了信号 $g$ 和投资组合 $P$ 的平均残余收益的值，共 10 期。假设投资组合 $P$ 的超额收益的波动率为 20%，用 $\alpha$ 预测的经验法则预测该投资组合第 11 期的平均残余收益。

**表 7-5**

| 期数 | 1 | 2 | 3 | 4 | 5 | 6 | 7 | 8 | 9 | 10 |
|---|---|---|---|---|---|---|---|---|---|---|
| $g$ | 1.7 | 2.1 | −4.2 | 10.6 | −4.5 | 3.1 | 5.4 | 3.2 | −4.4 | 2.1 |
| $\alpha_P$(%) | −6.44 | 15.75 | 16.66 | −3.74 | 18.26 | −8.48 | −1.46 | −4.56 | 3.31 | −7.41 |

3. 假设某投资者预测在未来能选择的投资组合中信息比率最大的为组合 $Q$，其信息比率为 0.5。组合 $Q$ 的超额收益的波动率为 20%。假设该投资者的残余风险厌恶程度为 10，为了获得最大的增加值，该投资者应该如何构建投资头寸？

# 第8章
# 投资组合业绩评估模型

**学习目标**

- 掌握投资组合业绩测度的内涵及其运用。
- 掌握单因素整体业绩评估模型（夏普指数、特雷诺指数和詹森指数评估模型）的内涵及其运用。
- 了解投资组合多因素整体业绩评估模型。

## 8.1 投资组合业绩评估概述

在证券投资活动中，对投资组合的业绩进行测度与评价是至关重要的一个环节。实际上，在管理投资组合的过程中，经理人、出资人或监管者所面临情况的多样性使得对投资组合的业绩进行测度这一事后的“质量控制”任务变得十分艰巨。也就是说，对投资组合的绩效度量需要根据投资管理组织形式的差异来进行绩效测度的技术调整，只有这样才能公平地反映出投资组合的管理绩效状况。投资组合业绩评估的基本目的有两个：一是评价投资计划能在多大程度上实现投资目标，进而评价投资经理人执行投资计划的结果，或者说投资经理人以往取得的投资业绩究竟是好还是坏；二是试图确定投资经理人的这一业绩是来自自身的技巧还是单纯来自运气。

在日常的投资管理中，为什么对投资组合的业绩测度与评价显得非常重要？对于个人投资者来说，考虑到其自身获取价格相关信息的高昂成本及市场参与成本，以及能力、时间等因素的限制，他们一般难以通过构建多样化资产组合来分散风险并获得一定的收益，投资基金、对冲基金等金融中介的创新和发展在很大程度上解决了其面临的困境。由于投资基金、对冲基金等机构投资者具有较强大的组合管理能力、专业分析能力以及充足的投资经验，再加上资金集聚伴生的投资规模效应，因此，从全球资本市场的发展情况看，机构投资者逐步取代了个人投资者，成为证券市场交易的主要参与者。以美国为例，上市公司的股权逐渐集中于投资基金、保险基金、养老基金等机构投资者，而家庭部门直接持有的股权比例则不断下降：1950 年个人投资者持有的股票份额超过了 90％，共同基金与养老基金持有的股票份额仅为 2.8％，但在 2000 年，个人投资者持有的股票份额下降到了 40％，而与此形成鲜明对比的是共同基金、养老基金等机构投资者持有的股票份额超过了 40％，到 2022 年底，机构投资者的持股比例已超过 60％。此外，从证券交易情况看，组约证券交易所每日90%以上的交易发生在基金等机构投资者及成员公司之间，而个人投资者之间的交易规模极小。

在投资基金、养老基金、保险基金等机构投资者逐步取代个人投资者而成为证券市场中最核心的参与力量的背景下，普通家庭需要根据自身的经济结构、风险偏好、消费节奏等因素，选择不同类型的投资基金、养老基金、保险基金等提供的产品来满足自己的金融需求。但问题是：普通家庭究竟要如何从市场提供的众多风格的基金（或理财）产品中选出适合自己需求的产品呢？显然，作为普通投资者，普通家庭一般都会偏好那些业绩表现卓越的投资基金或保险基金。然而，此时出现了一个基本问题：什么样的基金产品才可以称为业绩优良的基金产品？

此外，随着投资基金、养老基金、保险基金的资产管理规模不断扩大，一个大型基金下面往往会有很多小基金，也就是说，投资基金、养老基金、保险基金等非银行金融中介内部出现了科层制度，也就出现了委托-代理问题。投资基金、养老基金、保险基金的高层经理人必须通过合理的激励制度来鼓励下属各个相对独立基金的管理层积极发挥自身的主动性和能动性，管理好自身责任范围内的基金。但是，合理的激励制度需要建立在合理的考核制度上，这就涉及对基金经理人的绩效进行衡量的问题。因此，无论是从外部投资者的角度看，还是从投资基金内部考核、激励的角度看，我们都面临一个基本问题，也就是在经济学上争论了很久的投资组合业绩评估问题。

这个似乎很简单的问题已经吸引了众多经济学家以及金融实务界人士的关注，并且他们对此展开了持久的辩论。从当前的情况看，该问题仍然存在；与此同时，对投资组合业绩评估这个初始问题的讨论已经引发了人们对一系列其他相关组合业绩问题、统计学问题的深入讨论。本章的主要目的就是尽量通过非技术化的语言使读者可以对这个问题的来龙去脉有一个清晰的认识，同时，我们对某些技术性较强的问题给出简单的描述，并给出相关的参考文献。有兴趣的读者可以根据这些文献做进一步的学习和研究。

**专栏8-1**

### 考尔斯与专业投资预测分析绩效量化评价

阿尔弗雷德·考尔斯是借助相对机会法则来探索对投资顾问服务公司投资建议绩效进行量化学术研究的先驱。他出身于富豪之家，祖父和父亲分别是芝加哥论坛报公司的大股东和经理。考尔斯与父亲、叔叔一样，在耶鲁大学求学，1913年毕业。大约从1926年起，他开始协助父亲管理家中的财务，因此对各类投资顾问服务公司能否给出准确的金融市场预测结果非常感兴趣。他发现市场中存在很多由投资顾问服务公司提供的可信度不一的情报，并从1928年开始追踪当时24家最畅销的投资顾问服务公司的绩效记录，持续了约4年半之久。这个时期横跨了20世纪20年代的大多头市场、1929年的大崩盘和1931—1932年极度悲观的空头市场。而当1929年的大崩盘揭开序幕时，这24家公司没有一家曾提醒投资者必须预先防范，这无异于给他泼了一盆冷水。

大约在1931年，考尔斯开始思考股价能否被预测的问题，并自己尝试寻求答案。

1932 年，考尔斯、费雪和鲁斯经过讨论后，向计量经济学会提供了赞助，发起组建了“考尔斯经济学研究委员会”（即考尔斯基金会），其座右铭为“科学即测量”，旨在让经济学成为更加缜密的学科。考尔斯在此之前曾经营过自己的金融研究团队，他认为可以借助学术界的力量，于是他依附于学术机构，开始了金融与计量经济学领域的研究。

考尔斯最具有突破性的一篇研究报告是《股市预测指标能够准确预测吗?》，这篇报告完成于 1932 年，发表于 1933 年。这篇报告的结论简洁明了：“这是值得怀疑的。”考尔斯分两类组别进行分析：第一类组别是对某些个股走势进行预测的机构；第二类组别是对股市整体方向进行预测的机构。在第一类组别中，考尔斯分析了 16 家主要金融公司在 4 年半（1928 年 1 月 1 日到 1932 年 7 月 1 日）时间内提供给客户的普通股推荐名单，以及 20 家火灾保险公司 4 年（1928 年初到 1931 年末）的股票买卖数据。在第二类组别中，考尔斯主要考察了 24 份出版物从 1928 年 1 月 1 日至 1932 年 6 月 1 日对股市整体走势的预测，同时，对《华尔街日报》汉密尔顿撰写的社论内容进行分析，对道氏理论进行验证。

在以上不同分析对象的预测案例中，考尔斯发现它们的预测不仅在大部分时间都不正确，而且其预测结果在整体上甚至比随机结果还要差。在个股预测方面，他发现金融公司所预测的结果通常每年比市场表现差 1.43%，而火灾保险公司所预测的结果每年比市场表现差 1.20%。在整体市场走势预测方面，他发现预测结果每年依旧比市场随机结果表现差 4%。实际上，根据考尔斯的观点，投资者听从它们的预测建议还不如掷骰子。虽然考尔斯所选择的研究对象过于狭窄，无法全面反映整个投资管理行业，但这促进了后续对某些金融服务增值性的初步质疑。

1944 年，考尔斯在《计量经济学》上又发表了一篇新的研究，这是一项时间涵盖 15.5 年、样本达 6 904 个预测的研究。结果再度显示：“没有任何证据能够证实可以成功预测股票市场的未来走势。”在这些样本中，看好股市后势的预测数目远超过看空的数目，然而实际上，在 1929—1944 年间，有超过半数的时间股市呈现下跌态势。

## 8.2 单因素整体业绩评估模型

### 8.2.1 评估视角的投资组合业绩测度

评估投资组合业绩的第一步是在完成数据的搜集和确认后，计算出投资组合在有关可比期间内的收益率。一般来说，投资组合收益率的计算涉及投资组合已实现收入和投资组合所持证券的估值增值两个部分。其中，已实现收入包括两个部分：一部分是在证券二级市场上通过买卖价差获取的资本利得；另一部分是在本期间所获得的股票红利和债券利息。在评估投资组合的表现时，大多数评估方法的评估基础数据都是投资收益率，因此投资收益率计算的准确性是投资组合业绩评估结果是否合理的一个重要基础。

尽管我们已经在前面章节介绍过在单期且投资规模不变约束下的收益率计算方法，但考虑到评估投资组合的业绩一般需要跨越若干年度（在美国，这一期限通常是 4 年），而且在此期间往往存在由现金流入或流出导致的投资规模变动，因此在投资组合收益率的实际计算中，较为常见的一种处理方式是将整个评估期分为若干个子期间（月度或季度），首先计算各个子期间的（月度或季度）收益率，然后再对子期间的收益率进行平均，得出全部业绩评估期间的总体收益率。显然，这种做法不仅更符合现实，而且从统计方法论上说，也给评估提供了较为适当的样本数量。

如果把评估期划分为若干个子时期，从理论上说，投资组合评估期内子期间的收益率应为：

$$R_{it}=\frac{\mathrm{NAV}_{it}+D_t}{\mathrm{NAV}_{i(t-1)}}-1$$

式中，$\mathrm{NAV}_{it}$ 与 $\mathrm{NAV}_{i(t-1)}$ 分别为投资组合 $i$ 在第 $t$ 期和第 $t-1$ 期内的单位净值；$D_t$ 为投资组合 $i$ 在第 $t$ 期内可能分派的红利。

按不同的方法对子期间收益率进行平均可得到三种收益率：①算术平均收益率；②时间加权收益率；③货币加权收益率。

（1）算术平均收益率。按照算术平均的方法，业绩评估期间的总收益率为：

$$R_i=\frac{R_{i1}+R_{i2}+\cdots+R_{iT}}{T}$$

式中，$T$ 为在业绩评估期间的子期间个数。

算术平均收益率的实际含义是，在保持投资组合初始投资完整的前提下，该数值是在每个子期间末均可收到的平均收益率。但是，算术平均收益率在实际应用中存在很大的局限性，它假设投资组合的初始投资可以得到保全，而且投资过程不会侵蚀原有的资本。在该方法下，当各个子期间的收益率波动很大时，往往会高估业绩评估期间的总收益率。

（2）时间加权收益率。该收益率的计算方法为：

$$R_i=\left[\prod_{t=1}^{n}(1+R_{it})\right]-1$$

该收益率的计算方法不仅对投资组合业绩评估期间现金流的变动进行了调整，而且满足了投资决策中关于投资收益再投资的假设。利用该方法计算的收益率比较恰当地反映了投资组合管理者在业绩评估期间的收益率水平。因此，在实际计算中，一般使用时间加权收益率来衡量投资组合管理者的收益能力。

（3）货币加权收益率。该收益率的计算方法为：

$$V_0=\frac{C_1}{1+R_i}+\frac{C_2}{(1+R_i)^2}+\cdots+\frac{C_T+V_T}{(1+R_i)^T}$$

式中，$V_0$ 为投资组合在评估期初的市场价值；$V_T$ 为投资组合在评估期末的市场价值；$C_i$ 为投资组合在各个子期间的净现金流，$i=1$，2，3，…，$T$；$R_i$ 为投资组合在评估期间的货币加权收益率。

可以很明显地看出，$R_i$ 为评估期内投资组合的内部收益率。使用该收益率计算方法的一个最大误差在于：该收益率取决于评估期内现金流入和流出的情况，对于投资组合管理者而言，导致现金流动的因素主要是投资组合规模的变动，而这属于投资组合管理者的不可控因素，所以按照此方法评估投资组合管理者的收益能力是不完全客观的。

为了便于理解不同收益率计算方法的差异，这里考虑一个最简单的跨期投资组合收益率的测算问题：假设存在一个投资组合，该投资组合在年初的市场价值为 10 000 万元人民币；在第一年末，该投资组合的市场价值变为 9 600 万元，此时投资者又追加了 500 万元投资；但到了第二年末，该投资组合的市场价值变为 10 300 万元，那么该投资组合的投资收益率是多少？

（1）算术平均收益率。在应用算术平均收益率方法时，我们首先计算第一年和第二年两个子期间的收益率，分别为：

$$r_1=\frac{9\ 600-10\ 000}{10\ 000}=-4\%$$

$$r_2=\frac{10\ 300-10\ 100}{10\ 100}=1.98\%$$

此时，算术平均收益率为：

$$r=\frac{r_1+r_2}{2}=-1.01\%$$

（2）时间加权收益率。在应用时间加权收益率方法时，我们同样应首先计算第一年和第二年两个子期间的收益率，然后再进行下述计算：

$$r=(1+r_1)(1+r_2)-1=-2.1\%$$

可得整个期间的投资组合的时间加权收益率为$-2.1\%$。

（3）货币加权收益率。货币加权收益率即内部收益率，其计算方法实际上与债券到期收益率的计算方法非常类似，主要是考虑了不同时点现金流的时间价值。

对于这个例子而言，10 000 万元、500 万元和 10 300 万元发生在不同时点上，假设货币加权收益率为 $r$，则有

$$10\ 000+\frac{500}{1+r}=\frac{10\ 300}{(1+r)^2}$$

这一方程的解（即 $r=-0.98\%$）就是该投资组合的年度货币加权收益率。

对投资组合业绩的考核除了需要计算收益率之外，通常还需要测度投资组合的风险。我们可以借助均值-方差模型、资本资产定价模型、期权定价模型等知识，定义方差（或标准差）、$\beta$ 系数、隐含波动率等多种风险指标。一般来说，收益分布的对称性以及总风险可以分解为系统性风险和异质性（非系统性）风险构成了风险分析的两个重要理论支柱。

## 8.2.2 确定适当的投资基准

普通投资者在从市场中已经存在的种种投资组合中选择一个或者几个作为投资对象时，他最关心的问题可能是：这个投资组合的业绩如何？它的表现怎么样？更进一步，如果这个投资组合目前表现优越，那么它此后还会保持这种趋势吗？它是如何在竞争中取得这种优势的？回答这几个基本问题实际上已构成了整个投资组合业绩评估研究领域的绝大部分重要内容。我们将逐个对这些问题展开讨论。

投资组合的业绩表现在很大程度上影响了投资者对这个投资组合的偏好。作为一个可观测的体系，投资组合业绩评估的目的是不言而喻的，就是要看看它的投资计划在多大程度上实现了事先的投资目标，看看经理人的投资业绩如何。很显然，用简单的投资收益率进行比较是难以科学评估哪个投资组合业绩更优越的。从金融经济学的角度看，风险与收

益之间存在密切关系，有些投资组合的表现似乎良好，但它的风险也比其他投资组合高。因此，我们必须在对收益率进行风险调整后，才能做出初步结论。

在根据投资组合的风险来调整收益率的各种方法中，最简单也是最普遍的方法就是将某个待衡量的投资组合的业绩与其他有类似风险的投资组合的收益率进行比较。例如，我们可以把有稳定收益率的蓝筹股归为一类，把增长型股票投资组合归为一类，把垃圾债券投资组合归为一类，如此等等。随后，我们再在这种分类的基础上按照某种加权方法确定各种相近类别投资组合的平均收益率，然后进行比较排名。但这种粗略评估业绩的方法已经远远不能满足理论和实践的需要。

历史地看，马科维茨的均值-方差模型以及资本资产定价模型的出现，为较为精确地评估投资组合的业绩提供了理论依据。Treynor（1965）、Sharpe（1966）及 Jensen（1968）基于 CAPM 提出了一系列具有深远影响的基准指标评估方法，我们将分别介绍这些基准指标评估方法。与此同时，正由于它们均是以 CAPM 为基础的，因此它们被统称为单因素整体业绩评估模型。

虽然马科维茨的均值-方差模型为比较精确地度量投资组合的风险和收益提供了良好的思路及方法，但这一模型要计算所有资产的协方差矩阵；而当我们面对上百种可选择的资产时，该模型本身的复杂性也就制约了它的实际应用。而以 Treynor（1965）、Sharpe（1966）及 Jensen（1968）的三个指数模型为代表的业绩评估模型，从根本上简化了投资组合整体业绩评估的复杂性，因而得以在美国等资本市场发达的国家广泛运用。

拓展阅读

一些国际上公开的风格指数

### 8.2.3 夏普（Sharpe，1966）指数评估模型

夏普指数是指投资组合的长期平均超额收益率（即投资组合平均收益率与无风险利率之差）除以这个时期该投资组合收益率标准差的商。夏普利用美国 1954—1963 年 34 只开放式基金的年收益率资料进行了绩效的实证研究，其计算公式为：

$$S_P=\frac{r_P-r_f}{\sigma_P}$$

式中，$S_P$ 为夏普指数；$r_f$ 为该时期的无风险利率；$r_P$ 为该投资组合在样本期内的平均收益率；$\sigma_P$ 为该投资组合收益率的标准差，即该投资组合所承担的总风险。

这里的风险包括系统性风险和非系统性风险。正是因为夏普指数用总风险调整超额收益率，所以夏普指数特别适用于不追踪市场指数的投资组合，如积极型基金产品。

如果把夏普指数作为绩效测度指标，那么投资经理的目标就是使单位波动的预期收益率最大化，也就是说夏普指数越大，绩效越好。

### 8.2.4 特雷诺（Treynor，1965）指数评估模型

特雷诺指数指的是以单位系统性风险对应的收益率水平作为基金绩效的评估指标。在 1965 年，特雷诺在《哈佛商业评论》上发表了《如何评价投资基金的管理》一文，利用美国 1953—1962 年 20 只投资基金（含共同基金、信托基金与退休基金）的年收益率资料

作为研究样本，进行了基金绩效评估的实证分析，其设计的指数计算公式为：

$$T_P=\frac{r_P-r_f}{\beta_P}$$

式中，$T_P$为特雷诺指数；$r_P$为投资组合 $P$ 在样本期内的平均收益率；$r_f$为样本期内的平均无风险收益率；$r_P-r_f$为投资组合 $P$ 在样本期内的平均风险溢价。

特雷诺指数表示了该投资组合承受每单位系统性风险所获取风险收益的大小。这个指数的应用隐含了非系统性风险已全部被消除的假设，进而主要适用于比较市场风险占主导的投资组合。若这个假设成立，特雷诺指数能反映投资组合经理人的市场调整能力——不论市场是处于上升阶段还是下降阶段，较大的特雷诺指数总是表示较好的绩效。但是，如果非系统性风险没有被全部消除，则特雷诺指数可能给出错误的绩效评估信息，进而无法评估投资组合经理人分散和降低非系统性风险的能力。

尽管与夏普指数类似，特雷诺指数也给出了单位风险的超额收益率水平，但是夏普指数强调的是单位总风险的超额收益率，而特雷诺指数则强调的是单位系统性风险的超额收益率。值得指出的是，在利用夏普指数和特雷诺指数进行投资组合业绩比较时可能得到截然不同的评估。例如，利用夏普指数衡量，投资组合 $A$ 比投资组合 $B$ 好，而利用特雷诺指数衡量，则投资组合 $B$ 比投资组合 $A$ 好。那么，投资者应该如何选择？选择的最终结果取决于投资者对风险的度量。这是因为当投资者所要评估的投资组合构成了该投资者在某特定资产类别中的主要甚至是全部投资时，用投资组合收益率的标准差来衡量风险是较为适当的；而当所要评估的投资组合仅仅构成该投资者在特定资产类别内投资的较小一部分时，用该投资组合的 $\beta$ 值度量风险就更为恰当。

在实际运用中，当采用夏普指数进行评估时，首先要计算市场上各种投资组合在样本期内的夏普指数，然后进行比较，较大的夏普指数表示较好的绩效。夏普指数与特雷诺指数一样，能够反映投资组合经理人的市场调整能力。然而，正如我们已经强调的，特雷诺指数只考虑系统性风险，而夏普指数同时考虑了系统性风险和非系统性风险，即总风险。因此，夏普指数还能反映投资组合经理人分散和降低非系统性风险的能力。如果投资组合已完全分散了非系统性风险，那么夏普指数和特雷诺指数的评估结果应该近似相同。

### 8.2.5 詹森（Jensen，1968）指数评估模型

与特雷诺指数类似，詹森指数也是建立在 CAPM 基础上的，同样认为投资者对资产进行了组合管理以分散投资风险。但是，詹森指数与夏普指数、特雷诺指数的不同在于，它是个绝对数指标，其目的是判断基金行业整体是否具有预测证券价格的能力，从而使得整体业绩超过购买-持有策略。①

詹森利用美国 1945—1964 年 115 只基金的年收益率资料以及用标准普尔 500 指数计算的市场收益率进行了实证研究。他将投资组合 $P$ 的超额收益率关于市场组合的超额收益率进行时间序列回归，根据下式估计出投资组合 $P$ 的 $\beta$ 值：

$$r_{Pt}-r_f=\alpha_P+\beta_P(r_{Mt}-r_f)+e_{Pt}$$

---

① 詹森指数最大的优点就是具有经济意义，能够比较明确地呈现出基金业绩的优劣程度，因此詹森指数的使用在当前非常广泛。

式中，$r_{Mt}$为市场组合（或者基准投资组合）在 $t$ 时期的收益率，$r_{Pt}$为投资组合 $P$ 在该时期的收益率，$r_f$为该时期的无风险收益率，$\beta_P$为该投资组合所承担的系统性风险，$\alpha_P$是回归截距项，$e_{Pt}$为该时期投资组合 $P$ 收益率的回归误差项。

对上式两边取期望，$e_{Pt}$的期望为零，可得：

$$r_P - r_f = \alpha_P + \beta_P(r_M - r_f)$$

其中，$r_P$ 表示投资组合 $P$ 的平均收益率，$r_M$ 表示市场组合 $M$ 的平均收益率。詹森指数就是回归直线的纵轴截距 $\alpha_P$。如果 $\alpha_P$不显著异于零，则表明该组合的业绩处于市场均衡水平，我们可以得到如下关系：

$$r_P - r_f = \beta_P(r_M - r_f)$$

这实际上就是 CAPM 的预期收益率-风险关系，只是用样本估计值代替了真实参数。在这种情形下，投资组合的表现与市场的表现非常类似。如果 $\alpha_P$显著异于零并为正，则投资组合的管理可被看作是成功的；如果 $\alpha_P$为负，则投资策略是失败的。

詹森的研究发现相当惊人：平均而言，投资者持有共同基金 10 年，其收益率会比在相同风险水平下、分散投资普通股的投资者足足低 15%。根据詹森指数的标准，在 115 只共同基金中，只有 26 只基金的业绩超过市场的表现。在有些人看来，这些基金的业绩令人失望的部分原因是基金被收取了费用，但詹森的研究发现，即便扣除手续费再重新计算基金业绩，结果也只是稍微改善而已——经过重新计算，投资者的收益率由原先低 15%变成低 8.9%，而在 115 只基金中，有 43 只基金的业绩超过市场的表现。

詹森指数评估模型奠定了投资组合业绩评估的理论基础，也是迄今为止使用最广泛的模型之一。但是，如前所述，在用詹森指数评估投资组合整体业绩时隐含了一个假设，即投资组合的非系统性风险已通过投资组合彻底地被分散，因此该模型只反映了收益率和系统性风险之间的关系。如果投资组合并没有完全消除非系统性风险，则詹森指数可能给出错误信息。例如，投资组合 $A$ 和 $B$ 具有相同的平均收益率和 $\beta$ 系数，但投资组合 $A$ 的非系统性风险高于投资组合 $B$。按照该模型，两种投资组合具有相同的詹森指数，因而绩效相同。但实际上，投资组合 $A$ 承担了较多的非系统性风险，因而投资组合 $A$ 的经理人分散风险的能力弱于投资组合 $B$ 的经理人，也就是投资组合 $A$ 的绩效应该劣于投资组合 $B$。由于该模型只反映了收益率和系统性风险的关系，因此投资组合经理人的市场判断能力会导致 $\beta$ 系数呈时变性，并使投资组合业绩和市场组合业绩之间存在非线性关系，因而利用詹森指数评估存在统计上的偏差。因此，特雷诺和梅伊（Mazuy）在模型中引入了二次回归项，默顿和亨里克森（Henriksson）也提出了双 $\beta$ 值市场模型，并利用二次回归项和随机变量项对投资组合经理人的选股能力以及在市场运用中的时机选择能力进行了进一步的研究。

在以上三种业绩评估指标的运用上，夏普指数与特雷诺指数均为相对业绩度量方法，而詹森指数是一种在风险调整基础上的绝对业绩度量方法，表示在完全的风险情况下，投资组合经理人对证券价格的准确判断能力。特雷诺指数和詹森指数在对投资组合业绩进行评估时，均以 $\beta$ 系数来测定风险，忽略了投资组合中所含证券的数目（即投资组合的广度），只考虑获得超额收益率的大小（即投资组合的深度）。另外，当投资组合的 $\beta$ 系数不断变化时，詹森指数和特雷诺指数都无法恰当地评估投资组合的表现。在衡量投资组合的业绩时，投资组合的广度和深度必须被同时考虑。因此，就操作模型的选择而言，夏普指数评估模型和特雷诺指数评估模型对投资组合业绩的评估较具客观性，詹森指数评估模型用来衡量投资组合实际收益率的差异较好。

### 8.2.6 特雷诺-布莱克（Treynor-Black，1973）评估模型

特雷诺-布莱克评估模型通常应用信息比率进行评估。信息比率（information ratio，IR）是指用投资组合的 $\alpha$ 值除以其非系统性风险，它测算的是每单位非系统性风险所带来的非常规收益率，是衡量该投资组合中积极型组合业绩的指标，所以有时又称估价比率或评估比率（appraisal ratio）。

在一段时间内股票选择所增加的收益率都具有波动性，这些波动性表明了存在于投资管理行为中的风险。与股票选择相联系的风险称为残余风险（又称跟踪误差）。在投资组合管理中，投资组合经理人总是期望在增加投资组合价值增量（$\alpha$）的同时尽可能减少残余风险，即期望获得尽可能高的信息比率：

$$\mathrm{IR}=\frac{\alpha_P}{\omega_P}=\frac{\text{投资组合价值增量}}{\text{残余风险（跟踪误差）}}$$

Connor 和 Korajczyk（1986）进行了实证研究，证明根据信息比率对投资组合业绩进行排序的稳定性较高，因此信息比率适于预测投资组合的未来相对表现。但是，这一结论的成立建立在一系列严格假设的基础上，主要包括：市场无法预测；收益率服从多元正态分布；所有投资组合经理人的效用函数都是指数型的；所有投资组合中的所有投资资产都是可交易的。

### 8.2.7 各种不同的业绩评估指数的相互联系

我们知道，在不同的投资情形下，各种不同的业绩评估指数具有各自的适用性。为了使读者对以上四种指数有一个较清楚的认识，下面考察它们之间的联系。

（1）夏普指数：

$$S_P=\frac{r_P-r_f}{\sigma_P}$$

（2）特雷诺指数：

$$T_P=\frac{r_P-r_f}{\beta_P}$$

（3）詹森指数：

$$\alpha_P=r_P-[r_f+\beta_P(r_M-r_f)]$$

（4）信息比率：

$$\mathrm{IR}=\frac{\alpha_P}{\omega_P}$$

根据特雷诺指数，市场组合 $M$ 的 $\beta$ 值为 1，因此市场组合 $M$ 的特雷诺指数为：

$$T_M=r_M-r_f$$

投资组合 $P$ 的平均超额收益率为：

$$r_P-r_f=\alpha_P+\beta_P(r_M-r_f)$$

因此，投资组合 $P$ 的特雷诺指数为：

$$T_P=\frac{r_P-r_f}{\beta_P}$$
$$=\frac{\alpha_P+\beta_P(r_M-r_f)}{\beta_P}$$
$$=\frac{\alpha_P}{\beta_P}+(r_M-r_f)$$
$$=\frac{\alpha_P}{\beta_P}+T_M$$

由此，可以将特雷诺平方指数定义为：

$$T^2=T_P-T_M=\frac{\alpha_P}{\beta_P}$$

这一指数可用于不同投资组合之间$\frac{\alpha}{\beta}$比值的比较。从比较的角度看，上式意味着当投资组合的特雷诺指数大于市场组合的特雷诺指数时，该投资组合的詹森指数（即$\alpha$值）大于零［隐含的假设是该投资组合的$\beta$值（即$\beta_P$）应大于零］。换句话说，在评估投资组合业绩是否优于市场平均水平这一问题上，特雷诺指数与詹森指数将得到完全一致的结论。①

需要注意的是，特雷诺平方指数与信息比率，无论是在理论思路还是在具体数学表达上，都存在很大差异。信息比率是$\alpha$值与残余风险的比值，这种残余风险就是因为没有分散化投资而承担的异质非系统性风险；而特雷诺平方指数是$\alpha$值与该投资组合系统性风险测度$\beta$值的比率。

市场组合$M$的夏普指数为：

$$S_M=\frac{r_M-r_f}{\sigma_M}$$

对于投资组合$P$而言，则有

$$S_P=\frac{r_P-r_f}{\sigma_P}=\frac{\alpha_P+\beta_P(r_M-r_f)}{\sigma_P}$$

而市场组合$M$与投资组合$P$之间的相关系数$\rho$的平方可以表示为：

$$\rho^2=\frac{\beta_P^2\sigma_M^2}{\beta_P^2\sigma_M^2+\sigma_e^2}=\frac{\beta_P^2\sigma_M^2}{\sigma_P^2}$$

由此可得：

$$S_P=\frac{\alpha_P}{\sigma_P}+\frac{\beta_P(r_M-r_f)}{\sigma_P}$$
$$=\frac{\alpha_P}{\sigma_P}+\frac{\beta_P\sigma_M}{\sigma_P}\times S_M$$
$$=\frac{\alpha_P}{\sigma_P}+\rho\times S_M$$

① 需要注意的是，在对投资组合的业绩进行排序这一问题上，两者可能存在差异——特雷诺指数衡量了投资组合单位风险的获利能力，这一指数不再受风险水平的影响，进而是可比的，因此可以利用它对投资组合业绩进行排序；与此相反，詹森指数只衡量了与投资组合收益率和均衡收益率相对应的风险水平，由于不同风险水平下的偏差值不能进行直接比较，因此这一指数不能用于对不同风险的投资组合业绩进行排序。

这个表达式为有效地评估投资组合的积极管理水平提供了有力的分析工具。试想，如果我们将资产投资于没有很好分散的投资组合，比如采取某种积极的投资策略，那么该投资组合与市场组合的相关系数 $\rho$ 就会减小，尽管这时投资组合的 $\alpha$ 值较高，但其最终效应却因为投资组合的方差增大而被稀释，所以此时该投资组合更容易有大的损失。因此，投资者在选择投资组合时，不仅要看到收益，而且要弄清这种收益的源头在何处，这样才能公正合理地评估投资组合的业绩。

最后，需要指出的是，夏普指数和特雷诺指数对风险含义的理解及测量方法不同。从实践来看，夏普指数与特雷诺指数不仅指数值不同，而且对同一评估样本的排序结果也可能存在差异。

为了理解这一点，考虑对于任何一个投资组合 $P$，都有

$$S_P=\frac{r_P-r_f}{\sigma_P}=\frac{r_P-r_f}{\beta_P}\times\frac{\beta_P}{\sigma_P}=T_P\times\frac{\beta_P}{\sigma_P}$$

代入市场组合 $M$，结合上式，有

$$\frac{T_P}{T_M}=\frac{S_P}{S_M}\times\frac{\sigma_P}{\sigma_M\beta_P}$$

根据 1972 年法玛提出的对超额收益率的分解方法，任意投资组合的全部风险都可以分解为：

$$\sigma_P^2=\beta_P^2\sigma_M^2+\sigma_e^2$$

式中，$\beta_P^2\sigma_M^2$ 为该投资组合的系统性风险；$\sigma_e^2$ 为该投资组合的非系统性风险。

由上式可得：

$$\sqrt{\frac{\sigma_P^2}{\beta_P^2\sigma_M^2}}=\frac{\sigma_P}{\beta_P\sigma_M}=\sqrt{1+\frac{\sigma_e^2}{\beta_P^2\sigma_M^2}}$$

很明显，上式的右边大于等于 1，所以有

$$\frac{\sigma_P}{\beta_P\sigma_M}\geqslant 1$$

当 $S_P>S_M$ 时，有

$$\frac{T_P}{T_M}\geqslant\frac{S_P}{S_M}>1$$

这意味着当投资组合 $P$ 按夏普指数的判断标准优于市场平均水平时，它也一定在特雷诺指数标准下优于市场平均水平；反之，不一定成立。因为即使 $T_P>T_M$，当投资组合 $P$ 的非系统性风险较大时，$\frac{T_P}{T_M}\times\frac{\beta_P\sigma_M}{\sigma_P}$ 也可能并不大于 1，因此 $S_P$ 不一定大于 $S_M$，而这意味着现实中可能出现这样一种情况：对于同一投资组合，按特雷诺指数分析，它优于市场平均水平；但是，按夏普指数分析，它可能劣于市场平均水平。

需要注意的是，当我们使用特雷诺指数与夏普指数对投资组合的业绩进行排序时，可能会出现同一投资组合处于不同等级顺序的情况；也就是说，按特雷诺指数分析，基金 $A$ 优于基金 $B$，而按夏普指数分析，基金 $B$ 优于基金 $A$，这是因为：

$$\frac{S_A}{S_B}=\frac{T_A}{T_B}\times\frac{\beta_A\sigma_B}{\beta_B\sigma_A}$$

由于 $\frac{\beta_A\sigma_B}{\beta_B\sigma_A}$ 可能大于 1 也可能小于 1，因此，即使 $T_A$ 大于 $T_B$，$S_A$ 也可能小于 $S_B$。当

然，如果投资组合管理者经营的投资组合已充分分散，几乎没有可分散的非系统性风险，则根据法玛对超额收益率分解的方法可知，对于任何一个完全分散的投资组合 $P$，都有 $\sigma_P=\beta_P\sigma_M$，使用特雷诺指数与夏普指数将会得出同样的结论。

### 8.2.8　$M^2$ 测度指标

业绩的 $M^2$ 测度指标是由摩根士丹利公司的利亚·莫迪利亚尼（Leah Modigliani）及其祖父、诺贝尔经济学奖得主佛朗哥·莫迪利亚尼（Franco Modigliani）对夏普指数进行改进后引入的。其目的是纠正投资者只考虑投资组合原始业绩的倾向，鼓励他们应同时注意投资组合业绩中的风险因素，从而帮助投资者挑选出能带来真正最佳业绩的投资组合。与夏普指数类似，$M^2$ 测度指标也把全部风险作为风险的度量。这种风险的调整方法很容易解释为什么相对于不同的市场基准指数会有不同的收益率水平。其计算方法为：

$$M^2=r_{P^*}-r_M$$

式中，投资组合 $P^*$ 为构造的组合，其构造方法如下：假设有一个投资组合，我们把一定量的无风险资产（比如短期国债）头寸加入其中，这个经过调整的投资组合的风险就可以与市场指数的风险相等。比如说，某个投资组合 $P$ 原先的标准差为市场组合的 2 倍，那么经过调整后的投资组合应该包括 1/2 的投资组合 $P$ 和 1/2 的无风险资产。

很显然，该测度的数值越大，投资组合的业绩越好。因为根据我们对这种组合构造方式的了解，调整后的投资组合和市场组合的标准差相等，即风险相当。因此，我们只要比较它们之间的收益率就可以考察它们的业绩了。$M^2$ 测度在投资组合业绩评估中的运用见图 8-1。

以上这些指标体系都是建立在 CAPM 基础之上的，而 Roll（1977，1978）对这一模型以及依据这一模型所进行的投资组合业绩比较提出了质疑和批评。罗尔认为，使用 CAPM 作为基准在逻辑上存在严重的问题。CAPM 隐含假定所有的投资者具有相同的信仰和信息，因此，只有在作为市场指数的代理变量无效的情况下，我们才会衡量到异常收益率。这是一个明显的悖论，因此，利用 CAPM 作为基准是不正确的。与此同时，由于 CAPM 的检验也存在可行性问题，这就使得研究人员开始寻找其他的资产定价理论作为衡量市场指数的标准。因此，APT 的诞生大大推动了理论界对投资组合业绩表现研究的深入发展。

### 8.2.9　$M^3$ 测度指标

$M^2$ 测度指标仅仅按照收益率波动的方式来定义风险，而没有考虑投资组合的风险与所比较的基准（组合）风险的相关性。对于任何一个以基金为代表的投资组合管理者而言，其投资的超额收益率主要受管理者证券选择能力和市场时机选择能力的影响，而且无论从理论还是实践来看，投资组合管理者具有的这两种能力不仅影响投资组合收益率的标准差，还影响投资组合收益率与基准组合收益率之间的相关性。在这里，相关性之所以重

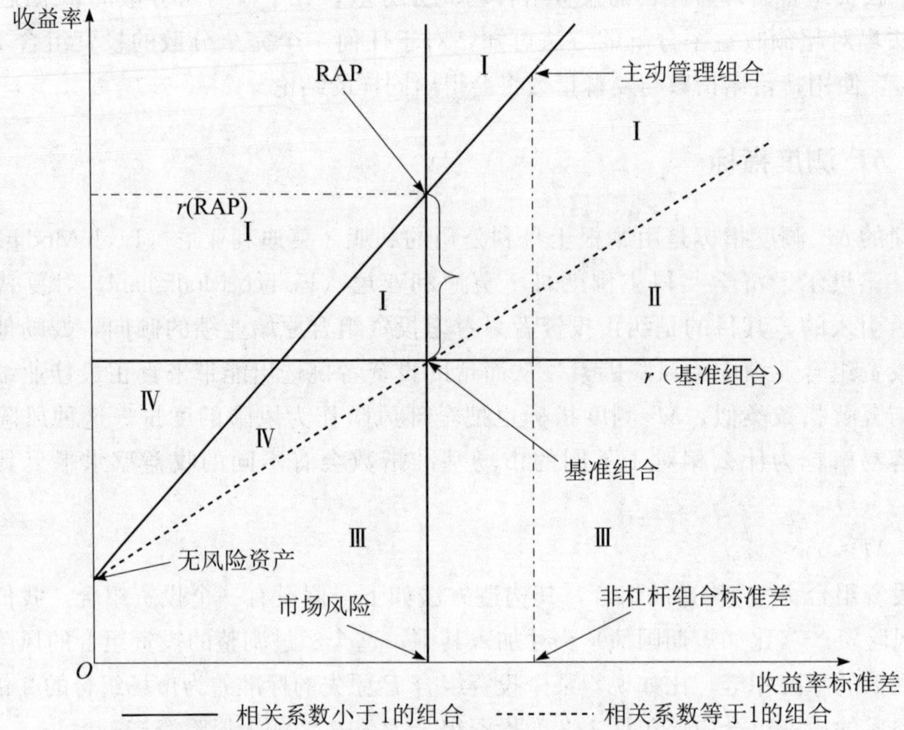


**图 8-1　$M^2$ 测度在投资组合业绩评估中的运用**

说明：RAP 代表风险调整组合。

（1）区域Ⅰ表示的投资组合在绝对的和风险调整的基础上均优于基准。

（2）区域Ⅱ表示的投资组合在绝对的基础上优于基准，但在风险调整的基础上劣于基准。

（3）区域Ⅲ表示的投资组合在绝对的和风险调整的基础上均劣于基准。

（4）区域Ⅳ表示的投资组合在绝对的基础上劣于基准，但在风险调整的基础上优于基准。

要，显然是因为 $M^2$ 测度指标中的 RAP 在未来的每个时期都会围绕基准组合的业绩变化。①

那么，如何在 $M^2$ 测度指标的基础之上实现投资组合业绩评估方法的改进？Muralidhar（2000）② 最早意识到了这一点，并提出了 $M^3$ 测度指标。在他看来，投资者的目标是在给定的跟踪误差（TE）和投资组合风险的条件下取得最大的收益率。

在意识到这一点之后，他将投资组合与基准组合之间的跟踪误差定义为投资组合对基准组合的超额收益率的标准差，有：

$$\mathrm{TE}(i)=\sqrt{\sigma_i^2-2\rho_{i,B}\sigma_i\sigma_B+\sigma_B^2}$$

式中，$\sigma_i$ 为投资组合收益率的标准差；$\sigma_B$ 为基准组合收益率的标准差；$\rho_{i,B}$ 为投资组合收益

① 实际上，因为 $M^2$ 测度指标调整了投资组合的收益率和标准差，以使其与基准组合可以比较，所以基金经理可以通过调整相关性风险来调整 $M^2$ 测度指标，而 $M^2$ 测度指标并没有反映相关性风险，因此使用该指标会导致对投资组合的错误排序以及相对于基准组合的业绩评估错误。

② Muralidhar, A.,"Risk-Adjusted Performance: The Correlation Correction", *Financial Analysts Journal*, 2000, 56 (5): 63-71.

率与基准组合收益率之间的相关系数。

依据 $M^2$ 的 RAP 概念界定，RAP 收益率的波动性与基准组合收益率的波动性相等，有：

$$\mathrm{TE}(\mathrm{RAP}\text{-}i)=\sigma_B\sqrt{2(1-\rho_{i,B})}$$

该式表示 RAP 收益率与基准组合收益率之间的相关性越低，跟踪误差越高，未来 RAP 收益率的波动性就越大。考虑到强调 RAP 收益率会使计算结果偏向于与基准组合之间具有较低相关性的基金，而这些基金可能在未来会具有较高的 RAP 收益率，投资者无法区分不同基金之间 RAP 收益率的波动性；或者说，如果各个基金与其基准组合之间的相关性不同，RAP 收益率的比较就没有任何实际意义。

Muralidhar（2000）通过引入“目标相关性”这一概念尝试解决该问题，即在 $M^2$ 测度指标中引入无风险资产，使经过调整的实际组合满足：①其风险等于基准组合的风险；②其跟踪误差等于目标跟踪误差。经过这样调整后的投资组合与基准组合之间的相关性是相同的。

如果将 $a$，$b$，$1-a-b$ 分别定义为投资者的资金投资在投资组合（MF）、基准组合（$B$）和无风险资产上的比重，同时令 CAP 表示经过相关性调整后的组合，则有：

$$r(\mathrm{CAP})=ar(\mathrm{MF})+br(B)+(1-a-b)r_f$$

投资者的资金比重要保证同时满足达到目标跟踪误差和风险与基准风险相同。因此，对于投资组合 $i$，上式可以写为：

$$r(\mathrm{CAP}\text{-}i)=ar(i)+br(B)+(1-a-b)r_f$$

由于 $\mathrm{TE}(\mathrm{RAP}\text{-}i)=\sigma_B\sqrt{2(1-\rho_{i,B})}$，因此有：

$$\rho_{T,B}=1-\frac{\mathrm{TE}\ (\mathrm{RAP}\text{-}i)^2}{2\sigma_B^2}$$

另外，

$$a=\sqrt{\frac{\sigma_B^2(1-\rho_{T,B}^2)}{\sigma_i^2(1-\rho_{i,B}^2)}}=\frac{\sigma_B}{\sigma_i}\times\sqrt{\frac{1-\rho_{T,B}^2}{1-\rho_{i,B}^2}}$$

$$b=\rho_{T,B}-a\times\frac{\sigma_i}{\sigma_B}\times\rho_{i,B}$$

其中，$T$ 代表目标跟踪组合。

$b$ 与 $1-a-b$ 的值可为正或负（两者均为负值表示卖空基准组合，并以无风险利率借款）。但是，$a$ 只能为正值，因为投资组合本身不能卖空。请注意，如果相关性不重要，那么有 $a=\frac{\sigma_B}{\sigma_i}$，同时 $b=0$。

## 8.3　多因素整体业绩评估模型

由于在 CAPM 下存在多个基准，因此在建立詹森指数评估模型、特雷诺指数评估模型和特雷诺-布莱克评估模型时，可以计算出投资组合的多个 $\beta$ 系数和 $\alpha$ 系数。基准的选取对投资组合业绩的评估是否有影响，以及影响的大小，是值得我们关注的问题。

Stambaugh（1982）的研究结果表明，在检验CAPM时，选择不同的市场组合作为基准的代理变量，不会产生多大的差异。而Roll（1979）发现，选用三种不同的指数作为市场组合的代理变量，与随机选取投资组合的业绩评估结果几乎相同；此外，按照经过风险调整后的收益进行的业绩排名与不经过风险调整情况下的业绩排名几乎相同。与这些研究类似，Copeland和Mayers（1982），以及Chen，Copeland和Mayers（1983）经过研究发现，业绩衡量基准的选择并不影响有关“价值线之谜”（the value line enigma）的研究推论。然而，Lehmann和Modest（1987）的研究却发现，当使用不同的定价模型（CAPM以及APT）作为基准时，得出的业绩排名大不相同；进一步来讲，在用APT作为衡量业绩的基准模型时，其所采用的解释因子不同，业绩排名也会发生显著变化。不过，他们的研究表明，无论采用哪种基准，某些投资组合总能取得统计上显著的异常收益率。下面对Lehmann和Modest（1987）的APT基准法进行简要介绍。

早在1985年和1986年，Chang和Lewellen（1985）以及Connor和Korajczyk（1986）就运用APT衡量投资基金的业绩表现，而Lehmann和Modest（1987）则运用这一思路考察业绩评估的结果对于基准选择的敏感性。

根据APT，股票的收益率受到多个因素的影响，投资组合的收益率是由所投资股票的收益率决定的，因此投资组合的收益率也同样受到这些因素的影响。以CAPM为基础的单因素模型无法解释按照股票特征（如市盈率、股票市值、账面市值比及过去的收益率等）进行分类的投资组合的收益率之间的差异，所以研究者又用多因素模型代替单因素模型进行投资组合绩效的评估。多因素模型的一般数学表达式如下：

$$R_i = a_i + b_{i1} I_1 + b_{i2} I_2 + \cdots + b_{ij} I_j + \varepsilon_i$$

式中，$R_i$表示证券收益率；$I_1$，$I_2$，…，$I_j$为影响证券收益率的各因素；$b_{i1}$，$b_{i2}$，…，$b_{ij}$为各因素对证券收益率变化的影响程度；$a_i$为证券收益率中独立于各因素变化的部分；$\varepsilon_i$为证券剩余收益率。

该模型有两个基本假设：①任意两种证券剩余收益率$\varepsilon_i$、$\varepsilon_j$之间均不相关；②任意两个因素$I_i$、$I_j$之间及任意因素$I_i$和剩余收益率$\varepsilon_i$之间均不相关。在Lehmann和Modest（1987）的多因素模型中，他们认为影响证券收益率的因素为市场平均指数收益率、股票规模、公司的账面市值比、市盈率、公司前期的销售增长率等。Fama和French（1993，1996）在CAPM的基础上，认为影响证券收益率的因素除了上述因素外，还应包括按照行业特征分类的普通股组合收益率、小盘股收益率与大盘股收益率之差、高账面市值比收益率与低账面市值比收益率之差，并将HML等作为因素引入绩效评估模型。Carhart（1997）在以上因素的基础上，引入了基金所持股票收益率的趋势因素，进而讨论基金表现的持续性问题。

多因素模型虽然部分解决了单因素模型存在的问题，而且模型的解释力也有所增强，但在实证研究中，该模型要求能识别所有的相关因素，而资产定价理论并没有明确给出对风险资产定价所需要的所有因素或因素的个数，所以因素的选择就受到个人主观判断的影响（Chen，Roll and Ross，1986），而且这些因素的构成本身可能就不稳定。因此，基于这些因素构成的多基准投资组合也不一定稳定，并且多因素模型仍然无法解释资产收益率的实质性差别，其业绩的评估结果对因素的选取十分敏感。正因为如此，单因素模型和多因素模型孰优孰劣，至今在学术界尚无定论。

# 8.4　时机选择模型与证券选择能力评估模型

## 8.4.1　时机选择模型概述

究竟需要什么样的充分条件，我们才能认为，基于标准的证券市场线的基金业绩评估分析是可靠的、恰当的？这在基金业绩评估领域是一个引起关注的问题。这是因为，如果给出这个充分条件，我们就可以比较有信心地将证券市场线作为衡量基准来度量基金业绩了。Mayers 和 Rice（1979）在这一问题上做出了初步的贡献。随后，Dybvig 和 Ross（1985a）就指出，这种似乎充满希望的解决方案是存在逻辑漏洞的，因为 Mayers 和 Rice（1979）的结论是建立在下述假设之上的，即投资组合经理人并不掌握抓住市场时机的能力，因此任何异常的收益率均归功于投资组合经理人很强的选择投资品种的能力。

所谓把握市场时机，就是投资组合经理人在预期市场将处于牛市行情时采取更加进取的投资策略，将更多的资产投资于风险资产，而在预期市场将处于熊市的情况下将更多资产投资于无风险资产。詹森模型无条件地采用投资组合的历史收益率来估计期望的业绩，因此它并未考虑投资组合期望收益率和风险的时变性。实际上，如果投资组合经理人具有择时能力，他会主动改变投资组合的风险以适应市场的变化并谋求高额的收益率；资本资产的价值本身也可能随时间的推移而变化，这些原因都会使 $\beta$ 值呈现时变性。对此，Treynor 和 Mazuy（1966）、Chang 和 Lewellen（1984）等采用 CAPM 形式来描述投资组合经理人的择时能力和选股能力。根据研究者对 $\beta$ 系数的不同假设，可以将此类模型大致分为两类。第一类称为 UD 模型，主要是将市场分为多头（up）与空头（down）两种形态，并假设投资组合经理人在看好未来市场时，会多买进一些波动幅度较大的风险资产；反之，在不看好未来市场时，会多买进波动幅度较小的风险资产、卖出波动幅度较大的风险资产，因此多头时期与空头时期的 $\beta$ 系数应有所不同，可将投资组合的 $\beta$ 系数视为二项式变量。第二类则视投资组合的 $\beta$ 系数为随机变量，其值随时间的推移而变动，这种思路由 Ferson 和 Schadt（1996）提出。下面将对一些方法进行概括介绍。

## 8.4.2　把握市场时机（择时）能力评价

根据前文对把握市场时机的简单描述，我们可以得出以下结论：当市场处于良好状态时，把握了市场时机的投资组合的业绩会比其他投资组合更好；当市场处于疲软状态时，该投资组合的投资收益率也处于相对高的状态，因为投资组合经理人已经事先进行了积极的组合调整，将更多的资产投资于无风险资产。这样，从简单的图形看，如果以市场组合的超额收益率（相对于无风险利率）为横轴，以该投资组合的超额收益率（相对于无风险利率）为纵轴，那么描绘出的图形应该呈现出如图 8－2 所示的分布。

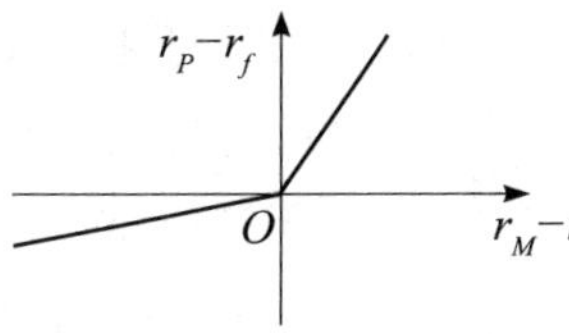


图 8－2

也就是说，如果进行回归分析，那么解释变量应该包括 $r_M-r_f$ 的平方项。因此，我们可以对下述方程进行回归：

$$r_{Pt}-r_f=\alpha_P+\beta_P(r_M-r_f)+\gamma_P(r_M-r_f)^2+\varepsilon_{Pt}$$

如果 $\gamma_P$ 的回归结果显著异于零，那么我们可以初步判断投资组合经理人具有把握市场时机的能力。该模型是由 Treynor 和 Mazuy（1966）提出的（又称 T－M 模型）。他们的研究结论表明，并没有足够的证据显示投资组合经理人具有把握市场时机的能力。

鉴于 T－M 模型的复杂性，Merton（1981）认为，已有的这些计量模型，除了 T－M 模型以及 Fama（1972）、Jensen（1972）、Grant（1977）和 Sharpe（1975）外，大多建立在资本资产定价模型的基础上。他的论证表明，能成功把握市场时机的投资组合的收益率模式与某种期权投资策略所产生的收益率图形是类似的。下面对该模型进行扼要介绍。

默顿为了强调其模型的运作机制，提出了几个严格的假设，比如作为价格接受者的市场参与者对于市场收益率具有共同的信念，且都具有完全预见能力，市场不存在摩擦；与此同时，存在一个投资者，他具有完全把握市场时机的能力，而且他所有关于市场趋势的预测总是正确的。市场不允许卖空或者借贷，因为若这种条件被允许，那么这个拥有择时能力的投资者就会对证券具有无穷大的需求：他总是能够获得超额利润。因此，这一限定使默顿的经济设定与现实在经济意义上更吻合。

在最基本的一种设置下，不知情的投资者事先已知在 $t\sim t+1$ 时刻的市场收益率 $Z_M(t)$ 的概率密度函数为 $f(Z, t)$；与此同时，该时期内的无风险利率表示为 $R(t)$。此外，投资基金经理人拥有更多优先的信息，其信息集可表示为 $\Phi^*(t)$。这些信息使得他可以预测市场走向，也就是预测 $Z_M(t)$ 是大于还是小于 $R(t)$。当然，此时他只能知道两者谁大谁小，但并不知道具体的差异数值。这样，这个经理人的最优策略就是将所有资金投资于某一种资产——或者是无风险资产（当市场收益率低于无风险利率时），或者是市场组合（当市场收益率高于无风险利率时）。

显然，对于其他投资者而言，这些私人的信息同样是有价值的，但经理人很难将这些信息卖给其他投资者——由于信息不对称、信息外部性等。因此，最好的方法就是让这个具有更多信息的经理人组建投资基金（请注意，他是不可以借贷或者卖空的），以充分实现私人优越信息的经济价值。这样，其他投资者通过付给他一定的基金管理费，即可同样享受这些信息所能带来的经济价值。

当然，外部投资者并不知道经理人具体的预测方法，但他们对于最终结果会有一个预期，该预期可表示为 $E[\gamma(t)]$。如果 $Z_M(t)>R(t)$，则 $\gamma(t)=1$；如果 $Z_M(t)<R(t)$，则 $\gamma(t)=0$。这样，$\gamma(t)$ 的预期值 $E[\gamma(t)]$ 就等于外部投资者根据已有的收益率概率密度函数 $f(Z, t)$ 判断出来的市场收益率超过无风险利率的概率。我们用 $A(t)$ 表示该基金投资的总价值。默顿证明，对于外部投资者而言，他们对该资产的期末价值［即随机变量 $V(t+1)$］的判断为：

$$\begin{aligned}V(t+1)&=\max[A(t)R(t), A(t)Z_M(t)]\\&=A(t)R(t)+A(t)\times\max[0, Z_M(t)-R(t)] \quad (8-1)\\&=A(t)Z_M(t)+A(t)\times\max[0, R(t)-Z_M(t)] \quad (8-2)\end{aligned}$$

公式（8－1）和公式（8－2）的支付结果与“期权-国债”投资策略所获得的支付结果是一致的。具体而言，公式（8－1）表示了下述组合的投资收益率：将 $A(t)$ 投资于国债，同时投资于价值为 $A(t)$ 的市场组合的看涨期权，该期权执行价格为每份 $R(t)$。默顿对此进行了总结：在不存在基金管理费用的情况下，如果经理人具有完全把握市场时机的能力，那么他的投资收益率就等于上述期权策略的收益率（当然，在进行期权策略投资时，是不需要经理人具有把握市场时机的能力的）。但其前提条件是：购买这种期权是免费的，即期权价格为零。

而公式（8-2）表示在持有市场组合的同时，购买一个对应的看跌期权。这一策略有时被称为“保护性看跌”或“已投保股权”投资策略。根据看涨看跌期权的平价原理，这两种策略是等价的，这样就可以计算出把握市场时机能力的价值。默顿假定期权市场的价格为均衡价格，其定价的信息集为 $\Phi(t)$。一期的一份看涨期权价格假定为 $c(t)$，相应的看跌期权的价格为 $g(t)$。为获得收益 $V(t+1)$，需要具有把握市场时机能力的经理人投资 $A(t)$ 于市场组合。然而，如果运用相应的期权投资策略，则需要初始投资资金 $A(t)c(t)+A(t)$ 或者 $A(t)g(t)+A(t)$。运用一价定律就可以推导出，该经理人所要收取的最大管理费 $m(t)$ 就等于对应期权投资策略下期权的价格，即：

$$m(t)=g(t)=c(t) \tag{8-3}$$

式中，$m(t)\equiv\frac{F(t)}{A(t)}$，为每一份资产的管理费用大小。由此，我们可以看出，总的基金管理费用 $F(t)$ 占总投资额［$I(t)$，即 $F(t)$ 与 $A(t)$ 之和］的份额取决于期权的价格［对详细论证过程感兴趣的读者可以参阅 Merton(1981)］：

$$\frac{F(t)}{I(t)}=\frac{g(t)}{1+g(t)}=\frac{c(t)}{1+c(t)} \tag{8-4}$$

因此在理论上，我们就可以从期权的历史价格数据中推断出把握市场时机所隐含的经济价值。与此同时，默顿还利用期权定价公式研究了市场组合收益的波动性、预测区间的长度等因素（因为这些因素决定了期权的价格）与基金管理费用之间的关系。

默顿还放松了一些比较严格的假设，讨论了市场参与者具有不同的信息分布以及经理人具有不完全预测能力的情况。由于篇幅的限制，我们不再详细展开描述。

应用这个理论，Henriksson 和 Merton（1981）从理论上提出了另一种相对简单的、衡量经理人把握市场时机能力的方法。他们假定投资组合的 $\beta$ 值只有两个选择：当市场处于熊市时取较小值；当市场处于牛市时取较大值。此时，投资组合的特征线应如图 8-2 所示。这时通过引入虚拟变量（注意，这种回归实质上就是一种存在结构性变化情形下的回归，可以运用邹至庄检验），回归方程可表示为：

$$r_P-r_f=\alpha_P+\beta_P(r_M-r_f)+\gamma_P(r_M-r_f)D+\varepsilon_P$$

式中，$D$ 为一个虚拟变量，当市场收益率大于无风险利率时，$D=1$，否则取值为 0。

这样，投资组合的 $\beta$ 值在熊市时就是 $\beta_P$，在牛市时就为 $\beta_P+\gamma_P$。同样，如果得到显著异于零的正数回归值 $\gamma_P$，说明在实际运作中经理人具有把握市场时机的能力。然而，根据这一理论，Henriksson（1984）的研究发现，在他所选取的 116 只基金样本中，仅有 3 只基金显示其经理人有统计意义上显著的把握市场时机能力。

从理论上说，Admati，Bhattacharya，Pfleiderer 和 Ross（1986）提出了二次项系数可用于检验经理人选择时机准确性的条件，他们假设效用函数为指数型，多个变量服从正态分布，即假设投资组合的 $\beta$ 值是时间信号的线性函数。在该假设条件下，可以将 T-M 模型对时机选择和股票选择进行回归分析的参数联系起来。采用这一模型，他们解决了由经理人的把握市场时机的能力引起的$\beta$值估计偏差问题。但基于这一回归模型的实证研究表明，这一模型的实用性不理想。这是因为该模型基于$\beta$值的线性假设，实用性较差。

### 8.4.3 法玛业绩分解评价

法玛（Fama，1972）在《投资业绩的构成》一文中对基金的业绩进行了量化。图 8-3 为法玛提出的基金业绩分解图。图中的横轴代表基金投资组合的$\beta$值，纵轴代表基金的业绩，以收益率表示。

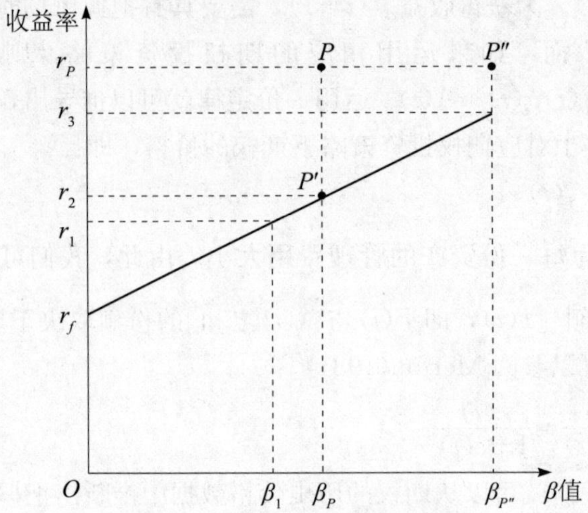


**图 8-3 法玛基金业绩分解图**

法玛将投资组合的收益率分解成 4 种收益率：第一种收益率是无风险资产的收益率$r_f$；第二种收益率来自投资者因事前愿意承受风险而获得的收益率$r_1-r_f$；第三种收益率来自经理人把握市场时机的能力，这也是一种风险因素，因此就要求获得对应的收益率$r_2-r_1$；第四种收益率来自经理人选择股票的能力，即$r_P-r_2$。事实上，第四种收益率就是詹森业绩差异测度。此外，这个收益率成分还可以进一步分解。举例说明，假设存在两个组合$P$和$P'$，它们具有相同的市场风险，但投资组合$P'$没有包括不可分散的风险。因为图中的斜线为证券市场线，而投资组合$P$不在证券市场线上，因而它包含了可以分散的风险。也就是说，该经理人采取了积极进取的投资策略，从而承担了额外的风险。现在，我们假定还存在另一个组合$P''$，其总体风险与组合$P$相同。组合$P''$的总体风险可以表示为$(\beta_{P''})^2\sigma_M^2$。其中，$\beta_{P''}$为组合$P''$的$\beta$值，而且事先给定。很显然，组合$P''$的要求收益率就是$r_3$。

因为承担了不可分散的风险而获得的收益率是$r_3-r_2$，而纯粹由于有效选择表现优越而获得的收益率就是$r_P-r_3$。通过这种构造思路，我们可以较方便地对来自投资资产选择效应的收益率进行再分解，分离出纯粹由选择行为导致的收益率和由于承担了异质性风险而取得的收益率。

我们举一个具体的例子来理解和运用法玛的收益率分解方法。一般来说，研究人员可以获得美国养老基金的季度数据。假设存在如表 8-1 所示的组合，在过去的 5 年里，我们取得了以下统计资料（无风险利率假设为10%）。

**表8-1**

| | 平均收益率（%） | 标准差（%） | 预期要求的$\beta$值 | 实际的$\beta$值 |
|---|---|---|---|---|
| 投资组合$P$ | 20 | 15 | 0.8 | 0.9 |
| 市场组合 | 16 | 12 | 1.0 | 1.0 |

根据法玛的收益率分解方法，第一种收益率为10%。

第二种收益率为预期要求的$\beta$值所要求的收益率，在此，就是希望养老基金将80%的资金投资于市场组合，而将20%的资金投资于无风险资产，因此收益率为：

$$r_1=0.2\times10\%+0.8\times16\%=14.8\%$$

所以，投资者承担风险要求获得的收益率为：

$$r_1-r_f=14.8\%-10\%=4.8\%$$

第三种收益率来自经理人把握市场时机的能力。实际的$\beta$值为0.9，意味着90%的资金被投资于市场组合，而10%的资金被投资于无风险资产，因此这个投资组合的预期收益率为：

$$r_2=0.1\times10\%+0.9\times16\%=15.4\%$$

所以，来自市场时机选择的收益率为：

$$r_2-r_1=15.4\%-14.8\%=0.6\%$$

第四种收益率来自经理人选择股票的能力。根据法玛的做法，我们需要找到一个投资组合$P''$，使它与投资组合$P$具有同样的总体风险。很显然，这个组合的$\beta$值为：

$$\beta_{P''}=\frac{\sigma_P}{\sigma_M}=\frac{15\%}{12\%}\times100\%=125\%$$

因此，该组合可以这样构建：将125%的资金投资于市场组合，而将－25%的资金（即卖空无风险资产）投资于无风险资产。这种组合的预期收益率为：

$$r_3=-0.25\times10\%+1.25\times16\%=17.5\%$$

其中，来自不可分散风险的收益率为：

$$r_3-r_2=17.5\%-15.4\%=2.1\%$$

而纯粹来自有效选择表现优越的收益率为：

$$r_P-r_3=20\%-17.5\%=2.5\%$$

上例简洁地表明了法玛的收益率分解方法的全过程。

### 8.4.4 Ferson和Schadt（1996）的条件模型

条件模型是由Ferson和Schadt（1996）提出的，该方法考虑了投资组合经理人会利用已知的股利、收益率等公开信息调整投资策略，从而影响投资组合预期收益率这一因素，对投资组合业绩评估方法进行了相应的改进。他们认为，利用这些信息可以预测股票的未来收益率，而且可以预测市场的风险溢价。他们对Treynor和Mazuy（1966）的传统二次回归项模型进行了修正，在此基础上增加了一个前一时点的公开信息变量，计算公式为：

$$R_{Pt}-R_{ft}=\alpha_{cP}+\beta_1(R_{Mt}-R_{ft})+\beta_2(R_{Mt}-R_{ft})^2+\beta_3(R_{Mt}-R_{ft})Z_{t-1}+\varepsilon_{Pt}$$

式中，$R_{Pt}$为投资组合收益率；$R_{ft}$为无风险收益率；$R_{Mt}$为市场收益率；$\varepsilon_{Pt}$为残差项；$\alpha_{cP}$为条件$\alpha$；$\beta_1$为投资组合收益率的条件风险系数；$\beta_2$为择时能力指标；$\beta_3$为市场的相关变量对投资组合收益率的条件风险系数的影响系数；$Z_{t-1}$为可用于预测$t$时刻投资组合收益率的$t-1$时刻公开信息的参数，即公开信息变量。

因此，$\alpha_{cP}$与原 T－M 模型中的$\alpha_P$之差是由第四项的均值决定的，该项反映了投资组合的条件风险系数与利用已知信息后投资基准的预期收益率的相关性：如果两者正相关，则评估时得到的超额收益率会降低；反之，如果两者负相关，则评估时得到的超额收益率会升高。

如果通过已知变量能够预测未来的市场收益率，而且投资组合经理人确实利用了这些信息，那么他们就会在预期市场收益率提高时增大市场参与比例，即投资组合的条件风险系数与利用已知信息后投资基准的预期收益率正相关。而无条件调整的基金评估方法则忽略了基于这些公开信息进行调整所带来的超额收益率。因此，采用条件模型得到的评估结果应该比传统评估方法的结果更悲观。然而，实证研究的结果并非如此。

Ferson 和 Schadt（1996）通过实证研究发现，无论是通过统计分析还是通过经济分析，投资组合经理人确实都利用了上述已知信息。此外，他们还发现，条件风险系数与利用已知信息后投资基准的预期收益率负相关，也就是说，当市场收益率较高时，投资组合经理人会降低其风险系数$\beta$；而当市场收益率较低时，投资组合经理人会提高其风险系数$\beta$。Ferson 和 Warther（1996）认为，这主要是由于当市场收益率较高时，（开放式）基金会有大量的现金流入，从而导致$\beta$下降。因此，采用条件模型对基金进行评估的结果比传统的詹森评估方法的结果更乐观。可见，实证结果与理论分析尚存在一定的偏差。

采用此模型对投资组合进行评估的难点在于，如何界定有用的公开信息，如何进行量化，如何进行相关的信息指标设定，特别是在信息披露不够规范与公开的市场上，此模型的实施将会非常困难。

## 8.5 进一步的研究

在前面几节中，我们对投资组合业绩评估理论和实证方法进行了简要回顾。当然，这一回顾相对简单，在一定程度上没有太明显的线索，这可能与这个领域的研究还不够成熟有关系；在很大程度上，这与我们对这个领域的理解能力有限有很大关系。为了使读者对该领域有一个整体的理解，下文将对这个领域做一个简单的整体介绍。

如果想在最短的时间内对投资组合业绩的研究历史沿革有一个初步的认识，Shukla 和 Trzcinka（1992）以及 Ippolito（1993）这两篇论文是很不错的概括介绍。我们可以通过这些综述了解到哪些是重要的文献，从而按图索骥、提高研究的效率。有兴趣的读者可以通过互联网搜索一些著名经济学系或者商学院中的金融学教授最新的关于投资组合业绩评估的论文。

Treynor（1965）、Sharpe（1966）和 Jensen（1968）这三篇关于投资组合业绩评估问题的文献是这个研究领域中里程碑式的文献，也是研究这一领域的学者必看的三篇文献。

国内引进的一些工商管理硕士（MBA）层次的教科书大多有对这三篇文献以及对应指标的简要介绍。但是，如果要深入了解这些指标背后的假设和经济含义，则需要对原文进行仔细阅读和体会。

Chang 和 Lewellen（1985）以及 Connor 和 Korajczyk（1986）这两篇文献利用 APT 度量投资组合业绩表现；而 Lehmann 和 Modest（1987）则讨论了我们在研究投资组合业绩表现时所用的基准对研究结果的影响，这对以后的研究人员具有很强的启示作用。从该领域的沿革看，基准的选用以及它对计量结果的影响始终是一个引起广泛关注的问题。

另一些文献从经济理论的角度探讨了基金业绩问题，比如 Admati，Bhattacharya，Pfleiderer 和 Ross（1986）以及 Dybvig 和 Ross（1985a，1985b）这三篇经典文献。对投资组合经理人把握市场时机能力的讨论也是业绩评估这一研究领域的重要组成部分。简单地说，如果投资组合经理人具有很好的把握市场时机的能力，适时进行买卖操作，那么投资组合的业绩应该更好一些。Henriksson 和 Merton（1981）从理论的角度对这一问题进行了探讨，Henriksson（1984）进一步从实证的角度考察投资组合经理人是否通过选择市场时机进行投资运作。

从实证金融这个角度看，Grinblatt 和 Titman（1989，1994）以及 Malkiel（1995）运用理论提供的评估方法，对投资组合业绩进行了实证模型分析。从整体结果看，大部分学者的研究表明，投资组合经理人并没有超越市场整体趋势的高超能力，也没有取得优于大盘的业绩表现。尽管 Ippolito（1989）指出，已有的证据表明投资组合经理人具有超越市场的能力，但是，Elton，Gruber，Das 和 Hlavka（1993）的研究表明，Ippolito（1989）在计量方法上存在一些缺陷，在纠正了这些计量缺陷后，他们发现，没有证据表明投资组合经理人具有超越大盘的能力。

然而，这些计量模型无论是支持投资组合经理人超越市场论的，还是反对这一论点的，都隐含地利用已有的资产定价模型去衡量投资组合的业绩表现。然而，已有的资产定价模型却受到了 Roll（1978）的批评。一些研究人员，如 Cornell（1979）以及 Grinblatt 和 Titman（1993）为了避免这一批评，设计出了新的计量验证方法，使得这些方法并不依赖于某一特定的资产定价模型，从而使计量结果更加稳健。

此外，还有两类关于投资组合业绩的研究，它们是投资组合表现的持续性问题和幸存者偏差问题。对于前一个研究方向，读者可以参阅 Hendricks，Patel 和 Zeckhauser（1993），Brown 和 Goetzmann（1995），Grinblatt 和 Titman（1992），Elton，Gruber 和 Blake（1996）这四篇优秀的论文。Brown，Goetzmann，Ibbotson 和 Ross（1992）探讨了幸存者偏差问题对业绩表现衡量准确性的影响，这一想法在 Grinblatt 和 Titman（1989）中也得到了一定程度的体现。幸存者偏差这一思考计量问题的思路如今已被运用到其他金融学研究分支中，比如对股权溢价的解释［参见 Li 和 Xu（2002）］。

上面对投资组合业绩评估这个领域的文献进行了一个简单的梳理，有兴趣的读者在阅读这些文献时，要尽量理解每篇文献的核心要点，并了解同一问题的研究脉络，揣摩经济学者是如何用科学的精神挑战已有的结论并创建模型加以反驳的；正是这种怀疑与挑战精神推动了学术研究的不断进步。

## 本章小结

无论是理论界还是实务界，对投资组合业绩进行评估的主要手段均是借助一些评估指标，将各个投资组合与设定的基准进行横向与纵向的比较，或者各个投资组合之间进行横向与纵向的比较，并以此鉴定投资组合的优劣。因此，科学、合理地评估投资组合业绩首先需要解决两个基本问题：第一，建立恰当的投资组合业绩评估指标，并以此对投资组合业绩给出定量的评述；第二，设定合理的评估基准，区分投资组合业绩的优劣程度。

考察投资组合业绩的一个重要出发点是观察它是否具有获得超额收益率的能力，而该能力是否存在以及对其大小的衡量与所选择的评估基准紧密相关。许多评估指标在不同的评估基准上具有不同的形式和含义。例如，特雷诺指数使用投资组合的风险溢价除以表示系统性风险的系数$\beta$，以此反映该投资组合承担的每单位系统性风险所带来的风险收益；夏普指数是将投资组合的风险溢价与投资组合的总风险相对应，再经过调整得到的；詹森指数是绝对绩效指标，表示投资组合收益率与在相同系统性风险水平下的市场组合收益率的差异；信息比率是用资产组合的$\alpha$值除以非系统性风险，测算的是每单位非系统性风险所带来的非常规收益，是衡量该风险组合中积极型组合业绩的指标；$M^2$、$M^3$测度指标则是在这些基本指标上的再修正。

Treynor 和 Mazuy（1966）、Chang 和 Lewellen（1984）等采用 CAPM 来描述投资组合经理人的择时能力和选股能力。Merton（1981）认为，成功把握市场时机的投资组合的收益率模式与某种期权投资策略所产生的收益率图形是类似的。法玛通过将投资组合的收益率分解来分析时机选择能力。Ferson 和 Schadt（1996）提出的条件模型考虑了投资组合经理人会利用已知的股利、收益率等公开信息调整投资策略，从而影响投资组合预期收益率这一因素，对投资组合业绩评估方法进行了相应的改进。

## 本章关键内容

- 投资组合收益率的经济内涵及其选择。
- 夏普指数的经济内涵及其测度。
- 特雷诺指数的经济内涵及其测度。
- 詹森指数的经济内涵及其测度。
- 夏普指数、特雷诺指数和詹森指数之间的联系与差异。
- 多因素整体业绩评估模型的经济内涵。
- 时机选择模型的经济内涵。
- 证券选择能力评估模型的经济内涵。

## 本章思考题

一、名词解释

投资组合业绩评估　　夏普指数　　特雷诺指数　　詹森指数

信息比率　　　　　　　　　　市场时机　　　　　业绩分解

二、简答题

1. 什么是夏普指数？它成立的条件是什么？

2. 什么是特雷诺指数？它成立的条件是什么？

3. 什么是信息比率？它成立的条件是什么？

4. 夏普指数、特雷诺指数和詹森指数三个指标在评估投资组合业绩时各有什么优点和缺点？

5. 为什么评估投资组合业绩时要确立合理的基准？

三、计算题

1. 某年的国债利率为6%，市场组合收益率为14%，某经理人构建的投资组合的$\beta$值为0.5，实现的收益率为10%。请以投资组合的$\alpha$为基准来评价这个经理人的表现。

2. 假设某经理人拟投资两个风险资产$A$和$B$，关于风险资产$A$和$B$以及市场组合方差和协方差的研究结果如表8-2所示。

**表8-2　方差和协方差**

| | 资产$A$ | 资产$B$ | 市场组合 |
|---|---|---|---|
| 资产$A$ | 0.16 | 0.02 | 0.064 |
| 资产$B$ | 0.02 | 0.09 | 0.032 |
| 市场组合 | 0.064 | 0.032 | 0.04 |

市场组合收益率为11%，无风险利率为3%。如果该经理人将75%的资金投资于风险资产$A$，将25%的资金投资于风险资产$B$，则构建的投资组合的夏普指数是多少？考虑包括无风险资产的有效边界，该组合是不是有效的？请简单解释。

3. 以当前的股利收益率和资本收益率为基础，投资组合$A$和投资组合$B$的预期收益率分别是11%和14%，投资组合$A$的$\beta$值是0.8，而投资组合$B$的$\beta$值是1.5。当前的国债利率是6%，而沪深300指数的预期收益率是12%。投资组合$A$的标准差是每年10%，而投资组合$B$的标准差是每年31%，并且沪深300指数的标准差为20%。

(1) 如果你现在已持有市场指数投资组合，你会选择增持以上两个投资组合中的一个吗？试给出原因。

(2) 如果你只能投资于国债和其中一个投资组合，你会选择哪一个组合？

第 9 章
# 债券组合管理

**学习目标**

- 掌握债券价值的计算。
- 了解利率期限结构。
- 掌握债券的久期与凸度的计算。
- 了解可转换债券的主要条款。
- 掌握可转换债券的定价。

## 9.1 债券定价理论

在讨论债券定价之前，我们必须清楚这样一个事实：资金具有时间价值。投资者在今天的 100 元与 1 年后的 100 元之间进行选择时，都愿意今天拿到 100 元，为什么？这就是资金的时间价值。投资者愿意支付多少钱换取一年后的 100 元？这就涉及固定收益证券或债券的定价问题，本节将具体讨论债券的定价理论与应用。

### 9.1.1 债券的价格

任何金融产品的定价都相当于求解该产品未来产生的预期现金流的现值，债券的定价也不例外。

#### 9.1.1.1 简单情况下附息债券价值的计算

债券未来现金流入的现值，称为债券的内在价值，简称债券价值，或者说是债券的理论价格。只有当债券的价值大于市场上的购买价格时，债券才值得购买。因此，债券价值是确定债券投资决策时使用的主要指标之一，如果要决定应该为某种债券支付多少资金，就必须计算出它的价值。典型的债券是附息债券，它具有票面利率固定、按年支付利息和到期归还本金的特点。计算这种最典型、最简单的债券的价值（理论价格），应该遵循以下四个步骤：

（1）选择适当贴现率；

（2）计算所有利息的现值之和；

（3）计算本金的现值；

（4）将两个现值相加，得到债券的价值。

### 1. 选择适当贴现率

计算债券价值所采用的适当贴现率是投资者对该债券要求的收益率。一般来说，某种债券的适当贴现率接近市场上存在的其他类似债券提供的到期收益率。可以选取市场上存在的其他类似债券的到期收益率作为参考利率，考虑拟估值债券与参考债券的异同点，然后进行相应的调整，最终得出该债券的适当贴现率。

为了进一步理解影响债券适当贴现率的因素，下面介绍适当贴现率。从理论上说，某种债券的适当贴现率可以用公式（9-1）表示：

$$Y_n = R_{f,n} + \mathrm{DP} + \mathrm{LP} + \mathrm{TA} + \mathrm{CALLP} + \mathrm{PUTP} + \mathrm{CONV} \quad (9-1)$$

式中，$Y_n$为$n$年期债券的适当贴现率；$R_{f,n}$为$n$年期政府债券的适当贴现率（到期收益率）；DP为信用风险报酬；LP为流动性风险报酬；TA为税收调整的利差；CALLP为可提前偿还所产生的溢价（正利差）；PUTP为可提前兑付所产生的折价（负利差）；CONV为可转换性导致的折价。

由公式（9-1）可知，某种债券的适当贴现率（即投资者对某种债券要求的收益率）取决于多种因素，如发行者的信用状况、期限、流动性风险、税收规定以及债券的一些特殊条款。债券的违约风险、流动性风险越大，投资者要求的收益率就应该越高。由于政府债券没有违约风险、流动性最强，因此，具有相同期限的政府债券的到期收益率构成了债券的基准利率。另外，如果债券赋予发行者可提前偿还的权利，这对发行者有利、对投资者不利，投资者就会要求更高的收益率以弥补自己的损失；相反，如果赋予投资者可提前兑付的权利，则投资者对债券要求的收益率可以降低。同理，在其他条件相同的情况下，可转换债券的收益率也会更低一些。税收规定是影响债券适当贴现率的重要因素，由于某些债券的利息免缴所得税，如我国的政府债券和金融债券，因此，在其他条件相同的前提下，免税债券的适当贴现率更低，因为投资者关心的是税后收益率。

在下面计算债券价值的过程中，我们假定适当贴现率是已知的。

### 2. 计算所有利息的现值之和

债券在到期日之前的利息支付构成一笔年金，我们在以后的例题中将只考虑普通年金的情况，并假设支付均发生在每期期末。利息的现值之和可以使用普通年金的现值公式来计算：

$$\mathrm{APV} = \sum_{t=1}^{n} \frac{C}{(1+r)^t}$$

式中，APV为一系列利息的现值；$C$为利息；$r$为每年的适当贴现率；$n$为利息支付的总次数。

**【例9-1】** 有一种刚刚发行的附息债券，面值是1 000元，票面利率为9%，每年付一次利息，下一次利息支付正好在1年以后，期限为10年，适当贴现率是10%。试计算该债券所有利息的现值总和。

**解：**

$$利息的现值总和 = \sum_{t=1}^{10} \frac{90}{(1+0.10)^t} = 90 \times \frac{1-(1/1.10)^{10}}{0.10} = 553.01(元)$$

### 3. 计算本金的现值

本金的现值计算利用的是复利现值公式：

$$PV=F/(1+r)^n$$

式中，PV 为本金的现值；$F$ 为本金；$r$ 为每年的适当贴现率；$n$ 为距到期日的年数。

我们继续上例的计算，则

该债券本金的现值 $=1\,000/(1+0.1)^{10}=385.54$（元）

**4. 将两个现值相加，得到债券的价值**

债券的价值是利息现值和本金现值的加总，上例中债券的价值为：

$553.01+385.54=938.55$（元）

由此，我们可以总结出债券价值的计算公式如下：

$$V=\sum_{t=1}^{M}\frac{C}{(1+r)^t}+\frac{F}{(1+r)^M} \tag{9-2}$$

式中，$V$ 为债券的价值；$C$ 为利息；$F$ 为本金；$M$ 为债券的期限年数，即距到期日的年数；$r$ 为每年的适当贴现率；$t$ 为现金流发生的年数。

更一般的债券价值公式可以表示为：

$$V=\sum_{t=1}^{M}\frac{C_t}{(1+r)^t}+\frac{F}{(1+r)^M}=\frac{C_1}{1+r}+\frac{C_2}{(1+r)^2}+\cdots+\frac{C_M}{(1+r)^M}+\frac{F}{(1+r)^M} \tag{9-3}$$

式中，$C_t$ 为第 $t$ 年支付的利息（现金流）；其他各项的含义与公式（9-2）中的相同。

### 9.1.1.2 复杂情况下债券价值的计算

前文在计算债券价值时，假设债券按年支付利息，并且下次利息支付正好是 1 年以后。但在实践中，有些债券半年支付一次利息，有些债券则按季度或按月支付利息，还有些债券是零息债券。此外，投资者购买债券的时间一般都是在两个利息支付日之间，也就是下一次利息支付并不是正好在一个支付期后，如 1 年后、半年后、1 个季度后或 1 个月后等，而是在一个支付期以内。因此，公式（9-2）必须根据上述情况进行调整。

**1. 各种利息支付频率下的债券价值**

（1）一年支付多次利息的债券价值。如果债券每半年支付一次利息，那么公式（9-2）必须在以下三个方面进行调整：①利息的支付次数要乘以 2，即利息支付次数是原来债券期限年数的两倍；②年票面利率除以 2，每次支付的利息只是按年支付时利息的一半；③适当贴现率也相应地变为年适当贴现率的一半。

**【例 9-2】** 仍沿用例 9-1，唯一的改变是每半年支付一次利息。在每半年支付一次利息的情况下，有

$$每次支付的利息=面值\times\frac{票面利率}{2}$$

即

$$每次支付的利息=1\,000\times\frac{9\%}{2}=45(元)$$

$$支付利息的次数=2\times债券期限年数=2\times10=20$$

$$适当贴现率=\frac{年适当贴现率}{2}=10\%/2=5\%$$

该债券的理论价格计算如下：

$$V=\sum_{t=1}^{20}\frac{45}{1.05^t}+\frac{1\ 000}{1.05^{20}}=45\times\frac{1-1.05^{-20}}{0.05}+\frac{1\ 000}{1.05^{20}}=937.69(\text{元})$$

遵循同样的思路，可以很容易地计算按更高频率支付利息的债券价值。例如，计算按季度支付利息的债券价值时，利息支付次数等于债券期限年数乘以4，每次支付的利息则等于面值乘以票面利率的1/4，适当贴现率也变为原来的1/4。更一般地，如果某债券的面值为$F$，年利息为$C$，期限年数（按年计算的期限）为$M$，每年支付$n$次利息，以年利率表示的适当贴现率为$r$，则该债券的价值$V$可按下式计算：

$$V=\sum_{t=1}^{M\times n}\frac{C/n}{(1+r/n)^t}+\frac{F}{(1+r/n)^{M\times n}} \tag{9-4}$$

（2）零息债券价值。零息债券在到期日前不支付任何利息，只在到期日支付一次性现金流。投资者购买零息债券的收益来自购买价格与到期日价格之间的价差。零息债券的价值仍然是预期现金流的现值，在这里，预期现金流只包括到期日支付的现金流。

零息债券价值的计算公式为：

$$V=\frac{F}{(1+r)^n} \tag{9-5}$$

式中，$V$为零息债券的价值；$F$为到期价值；$r$为每期的适当贴现率；$n$为距到期日的期数。

零息债券价值的计算要与附息债券保持一致。在我国和欧洲，附息债券多为按年付息，零息债券的$r$就采用年利率，$n$是距到期日的年数。在美国，债券多为半年付息，尽管零息债券不付息，但在计算其价值时也要将它的以年利率表示的适当贴现率除以2，转化为每期的适当贴现率；将距到期日的年数乘以2，转化为期数。

**【例9-3】**　美国债券市场上交易的一种零息债券，距到期日还有10年，到期价值是5 000元，年适当贴现率是8%，计算该债券的价值。

**解：**

每期的适当贴现率 $r=\frac{8\%}{2}=4\%$

距到期日的期数 $n=10\times2=20$

$$V=\frac{5\ 000}{(1+4\%)^{20}}=2\ 281.93(\text{元})$$

（3）期限不足1年的债券价值。此处以零息债券为例来说明。当某种零息债券的期限不足1年时，通常采用以年利率表示的适当贴现率，用年来衡量债券的期限，将债券的期限表示为1年的某个分数值，1年通常按365天计算。期限不足1年的零息债券的价值可按照下式计算：

$$V=\frac{F}{(1+r)^{T/365}} \tag{9-6}$$

式中，$V$为债券价值；$r$为以年利率表示的适当贴现率；$F$为零息债券到期日支付的现金流；$T$为距到期日的天数。

**【例9-4】**　某零息债券70天后支付100元，该债券的年适当贴现率为8%，求该零息债券的价值。

**解**：该债券的期限为 70/365 年，因而有：

$$V=\frac{100}{1.08^{70/365}}=98.53(\text{元})$$

2. 在两个利息支付日之间购买债券

（1）下一次利息支付是在一个利息支付期以内。我们在先前的债券价格计算中做了这样的假设：下一次利息支付恰好是在一个利息支付期（两次利息支付之间的时间长度）以后，用一个统一的利率去贴现所有的现金流。事实上，投资者常常在两个利息支付日之间购买债券，也就是下一次利息支付是在一个利息支付期以内。在这种更普遍的情况下，如何确定债券的价值呢？下面给出计算公式：

$$V=\sum_{t=1}^{M}\frac{C}{(1+r)^{n}(1+r)^{t-1}}+\frac{F}{(1+r)^{n}(1+r)^{M-1}} \qquad (9-7)$$

式中，$V$ 为债券的价值；$C$ 为利息支付；$F$ 为债券的面值；$M$ 为距到期日的期数；$r$ 为每期贴现率；$n$ 为价格清算日距下一次利息支付日的天数/利息支付期的天数。

在确定两个日期相距的天数时，头、尾两天只能计算一次，不能重复，即所谓的“算头不算尾”或“算尾不算头”。例如，7 月 11 日与 8 月 8 日之间相距的天数是 28 天。这种算法计算的是实际天数；还有一种常用的算法是把每个月都计为 30 天，一年计为 360 天，记作 30/360。按照这种算法，7 月 11 日与 8 月 8 日之间相距的天数是 27 天。

**【例 9-5】** 一种半年付息的债券，面值为 1 000 元，票面利率是 10%，2028 年 4 月 1 日到期。每年的 4 月 1 日和 10 月 1 日分别支付一次利息。如果投资者在 2023 年 7 月 10 日购买该债券，适当贴现率是 6%，则该债券的价值是多少？

**解**：下一次利息支付是在 2023 年 10 月 1 日，我们采用 30/360 的计算方法。价格清算日距下一次利息支付日的天数，即 2023 年 7 月 10 日与 10 月 1 日之间的天数，为 81 天。利息支付期为半年，即 180 天。因此，$n=81/180=0.45$。该债券价值的计算见表 9-1。

表 9-1 债券价值的计算

| 期数 | 现金流（元） | 现金流的现值（元）（$r=3\%$） |
|---|---|---|
| 0.45 | 50 | $50/1.03^{0.45}=49.34$ |
| 1.45 | 50 | $50/1.03^{1.45}=47.90$ |
| 2.45 | 50 | $50/1.03^{2.45}=46.51$ |
| 3.45 | 50 | $50/1.03^{3.45}=45.15$ |
| 4.45 | 50 | $50/1.03^{4.45}=43.84$ |
| 5.45 | 50 | $50/1.03^{5.45}=42.56$ |
| 6.45 | 50 | $50/1.03^{6.45}=41.32$ |
| 7.45 | 50 | $50/1.03^{7.45}=40.12$ |
| 8.45 | 50 | $50/1.03^{8.45}=38.95$ |
| 9.45 | 1 050 | $1\,050/1.03^{9.45}=794.10$ |
| 总计 | | 1 189.79 |

因此，该债券的价值是 1 189.79 元。

（2）净价和应计利息。当债券购买者在两个利息支付日之间购买债券时，债券出售者通常在下一个利息支付日将本期利息付给债券购买者，债券出售者无法获得本期利息。但是，由于债券出售者是在两个利息支付日之间卖出债券的，他对这个利息支付期的利息也有分享的权利，因此债券购买者必须将下次利息的一部分付给债券出售者作为补偿，这部分利息称为应计利息（accrued interest）。应计利息是利息从上一次利息支付日开始直至价格清算日的这段时间内增加的价值，可以用下式计算：

$$\mathrm{AI}=C\times\frac{\text{上一次利息支付日距价格清算日的天数}}{\text{利息支付期的天数}} \tag{9-8}$$

式中，AI为应计利息；$C$为利息。

**【例9-6】**　在例9-5中，计算应计利息。

**解：** 上一次利息支付日距价格清算日的天数（即2023年4月1日与7月10日之间的天数）为99天，利息支付期的天数为180天，因此有：

$$\mathrm{AI}=50\times\frac{99}{180}=27.5(\text{元})$$

在实践中，根据债券的标价中是否包括应计利息来划分，交易制度可以分为全价交易制度和净价交易制度。在全价交易制度下，债券报价（全价）就是买卖债券实际支付的价格，债券购买者实际支付的价格就是报价；在净价交易制度下，债券报价并不是买卖债券实际支付的价格，债券购买者除了向债券出售者按照报价（净价）进行支付外，还要支付应计利息。采用净价交易制度可以减少利息支付给债券报价带来的影响。我国债券市场上采用的是净价交易制度。全价和净价的关系如下：

全价＝净价＋应计利息

**【例9-7】**　某债券的面值为10 000元，票面利率为6%，按半年支付利息。该债券的净价报价为9 332.17元，现在距上次利息支付已经过去了72天，该债券购买者实际支付的价格（全价）是多少？

**解：**

$$\text{实际支付的价格（全价）}=9\,332.17+\frac{10\,000\times6\%}{365}\times72^{①}=9\,450.53(\text{元})$$

#### 9.1.1.3　对债券价格的几点说明

**1. 债券价格和面值的关系**

例9-1中的债券的价值是938.55元，低于面值1 000元，主要原因是适当贴现率与票面利率不同。在此例中，债券的票面利率为9%，如果债券按照面值销售，债券提供的收益率是9%。然而，投资者对该债券要求的收益率（适当贴现率）为10%，因此该债券的价格偏高，投资者不会按照面值购买债券，故该债券的价格就会降低，直到债券价格降低到这样的均衡水平：债券价格低于面值所形成的资本利得②正好弥补了票面利率低于适当贴现率的利差部分。同理，如果债券的票面利率超过了投资者要求的收益率，投资者就会竞相购买，导致债券价格升高，则债券的价格就会超过面值，价格超过面值所形成的资本损失正好抵销了票面利率高于适当贴现率的利差部分。当票面利率正好等于投资者要求

---

① 按上海证券交易所债券净价交易规定，应计利息额＝票面利率÷365（天）×已计息天数。

② 债券价格在到期日就等于面值，因此投资者将按低于面值的价格购买的债券持有至到期日将会获得价格上涨形成的资本利得；投资者将按高于面值的价格购买的债券持有至到期日将会遭受价格下降形成的资本损失。

的收益率时，债券就按照面值出售。因此，债券价格和面值的关系主要取决于票面利率和适当贴现率之间的关系，可总结如下：

当票面利率＜适当贴现率时，价格＜面值，为折价债券

当票面利率＝适当贴现率时，价格＝面值，为平价债券

当票面利率＞适当贴现率时，价格＞面值，为溢价债券

**2. 影响债券价格的因素**

债券的价格在不断波动，哪些因素会导致债券价格的波动呢？从公式（9－2）可以很容易地看出，最主要的变化因素就是适当贴现率。从债券定价的公式中，我们发现了一个重要规律：债券价格与适当贴现率反方向变动。

导致适当贴现率变化的因素都会影响债券的价格。如果金融市场的利率水平升高，意味着所有债券的适当贴现率都跟着提高，即基准利率提高了，这将导致债券价格下跌；如果公司的信用风险增大，信用风险报酬就会增加，导致适当贴现率提高，最终导致债券价格下跌。公司的信用风险是影响公司债券价格的重要因素。

时间也是导致债券价格不断变化的重要因素。债券在到期日的价格肯定等于面值，因而随着到期日的临近，债券的价格逐渐趋于面值。因此，随着时间的流逝，债券价格在不断变化。下面通过一个具体的例子来说明。假设期限为10年、面值为100元的某债券的适当贴现率在整个期限内都保持不变。如果该债券的适当贴现率等于票面利率，那么在整个期限内该平价债券的价格保持不变，始终等于面值；如果适当贴现率高于票面利率，那么随着到期日的临近，该折价债券的价格逐渐提高，直至到期日等于面值；如果适当贴现率低于票面利率，那么随着到期日的临近，该溢价债券的价格逐渐降低，直至到期日等于面值。

**3. 债券的现金流不确定**

到目前为止，我们假定债券未来所有现金流的数额和支付时间都是确定的。但有些债券，如浮动利率债券、附加选择权的债券，其未来现金流的数额或支付时间是不确定的。显然，用上面介绍的方法为这类债券进行估值是不正确的。对附加选择权的债券进行估值，读者可以参考关于固定收益证券的专门教材进行深入学习。

## 9.1.2 利率期限结构

### 9.1.2.1 利率期限结构概述

在实践中，我们发现不同期限债券的收益率是不同的。通常说来，在其他条件都一样的情况下，短期债券的收益率会低于长期债券的收益率。在少数情况下，短期债券的收益率也可能高于长期债券的收益率。因此，不同期限债券的收益率会随着债券期限的不同而出现变化，见图9－1。

这就是利率期限结构。利率期限结构用来揭示债券的收益率与债券的到期期限之间的关系。但是，为什么不同期限债券的收益率会表现出如此大的差异？这就是利率期限结构理论的内容。旨在解释不同期限债券收益率之间关系的利率期限结构理论主要有四种：①无偏预期理论；②流动性偏好理论；③特定期限偏好理论；④市场分割理论。

需要注意的是，在讨论这四种利率期限结构理论的时候，为了剔除影响债券收益率的

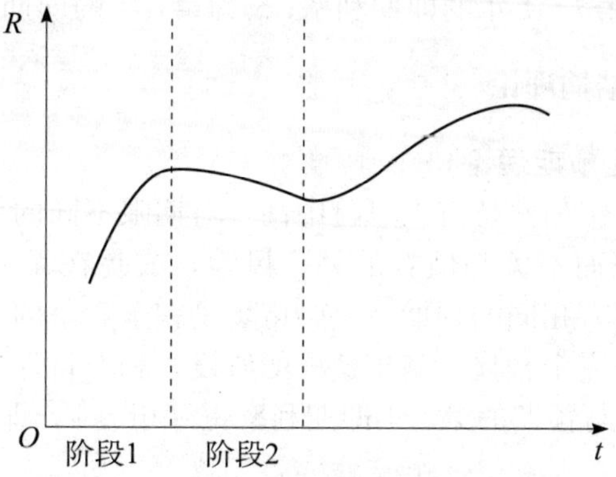


**图9-1 利率期限结构**

其他因素，我们研究的是政府债券（无风险债券）即期利率（而不是到期收益率）的期限结构。[①] 实际上，这里研究的是一种特殊的收益率曲线——即期利率曲线，即不同期限政府债券的即期利率与各自期限的关系。

为了介绍利率期限结构理论，必须先介绍两个重要的术语：即期利率和远期利率。即期利率就是零息债券（纯贴现债券）的到期收益率。即期利率满足如下公式：

$$P_t=\frac{M_t}{1+s_t}$$

式中，$P_t$为零息债券的价格；$M_t$为零息债券到期日的价值；$s_t$为即期利率。

远期利率是指从未来某个日期开始的远期债务合约所要求的利率。下面通过一个例子来解释远期利率的定义。假设某个1年期零息债券的即期利率为8%，而另一个2年期零息债券的即期利率为10%。如果投资者将1元钱投资在一个2年期零息债券上，那么他2年后将获得$1\times1.10^2$元。从现在看，第2年的远期利率是多少？第2年的远期利率为：

$$\frac{1\times1.10^2}{1.08}-1=12.04\%$$

当投资者投资即期利率为10%的2年期零息债券时，他在2年到期时获得的收益与另一种滚动策略获得的收益是相等的。滚动策略就是在第1年按照8%的收益率进行投资，接着在第2年将第1年获得的全部本息收入按照确定的12.04%的收益率再进行投资。在此，根据1年期即期利率和2年期即期利率推导出来的第2年的收益率12.04%就是第2年的远期利率。一般来说，如果给定1年期即期利率$s_1$和2年期即期利率$s_2$，就可以用下面的关系式计算出第2年的远期利率$f_{1,2}$：

$$(1+s_1)(1+f_{1,2})=(1+s_2)^2$$

根据上述推理可以计算出将来任何一年的远期利率，远期利率和即期利率的关系如下：

$$(1+s_{t-1})^{t-1}\times(1+f_{t-1,t})=(1+s_t)^t \qquad (9-9)$$

将公式（9-9）进一步展开，可以推导出以下关系式：

$$(1+s_1)\times(1+f_{1,2})\times(1+f_{2,3})\times\cdots\times(1+f_{t-1,t})=(1+s_t)^t \qquad (9-10)$$

式（9-9）和式（9-10）中，$f_{t-1,t}$为第$t$年的远期利率，即第$t-1$年底到第$t$年底这一

① 更准确的说法是，收益率曲线和利率期限结构并不完全相同，前者是指到期收益率与期限的关系，而后者是指即期利率与期限的关系。在实践中，要想正确计算债券的价格，必须利用利率期限结构而不是收益率曲线。

年中的远期利率；$s_{t-1}$为第 $t-1$ 年的即期利率；$s_t$为第 $t$ 年的即期利率。

### 9.1.2.2 利率期限结构理论

**1. 无偏预期理论（纯预期理论）**

无偏预期理论假设：①债券持有人风险中性，对期限不同的债券没有特殊偏好，投资者仅考虑（到期）收益率而不关心债券的利率风险，或是在无风险的确定环境下进行投资；②所有市场参与者都有相同的预期，金融市场是完全竞争的；③在投资者的资产组合中，期限不同的债券可以完全替代。基于这样的假设，利率将保持在这样一个水平，该利率使得第 $t$ 年的远期利率与预期的第 $t$ 年即期利率正好相等①，即

$$f_{t-1,t}=es_{t-1,t} \tag{9-11}$$

式中，$es_{t-1,t}$为预期的第 $t$ 年即期利率。

将公式（9-11）代入公式（9-10），可以得出如下结果：

$$(1+s_1)\times(1+es_{1,2})\times(1+es_{2,3})\times\cdots\times(1+es_{t-1,t})=(1+s_t)^t \tag{9-12}$$

从公式（9-12）可以看出，无偏预期理论认为，收益率曲线的形状主要由市场预期的未来短期利率水平决定。收益率曲线向上倾斜就是因为市场预期未来的短期利率会上升。向上倾斜的收益率曲线意味着 $s_t>s_{t-1}$，由公式（9-9）和公式（9-11）可推导出如下结果：

$$(1+s_{t-1})^{t-1}(1+es_{t-1,t})=(1+s_t)^t \tag{9-13}$$

由公式（9-13）可知，$es_{t-1,t}>s_{t-1}$，即市场预期未来的短期利率会上升。同理，向下倾斜的收益率曲线意味着市场预期未来的短期利率会下降，水平的收益率曲线意味着市场预期未来的短期利率将基本保持稳定；而峰形的收益率曲线则意味着市场预期在较近的一个时期，短期利率将会上升，而在较远的时期，市场预期短期利率将会下降，见图9-2。

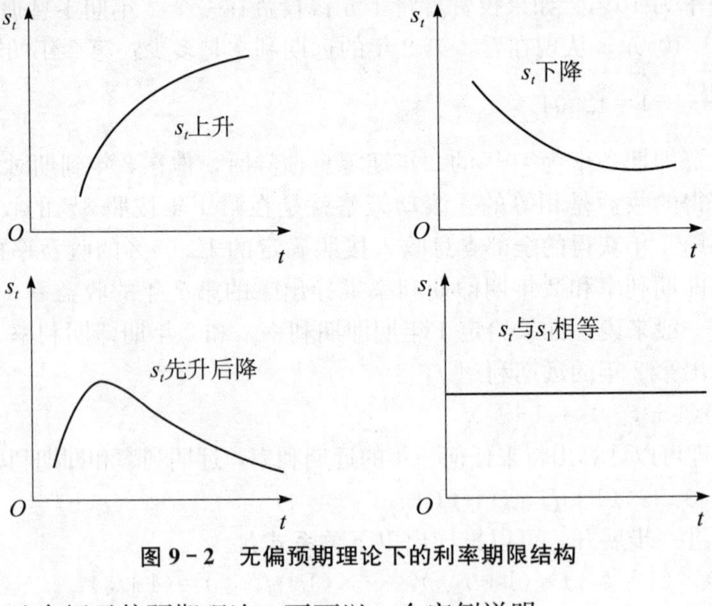


**图 9-2 无偏预期理论下的利率期限结构**

为了更深入地介绍无偏预期理论，下面以一个实例说明。

**【例 9-8】** 债券市场上存在两种债券：即期利率为 7%的 1 年期债券和即期利率为

① 一般来说，该理论认为将来任何一段时间内的远期利率与该段时间内预期的即期利率都相等。

8%的2年期债券。投资者最初的投资额为1元。如果计划投资期为2年，那么有两种投资策略可供投资者选择：

(1) 期限匹配策略。购买2年期债券，持有至到期日。持有期和债券本身的期限吻合，2年后投资者的收入为$1\times(1+8\%)^2=1.1664$元。

(2) 滚动策略。投资者持有1年期债券，1年后将取得的全部收入用于购买其他债券，第1年底投资者获得的确定收入为$1\times(1+7\%)=1.07$元。然后，投资者将第1年底的所有收入1.07元再投资于1年期债券。该投资者不能确切知道1年后的1年期即期利率，只能对之进行预测，将投资者预期的1年后的1年期即期利率记为$es_{1,2}$，那么，投资者在第2年底的收入预期值为$1\times(1+7\%)\times(1+es_{1,2})$元。

投资者会对这两种策略的未来收益进行预期，并选择预期收益率更高的投资策略。根据前面的定义，第2年的远期利率$f_{1,2}=(1+8\%)^2/(1+7\%)-1=9\%$。作为一个整体，市场预期的第2年即期利率（$es_{1,2}$）能否超过第2年的远期利率（9%）？不可能！假设市场预期的第2年即期利率为10%，超过了第2年的远期利率9%。滚动策略在第2年底的收入预期值将是$1.07\times(1+10\%)=1.177$元，由于$1.177>1.1664$，说明在预期的第2年即期利率为10%时，滚动策略的收入预期值将超过期限匹配策略的收入。这会促使投资者争相购买1年期债券，导致1年期债券的利率降低；投资者抛售2年期债券，导致2年期债券的即期利率上升。上述行为会降低1年期债券的利率、提高2年期债券的利率，最终会使两种投资策略的预期收益一致。只有这样，市场上各种期限的债券供求才能处于均衡。同理，市场预期的第2年即期利率也不可能低于第2年的远期利率。在市场均衡状态下，无偏预期理论认为第2年的远期利率正好等于市场预期的第2年即期利率。

再考虑另一种情况。投资者的计划投资期只有1年，现在供投资者选择的策略仍有两种：

(1) 买1年期债券，第1年底的收入为：

$$1\times(1+7\%)=1.07(\text{元})$$

(2) 买2年期债券，在第1年底将债券卖出，第1年底的收入预期值为：

$$\frac{(1+8\%)^2}{1+es_{1,2}}=\frac{(1+7\%)(1+9\%)}{1+es_{1,2}}$$

只有当第2年的远期利率（9%）正好等于市场预期的第2年即期利率时，上述两种策略的预期收益才能相等。

上述分析表明，无偏预期理论认为，在市场均衡状态下，第2年的远期利率正好等于市场预期的第2年即期利率，用公式可表示为：

$$f_{1,2}=es_{1,2} \tag{9-14}$$

根据同样的推理，很容易推导出公式（9-11）。

**2. 流动性偏好理论**

总的来说，投资者是风险厌恶者，而期限越长的债券，利率风险越大。在其他条件相同的情况下，投资者偏好期限更短的债券。仍以上面的例子说明这个观点。不论投资者的计划投资期是1年还是2年，如果两种投资策略的预期收益相同，投资者会倾向于期限短的1年期债券。如果投资者的计划投资期是1年，投资者可以购买1年期债券，年底获得确定的收入1.07元。投资者也可以购买2年期债券，年底将未到期的债券售出，年底获得的收入为$(1+8\%)^2/(1+s_{1,2})$。由于投资者在决策时无法确切地知道第2年的实际即期利率（$s_{1,2}$），只能对第 2 年的即期利率进行预期，因此投资者在第 1 年底的收入是不确定的。

如果投资者的计划投资期是 2 年呢？投资者会意识到，将来可能会出现预料不到的资金需求而需要提前将债券卖掉，购买 1 年期（短期）债券将能确保投资者在第 1 年底获得一个稳定的收入；而投资者购买 2 年期债券并在第 1 年底出售时，第 1 年底的收入是不确定的。①

因此，无论投资者的计划投资期是 1 年还是 2 年，购买 2 年期债券都面临着更大的风险。投资者要求 2 年期债券比滚动策略提供更高的预期收益率。而对于债券发行人而言，发行长期债券可以避免短期债券滚动发行的高额发行成本并且可以降低利率风险，因此，债券发行人也愿意为长期债券支付更高的利率。综上所述，在均衡状态下，长期债券比滚动策略的预期收益率更高，用公式表示就是：

$$(1+s_2)^2>(1+s_1)(1+es_{1,2}) \tag{9-15}$$

由即期利率和远期利率的关系可推导出如下结论：

$$f_{1,2}>es_{1,2}$$

更一般的结论是：

$$f_{t-1,t}>es_{t-1,t} \tag{9-16}$$

远期利率和预期的即期利率的差额称为流动性报酬（$L_{t-1,t}$），又称流动性溢价、风险报酬，可用公式表示为：

$$f_{t-1,t}=es_{t-1,t}+L_{t-1,t} \tag{9-17}$$

下面举一个简单实例，对无偏预期理论与流动性偏好理论进行比较：

假设

$$s_1=8\%,\ es_{1,2}=9\%,\ es_{2,3}=10\%,\ L_{1,2}=\mathrm{L}_{2,3}=1\%$$

根据公式（9-17），有

$$f_{1,2}=10\%,\ f_{2,3}=11\%$$

由此可得

$$s_2^L=\sqrt{(1+8\%)(1+10\%)}-1=9.0\%$$

$$s_2=\sqrt{(1+8\%)(1+9\%)}-1=8.5\%$$

即

$$s_2^L>s_2$$

其中，$s_2^L$ 和 $s_2$ 分别表示流动性偏好理论和无偏预期理论下第 2 年的即期利率。

同理，有

$$s_3^L=\sqrt[3]{(1+8\%)(1+10\%)(1+11\%)}-1=9.66\%$$

$$s_3=\sqrt[3]{(1+8\%)(1+9\%)(1+10\%)}-1=9.00\%$$

即

$$s_3^L>s_3$$

综上所述，不变的流动性报酬使得债券收益率上升的幅度更大。

由于无偏预期理论未考虑到风险报酬，即认为 $L_{t-1,t}=0$，因此对于各种形状收益率曲

① 在计划投资期为 2 年时，滚动策略和期限匹配策略都面临着利率风险。前者承受再投资风险，即投资者无法预先知道第 2 年利率的确切值；后者承受价格风险，即提前变现时利率上升导致资本损失。流动性偏好理论的支持者认为再投资风险很小，可以忽略不计，唯一需要考虑的就是价格风险。

线的解释，流动性偏好理论和无偏预期理论存在着显著的差异。对于水平的收益率曲线，无偏预期理论认为市场预期未来的短期利率将基本保持稳定，而流动性偏好理论则认为市场预期未来的短期利率将会降低，降低的幅度正好等于流动性报酬。对于向下倾斜的收益率曲线，流动性偏好理论也认为市场预期未来的短期利率将会下降，但下降的幅度比无偏预期理论预期的下降幅度更大。而对于向上倾斜的收益率曲线，流动性偏好理论则认为市场预期未来的短期利率既可能上升，也可能保持不变，即使市场预期未来的短期利率保持不变，但由于存在正的流动性报酬，收益率也会上升。

（1）当流动性报酬不变（$L_{1,2}=L_{2,3}=\cdots=L_{n-1,n}$），预期短期利率不变时，利率期限结构见图 9-3（a）。

（2）当流动性报酬不变（$L_{1,2}=L_{2,3}=\cdots=L_{n-1,n}$），预期短期利率下降时，利率期限结构见图 9-3（b）。

（3）当流动性报酬上升（$L_{1,2}<L_{2,3}<\cdots<L_{n-1,n}$），预期短期利率下降时，利率期限结构见图 9-3（c）。

（4）当流动性报酬上升（$L_{1,2}<L_{2,3}<\cdots<L_{n-1,n}$），预期短期利率上升时，利率期限结构见图 9-3（d）。

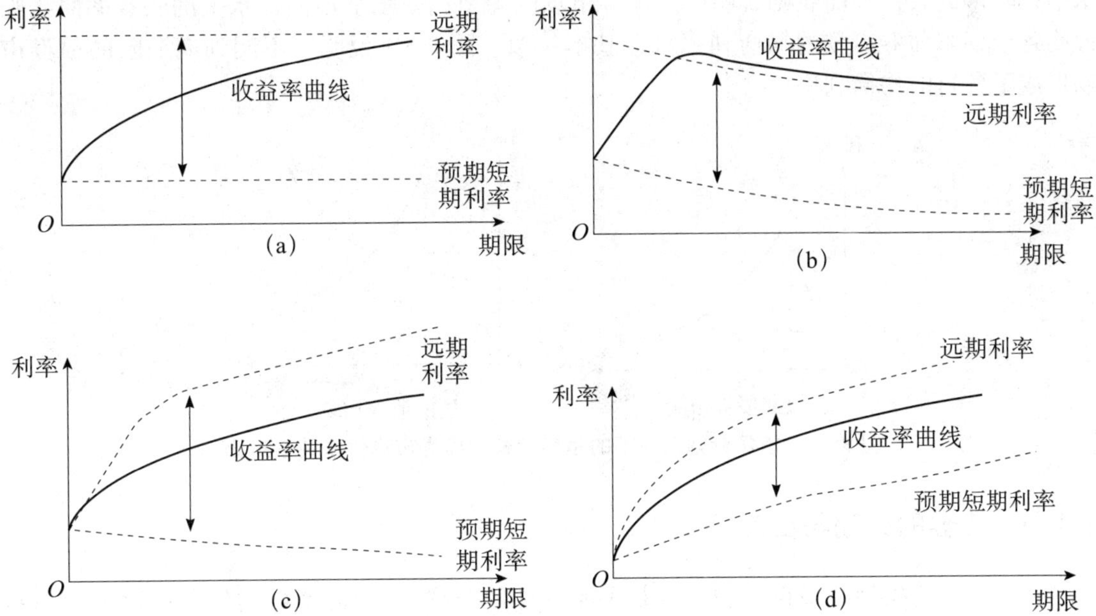


**图 9-3　流动性偏好理论下的各种利率期限结构**

### 3. 特定期限偏好理论

特定期限偏好理论同样认为利率期限结构反映了未来短期利率的预期值和流动性报酬两种因素。与流动性偏好理论不同的是，该理论不认为流动性报酬随着期限的增加而增加。该理论认为，上述结论只有在投资者偏好短期债券、发行人倾向于发行长期债券的情况下才成立。现实世界并非如此，因为很多金融机构和个人投资者的投资期限、发行人发行债券的期限主要取决于其本身的资产负债状况。特定期限偏好理论认为，某种期限的资金供求状况经常是不平衡的，一些投资者和借款人可以改变原来的期限偏好来满足这种不平衡。为了让这些投资者和借款人改变原来偏好的特定期限，必须向他们提供某种程度的补偿，这种补偿就是风险报酬。该风险报酬反映了投资者和借款人对利率风险的厌恶程度。

特定期限偏好理论认为风险报酬可正可负，即对 $L_{t-1,t}$ 值不加限定，以吸引交易者改变自己原来偏好的特定期限。例如，如果大部分投资者偏好长期投资，那么风险报酬就可能为负，期限越长的债券预期收益率反而可能越低。很显然，根据特定期限偏好理论，任何形状的收益率曲线都是可能的。

**4. 市场分割理论**

投资者由于法律制度、文化心理、投资偏好的不同，一般会比较固定地投资于某一期限的债券，这就形成了以期限为划分标志的细分市场。即期利率水平完全由各个期限债券市场上的供求力量决定，单个债券市场上的利率变化不会对其他债券市场上的供求产生影响。即使投资于其他期限债券市场的收益率可能会更高，风险报酬 $L_{t-1,t}$ 可能无限大，债券市场上的交易者也只偏好自己投资的债券市场，不会转而投资于其他债券市场。向下倾斜的收益率曲线说明短期债券市场的均衡利率水平高于长期债券市场上的均衡利率水平；向上倾斜的收益率曲线说明短期债券市场的均衡利率水平低于长期债券市场上的均衡利率水平；峰形的收益率曲线则说明中期债券市场的均衡利率水平最高；水平的收益率曲线则说明各个期限债券市场的均衡利率水平基本一致。图 9-4 说明了不同到期期限的债券市场形成了各自的均衡利率。

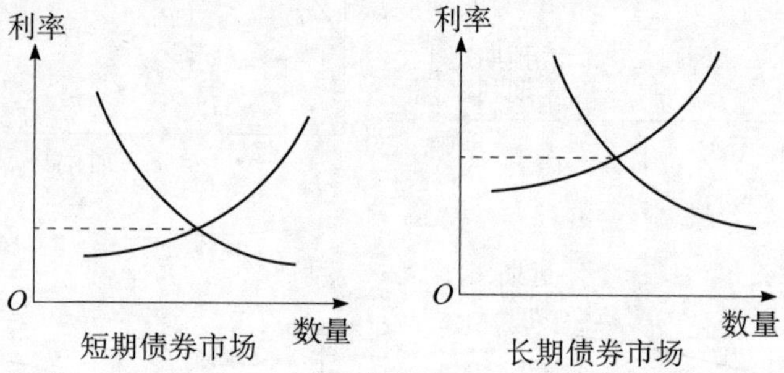


**图 9-4　市场分割理论下的短期和长期债券市场供求关系对比**

## 9.1.3　债券的久期与凸度

在债券定价模型中最重要的因素是利率（即收益率），因此债券的价格可以表示为利率的函数 $P(r)$，其中 $r$ 是包含了利率期限结构中所有信息的利率。一般来说，债券价格是利率的减函数，即 $\mathrm{d}P(r)/\mathrm{d}r<0$，见图 9-5。

### 9.1.3.1　久期

**1. 久期的定义**

收益率的变化会导致债券价格的变化，我们可以利用久期来衡量债券价格对收益率的敏感性。久期就是价格变化的百分比除以收益率变化的百分比。①

① 久期实际上是价格的利率弹性。

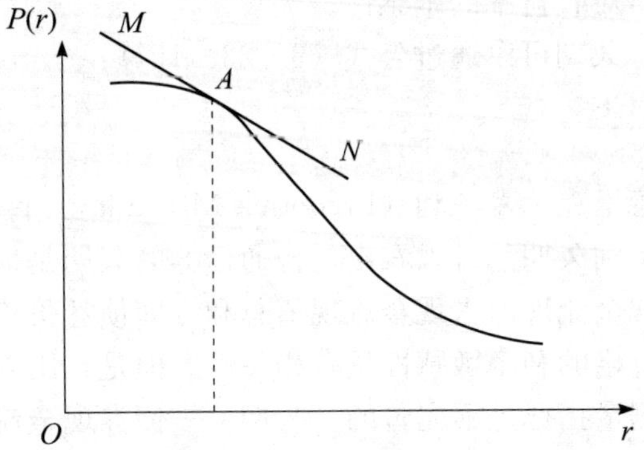


**图9-5 债券价格-利率曲线**

$$D=-\frac{\Delta P/P}{\Delta(1+y)/(1+y)}=-\frac{\Delta P/P}{\Delta y/(1+y)} \tag{9-18}$$

式中，$P$ 为债券的初始价格；$\Delta P$ 为债券的价格变化值；$y$ 为初始收益率；$\Delta(1+y)$（或 $\Delta y$）① 为收益率的变化值。

之所以加负号，是因为债券价格与收益率变化的方向相反。将公式（9-18）重新整理，可以得到如下关系式：

$$\frac{\Delta P}{P}=\frac{-D}{1+y}\times\Delta y \tag{9-19}$$

因此，如果知道某债券的久期，就可以根据公式（9-19）计算一定的收益率变化百分比导致的价格变化百分比。定义 $D/(1+y)$ 为修正久期，用 $D^*$ 表示，那么公式（9-19）可以转换为：

$$\Delta P/P=-D^*\times\Delta y$$

如何计算债券的久期？根据久期的定义，可以将债券价格对收益率求导。下面计算最普通的附息债券的久期，即该债券没有附加任何选择权，每期期末按照固定票面利率和面值的乘积支付利息，到期还本。该普通债券的价格和收益率的关系可由公式（9-20）表示：

$$P=\sum_{t=1}^{T}\frac{\mathrm{CF}_t}{(1+y)^t} \tag{9-20}$$

式中，$P$ 为债券价格；$T$ 为期数；$\mathrm{CF}_t$ 为每期现金流（包括利息和本金）；$y$ 为债券的收益率。

在公式（9-20）中求价格 $P$ 对收益率 $y$ 的导数②，经过整理可得：

$$\frac{\mathrm{d}P}{\mathrm{d}y}=-\frac{1}{1+y}\sum_{t=1}^{T}\frac{t\,\mathrm{CF}_t}{(1+y)^t} \tag{9-21}$$

将公式（9-21）两边同除以 $P$，可得：

$$\frac{\mathrm{d}P}{\mathrm{d}y}\times\frac{1}{P}=-\frac{1}{1+y}\left[\sum_{t=1}^{T}\frac{t\,\mathrm{CF}_t}{(1+y)^t}\times\frac{1}{P}\right] \tag{9-22}$$

比较公式（9-19）和公式（9-22）可以发现，公式（9-22）右边中括号内的项就

① $\Delta(1+y)$ 与 $\Delta y$ 相等。

② $\mathrm{d}P$ 与 $\Delta P$ 是等价的，$\mathrm{d}y$ 与 $\Delta y$ 是等价的。

是久期，衡量了债券价格对收益率的敏感性。

对于普通债券而言，久期可以通过公式（9－23）计算：

$$D=\frac{1}{P}\sum_{t=1}^{T}\frac{t\,\mathrm{CF}_t}{(1+y)^t} \tag{9-23}$$

美国经济学家弗雷德里克·麦考利（Frederick MaCaulay）首先将公式（9－23）称为久期，因此久期又称麦考利久期。可以看出，普通债券的久期是债券现金流到期时间的加权平均，其权重是每次现金流现值占现金流现值总和（即债券价格）的比例。我们曾指出债券的到期时间与债券价格的利率敏感性具有相关性。但是，用到期时间长短作为债券价格的利率敏感性大小的测量指标是不完善的，久期——债券现金流（即每期息票收入和到期本金支付）的平均到期时间，才是衡量普通债券价格利率敏感性的准确指标。

可以说，普通债券的久期是债券的有效到期时间，它是收到每一笔支付的时间的加权平均值，权重与支付的现值成比例。一般来说，除了零息债券外，债券的久期比到期时间短一些。零息债券的久期与它的到期时间相等。但对于某些特殊债券，久期可能会比到期时间更长。请记住，久期是衡量债券价格利率敏感性的指标，某些附加选择权债券的价格利率敏感性很大，即利率的微小变化会引起债券价格的大幅度变化，这些债券的久期有可能超过债券本身的期限。

最后需要强调的是，从本质上看，久期就是衡量债券价格利率敏感性的指标，而不是一种期限。因为普通债券的久期等于所有现金流到期时间的加权平均数，所以很多人误以为久期是一种期限。对于一些特殊债券而言，久期就不等于未来现金流到期时间的加权平均值了。

**2. 如何计算普通债券的久期**

可以通过下面的公式计算普通债券的久期 $D$：

$$D=\frac{\displaystyle\sum_{t=1}^{T}\frac{t\,\mathrm{CF}_t}{(1+y)^t}}{\displaystyle\sum_{t=1}^{T}\frac{\mathrm{CF}_t}{(1+y)^t}}$$

式中，$t$ 为现金流发生的时间；$\mathrm{CF}_t$为第 $t$ 期的现金流；$y$ 为每期的到期收益率；$T$ 为距到期日的期数。

上式中的分母是按到期收益率贴现的债券现金流现值，也就是债券的市场价格 $P$。令

$$W_t=\frac{\dfrac{\mathrm{CF}_t}{(1+y)^t}}{P}$$

其中，

$$P=\sum_{t=1}^{T}\frac{\mathrm{CF}_t}{(1+y)^t}$$

则

$$D=\sum_{t=1}^{N}t\times W_t$$

公式中的$W_t$是现金流时间的权重，是第 $t$ 期现金流的现值占债券价格的比重。权重之和等于 1，因为按到期收益率贴现的现金流之和就等于债券的价格。需要注意的是，从上

式中求出的久期是以期数为单位的，我们还要把它除以每年付息的次数，转化成以年为单位的久期。

**【例9-9】** 面值为100元、票面利率为8%的3年期债券，半年付息一次，下一次付息在半年后。如果到期收益率为10%，计算它的久期。

**解：** 该债券的久期是5.435 1个半年，也就是5.435 1/2=2.717 6年，其计算过程见表9-2。

**表9-2 息票债券久期的计算**

| 时间（期数） | 现金流（元） | 现金流的现值（元） | 权重 | 时间×权重 |
|---|---|---|---|---|
| 1 | 4 | 3.809 5 | 0.040 1 | 0.040 1 |
| 2 | 4 | 3.628 1 | 0.038 2 | 0.076 4 |
| 3 | 4 | 3.455 4 | 0.036 4 | 0.109 2 |
| 4 | 4 | 3.290 8 | 0.034 7 | 0.138 8 |
| 5 | 4 | 3.134 1 | 0.033 0 | 0.165 0 |
| 6 | 104 | 77.606 4 | 0.817 6 | 4.905 6 |
| 总计 | | 94.924 3 | 1 | 5.435 1 |

**【例9-10】** 有一种面值为100元的3年期零息债券，如果到期收益率为10%，计算它的久期。

**解：** 该债券的久期是6个半年，即3年，其计算过程见表9-3。

**表9-3 零息债券久期的计算**

| 时间（期数） | 现金流（元） | 现金流的现值（元） | 权重 | 时间×权重 |
|---|---|---|---|---|
| 1～5 | 0 | 0 | 0 | 0 |
| 6 | 100 | 74.621 5 | 1 | 6 |
| 总计 | | 74.621 5 | 1 | 6 |

可见，零息债券的久期就等于它的到期时间。这是因为零息债券只有一次支付，并且发生在到期日，因此支付的加权平均时间就是到期时间。

根据年金的计算方法，再加以数学推导，我们可以将久期的计算公式（用$c$表示每期票面利率，用$y$表示每期到期收益率，用$T$表示距到期日的期数）简化如下：

$$\text{息票债券的久期}=\frac{1+y}{y}-\frac{(1+y)+T(c-y)}{c[(1+y)^T-1]+y}$$

在例9-9中，利用简化后的久期计算公式，我们可以重新计算该债券的久期：

$$D=\frac{1+5\%}{5\%}-\frac{(1+5\%)+6\times(4\%-5\%)}{4\%\times[(1+5\%)^6-1]+5\%}=5.434\ 9(\text{半年})$$

也就是2.717 5年，这与前面的结果是近似相等的，存在的微小差异来源于保留小数点位数时的四舍五入。

### 3. 久期的规则

票面利率、到期收益率、到期时间是影响债券价格利率敏感性的三个重要因素，它们与久期之间的关系也表现出一些规则。

（1）保持其他因素不变，票面利率越低，息票债券的久期越长。呈现这种规律的原因在于：票面利率越高，早期现金流的现值越大，占债券价格的权重越高，使时间的加权平均值越低，即久期越短。所以，零息债券的久期比其他条件相同的息票债券长。我们知道，票面利率越低，债券价格的利率敏感性越强，而久期是对利率敏感性的度量，这与票面利率越低、久期越长是一致的。

（2）保持其他因素不变，到期收益率越低，息票债券的久期越长。对于这种规律的解释是：到期收益率越低，后期的现金流现值越大，在债券价格中所占的比重也越高，时间的加权平均值越高，久期越长。我们已经分析过，初始收益率水平越低，债券价格的利率敏感性越强，这与债券的到期收益率越低、久期越长也是一致的。当然，对于零息债券，它的久期始终等于到期时间，不受到期收益率大小的影响。

（3）一般来说，在其他因素不变的情况下，到期时间越长，久期越长。债券的到期时间越长，债券价格的利率敏感性越强，这与债券的到期时间越长、久期越长是一致的。但是，久期并不一定总随着到期时间的增长而增长。对于收益率很高的某些债券，久期可能会随着到期时间的增长而变短。此外，息票债券久期的增长速度比到期时间的增长速度慢一些。也就是说，当到期时间增长一年时，久期的增长小于一年。当然，对于零息债券来说，久期等于到期时间，到期时间增长一年，久期也增长一年。

**4. 久期与价格波动的关系**

我们已经知道，债券的到期时间与价格的利率敏感性是相关的。与到期时间相比，久期能更准确地衡量债券价格的利率敏感性，是对债券利率风险程度的测量，也是规避资产组合利率风险的重要工具。如果两个债券到期时间相同，但票面利率不同，它们的价格对于利率变动的反应程度是不同的。然而，如果两个债券的久期相等，即使票面利率不同，它们价格的利率敏感性也是相同的。这是因为久期不仅考虑了到期时间不同对利率敏感性的影响，还包含了票面利率这一影响利率敏感性的重要因素。只有对于不存在息票支付的零息债券，到期时间才能准确衡量利率敏感性，因为这种情况下的到期时间与久期正好相等。用一句话来概括就是，债券的价格波动与久期成比例，而不是与到期时间成比例。前面的公式（9－19）清楚地表达了价格波动与久期的关系：

$$\frac{\Delta P}{P}=\frac{-D}{1+y}\times\Delta y$$

定义$\frac{D}{1+y}$为修正久期，用$D^*$表示，那么如前所述，公式（9－19）可以转换为：

$$\frac{\Delta P}{P}=-D^*\times\Delta y \qquad (9-24)$$

公式（9－24）表明，债券价格变动百分比（相对数）等于修正久期与到期收益率变动值乘积的相反数。修正久期越大，利率变动时价格的波动越大，利率风险就越大。

**【例9－11】** 有一种息票债券，相关资料如例9－9所示，久期是2.717 6年。还有一种面值为100元、距到期日还有2.717 6年的零息债券，它的久期也是2.717 6年。比较两者价格的利率敏感性。

**解：** 两种债券的久期相等，如果久期确实是利率风险的度量，那么两者价格的利率敏感性应当相等。

息票债券的初始价格是94.924 3元。假设到期收益率上升一个基点，即从10%上升到10.01%，息票债券对应的新价格为94.899 7元，基点价格值为0.024 6元，价格变动百分比是−0.025 9%。零息债券的初始价格为：

$$100/(1+5\%)^{2.7176\times 2}=76.706\ 5(\text{元})$$

新价格为：

$$100/(1+5.005\%)^{2.7176\times 2}=76.686\ 6(\text{元})$$

基点价格值为0.019 9元，价格变动百分比同样是−0.025 9%。

我们也可以直接运用$\Delta P/P\approx -D^*\times\Delta y$来求价格变动百分比，结论同上。需要注意的是，由于我们使用的是半年期利率，久期也应当以半年为单位，为5.435 1个半年，修正久期为：

$$5.435\ 1/(1+5\%)=5.176\ 3(\text{半年})$$

因此，有：

$$\Delta P/P\approx -D^*\times\Delta y=-5.176\ 3\times 0.005\%=-0.025\ 9\%$$

当收益率的变动较小时，用修正久期估计的价格变动百分比是比较准确的。若收益率的变动越来越大，则这种估计的误差也就越来越大。另外，这种估计也不能体现价格变动的不对称性。不论收益率是上升还是下降，用修正久期计算出来的价格变动百分比都是相同的，但实际情况是，收益率下降时价格上升的幅度比收益率上升时价格下降的幅度大。为什么利用久期估计会出现这些误差？在用修正久期估计价格变动时，我们认为$\Delta P/P\approx -D^*\times\Delta y$，这表明债券价格变动百分比与收益率的变动成正比，价格变动百分比相对于收益率的变动的函数被绘成图形后，应当是一条直线，它的斜率就等于$-D^*$。但是，事实上它们二者之间的关系并不是线性的，在图中应当表现为一条下凸的曲线，这就造成了久期估计的误差。我们用图9-6来说明。

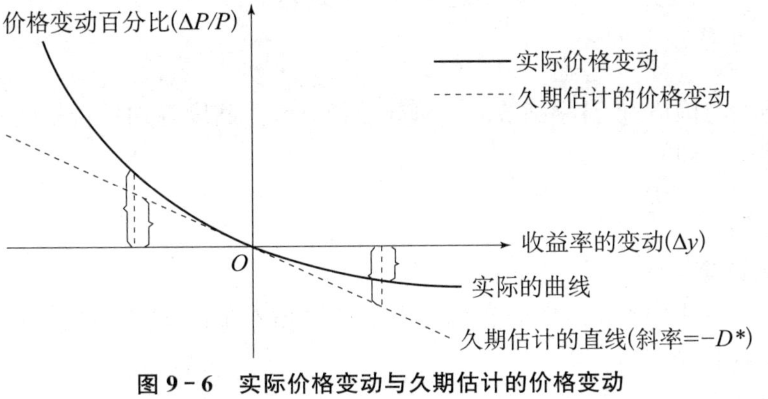


**图9-6 实际价格变动与久期估计的价格变动**

在图9-6中，实际的曲线与久期估计的直线在初始点（$\Delta y=0$）处相切。对于收益率的小幅变动，两条线之间的距离非常小，久期估计的价格变动十分接近实际变动。但是，随着收益率的变动越来越大，两条线之间的距离也越来越远，久期估计的价格变动偏离实际变动的程度越来越大，估计值越来越不准确。从图中可知，久期估计的直线始终位于实际曲线的下方。因此，当收益率上升时，实际价格变动较小，使用久期会高估价格的下降幅度；当收益率下降时，实际价格变动较大，使用久期会低估价格的上升幅度。

### 9.1.3.2 凸度

**1. 凸度的定义**

价格-收益率曲线是凸的，价格与收益率的关系不是线性的，价格-收益率的图形表示不是直线而是曲线，在收益率更高时曲线变得更加平缓，在收益率更低时曲线变得更加陡峭。因此，当收益率上升时，债券价格以更小的幅度下降；当收益率降低时，债券价格以更大的幅度提高。由于 $\Delta P/P=-D^{*}\times\Delta y$，所以 $D^{*}=-(\Delta P/P)/\Delta y$。因此，久期在数学上对应于价格-收益率函数的一阶导数的绝对值。修正久期与初始价格的乘积是价格-收益率曲线在某点的线性估计。如果利用久期估计收益率变化所导致的价格变化，那么在收益率降低时它会低估价格的上升，在收益率上升时它会高估价格的下降。两者的误差等于曲线和直线之间的垂直距离。所以说，只有在收益率变化不大的情况下利用久期估计价格的变化才比较准确，如果收益率变化较大，用久期估计价格变化就会产生较大误差，而且收益率变化越大，误差就越大。

因此，在收益率变化比较大的情况下，为了更精确地估计债券价格的变化，必须考虑价格-收益率曲线的凸度性质。下面用泰勒级数的前两项更准确地计算收益率变化导致的价格变化①：

$$\mathrm{d}P=\frac{\mathrm{d}P}{\mathrm{d}y}\mathrm{d}y+\frac{1}{2}\times\frac{\mathrm{d}^2P}{\mathrm{d}y^2}(\mathrm{d}y)^2+\varepsilon \tag{9-25}$$

式中，$\varepsilon$ 为误差项。

将公式（9－25）的两边同时除以债券价格 $P$，可以得到价格变动百分比的表达式：

$$\frac{\mathrm{d}P}{P}=\frac{\mathrm{d}P}{\mathrm{d}y}\times\frac{1}{P}\mathrm{d}y+\frac{1}{2}\times\frac{\mathrm{d}^2P}{\mathrm{d}y^2}\times\frac{1}{P}(\mathrm{d}y)^2+\frac{\varepsilon}{P} \tag{9-26}$$

如果用 $C$ 表示凸度，凸度的数学定义可用下式表示：

$$C=\frac{\mathrm{d}^2P}{\mathrm{d}y^2}\times\frac{1}{P}$$

可见，凸度与价格-收益率函数的二阶导数相对应。凸度与初始价格的乘积是价格-收益率曲线的曲率，即

$$C\times P=\frac{\mathrm{d}^2P}{\mathrm{d}y^2}$$

**2. 凸度的计算**

为了更准确地计算债券价格的变化，需要计算债券的久期和凸度。对于普通债券来说，凸度 $C$ 的计算公式为：

$$C=\frac{1}{P\times(1+y)^2}\sum_{t=1}^{T}\left[\frac{\mathrm{CF}_t}{(1+y)^t}\times(t^2+t)\right] \tag{9-27}$$

式中，$t$ 为现金流发生的时间；$\mathrm{CF}_t$ 为第 $t$ 期的现金流；$y$ 为每期的到期收益率；$T$ 为距到期日的期数；$P$ 为债券的市场价格。

用上式计算出的是以期数为单位的凸度，为了将其转化成以年为单位的凸度，还要把

---

① 泰勒级数可用来计算数学函数的近似变化，此处的数学函数就是债券价格函数，详细内容请参阅高等数学的有关内容。

它除以每年付息次数的平方。

对于零息债券，凸度的计算公式还可以进一步简化为：

$$C=(T^2+T)/(1+y)^2$$

在公式（9-27）中，令

$$W_t=\frac{CF_t}{(1+y)^t P}$$

则

$$C=\frac{1}{(1+y)^2}\sum_{t=1}^{T}(t^2+t)\times W_t$$

我们发现，凸度的计算与久期非常相似，区别在于它是 $t^2+t$（而不是 $t$）的加权平均值，再除以 $(1+y)^2$，权重仍是按到期收益率贴现的每期现金流现值占债券市场价格的比重。应当注意，从上式中求出的凸度是以期数为单位的，我们还要把它除以每年付息次数的平方，将其转化成以年为单位的凸度。

**【例9-12】** 计算例9-9中3年期债券的凸度。

**解：**计算过程见表9-4。

**表9-4　债券凸度的计算**

| 时间 $t$（期数） | 现金流（元） | 现金流的现值（元） | 权重 | $t(t+1)$×权重 |
|---|---|---|---|---|
| 1 | 4 | 3.809 5 | 0.040 1 | 0.080 2 |
| 2 | 4 | 3.628 1 | 0.038 2 | 0.229 2 |
| 3 | 4 | 3.455 4 | 0.036 4 | 0.436 8 |
| 4 | 4 | 3.290 8 | 0.034 7 | 0.694 0 |
| 5 | 4 | 3.134 1 | 0.033 0 | 0.990 0 |
| 6 | 104 | 77.606 4 | 0.817 6 | 34.339 2 |
| 总计 | | 94.924 3 | 1 | 36.769 4 |

因此，半年期的凸度为：

$$C=36.769\ 4/1.05^2=33.350\ 9$$

以年为单位的凸度为 $33.350\ 9/2^2=8.337\ 7$。

**【例9-13】** 有一种面值为1 000元、票面利率为10%的5年期债券，一年付息一次，下一次付息在一年后。如果到期收益率为14%，计算它的久期和凸度。

**解：**该债券的久期为4.100 1年，凸度为17.632 3，计算过程如表9-5所示。

**表9-5　久期与凸度的计算过程**

| 时间 $t$（年） | 现金流（元） | 现金流现值（元） | 权重 | 久期（$t$×权重） | $t(t+1)$ | 凸度［$t(t+1)$×权重］ |
|---|---|---|---|---|---|---|
| 1 | 100 | 87.719 3 | 0.101 7 | 0.101 7 | 2 | 0.203 4 |
| 2 | 100 | 76.946 8 | 0.089 2 | 0.178 4 | 6 | 0.535 2 |
| 3 | 100 | 67.497 2 | 0.078 2 | 0.234 6 | 12 | 0.938 4 |
| 4 | 100 | 59.208 0 | 0.068 6 | 0.274 4 | 20 | 1.372 0 |

续表

| 时间 $t$（年） | 现金流（元） | 现金流现值（元） | 权重 | 久期（$t$×权重） | $t(t+1)$ | 凸度［$t(t+1)$×权重］ |
|---|---|---|---|---|---|---|
| 5 | 1 100 | 571.305 5 | 0.662 2 | 3.311 0 | 30 | 19.866 0 |
| 总计 | | 862.676 8 | 1 | 4.100 1 | | 22.915 0 |
| | | | | $D$=4.100 1 | | $C$=22.915 0/(1+14%)$^2$=17.632 3 |

3. **凸度与价格波动的关系**

由于

$$D^*=-\frac{\mathrm{d}P}{\mathrm{d}y}\times\frac{1}{P}$$

$$C=\frac{\mathrm{d}^2P}{\mathrm{d}y^2}\times\frac{1}{P}$$

因此，公式（9-26）可以表示为修正久期、凸性与价格变动的关系式：

$$\frac{\Delta P}{P}=-D^*\times\Delta y+\frac{1}{2}\times C\times(\Delta y)^2+\frac{\varepsilon}{P} \tag{9-28}$$

公式（9-28）右边第一项是基于修正久期对债券价格变动的近似估计。第二项是引入凸度以后对修正久期估计的价格变动做出的修正。当收益率变动较小时，$(\Delta y)^2$会相当小，公式（9-28）右边第二项代表的修正项的值很小，可以忽略不计，因此不考虑凸度，用修正久期估计出的价格变动也较准确。当收益率变动较大时，$(\Delta y)^2$就会比较大，如果不考虑基于凸度计算的修正项，仅仅根据修正久期估计的价格变动就会产生较大的误差。从计算普通债券的凸度的公式（9-27）很容易看出，凸度不可能为负值。因此，在收益率降低时，根据修正久期估计的价格变动会低估价格上升的幅度；在收益率升高时则会高估价格下降的幅度。凸度的修正会在一定程度上消除这种高估或低估。当收益率上升时，正的修正项会使估计的价格下降幅度变小；当收益率下降时，正的修正项会使估计的价格上升幅度变大。因此，考虑凸度后估计的价格变动与实际情形更为贴近。

正因为凸度是正值，所以债券的凸度越大，对投资者就越有利。如果其他条件都一样，凸度越大的债券，在收益率降低时债券价格上涨的幅度就越大，在收益率升高时债券价格下跌的幅度就越小。

### 9.1.3.3 几个例子

1. **修正久期的计算**

通过表9-6，我们可以得到不同债券的修正久期。由于$P(6.65\%)=107.96$(美元)，$P(6.79\%)=107.27$(美元)，利率（即收益率）变动幅度为0.14个百分点，则债券在利率为6.65%处的久期为：

$$-\frac{\dfrac{107.27-107.96}{107.96}}{6.79\%-6.65\%}=4.57$$

同理，我们计算另两种债券的久期，结果如表9-6中的第四列所示。

表 9-6　久期（票面利率为 9%的 16 年期债券，3 年后可以根据面值赎回）

| 利率（%） | 价格（美元） | 价格变动（%） | 久期 |
|---|---|---|---|
| 6.65 | 107.96 | | |
| 6.79 | 107.27 | −0.69 | 4.57 |
| 10.85 | 82.01 | | |
| 10.99 | 81.20 | −0.81 | 7.05 |
| 14.20 | 64.82 | | |
| 14.33 | 64.25 | −0.57 | 6.76 |

资料来源：布鲁斯·塔克曼．固定收益证券．北京：宇航出版社，1999.

### 2. 凸度的计算

由表 9-7 可知，只要得到某债券利率在某一区间的狭小变动导致的债券价格变动，如利率在 6.6%和 7%之间波动，导致债券价格在 106 和 108 之间小幅波动，就可近似计算出价格关于利率的一阶导数和二阶导数，从而得到凸度。

表 9-7　凸度（票面利率为 9%的 16 年期债券，3 年后可以根据面值赎回）

| 利率（%） | 价格（美元） | 一阶导数 | 二阶导数 | 凸度 |
|---|---|---|---|---|
| 6.65 | 107.96 | | | |
| 6.79 | 107.27 | −492.86 | −13 646.67 | −127.22 |
| 6.94 | 106.50 | −513.33 | | |
| 10.85 | 82.01 | | | |
| 10.99 | 81.20 | −578.57 | 5 100 | 62.81 |
| 11.13 | 80.40 | −571.43 | | |
| 14.20 | 64.82 | | | |
| 14.33 | 64.25 | −438.46 | 11 830.77 | 184.14 |
| 14.46 | 63.70 | −423.08 | | |

资料来源：布鲁斯·塔克曼．固定收益证券．北京：宇航出版社，1999.

**专栏 9-1**

#### 美国长期资本管理公司的兴衰

美国长期资本管理公司（LTCM）是一家主要从事定息债务工具套利活动的对冲基金。该基金创立于 1994 年，主要活跃于国际债券市场和外汇市场，利用私人客户的巨额投资和金融机构的大量贷款，专门从事金融市场炒作，与量子基金、老虎基金、欧米伽基金一起被称为国际四大“对冲基金”。LTCM 的掌门人约翰·梅里韦瑟被誉为能“点石成金”的华尔街债券套利之父。他聚集了一批在华尔街从事证券交易的精英，包括 1997 年诺贝尔经济学奖获得者默顿和斯科尔斯、美联储原副主席马林斯、所罗门兄弟债券交易部前主管罗森菲尔德等等，有人称之为“梦之队”。1994—

1997年，LTCM的业绩辉煌而诱人，资产净值从成立初期的12.5亿美元迅速上升到1997年12月的48亿美元，各年的投资收益率分别为28.5%、42.8%、40.8%和17%，1997年更是以1994年投资1美元派2.82美元红利的高收益率让LTCM身价倍增。

然而，LTCM万万没有料到，俄罗斯金融风暴引发了1998年全球的金融动荡，结果它所沽空的德国债券价格上涨、做多的意大利债券等证券价格下跌，期望的正相关变为负相关，结果两头亏损。它的计算机自动投资系统面对这种原本忽略不计的小概率事件，错误地不断放大金融衍生产品的运作规模。LTCM利用22亿美元作资本抵押，买入价值3 250亿美元的证券，由此造成了该公司的巨额亏损。从5月俄罗斯金融风暴到9月LTCM全面溃败，LTCM的资产净值下降90%，出现了43亿美元的巨额亏损，仅余5亿美元，公司走到破产边缘。9月23日，美联储出面组织安排，以美林、摩根士丹利为首的15家国际性金融机构注资37.25亿美元购买了LTCM 90%的股权，共同接管了该公司，从而使LTCM避免了倒闭的厄运。

尽管“梦之队”的光环已渐渐黯淡，尽管与冰山碰撞引起的轩然大波已成为海面下汹涌的暗流，但LTCM这艘船并没有沉没。

拓展阅读

从雷曼迷你债券危机透视资产管理行业的调整

**专栏9-2**

## 债券注册制改革提升债券市场服务实体经济质效

经过多年发展，我国债券市场已成为全球第二大市场，债券市场从量的扩张转向质的提升。2023年3月，中共中央、国务院印发《党和国家机构改革方案》，明确提出：“中国证券监督管理委员会由国务院直属事业单位调整为国务院直属机构，强化资本市场监管职责，划入国家发展和改革委员会的企业债券发行审核职责，由中国证券监督管理委员会统一负责公司（企业）债券发行审核工作。”4月21日，中国证监会、国家发展和改革委员会发布《关于企业债券发行审核职责划转过渡期工作安排的公告》。4月23日，中国证监会核发首批企业债券注册批文。6月20日，中国证监会发布《关于深化债券注册制改革的指导意见》以及《关于注册制下提高中介机构债券业务执业质量的指导意见》，这意味着债券注册制改革全面落地。

《关于深化债券注册制改革的指导意见》提出了4个方面共计12条措施。首先，在优化债券审核注册机制方面，强化以偿债能力为重点的信息披露要求，建立高效流程，完善全链条监管制度安排，防范廉政风险。其次，在压实发行人和中介机构责任方面，明确发行人应当严守偿付义务，加强募资管理，为优质企业提供便利融资，服务国家重大战略。再次，在强化债券存续期管理方面，健全市场化、法治化、多元化的债券违约风险化解机制，完善日常监管体系。最后，在依法打击债券违法违规行为方面，加大对债券严重违法违规行为的查处力度，建立多维追责体系。全力构建以机构投资者为主体的债券市场，并完善投资者保护机制。

《关于注册制下提高中介机构债券业务执业质量的指导意见》提出了5个方面共计14条措施。第一，强化承销受托业务执业规范，完善以发行人质量为导向的尽职调查体系，强化主承销商在信息披露质量方面的督促责任，全程管理承销环节，加强受托管理机构的跟踪监测和主动管理义务。第二，提升证券服务机构的执业质量，明确会计师事务所、律师事务所、信用评级机构、资产评估机构等的监管标准。第三，强化质控、廉洁要求和投资者保护，加强内控部门对业务前台的监督，重点关注债券发行中的廉洁风险，加强教育与保护工作。第四，依法加强监管，完善监管制度，加强对中介机构的检查和督导，实施分类管理。第五，完善立体追责体系，确保行政和司法追责高效协同。

发布这两份债券指导意见，是为了贯彻党的二十大关于健全资本市场功能、提高直接融资比重的要求。这一举措旨在深化债券市场功能，提升债券市场对实体经济的服务水平，推动债券市场实现高质量发展。同时，这也有助于支持国家的重大战略和项目，推进现代化产业体系建设，促进实体经济高质量发展。

## 9.2　可转换债券定价理论

### 9.2.1　可转换债券概述

可转换债券是一种集债券和股票特点于一体的混合型证券，它以公司债券的形式发行，持有者可以在到期日前以一定条件将其转换成公司的股票。因此，可转换债券可以看作同时具有债券和股票双重属性的金融工具。例如，A公司发行面值100元的债券，债券条款中规定一份债券可以10元的价格转换10股公司股票。

可转换债券的条款主要包括票面利率、转股价格、转换比率、转换期限、赎回条款、回售条款等。

（1）票面利率，是指可转换债券作为普通债券所应支付的利率，它给予投资者一个最低收益率保证，通常低于普通债券利率和同期市场的借贷利率，但高于企业股票的分红率。

（2）转股价格，是指在债券发行时确定的将债券转换成股票所应支付的每股价格。它是可转换债券最主要的财务特征，也是可转换债券发行与转换成功与否的关键所在。

（3）转换比率，是指可转换债券的持有人在行使转换权利时一个单位的可转换债券所能转换成对应普通股的数量，即

$$转换比率=\frac{单位可转换债券的面值}{转股价格}$$

（4）转换期限，又称转股期限，是指从协议规定可转换债券开始有权履行转换权利到该权利停止的期间，即可转换债券可以行使转换权的有效期限。在此期限内，债券持有人可自由地将可转换债券按照转股价格转换成相应数量的股票，进而上市交易。当可转换债

券到期时，持有人要么行使转换权，要么要求发行公司还本付息。

（5）赎回条款，是指发行公司在可转换债券发行结束后的某个时期内，可以按照条款约定的价格强制收回发行在外的未转换的可转换债券，赎回价格通常高于可转换债券的面值，以对投资者因可转换债券被强制收回而遭受的损失进行一定程度的补偿。赎回条款可以保护发行企业的利益，回避利率风险和财务风险，避免转换受阻的风险。赎回条款通常是不利于投资者的，赎回条款的制定加速了可转换债券转换为普通股的过程。

拓展阅读

我国第一只可回售债券和可赎回债券

（6）回售条款，是指当发行公司股票的市场表现长期不佳时，可转换债券的持有人有权要求发行公司以约定的价格购回发行在外的可转换债券，从而将股票市场的价格风险转嫁到发行人身上。它与赎回条款刚好相反，其主要功能在于保护投资者的利益。相应地，作为补偿，含有回售条款的可转换债券较相同条件下不含回售条款的可转换债券的票面利率要低。

**【例 9-14】** 燕京转债的赎回条款和回售条款。燕京公司规定，在燕京转债的转股期限内，如果公司股票收盘价连续 20 个交易日高于当期转股价格的 130%，则公司有权以 102 元/张的含当年利息的价格赎回全部或部分未转成股份的燕京转债。若在这 20 个交易日内发生过转股价格调整的情形，则在调整前的交易日按调整前的转股价格和收盘价计算，在调整后的交易日按调整后的转股价格和收盘价计算。公司每年最多可在满足约定条件时行使一次赎回权，在首次满足赎回条件时，若未实施赎回，则当年不再行使赎回权。

在燕京转债的转股期限内，如果公司股票收盘价连续 20 个交易日低于当期转股价格的 70%，则经燕京转债持有人申请，持有人有权将持有的燕京转债按表 9-8 所示的回售价格（含当年利息）回售给公司，并有权选择回售其持有的部分或全部燕京转债。若在这 20 个交易日内发生过转股价格调整的情形，则在调整前的交易日按调整前的转股价格和收盘价计算，在调整后的交易日按调整后的转股价格和收盘价计算；申请部分或全部回售的燕京转债面值总额必须是 1 000 元人民币的整数倍。燕京转债持有人每年最多可在约定的条件下行使一次回售权，在每年首次满足回售条件时，持有人可回售部分或全部未转股的可转换公司债券。若在首次满足回售条件时不实施回售，则当年不再行使回售权。

**表 9-8 回售价格**

| | 第 2 年 | 第 3 年 | 第 4 年 | 第 5 年 |
|---|---|---|---|---|
| 回售价格（元/张） | 101 | 102 | 103 | 104 |

**专栏 9-3**

### 我国可转换债券的发展历程

随着沪、深证券交易所的建立，我国企业开始学习运用可转换债券来解决企业的融资问题，先后有琼能源、成都工益等企业在境内外发行了可转换债券。其中，我国第一只上市公司发行的可转换债券由深圳市宝安企业（集团）股份有限公司（简称“深宝安”）于 1992 年发行。深宝安在发展过程中需要巨额资金，由于当时股票市场和债券市场的规模很小，深宝安管理层积极寻求新的筹资途径，可转换债券作为新的筹资手段被使用。

我国发行的可转换债券的发展历程可分为四个阶段：

(1) 萌芽阶段（1991—1996年）。处于起步期的可转换债券市场并没有先例参考学习，于是摸石头过河、一边前进一边摸索便成了萌芽阶段的主旋律。从1991年8月起，琼能源、成都工益、深宝安等企业在境内外发行了可转换债券。在深宝安发行可转换债券后，陆续又有南玻集团、中纺机械、庆铃汽车、镇海炼化、华能国际几家企业在境外市场（主要是欧洲和中国香港市场）上以私募方式发行了可转换债券，并取得了一些宝贵的经验。这些可转换债券的发行都是企业行为，国家并没有对这些行为进行过多干预，也没有相应的法规来规范。

(2) 试点阶段（1997—2000年）。1997年3月25日，经国务院批准，国务院证券委员会发布《可转换公司债券管理暂行办法》，选择一些重点国有企业作为发行可转换债券的试点企业，并对可转换债券的发行、承销及相关条件做出明确规定。在此期间，先后有南宁化工、吴江丝绸、茂名石化（三家非上市公司）和虹桥机场、鞍钢新轧共五家企业发行了可转换债券。这些债券的发行为我国发展可转换债券市场积累了相当多的宝贵经验。

(3) 规范发展阶段（2001—2009年）。2001年4月，《上市公司发行可转换公司债券实施办法》及其三个配套文件正式出台，从政策上保证了可转换公司债券的合法市场地位，极大地规范和促进了可转换债券的发展。这标志着我国可转换债券进入规范发展阶段。

(4) 快速发展阶段（2010年及以后）。2010年，我国的债券市场扩容，债券基金等机构投资者涌现，使得可转换债券市场重新活跃起来。从发行规模来看，在2010年以后，我国可转换债券市场的规模出现了大的飞跃，发行可转换债券的上市公司也开始以蓝筹公司为主角。

当前，我国上市公司在境内发行可转换债券的指导法规主要是2023年2月17日中国证监会公布的《上市公司证券发行注册管理办法》。《上市公司证券发行注册管理办法》对于上市公司申请在境内公开发行可转换债券做出了具体规定，包括一般规定和特别规定。其中，特别规定主要包括对发行可转换债券需要满足的净资产收益率、转股期限、转股价格、交易方式等的规定。

作为一种兼具债权性工具和股权性工具特征的新型融资工具，可转换债券是普通债券与看涨期权的结合体。因此，可转换债券势必受到越来越多的融资公司和投资者的青睐，而可转换债券市场也必将面临巨大的发展机遇。

### 9.2.2 可转换债券的定价

在可转换债券中，最核心的就是认股权证价格的确定以及风险调整。随着布莱克-斯科尔斯期权定价理论的问世，利用期权定价方法对可转换债券定价模型的研究已经成为主流方向。接下来，我们会比较详细地介绍这种估值方法。

#### 9.2.2.1 可转换债券的价值

可转换债券可看成由以下两部分构成：普通债券加上债券持有者将债券转换为普通股的期权。由此，可转换债券的价值可分为三个部分：普通债券的价值、转换价值和期权价值。

债券的转换价值等于它立即转换为股票的市场价值。很显然，可转换债券的价值不能低于其转换价值，否则投资者就可以购买可转换债券，然后立即将其转换，并获得无风险的利润。众多投资者采取这种策略必然导致可转换债券的价值不会低于其转换价值。同理，可转换债券的价值不会低于其作为普通债券的价值。因此，可转换债券的价值至少不会低于以下两者中的最高者：普通债券的价值和转换价值。

可转换债券的价值通常会超过普通债券的价值与转换价值之和。这是因为，可转换债券的投资者不必立即转换债券；相反，投资者可以选择等待并在将来利用普通债券的价值和转换价值两者孰高来选择对己有利的策略（即是将可转换债券转换为普通股还是当作普通债券持有），这种可以选择等待而获得的期权也是有价值的，它使可转换债券的价值超过普通债券的价值与转换价值之和。

可转换债券的价值可以通过图 9－7 说明。

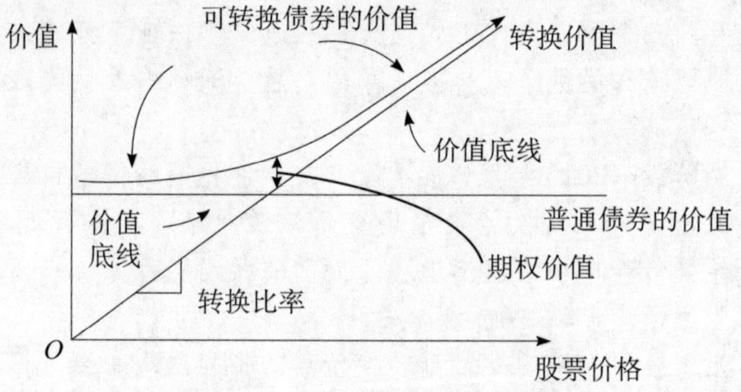


**图 9－7 可转换债券的价值图解**

图 9－7 表示可转换债券的价值是股票价格的函数。我们假设可转换债券无违约风险。普通债券的价值不依赖于股票价格，呈一条直线。转换价值线的斜率就是转换比率。从图中可以看出，可转换债券的价值等于普通债券的价值和转换价值两者之间的最大值与期权价值之和：

$$可转换债券的价值=\max(普通债券的价值，转换价值)+期权价值$$

图 9－7 中可转换债券的价值线和其价值底线间的垂直距离就是期权价值。当股票价格比较低的时候，可转换债券的价值主要取决于普通债券的价值。当股票价格比较高时，即转换价值高于普通债券的价值时，可转换债券的价值主要取决于转换价值。

从理论上说，我们可以将可转换债券看作普通债券加上看涨期权。因此，我们可以分别计算普通债券的价值和转换价值的最大值以及期权价值，然后将两者加总，就可以得到可转换债券的价值。但是，实际上很难运用这种方法。这是因为应用 B-S 期权定价模型需要严格的假设前提，而可转换债券的期权很难满足这些前提条件。

（1）由于投资者在将债券转换为股票时，相当于按照转换时普通债券的价格购买股票，因此在转换时普通债券的价值就是期权的执行价格。由于普通债券的价值不断变化，因此期权的执行价格也不断变化，所以不能直接应用B-S期权定价模型计算可转换债券的期权价值。

（2）由于绝大多数可转换债券都规定了可赎回条款和可回售条款，因此债券的期限是不确定的，而B-S期权定价模型要求到期日确定。

为了克服期权定价模型的上述缺陷，Ingersoll（1977）① 以及 Brennan 和 Schwartz（1977）② 等经济学家利用或有索取权的定价方法确定可转换债券的价值。在这种方法中，可转换债券的价值主要取决于发行可转换债券的公司的价值。Brennan 和 Schwartz（1980）③ 在以前模型的基础上又提出了一个包括利率变化服从随机过程的模型。介绍这些模型需要随机过程的知识，这远远超出了本书的范围，有兴趣的读者可参阅相关文献。

计算可转换债券的价值还有一种比较常用的模型，就是二叉树期权定价模型。二叉树期权定价模型的优点是更灵活、更富有弹性。对于可转换债券的一些特殊附加条款，如可赎回条款和可回售条款，二叉树期权定价模型都能处理。此外，二叉树期权定价模型也不需要期权定价模型常见的某些严格的假设，如利率保持不变、执行价格保持不变等。因此，二叉树期权定价模型在实践中被广泛应用。下面详细介绍如何运用二叉树期权定价模型计算可转换债券的价值。

#### 9.2.2.2 运用二叉树期权定价模型计算可转换债券的价值

如前所述，可转换债券的价值主要取决于股票的价格，而股票的价格在未来不断变化。我们可以对股票价格未来的变化过程做出合理假设，然后构造出可转换债券价值的二叉树，再利用二叉树计算可转换债券的价值。

股票的价格变化只有两种可能：上升或下降。假设在整个期限内，股票价格每次上升的幅度相同，股票价格每次下降的幅度也相同。如果在某个时期内股票价格上升，下一期的股票价格就是上一期股票价格的 $u$ 倍，$u>1$，称为上涨系数；如果股票价格下降，下一期的股票价格就是上一期股票价格的 $d$ 倍，$d<1$，称为下降系数。将目前（今天）的股票价格表示为 $S$，下个时期分别用 $uS$ 和 $dS$ 表示上升后的股票价格和下降后的股票价格。经过两个时期后，连续上升两次的股票价格变为 $u^2S$，连续下降两次的股票价格变为 $d^2S$，上升和下降各一次的股票价格变为 $udS$，依此类推。如果经过 $n$ 个时期，经过 $t$ 次价格上升和 $n-t$ 次价格下降，则股票价格变为 $u^t d^{n-t} S$。三个时期的股票价格二叉树见图 9－8。

**1. 期权价格的确定**

要全面、深入地了解 B-S 期权定价模型④需要足够的数学背景知识，该期权定价模型

---

① Ingersoll, J. E., "A Contingent-Claims Valuation of Convertible Securities", *Journal of Financial Economics*, 1977, 4 (3): 289－321.

② Brennan, M. J., Schwartz, E. S., "Convertible Bonds: Valuation and Optimal Strategies for Call and Conversion", *Journal of Finance*, 1977, 32 (5): 1699－1715.

③ Brennan, M. J., Schwartz, E. S., "Analyzing Convertible Securities", *Journal of Financial and Quantitative Analysis*, 1980, 15 (4): 907－929.

④ Black, F., Scholes, M., "The Pricing of Options and Corporate Liabilities", *Journal of Political Economy*, 1973, 81 (3): 637－654.

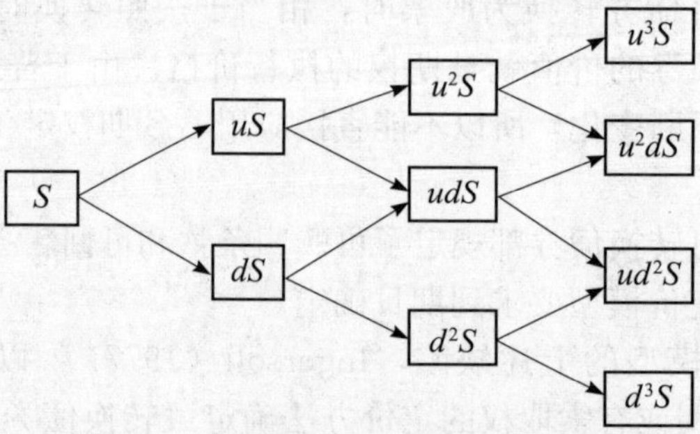


**图 9-8　三个时期的股票价格二叉树**

利用了连续时间的随机过程。而二叉树期权定价模型①不但能把握连续时间随机过程的全部特征，而且其原理非常易于理解，在实践中应用也相对简单。下面通过一个具体例子讲述二叉树期权定价模型的基本原理。

假设只有一个时期，股票的价格在到期日只有两个可能的价格：股价升高到某个给定的较高价格，或是降低到某个给定的较低价格。尽管这是一个高度简化的例子，但对于进一步理解更加复杂和现实的模型非常有用。

假设投资期限为 1 年，无风险利率为 10%，某只股票年初的价格是 100 元，以该股票作为基础资产的欧式看涨期权的执行价格为 110 元，该期权的期限正好等于 1 年。年末，股票的价格要么上涨至 125 元（$u$ 为 1.25），要么降低至 80 元（$d$ 为 0.8）。年末，在股票价格上涨时，看涨期权持有人的收入 $C_u$ 是 15 元；在股票价格下跌时，看涨期权持有人的收入 $C_d$ 是 0 元。

$$S=100(\text{元})\begin{cases} uS=125(\text{元}) & C_u=15(\text{元}) \\ dS=80(\text{元}) & C_d=0(\text{元}) \end{cases}$$

$$C=?\begin{cases} C_u=15(\text{元}) \\ C_d=0(\text{元}) \end{cases}$$

我们可以利用股票和债券的组合来复制上述看涨期权。复制就是使以股票和债券构成的组合在未来可能出现的两种状态下的现金流与期权的现金流完全一样，即在股票价格上升时组合支付的现金流是 $C_u=15$ 元，在股票价格下跌时组合支付的现金流是 $C_d=0$ 元。无论在何种状态下，以股票和债券构成的组合与看涨期权的现金流完全一样。因此，该股票和债券组合的价值就应该等于期权的价格，否则就会出现套利机会。

假设债券的收益率为 $r$，我们购买 $\Delta$ 股股票和价值为 $B$ 的债券来构造一个新的资产组合。其中，$\Delta$ 和 $B$ 既可以为正（购买或买空），也可以为负（卖空）。② 为了复制看涨期权，需要满足下列条件：

$$\begin{cases} \Delta uS+B(1+r)=C_u \\ \Delta dS+B(1+r)=C_d \end{cases}$$

---

① Cox, J., Ross, S., and Rubinstein, M., "Option Pricing: A Simplified Approach", *Journal of Financial Economics*, 1979, 7 (3): 229-263.

② 买空是指投资者用借入的资金买入证券。卖空是指投资者自己没有证券，他向他人借入证券后卖出证券，将来买回同等数量的证券来偿还给借出者。

解上述联立方程组，可得到以下结果：

$$\Delta=\frac{C_u-C_d}{S(u-d)}$$

$$B=\frac{u\times C_d-d\times C_u}{(u-d)(1+r)}$$

因此，在我们的例子中可以求出：

$$\Delta=\frac{C_u-C_d}{S(u-d)}=\frac{15-0}{100\times(1.25-0.8)}=\frac{1}{3}\text{（股）}$$

$$B=\frac{u\times C_d-d\times C_u}{(u-d)(1+r)}=\frac{1.25\times 0-0.8\times 15}{(1.25-0.8)\times 1.1}=-24.24\text{（元）}$$

所以，资产组合的市场价值为：

$$\Delta S+B=\frac{1}{3}\times 100-24.24=9.09\text{（元）}$$

看涨期权的价格也应是 9.09 元，否则就产生了套利机会。如果期权价格低于 9.09 元，投资者就可以买入期权，同时卖空同等金额的资产组合，这样就可以获得无风险的套利利润。如果期权价格高于 9.09 元，投资者就可以卖空期权，同时买入同等金额的资产组合，也可以获得无风险的套利利润。

看涨期权的价格等于股票和债券构成的资产组合的价值，用公式可表示为：

$$C=\Delta S+B \tag{9-29}$$

将 $\Delta$ 和 $B$ 的公式代入公式（9－29），可以得到如下结果：

$$C=\frac{C_u-C_d}{u-d}+\frac{u\times C_d-d\times C_u}{(u-d)(1+r)}$$

经过变换，可得：

$$C=\frac{1}{1+r}\times\left[\frac{1+r-d}{u-d}\times C_u+\frac{u-(1+r)}{u-d}\times C_d\right] \tag{9-30}$$

我们将公式（9－30）中 $C_u$ 和 $C_d$ 的系数分别用 $p$ 和 $1-p$ 表示：

$$p=\frac{1+r-d}{u-d} \tag{9-31}$$

$$1-p=\frac{u-(1+r)}{u-d}$$

则公式（9－31）可以简化为：

$$C=\frac{1}{1+r}\times[p\times C_u+(1-p)C_d] \tag{9-32}$$

其中，$p$ 被称为风险中性概率（risk-neutral probability）。公式（9－32）表明，对于单期的期权而言，期权的价格等于期权收益的期望值按照无风险利率进行贴现的现值。其中，在计算期权收益的期望值时采用的是期权各种可能收益的风险中性概率，而不是实际概率。上述单期的二叉树期权定价模型可以很容易地推广到多期二叉树期权定价模型。对于多期二叉树期权定价模型，可以按照公式（9－32）计算每个节点的价值，通过层层递推的方法就可以求出期权的价值。

**2. 利用二叉树期权定价模型计算可转换债券的价值**

从本质上看，可转换债券就是一种期权，所以可以用二叉树期权定价模型计算可转换债券的价值。计算步骤如下：

其一，构建可转换债券价值的二叉树。在确定每一个节点的价值时要考虑各种附加条款对可转换债券的影响，投资者和发行人都会追求自己的利益最大化，在对自己有利的情况下行使权利。投资者有可能将债券转换为股票或提前将债券返售给发行人①，发行人也有可能提前赎回债券。应该综合考虑所有的附加条款，选择最有可能的价值作为该节点的价值。某节点的价值可以用公式（9-33）表示，即：

$$某节点的价值=\max[\min(Q_1, Q_2), Q_3] \tag{9-33}$$

式中，$Q_1$为通过公式（9-32）计算出的价值；$Q_2$为赎回价格；$Q_3$为转换价值。

也就是说，某节点的价值应该按照如下原则确定：首先选择普通债券的价值和赎回价格中的较小值，然后在上述较小值和转换价值中选择较大值作为该节点的价值。这是因为，如果赎回价格小于普通债券的价值，发行人将会赎回自己的债券。而投资者在接到提前赎回通知后，会对赎回价格和转换价值进行比较，选择对自己最有利的策略。

其二，一旦可转换债券价值的二叉树构建出来，就可以按照上述期权定价模型逐步倒推出可转换债券的价值。下面通过一个具体例子来说明。

**【例9-15】** 某可转换债券的面值为1 000元，票面利率为4%，按年付息。该可转换债券发行人的股票价格为50元。该债券的剩余期限为9个月，转换比率为20（也就是转股价格为50元）。无风险利率为10%（年化利率）。该公司发行的同样期限的普通债券的到期收益率是15%。假设可转换债券的赎回价格为1 100元。我们采用三个时期的二叉树计算可转换债券的价值，即每个时期的期限是3个月$\left(也就是\frac{1}{4}年\right)$。

股票上涨和下降系数分别为：

$$u=e^{0.3\sqrt{1/4}}=1.161\ 8$$

$$d=\frac{1}{u}=0.860\ 7$$

根据公式（9-31），可以求出$p$，结果如下：

$$p=\frac{1+r-d}{u-d}=\frac{1+\frac{10\%}{4}-0.860\ 7}{1.161\ 8-0.860\ 7}=0.546$$

根据上述信息就可以构建可转换债券价值的二叉树，见图9-9。

在图9-9中，每个节点都有三个数字，自上而下分别是股票的价格、普通债券的到期收益率和该节点的价值。在节点G、H，转换价值分别为1 568.31元和1 161.83元，而普通债券的价值是1 040元（本金1 000元，利息40元），因此，投资者会选择转换，节点G、H的价值分别为1 568.31元和1 161.83元。而在节点I、J，投资者不会转换，价值都是1 040元。在节点D，由于赎回价格小于转换价值，根据公式（9-33），投资者肯定会转换，该节点的价值等于转换价值，即67.49×20=1 349.80元。在节点E，根据公式（9-32）计算出的结果为1 073.18元，小于赎回价格1 100元，同时又大于转换价值50×20=1 000元，因而节点E处的价值等于1 073.18元。在节点B，根据公式（9-32）计算出的结果为1 191.13元，超过了赎回价格1 100元，所以发行人提前赎回，投资者接到

① 由于实践中返售的可能性很小，所以后文将不考虑返售。

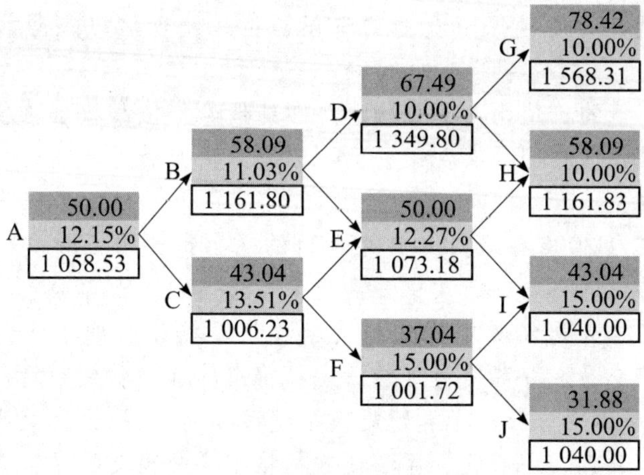


**图 9-9 三个时期可转换债券价值的二叉树**

提前赎回通知后会将债券转换为股票，最终获得转换价值 58.09×20=1 161.80 元。所以，节点 B 的价值为 1 161.80 元。在节点 C，根据公式（9-32）计算出的结果为 1 006.23 元，小于赎回价格，同时又大于转换价值 43.04×20=860.80 元，因而节点 C 的价值为 1 006.23 元。在节点 A，根据公式（9-32）计算出的结果为 1 058.53 元，小于赎回价格，同时又大于转换价值 50×20=1 000 元，因而节点 A 的价值为 1 058.53 元。可转换债券的价值就是 1 058.53 元。

**专栏 9-4**

## 分离交易可转债定价理论

分离交易可转债属于附认股权证公司债券的范围，是指公司债券附有认股权证，持有人依法享有在一定期间按约定价格认购公司股票的权利。此外，认股权证可与公司债券分开交易，在流通市场上自由买卖。与可转换债券相比，分离交易可转债最大的优势是债券与权证可以分离交易，能够满足不同投资者对风险和收益多元化的需求；而可转换债券难以把债券与股票转换权分离开，只能捆绑交易。

分离交易可转债的基本要素包括如下几项：

（1）票面利率。与可转换债券一样，分离交易可转债也有票面利率。不过，分离交易可转债的票面利率通常要低于可转换债券。

（2）债券面值。我国分离交易可转债的债券面值通常是 100 元，最小交易单位是 1 手 10 张债券，需要 1 000 元人民币。

（3）认股权证。认股权证的具体条文包括标的股票、行权价格、行权期限、行权比率等。

（4）债券期限。分离交易可转债发行公司通常根据自己的偿债计划、偿债能力以及股权扩张的步伐来制定期限，在国际市场上，分离交易可转债的期限通常较长，一般为 5～10 年。

（5）其他条款，如还款保障及违约责任、担保及资信评级、本金和利息支付方式等。

分离交易可转债的价值由两部分构成，即纯债券价值和权证价值。由于分离交易可转债的期权部分和债券部分实现了分离，因此分离交易可转债的价值等于纯债券价值与权证价值之和。

中国证监会在自2006年5月8日起施行的《上市公司证券发行管理办法》中提出了分离交易可转债的概念，首次将分离交易可转债列入上市公司再融资品种，并规定分离交易的可转换公司债券中的公司债券和认股权分别符合证券交易所上市条件的，应当分别上市交易。分离交易可转债一经推出，立刻受到市场的热切关注。2006年5月12日，G唐钢率先公布了发行规模不超过30亿元的分离交易可转债的发行方案。后来，马钢、武钢、中石化、深高速等都推出了分离交易可转债的融资方案。

## 本章小结

本章主要介绍债券定价理论以及可转换债券的基本知识。

对债券进行定价，就是要计算其未来所有现金流的现值总和。只有当债券的价值大于市场上的价格时，债券才值得购买。债券价值的计算大体分为简单和复杂两种情况，在计算中要根据已知的票面利率、时间、到期收益率等条件具体计算债券的价值。

这里研究的利率期限结构是指不同期限政府债券的即期利率与各自期限的关系，在图表上是指可观测的不同形状的收益率曲线。在无偏预期理论下，收益率曲线的形状大致有以下四种：向上倾斜、向下倾斜、峰形和水平。利率期限结构理论用于说明是什么因素决定了收益率曲线的不同形状。利率期限结构理论主要有以下四种：无偏预期理论、流动性偏好理论、特定期限偏好理论和市场分割理论。需要注意的是，这里研究的是即期利率的期限结构，而非到期收益率。

债券的久期用来衡量债券价格的收益率敏感性，久期就是价格变化的百分比除以收益率变化的百分比。从本质上看，虽然普通债券的久期等于所有现金流到期时间的加权平均，但它并不是一种期限，而是衡量债券价格的利率敏感性指标。票面利率、到期收益率、到期时间是影响久期长短的三个重要因素。零息债券的久期与它的到期时间相等。当收益率变化较大时，用久期估计价格变化就会产生较大的误差，此时就需要考虑价格-收益率曲线的凸度性质。

可转换债券实际上是一种集股票和债券于一体的混合证券，以公司债券的形式发行，持有者可在到期日前以一定的条件将其转换成公司的股票。可转换债券的价值可分为三个部分：普通债券的价值、转换价值和期权价值。通常用二叉树期权定价模型计算可转换债券的价值，即先对股票价格未来的变化过程做出合理假设，然后构造出可转换债券价值的二叉树，再利用二叉树计算可转换债券的价值。

## 本章关键内容

- 债券定价理论。
- 利率期限结构。
- 债券价格风险的测量、久期与凸度。
- 可转换债券定价理论。
- 分离交易可转债。

## 本章思考题

一、名词解释

利率期限结构　　　　凸度　　　　久期

二、简答题

1. 简述传统理论对利率期限结构的解释。

2. 简述凸度对债券投资的作用。

3. 某只新发行的债券，票面利率为 8%（年末付息一次），期限为 5 年。发行者按面值出售该债券。

(1) 请计算该债券的凸度和久期。

(2) 如果投资者期望的到期收益率为 10%，该债券能否按面值发行？如果希望全部发行，则发行价格是多少？

4. 假设在债券市场中，国债的面值为 100 元的 1 年期零息债券的价格为 94 元，2 年期零息债券的价格为 88 元。假定某投资者准备按面值购买新发行的 2 年期国债，国债面值为 100 元，年票息率为 10%。

(1) 求 2 年期零息债券的到期收益率。

(2) 求第 2 年的远期利率。

(3) 如果无偏预期理论成立，求新发行国债第 1 年末的预期价格和预期到期收益率。

5. 假设 2022 年 3 月 1 日债券市场上存在如表 9-9 所示的几种不同的债券，面值均为 100 元，每半年付息一次。

**表 9-9**

| 到期日 | 2022-09-01 | 2023-03-01 | 2023-09-01 | 2024-03-01 | 2024-09-01 |
|---|---|---|---|---|---|
| 票面年利率（%） | 5 | 5.5 | 6 | 6.5 | 6 |

某债券承销商给出了不同期限的折现率，如表 9-10 所示。

**表 9-10**

| 时间 $t$（年） | 折现率 $d(t)$ |
|---|---|
| 0.5 | 0.98 |

续表

| 时间 $t$（年） | 折现率 $d(t)$ |
| --- | --- |
| 1.0 | 0.96 |
| 1.5 | 0.92 |
| 2.0 | 0.90 |
| 2.5 | 0.86 |

（1）请根据表中信息计算各种债券的现在价格。

（2）如果承销商正在承销一只 1 年期的债券，票面利率为 7%，1 年后到期，销售价格为 104 元，投资者是否应该购买这只债券？

# 参考文献


[1] 类承曜．固定收益证券. 6 版．北京：中国人民大学出版社，2022.
[2] 李向科．证券投资技术分析．7 版. 北京：中国人民大学出版社，2024.
[3] 迈克尔·波特. 竞争战略．北京：中信出版社，2014.
[4] 米什金．货币金融学：第 13 版．北京：中国人民大学出版社，2024.
[5] 吴晓求，等．变革与崛起：探寻中国金融崛起之路. 北京：中国金融出版社，2011.
[6] 吴晓求，等．中国证券公司：现状与未来．北京：中国人民大学出版社，2012.
[7] 吴晓求．中国资本市场：从制度和规则角度的分析. 财贸经济，2013 (1)：14－27.
[8] 中国证券业协会．金融市场基础知识．北京：中国财政经济出版社，2023.


**更多参考文献参见二维码：**

# 教学支持说明

**1. 教辅资源获取方式**

为秉承中国人民大学出版社对教材类产品一贯的教学支持，我们将向采纳本书作为教材的教师免费提供丰富的教辅资源。您可直接到中国人民大学出版社官网的教师服务中心注册下载——http://www.crup.com.cn/Teacher。

如遇到注册、搜索等技术问题，可咨询网页右下角在线 QQ 客服，周一到周五工作时间有专人负责处理。

注册成为我社教师会员后，您可长期根据您所属的课程类别申请纸质样书、电子样书和教辅资源，自行完成免费下载。您也可登录我社官网的"教师服务中心"，我们经常举办赠送纸质样书、赠送电子样书、线上直播、资源下载、全国各专业培训及会议信息共享等网上教材进校园活动，期待您的积极参与！

**2. 高校教师可加入下述学科教师 QQ 交流群，获取更多教学服务**

经济类教师交流群：809471792

财政金融教师交流群：766895628

国际贸易教师交流群：162921240

税收教师交流群：119667851

**3. 购书联系方式**

网上书店咨询电话：010－82501766

邮购咨询电话：010－62515351

团购咨询电话：010－62513136

**中国人民大学出版社经济分社**

地址：北京市海淀区中关村大街甲 59 号文化大厦 1506 室　100872

电话：010－62513572　010－62515803

传真：010－62514775

E-mail：jjfs@crup.com.cn

**图书在版编目（CIP）数据**

证券投资学：精编版/吴晓求主编．--6版．
北京：中国人民大学出版社，2024．7．--（经济管理类课程教材）．--ISBN 978-7-300-32984-0
Ⅰ．F830．91
中国国家版本馆CIP数据核字第2024Q7V253号

“十二五”普通高等教育本科国家级规划教材
经济管理类课程教材·金融系列
**证券投资学（第六版）（精编版）**
吴晓求　主编
Zhengquan Touzixue

| | | | |
|---|---|---|---|
| **出版发行** | 中国人民大学出版社 | | |
| **社　　址** | 北京中关村大街31号 | **邮政编码** | 100080 |
| **电　　话** | 010－62511242（总编室） | | 010－62511770（质管部） |
| | 010－82501766（邮购部） | | 010－62514148（门市部） |
| | 010－62515195（发行公司） | | 010－62515275（盗版举报） |
| **网　　址** | http://www.crup.com.cn | | |
| **经　　销** | 新华书店 | | |
| **印　　刷** | 北京七色印务有限公司 | **版　　次** | 2000年1月第1版 |
| **开　　本** | 787 mm×1092 mm　1/16 | | 2024年7月第6版 |
| **印　　张** | 20.25 | **印　　次** | 2024年11月第2次印刷 |
| **字　　数** | 479 000 | **定　　价** | 49.00元 |